法鼓山年鑑 2014

◆方丈和尚對 2014 年的祝福

祝福世界和樂無諍

阿彌陀佛！新年快樂，新春吉祥，非常歡喜與大家一起迎接 2014 年到來。

今年在華人社會來講，生肖年屬馬。馬是非常溫馴的動物，性情堅毅而有韌性，所謂「馬到成功」、「龍馬精神」、「路遙知馬力」，都是比喻奮發、恆心的正面能量。尤其新的一年開始，許多人都希望能有龍馬精神，事事馬到成功，還要持之以恆，才能行路千里，路遙知馬力。

心的力量 締造新象

從佛法來講，新氣象並非僅在一年之初，而是每天都是新的開始，每個當下都是新的起步，念念都是初心。新的氣象與社會風氣是人創造出來的，關鍵在於正向影響力。因為自己親身實踐，自己的人品提昇，才能讓周遭產生認同，乃至響應。因此法鼓山提倡「心靈環保」，強調從自己的觀念調整做起，唯有自己的心靈健康、心靈淨化了，才能影響社會淨化，建設人間淨土。

為了延續「心靈環保」主軸，法鼓山今年以「和樂無諍」作為春聯祝福和年度推廣主題。即如以往，這四個字是從創辦人聖嚴師父書法集中選出，希望與大家共勉，從自己的身、語、意三種行為的淨化開始，影響整體社會，邁向和樂無諍。

心境分別 煩惱相諍

在我們的社會，人與人之間所以爭奪，常常是為了彰顯自我，故有爭氣、爭臉、爭光、爭功之說，這都是講的競爭法則，佛法則有不同的觀點。

從佛法的角度，「諍」具有兩種意涵，狹義是指人與人之間的意見之爭，廣義則指身心不平衡所產生的煩惱。事實上，

2014 年，方丈和尚果東法師祝福世界和樂無諍。

多數人經常處於相諍的煩惱之中，一部分是因心念困擾了自己，一部分則受外境影響而產生困擾。比如自己內心的衝突、自己與他人的衝突，以及自身與環境的衝突等，都是身心不平衡所致的煩惱。

佛法、禪法則教導我們，發現自己的身心與環境產生衝突，或是感受不舒服的時候，試著向內心自省，回復心的平靜安定，回到和樂無諍的本來面目。

無諍便是清淨，無諍才有和諧。和諧的層次，首先是自己內心的和諧，即是前後念的和諧；其次是自己與外境的和諧，面對環境裡的人事物，不起對立、分別；進一步體驗自己與大自然環境的融合，珍惜一切自然資源，愛護整體環境；最終則是超越個人小我和整體環境的大我，成就無礙的自在。

聖嚴師父曾說：「放下了人我是非，宇宙萬物，原是沒有區隔的整體；消滅了敵我意識，一切眾生，無非彼此扶持的伴侶。」便在期勉我們，從心出發，消融自我，使心量擴大，將環境裡的人事物，視為生命共同體；彼此互敬、互諒、和諧、包容，才能和樂無諍。

慈悲智慧　從心出發

如何體驗和樂無諍？有兩個建議，實際上是四句話，前兩句是「心平氣和，是非要溫柔。」遇到任何問題，首先觀照自己的心，覺察情緒起了波動，可藉由深呼吸，或是念佛菩薩聖號，用以調息、調氣。當氣往下沉，身心是沉穩、穩重的，此時便能比較清楚覺察自己的起心動念，而能心平氣和表達意見與看法，這就是智慧的練習。

另有兩句話：「和樂平安，我為你祝福。」則與大家共勉，放下個人的利害得失心，提起奉獻利他的願心。與他人相處，少一些你爭我奪，多一些慈悲謙讓、體諒包容。一時起了煩惱沒有關係，只要最短的時間內，回到正念、清淨念，至少不做出自傷傷人的言語和行為，而能生起善念為對方祝福，這便是慈悲心的學習。

我們都希望世界和樂平安，無災無難，人我之間和平相處，沒有紛擾衝突。但如果把這分期望向心外求、向環境要求，並不實際；還是要從心出發，從自身做起，因為影響的力量，就在我們自己。懇請大家經常提起這四句話：「心平氣和，是非要溫柔；和樂平安，我為你祝福。」學習「和樂無諍」的慈悲智慧，為這個世界祝福。阿彌陀佛。

編輯體例

一、本年鑑輯錄法鼓山西元 2014 年 1 月至 12 月間之記事。

二、正文分為三部，第一部為綜觀篇，含括法鼓山方丈和尚（果東法師）、法鼓山僧團、法鼓山體系組織概述，俾使讀者對 2014 年的法鼓山體系運作有立即性、全面性且宏觀的認識。第二部為實踐篇，即法鼓山理念的具體實現，以三大教育架構，放眼國際，分為大普化、大關懷、大學院、國際弘化。各單元首先以總論宏觀論述這一年來主要事件之象徵意義及影響，再依事件發生時序以「記事報導」呈現內容，對於特別重大的事件則另闢篇幅做深入「特別報導」。第三部為全年度「大事記」，依事件發生時間順序記錄，便於查詢。

三、同一類型的活動若於不同時間舉辦多場時，於「記事報導」處合併敘述，並依第一場時間排列報導順序。但於「大事記」中則不合併，依各場舉辦日期時間分別記載。

四、內文中年、月、日一律以阿拉伯數字書寫，如：2014 年 3 月 21 日。其餘人數、金額等數值皆以國字書寫。

五、人物稱呼：聖嚴法師皆稱聖嚴師父。其他法師若為監院或監院以上職務，則一律先職銜後法名，如方丈和尚果東法師、副住持果品法師。一般人員敘述，若有職銜則省略先生、小姐，如法鼓山社會大學校長曾濟群。

六、「法鼓佛教學院」奉教育部核定自 2014 年 8 月 1 日起與「法鼓人文社會學院」合併為「法鼓學校財團法人法鼓文理學院」。2014 年 1 月 1 日至 7 月 31 日，「法鼓佛教學院」的相關記事，沿用「法鼓佛教學院」名稱，並自 8 月 1 日起改稱「法鼓文理學院」。

七、法鼓山各事業體單位名稱，部分因名稱過長，只在全書第一次出現時以全名稱呼，其餘以簡稱代替，詳如下：

法鼓山世界佛教教育園區簡稱「法鼓山園區」、「法鼓山總本山」

中華佛教文化館簡稱「文化館」

法鼓山社會福利慈善事業基金會（法鼓山慈善基金會）簡稱「慈基會」

法鼓佛教學院簡稱「佛教學院」

法鼓文理學院簡稱「文理學院」

中華佛學研究所簡稱「中華佛研所」

法鼓山僧伽大學簡稱「僧大」

法鼓山社會大學簡稱「法鼓山社大」

法鼓山人文社會基金會簡稱「人基會」

聖嚴教育基金會簡稱「聖基會」

護法會北投辦事處簡稱「北投辦事處」

八、檢索方法：本年鑑使用方法主要有四種：

其一：了解法鼓山弘化運作的整體概況。請進入綜觀篇。

自〈法鼓山方丈和尚〉、〈僧團〉、〈法鼓山體系組織〉各篇專文，深入法鼓山
弘化事業的精神理念、指導核心，及整體組織概況。

其二：事件分類，檢索相關報導。

請進入實踐篇。事件分為四類，包括大普化教育、大關懷教育、大學院教育，及
國際弘化，可於各類之首〈總論〉一文，了解該類事件的全年整體意義說明；並
於「記事報導」依事件發生時間，檢索相關報導。

各事件的分類原則大致如下：

・大普化教育：

凡運用佛教修行與現代文化，所舉辦的相關修行弘化、教育成長活動。

例如：禪坐、念佛、法會、朝山、誦戒、讀經等修行弘化，佛學課程、演講、
講座、讀書會、成長營、禪修營、教師營、兒童營、人才培育等佛法普及、
教育成長，對談、展覽、音樂會、文化出版與推廣等相關活動，以及僧團禮祖、
剃度，心六倫運動，法鼓山在臺灣所舉辦的國際性普化、青年活動等。

・大關懷教育：

凡對於社會大眾、信眾之間的相互關懷，急難救助以及心靈環保、禮儀環保、
自然環保、生活環保等相關活動。

例如：關懷感恩分享會、悅眾成長營、正副會團長與轄召召委聯席會議等信
眾關懷教育，佛化祝壽、佛化婚禮、佛化奠祭、助念關懷、心靈環保博覽會
等社會關懷教育，以及海內外慈善救助、災難救援關懷，國際關懷生命獎等。

・大學院教育：

凡為造就高層次的研究、教學、弘法及專業服務人才之教育單位，所舉辦的
相關活動。

例如：中華佛學研究所、法鼓文理學院、法鼓山僧伽大學等所舉辦的活動，
包括國際學術研討會、成長營、禪修，以及聖嚴教育基金會主辦的「聖嚴思
想國際學術研討會」等。

．國際弘化：

　　凡由法鼓山海外分院道場、據點等，所主辦的相關弘化活動、所參與的國際性活動；以及法鼓山於海外所舉辦的弘化活動等。

　　例如：美國紐約東初禪寺、象岡道場、加州洛杉磯道場，加拿大溫哥華道場，以及海外弘化據點，包括各國護法會，以及各聯絡處及聯絡點等。各地所舉辦、參與的各項活動，如禪修、念佛、法會及演講、慰訪關懷等。

　　另有聖嚴教育基金會與美國哥倫比亞大學共同設立的「聖嚴漢傳佛學講座教授」，海外人士至法鼓山拜訪，海外學術單位至法鼓山園區參學等。

其三：依事件發生時間順序，檢索事件內容綱要。請進入大事記。

其四：檢索法會、禪修、讀書會等相關資料統計或圖表。請進入附錄，依事件類別查詢所需資料。

　　例如：大普化教育單位所舉辦的法會、禪修、佛學課程之場次統計，主要出版品概況等。國際會議參與情形以及聖嚴師父相關主要學術研究論文一覽等。

※ 使用範例：

範例 1：查詢事件「第八屆大悲心水陸法會」

　　　　方法 1：進入實踐篇→大普化教育→於 12 月 6 日→可查得該事件相關報導

　　　　方法 2：進入大事記→於 12 月 6 日→可查得該事件內容綱要

範例 2：查詢單位「法鼓佛教學院」

　　　　進入綜觀篇→〈法鼓山體系組織〉一文→於教育體系中，可查得該單位 2014 年的整體運作概況

範例 3：查詢「法鼓山 2014 年各地主要法會統計」

　　　　進入附錄→法鼓山 2014 年各地主要法會統計

50 實踐篇

337 大事記

431 附錄

綜觀

法鼓山方丈和尚
成長、奉獻，和樂無諍

法鼓山僧團
僧命提昇，利益眾生

法鼓山體系組織
法鼓山體系組織概況

法鼓山方丈和尚———2014年的果東法師

成長、奉獻，和樂無諍

2014年年初，由聯合國多個非政府組織團體發起的「良心時代運動 （An Era of Conscience），以全球串連方式，希望匯集善的能量，藉此改變失序的世界。此一活動主旨，與法鼓山多年提倡的「心靈環保」不謀而合。為了推動心靈環保，法鼓山每年提出年度主題作為實踐指標，2014年主題為「和樂無諍」，勸請人人從內心體驗平靜、安定，以自安安人，化解環境衝突。

2月8日，在緬懷法鼓山創辦人聖嚴師父圓寂五週年的傳燈法會中，方丈和尚果東法師援引聖嚴師父的開示：「成長自己的目的是為了奉獻給人」，勉勵僧俗四眾，面對一切境緣，都能發起大悲心，以「成長自己，奉獻利他」為使命，體現和樂無諍。

綜覽2014年，方丈和尚對於臺灣及國際情勢的回應、接受各界演講邀約，及團體共學成長，皆可見「成長自己，奉獻利他」為其關懷主軸。以下即從理念推廣、社會關懷及海外弘化三個面向，略述方丈和尚年度行腳。

理念推廣

年度主題揭示後，方丈和尚即開啟「走動關懷」模式，新春期間於總本山、北投農禪寺、臺北安和分院、三峽天南寺及桃園齋明寺，次第演繹「和樂無諍」的祝福。

2月於安和分院，方丈和尚分享體驗「和樂無諍」，須有正確的因果、因緣觀，再從佛法的信、解、行、證，自安安人。在天南寺談及「無諍」有三種範疇：自己與自己沒有矛盾，自己與他人沒有衝突，自己與環境和諧融合；並引用師父詮釋的「人定勝天」：人心安定，始能與環境融合一體。於齋明寺，勉勵眾人放下個人欲望，提起利益眾生的願望，互相尊重、體諒、包容，就是一股安定力量。

有別於訴諸大眾的分享口吻，在團體內部活動，方丈和尚總以生命共同體為著眼，強調隨緣盡分、恆順眾生的悲心實踐。2月法行會例會，即從四弘誓願「法門無量誓願學」一句指出，修學佛法的目的，是為了斷煩惱；斷除煩惱，則須度盡眾生。於法緣會新春拜年活動則說，為度化眾生，須恆順眾生，這並非一味迎合眾生欲求，而是與

無我的智慧及平等的慈悲相應。

有鑑於現代社會，經濟條件顯著改善，精神層面卻未見同步提昇，方丈和尚對於法鼓山三大教育的核心成員，另有一番期勉。4月，於護法總會舉行的悅眾聯席會議，8、9、11月，於北、中、南地區，為新進勸募會員舉行的授證儀式，方丈和尚肯定護法悅眾與勸募會員，即在扮演淨化人心的推手，對社會產生潛移默化的影響。8月，與剃度學僧家屬茶敘，方丈和尚感恩家長們發揮「大慈大悲憫眾生，大喜大捨濟含識」的奉獻精神，並讚歎求度行者在整個價值觀偏差的世界，投入淨化人心、淨化社會的事業，由個人的心安，帶動大環境的平安，正是最有智慧的選擇。

6月舉行的「第三屆法鼓山信眾論壇」，方丈和尚指出佛法自安安人的關鍵有二：一、以奉獻的觀念來修行；二、運用方法來修正身、口、意三種行為。期許僧俗四眾都能從自我的提昇，匯聚成團體的成長，共同以團體力量，奉獻人間社會。

社會關懷

法鼓山的共識，以「奉獻我們自己，成就社會大眾」為精神，以「提倡全面教育，落實整體關懷」為方法，向來為僧俗四眾從事社會關懷的行動準則。9月舉行的關懷生命獎頒獎典禮，方丈和尚直從佛教的生命觀與宇宙觀，談生命共同體的關懷：「佛教的生命觀與宇宙觀，均是以人為主，從人的生命關懷開始，進而推及照顧一切動、植物與生態環境，而將自身、他人與環境，視為生命共同體，以自立立人、自助助人，甚至從奉獻利他，來完成個人生命的價值。」

對照大環境局勢，這一席談話尤顯深刻。回顧2014年全球災情紛傳，頗不平靜。以亞洲為例，3月，馬來西亞航空傳出失聯事件，5月，臺北發生捷運殺人事件；兩起事件，經由網路串聯且近乎直播的方式，讓全臺灣及全球人士感同身受，震撼不已。

3月下旬刻在東南亞的方丈和尚，隨即轉赴馬來西亞，於29日馬來西亞道場舉辦的彌陀法會中，共同與大眾為受難者祝福迴向，並祈願乘客家屬身心平安。震驚臺灣社會的臺北捷運事件，身在海外的方丈和尚，仍及時發表〈小心不擔心，心安得平安〉一文表達關懷，祈願

傳燈法會中，方丈和尚為僧團法師們點亮缽燈，期勉眾人同心接續師願，為人間點亮希望與光明。

罹難者能往生佛國淨土，或是自己信仰的天國，而受傷、驚嚇者能獲得身心平安；並籲請人人發揮愛與關懷的力量，從自心做起，創造心靈環保的環境，只有自己安心，社會才能安定。

7月，又傳出馬來西亞航空、澎湖復興航空及阿爾利亞航空空難事故，高雄地區則發生氣爆災害，造成近五百人喪失寶貴的生命，及無數家庭的破碎與傷痛。方丈和尚呼籲大眾，以沉著、冷靜的力量來照顧自己，關懷他人；給予傷亡者家屬必要的時間與空間，進行後續事宜及悲傷處理。

面對自然災害或人為的傷害事件，造成生命或財產嚴重損失，放下雖不容易，卻亦有人間的天使、菩薩，示現難行能行、難忍能忍的菩薩身影。9月於臺北國父紀念館舉行的關懷生命獎頒獎典禮，方丈和尚援引得獎人的事蹟道出，「受苦受難，不等於有苦有難」，接受苦難的事實，進而超越逆境，苦難的絆腳石，亦能轉化為支撐人生高度的墊腳石。同月21日，於臺中霧峰921地震教育園區舉行「普潤人心——談面對災害的人心智慧」講座則分享，面對災難，具有正確的因果、因緣觀，能減少矛盾不安的情緒；以心靈環保為前提，將一切萬物當成自己身心照顧，可減少對大自然的傷害，即使面臨災難，也能將受災程度減至最低。

海外弘化

除了帶領團體推動社會關懷，總是「隨緣迎接、隨力奉獻」的方丈和尚，2014年仍多次親赴海外，分享佛法的利益。

5月起，方丈和尚前往香港、泰國關懷，之後轉美國洛杉磯、加拿大溫哥華。10月再赴香港，11月上旬抵美國紐約、舊金山；下旬到了新加坡，並於12月底前往馬來西亞關懷，為年度海外關懷行畫下句點。

在香港、泰國，方丈和尚主持當地護法會舉辦的浴佛法會暨皈依典禮，並於泰國期間，以「心安就有平安」祝福大眾，常常以佛陀的教法為依歸，便是每天都在浴佛；人人在各行各業奉獻心力，生活中隨時都在共修。5月底，洛杉磯道場啟用邁入第三年，方丈和尚以「抱願，不抱怨」為題，期勉凡事正面解讀、逆向思考，身處逆境，更要學習將負面情緒，轉為正向力量，讓「煩惱死了」轉為「煩惱，死了」，轉念則希望無窮。

此外，2014年適逢溫哥華護法會屆滿二十年，溫哥華道場於6月舉辦慶祝活動，方丈和尚帶領僧眾及護法居士共二百多人，展開感恩朝山行；並於巡迴地區關懷指出，「道場是為了成就每人內心具足的道場——藉由修學佛法，循序漸進地打開每個人心中的道場。」6月1日，在溫哥華道場舉辦的「禪與人生——和樂自在好生活」講座中，則分享，「禪」無法用語言文字來表達描述，必須親身去體驗；將自

方丈和尚（台上左七）出席「全國宗教界追思祈福大會」，與各宗教代表一同為澎湖空難、高雄氣爆事件中受難民眾祝禱祈福。

私自利的心，轉為利他奉獻的心，就是「禪」的修行。

10月，方丈和尚再度前往香港，為香港道場港島會址主持啟用灑淨開光典禮。11月行腳紐約及新澤西州，分別為東初禪寺擴建工程及新澤西分會新會所整建工程，舉行灑淨及動土儀式。方丈和尚關懷指出，「整建工程不只是整建外在的道場，也是整建我們的身心道場」，勉勵大眾效法師父從零開始的精神，從自心道場，建設人間淨土。

11月底轉赴新加坡，方丈和尚於德明中學主持「轉念，世界跟著改變」佛學講座，分享真正的快樂，在於少欲知足，期許眾人經由學習、奉獻，成就他人，成長自己。

12月底在馬來西亞，分別於檳城三慧講堂主講「轉境，轉出心光明」，於八打靈《星洲日報》總社禮堂演說「禪與纏──當數位時代遇上心靈環保」，分享如何在緊張忙碌的現代生活中，安住自己的「心」，找到生命的價值與人生意義。31日出席農禪寺舉辦的念佛祈福跨年活動，共勉以心安平安，走過和樂無諍的2014年，迎向光明遠大的2015年。

結語

身為團體凝聚及理念推廣的核心角色，方丈和尚歡喜、和合的個人特質，於推動自我成長、奉獻利他的「和樂無諍」年，格外具有說服力。而這一年，於方丈和尚個人亦有殊特意義。

5月，方丈和尚獲頒泰國摩訶朱拉隆功佛教僧伽大學（Mahachulalongkornrajavidyalaya University）榮譽博士學位，成為法鼓山創辦人聖嚴師父之後，第二位法鼓山教團領袖獲此殊榮。方丈和尚將這份殊榮，歸於法鼓山整體教團及四眾弟子共同推動「提昇人的品質，建設人間淨土」的成果。在感謝國際社會肯定之餘，方丈和尚仍從「成長」與「奉獻」的角度檢視：「從我個人及團體來講，對於推動淨化人心、淨化社會的工作，還有許多成長的空間，未來仍須透過整體的力量，才能為社會帶來更多奉獻。」

法鼓山僧團

僧命提昇，利益眾生

　　聖嚴師父在「法鼓山的共識」中，提出以「提倡全面教育，落實整體關懷」為方法，揭櫫「教育」及「關懷」為法鼓山教團的主要著力點。其中，僧團扮演掌握理念指導中心的角色，2014年的法鼓山僧團，在此兩個面向皆跨出重要的步伐。

　　首先，美國法鼓山佛教協會（Dharma Drum Mountain Buddhist Association，簡稱DDMBA）於7月正式取得「聯合國經濟及社會理事會」的「特別諮詢地位」（Special Consultative Status），讓法鼓山能在國際上持續秉持聖嚴師父的理念，以漢傳禪佛教利益全人類。而法鼓佛教學院與法鼓人文社會學院併校，於8月通過立校為法鼓文理學院，並於2015年招生。聖嚴師父晚年致力推動的大願興學，至此得到成就。

　　2014年逢值聖嚴師父圓寂五週年，上述兩項進展，皆是僧俗四眾承續聖嚴師父的悲願，同心同願持續推動的成果展現，格外具有意義。現以法務推廣、僧眾培育、道場建設、國際參與四個面向，分別介紹法鼓山僧團這一年來的發展及成長。

法務推廣

　　「弘法是家務，利生為事業」，僧團法師藉由參與體系內各項法務推廣的課程及活動，更能體會聖嚴師父「以行踐願」的期勉，並從中得到提昇。

　　在普化教育的推廣上，信眾教育院於1月開辦「法鼓講堂2014隨師行願《法鼓全集》導讀」系列課程，課程由監院果毅法師等十六位僧團法師接力授課，深入聖嚴師父的法身舍利《法鼓全集》，與四眾弟子一同依循師父的教法，隨師行願。

　　另一方面，佛學班、禪學班、福田班、快樂學佛人，以及法鼓長青班系列課程，2014年於全臺各地分院、護法會辦事處展開。由六十六位僧團法師藉由快樂學佛人等入門課程，接引兩千多位學員踏入學佛之門；福田班課程共有四十三位法師齊力向近兩千位義工分享廣種福田、自利利人的法喜；佛學班及禪學班，則共有五十四位法師藉由次第性的課程，以漢傳佛教內涵，向五千位學員介紹佛法知見，以及法鼓山的理念。

　　禪修推廣上，2014年共舉辦二十一場包括初階、話頭、默照、念佛禪，以及教理研習

等精進禪修活動，北投農禪寺也舉辦改建後的首次初階禪七，讓水月道場再現農禪家風。全年度之中長達半年的精進禪期，一方面接引社會大眾更能體驗禪悅法喜，另一方面僧團法師也藉由精進禪修，以及擔任禪期的內外護等執事，對於禪法有更深的體驗。此外，2014年傳燈院首度舉辦「社工禪修營」，由監院常乘法師帶領五十位專業社工人員，練習覺察自我、放鬆身心與轉化壓力，除了提供漢傳禪法的慈悲智慧為社工領域所用之外，也讓五十位宗教信仰不一的社工人員，對於禪修與佛教有更進一步的認識。

在法會方面，聖嚴師父圓寂五週年傳燈法會於法鼓山園區舉行，方丈和尚帶領六千位四眾弟子傳燈續願，將對聖嚴師父的感恩，化為報恩的行動，實踐奉獻利他的菩薩行。一年一度的大悲心水陸法會，12月於法鼓山園區展開，本屆在壇場的規畫上著重簡約、攝受的修行氛圍，藉空間說法，引領大眾從中領略修行精神及經文意涵；同時，更首次採用QR Code報到系統、LED供燈、熏香等，並開發多款法會App應用程式，以利大眾熟習經文、儀軌，並落實行前功課。

社會關懷上，102年度歲末關懷於總本山及全臺各分寺院、辦事處展開，合計關懷近三千二百戶家庭；5月在臺北市國父紀念館舉辦的「禪心浴佛，我為你祝福」活動，內容結合了浴佛、禪修體驗以及母親節感恩活動，近百位僧團、僧大法師，與近五千位民眾共同體驗禪修的安定與法喜。

2014年間發生多起公安事故，如臺北捷運事件、澎湖空難、高雄氣爆等，僧團皆秉持「無緣大慈，同體大悲」的精神，積極參與關懷，期望為社會人心帶來安定的力量。

僧眾培育

聖嚴師父曾期勉，法鼓山每位僧眾都需擔負起弘法利生、自利利人菩薩行的責任。在宗教師專業領域，如禪修、梵唄、弘講以及關懷等面向，必須不斷地提昇與成長，方能因應時代與社會需要，承擔更多的弘法任務。

因此，在培育課程上，僧團三學院2014年為僧眾規畫了菩薩戒內護培訓、「一起向前走」室主交流營、領執培訓、禪修監香培訓，以及短講開示分享課程等，從利他的精神出發，成長自己。

在禪修與佛法的提昇上，一年一度的結夏安居於6月舉行，包含了法門研修以及禪十、禪七，分別於三峽天南寺及法鼓山園區禪堂舉行，禪七並邀請到聖嚴師父的法子繼程法師帶領。結夏安居圓滿後，僧眾隨即參與「第五屆聖嚴思想國際學術研討會暨第三屆法鼓山信眾論壇」，從學術面向，以及聖嚴師父海內外法子的分享，更進一步深入師父的思想及弘法脈絡，並聚焦漢傳禪佛教於國際間推廣的方向；同時，僧團都監果光法師、果興法師、常諗法師及演德法師亦於研討會上發表論文。

僧團的成長與提昇，除了素質之外，也需要具有道心的未來龍象加入。一年一度的

剃度典禮於8月舉行，共有十二位法同沙彌、沙彌尼，以及二十二位行同沙彌、沙彌尼
加入僧團，共同學習成為具有道心與弘化能力的漢傳禪佛教宗教師。

道場建設

聖嚴師父曾說：「凡夫以煩惱製造了苦樂無常的三界火宅，聖者以慈悲建設了廣度
眾生的清涼世界。」並指出能夠讓人見到佛性的地方，即是道場。本年，包括臺中寶
雲寺、蘭陽精舍及美國紐約東初禪寺，陸續進行建設與擴建。另有完工及新啟用者說
明如下：

桃園齋明別苑

鑑於齋明寺為一古蹟景觀，擴建道場建設不易，因此，齋明別苑應運而生，於2010
年動工興建，2014年3月8日正式啟用，建築外觀依承法鼓山體系建築特色及精神，簡
約、樸實、蘊含禪意。處於交通樞紐位置的齋明別苑，將做為海內外大眾修學佛法的
新據點，也為都會區忙碌的民眾，開啟一扇學佛修行的門窗。

高雄三民精舍

由於法務日隆、信眾日多，原三民精舍場地不敷使用，因而新覓場地。新三民精舍
於2月17日灑淨啟用圓滿後，隨即展開七天《地藏經》共修，各項法務也陸續推動。

香港道場港島會址

香港道場港島會址於10月11日舉行灑淨開光典禮，正式啟用，為港島區信眾提供共修
成長的心靈新淨土，也為香港的弘化再添新據點，香港道場目前常住五位僧眾，期能
為這個繁華國際都會的民眾，帶來身心的平衡與安定。

多倫多分會新會所

北美護法會安省多倫多分會在成立十六年後，於10月26日舉辦新會所落成啟用暨佛
像安座典禮，立基於現有基礎上，將提供更充實完善的佛法教育，並加強與本地社區
的聯繫合作，在西方社會推廣法鼓山的理念，引領大眾透過佛法的慈悲與智慧，減少
煩惱。

國際參與

2014年，僧團在國際參與上，除了美國法鼓山佛教協會取得「聯合國經濟及社會理
事會」的「特別諮詢地位」之外，另有多元的跨國際、跨宗教的交流，以及禪修推廣

等活動。

在跨國際的參與上，主要有5月方丈和尚果東法師前往泰國進行弘法關懷，行程包括接受摩訶朱拉隆功佛教僧伽大學所頒發的「佛教管理榮譽博士學位」證書，以及主持浴佛法會與皈依典禮等。

此外，位於西非的聖多美普林西比民主共和國，駐華大使金達斯（António Quintas do Espírito Santo）於3月參訪法鼓山園區，就宗教、教育、文化等面向，進行交流，期望未來能透過良好的宗教互動、經驗分享，深化兩國深厚邦誼。方丈和尚並介紹法鼓山大學院教育發展面向，歡迎聖國人民來就讀、觀摩，促進學生國際交流與合作。

跨宗教的交流方面，包括3月禪堂堂主果元法師、美國紐約象岡道場監院常聞法師參與天主教普世博愛運動（Focolare Movement）於羅馬舉辦的「國際宗教交流暨盧嘉勒紀念研討會」，向普世博愛運動創辦人盧嘉勒（Chiara Lubich）女士以及其透過「跨宗教對談」所建立的和平理念致意。此外，5月，中華佛研所所長果鏡法師代表出席國際佛教大會（The International Buddhist Conference）於越南舉行的聯合國衛塞節（The United Nations Day of Vesak Celebrations）開幕式，共有近千位各國佛教領袖與代表與會，果鏡法師並在研討會中介紹了法鼓山大學院教育的的理念與現況，目的在於培育出慈悲與智慧兼具的佛學人才，為淨化人心盡一份力量。10月則有印度達蘭薩拉辯經學院來訪，期望增進僧團與學校間的交流。

國際禪修推廣上，果元法師分別於3月前往英國、盧森堡、德國、比利時等地，7月前往墨西哥，8月前往印尼分享漢傳禪法；聖嚴師父法子繼程法師也於7月至8月間，分別於波蘭、瑞士、英國主持禪修，美國紐約象岡道場監院常聞法師、常襄法師也隨同前往。而美國東初禪寺、象岡道場的法師也持續不輟在海外各分會弘講、帶領共修。僧團法師接續聖嚴師父在西方弘揚漢傳禪佛教之願行，應時應地、順勢隨緣，積極展開。

結語

一如創辦人聖嚴師父所說：「心靈環保的內容，指出了人生的責任是盡責盡分；人的功能是從奉獻中成長；人的意義是隨時消融自我而經常喜悅自在；人的生命是融入於無限的時空而又超越於無限的時空。」二十一世紀，是對人類和平、地球永續等議題，充滿挑戰的關鍵世紀，值此時刻，2014年的法鼓山僧團，從組織架構上著重修行本位的思考，期使僧眾以利他為出發點，聚焦於個人的身心自在及宗教師專業的提昇；藉由法務推廣，令社會大眾得到佛法的清涼；藉由國際參與，在攸關全人類乃至眾生的議題上，提供佛法的慈悲與智慧；藉由完整的佛教大學院教育，為全世界培養具有國際宏觀視野的宗教師及學術文化兼具的領導人才。

這除了是聖嚴師父對法鼓山僧團弟子的期許，也是漢傳禪佛教宗教師的本分。

法鼓山體系組織概況

　　法鼓山是個教育的團體，提倡全面性教育，以「心靈環保」為核心主軸，並透過大學院、大普化、大關懷等三大教育，以及國際弘化面向來落實人間淨土的理念。2005年法鼓山園區落成啟用，創辦人聖嚴師父揭示「大悲心起」為組織的動力，也為文期許「我們的團體在組織架構上將會隨著工作的擴展而有靈活的調整」。做為國際性的精神啟蒙團體，也因應時代環境需求及三大教育的推展，法鼓山體系朝向「心靈環保組織──二十一世紀的修行型組織」調整，於2014年8月，將弘化事業群及相關事業單位，統整為運作、發展、教育、支援四大體系，仍秉承心靈環保為核心，開創法鼓山為引導二十一世紀的心靈環保修行型組織，專職及義工也在不斷學習、精進成長中，凝聚共識，奉獻社會大眾。

　　調整後的組織架構，化繁為簡，除在功能上兼顧垂直管理與平行溝通、協調整合之效能，並具體落實教育與關懷之理念，期許僧俗四眾凝聚同心同願的理念與文化；同時，透過佛法的實踐，以心六倫為軌範、心五四為方法，持續推展三大教育的弘化工作，並與國際接軌。

　　以下就四大體系在2014年的主要工作及活動內容，進行重點概述。

一、運作體系

　　運作體系包括全球寺院、全球護法兩部分，透過於海內外推動禪修、法會、講座、各式課程等，以佛法安定人心，安定社會。

（一）全球寺院

　　法鼓山海內外各地的寺院道場，在臺灣，除法鼓山園區，另有十三處分寺院：北投中華佛教文化館、農禪寺、雲來寺、臺北安和分院、德貴學苑、三峽天南寺、桃園齋明寺、臺中分院、南投德華寺、臺南分院、臺南雲集寺、高雄紫雲寺、臺東信行寺；兩處別苑：桃園齋明別苑、臺中寶雲別苑；四處精舍：臺北中山精舍、基隆精舍、臺南安平精舍、高雄三民精舍。海外部分，包括美國紐約東初禪寺、象岡道場、加州洛

杉磯道場，加拿大溫哥華道場，以及亞洲馬來西亞道場、香港道場（專案）。

其中，隨著大桃園地區學佛民眾與日俱增，傳續齋明寺百年弘法歷史、承接法鼓山精神理念的都會型道場「齋明別苑」，於3月舉辦啟用大典；而位於高雄市建國一路的「新三民精舍」，也在2月灑淨啟用；香港道場（專案）則除了原本位於九龍的會址，10月再添港島會址弘化新據點。

另一方面，位於臺灣宜蘭的「蘭陽精舍」於10月舉辦動土儀式，預計兩年後完工，為宜蘭地區大眾提供更寬敞、交通更便捷的修行空間。

1. 國內部分

在園區方面，致力推動修行弘化、禪修、文化、教育及關懷等工作，全年不輟，定期舉辦的大型活動，如2月除夕撞鐘及新春系列活動、9月禪修月，及12月「2014大悲心水陸法會」等，皆有數千上萬大眾共同參與，體驗禪法安定、淨化的力量；另外，也透過年度的法鼓山大事，如歲末感恩分享會、傳燈法會、在家菩薩戒、剃度等大典的舉辦，接引大眾實踐菩薩行。

自落成以來，園區禪悅境教的特色，在社會、國際間備受肯定，修學參訪行程結合

法鼓山體系組織功能架構圖

靜坐、法鼓八式動禪、經行、觀身受法、鈔經等多項體驗，引領參訪者在靜謐氛圍中安頓身心。2014年，來自海內外各宗教、學術、文化、政府等機關團體，及民間企業的參訪同樣全年不斷，其中，3月來臺參加「國際生命線協會103年全國年會」的近八百位會員，前來園區參訪；7月，國際扶輪社於園區舉辦「國際青少年宗教體驗營」，共有三十四位

水陸法會是法鼓山規模最大的法會共修。圖為水陸法會期中的送聖佛事。

來自歐州、美國及南非的青少年體驗漢傳禪佛教的日常活用；10月，由外交部辦理的「太平洋島國青年領袖訓練計畫」，也安排三十一位太平洋島國青年領袖前來參訪，體驗園區的禪悅境教。

其他分院道場的法務推展，聚焦在法會、禪修、教育成長等面向，以積極入世的態度，將佛法融攝於各項活動中，接引大眾在學佛路上歡喜同行。法會方面，包含新春普佛、元宵燃燈供佛、清明報恩、梁皇寶懺、浴佛、中元地藏法會等，另有例行舉辦的大悲懺、淨土懺、菩薩戒誦戒會及每週的念佛共修等，其中3、8月分別於臺中分院、農禪寺舉辦的梁皇寶懺法會，各有逾六千、近五萬人次參加。

在禪修教育推廣上，除了例行的禪坐共修，也廣開初級禪訓班、禪一、禪二、戶外禪、山水禪等活動，配合快節奏的現代都會步調，多處分院並開辦初級禪訓密集班，契機契理接引忙碌的上班族群體驗禪的安定與放鬆。結合休閒與修行的臺東信行寺禪悅四日營，分別於2、5、12月展開三梯次；9月，北投農禪寺舉辦改建後首場初階禪七，共有來自全臺及香港兩地一百六十三位禪眾參加，於水月道場感受禪的清涼與自在。

此外，涵融佛法、禪法、生活、文化、藝術、教育於一體的多元教育成長活動，2014年也於各分支道場展開，除了例行的佛學、專題講座，齋明寺於1、3月開辦兩梯次供果教學課程，由資深悅眾黃麗月傳授供果擺設的技巧與心法。臺中分院在行之有年的「寶雲講談」之外，8月起至2015年2月，展開七場「活出絕妙人生──法華智慧系列講座」，從《法華經》各品內容擇出七個貼近現代社會需求的主題，邀請社會各領域菁英與僧團法師，暢談佛法和生命的交融，首場由方丈和尚果東法師、宏碁集團創辦人施振榮、導演吳念真對談「找尋人生風景」，共有一千六百多位民眾與會分享人生智慧。

　　臺南分院於4月，與雲集寺聯合舉辦三場「教育暨關懷講座」；7月，與臺南市政府聯合舉辦三場「快樂心生活講座」；9至12月，每週日開辦「法鼓小學堂」課程，藉由活潑互動遊戲，引領孩童學習專注力與耐力，開發內在潛能。高雄紫雲寺則於7、8月分別展開「生命關懷」、「健康活力飲食」系列講座，9至12月，每週日舉辦親子讀經課程，由老至少、由生到死的全方位關懷，祝福大眾活出美好人生。

　　齋明別苑9月起舉辦「歡喜看生死」生死學系列講座，包括「佛教徒的生死觀」、「生死學中學生死」、「臨終關懷」三系列共十三場，帶領大眾認識生命的實相，建立「時時安住正念、處處心安平安」的生死觀念；2月遷移新址的三民精舍，於7、9月分別舉辦「健康活力飲食」及「樂活」系列講座，每場皆有四、五十人參加，學習安全、健康的飲食觀與快樂的生活態度。

　　2014年，法鼓山佛教基金會、農禪寺、中華佛教文化館、雲來寺因長年推動公益慈善及社會教化事業，獲頒內政部績優宗教團體；其中，中華佛教文化館及農禪寺同時亦獲臺北市績優宗教團體肯定。

　2. 海外部分

　　海外道場方面，在北美地區，2014年，適逢美國紐約東初禪寺、溫哥華道場護法會分別成立三十五、二十週年；亞洲地區，馬來西亞道場除與當地佛教團體合作舉辦多元活動，並受邀出席政府多項跨宗教祈福，影響力日見深遠。

　（1）北美地區

　　東初禪寺例行共修，包括念佛、禪坐，及週日法會與講經、中英文禪訓班、一日禪、電影禪等活動。大型法會，如4月清明報恩、5月浴佛法會，分別由常諦法師、果明法師主持；8月中元地藏法會，由果徹法師帶領，勉勵眾人發勇猛精進心修行，學習安忍；梁皇寶懺法會首度於6月底展開，由住持果醒法師主法，並每天講析《梁皇寶懺》的要義及拜懺的殊勝，共有八百多人次參加。2月8至9日進行的傳燈活動，包括半日禪、佛法講座及由聖嚴師父西方法子吉伯‧古帝亞茲（Gilbert Gutierrez）、資深悅眾林博文、毛靖等，與大眾分享「師父的身影」，兩天共有近兩百人次齊聚緬懷聖嚴師父恩澤與教誨。

　　佛學講座，備受歡迎的「週日講座」，包括果醒法師主講「神會禪師的悟境」、果舫法師講「禪淨與解脫」、果乘法師主講「二入四行」等，9月起的週三佛學講座，則由常諦法師主講《金剛經》生活，引導大眾了解佛法要義與生活中的運用。

　　東初禪寺為北美弘法的重心，為接引西方大眾，也開辦以英文講授的禪坐共修、禪訓班、禪一等，邀請聖嚴師父禪修弟子李世娟（Rebecca Li）、哈利‧米勒（Harry Miller）、南茜‧波那迪（Nancy Bondari）讓西方人也能聞法無礙。

　　國際參與方面，1月，果醒法師受邀至加拿大環境部（Environment Canada）及漁業海

洋部（Fisheries and Oceans Canada）演講；6月，東初禪寺果明法師前往德州休士頓主持「禪的體驗」，有近五十位民眾、三十位義工，共同成就法鼓山在休士頓第一場禪修活動；監院常華法師也於6月應邀至紐約內觀禪修中心（New York Insight Meditation Center），與伊斯蘭教代表莎拉·賽義德博士（Dr. Sarah Sayeed）進行一場「佛教徒和穆斯林對話」（Buddhist-Muslim Dialogue），展開跨宗教交流

另一方面，眾所企盼的東初禪寺擴建工程，於11月進行灑淨及動土儀式，為了感恩各界支援並懇請大眾持續護持，10月，舉辦「滿一個願」感恩餐會，共有來自北美各地善施，超過四百人共襄盛舉；另外，以中、英文分別展開兩場「東初禪寺口述歷史座談」，包括開拓北美護法會的美籍華人信眾及聖嚴師父早期西方禪修弟子等近四十人與會，為東初禪寺從篳路藍縷的草創時期到成為法鼓山全球弘化中心做了最佳見證。

同處紐約的象岡道場，以推廣禪修為主，例行活動為每週四晚上的禪坐共修與講經，由監院常聞法師帶領，2014年的講經開示，以牛頭法融禪師之《心銘》為主題，配合日常生活中之禪修與應用。2014全年的禪修活動，包括十場禪一、五場禪三、一場禪五、兩場禪七、三場禪十，以及戶外禪、出坡禪各兩場，多由常聞法師帶領，也邀請聖嚴師父的法子指導，包括賽門·查爾得（Simon Child）帶領5月的默照禪十與10月的禪五，繼程法師主持7月的禪十、11月的話頭禪七，查可·安德烈塞維克（ arko Andričević）帶領體驗棒喝逼拶的話頭禪修。

美國西岸的加州洛杉磯道場，除例行念佛、禪坐共修之外，也不定期舉辦初級、中級禪訓班、禪一、戶外禪等活動。精進禪修方面，3、11及12月，由果醒法師分別帶領禪修教理研習營、360度禪修營、義工話頭禪十，講授無我、緣起性空的要義，以及禪法在生活中的活潑應用；7至9月暑期前後，包括由僧大副教授果徹法師主持默照禪七與念佛禪三，以及邀請繼程法師帶領禪七，三場禪期，禪眾藉由念佛或默照等修行法門，體驗不同層次的禪味法喜。

佛學講座方面，1至2月進行三場，由果明法師講《維摩詰經》、「心淨則國土淨」，及常諦法師講「幸福的滋味——成佛的願力」；6至8月，果徹法師主講「三十七道品」，

東初禪寺「滿一個願」感恩餐會中，眾人接力完成「35」數字燈框，見證護法傳承，代代繼起。

引領大眾深入經藏；8月邀請聖嚴師父西方法子吉伯·古帝亞茲主講三場「禪宗溯源」（Tracing the Roots of Chan），內容包括大乘佛法的興起、觀念及大乘經典的流傳與影響等。

加拿大溫哥華道場2014年的定期共修活動，包括每週安排念佛、禪坐、法

果醒法師於溫哥華道場講《六祖壇經》的奧義。

器練習、合唱團練唱、鼓藝練習等，每月也舉行大悲懺法會、菩薩戒誦戒會、法青活動等。本年適逢溫哥華護法會成立二十週年，6月由方丈和尚果東法師帶領兩百多位信眾進行感恩朝山，勉勵大眾淨化自己的心靈，堅定對佛法的信、願、行。

其他相關弘法活動，還包括1、2月新春系列、元宵燃燈、法鼓傳燈等法會，4、5、8月分別有清明報恩、浴佛及中元地藏、水懺法會，皆由監院常悟法師帶領；果醒法師於1、9月至溫哥華展開關懷期間，道場共舉辦六堂「神會禪師的悟境」、五堂《六祖壇經》佛學講座，及念佛禪一、禪二、生活禪、默照禪二等活動，領眾認識漢傳禪法的活潑實用。

為推廣漢傳禪佛教，溫哥華道場積極與社區、學校交流，包括4月常悟法師受邀至高貴林（Coquitlam），為當地二十多位幼教老師，指導法鼓八式動禪；9月，道場法鼓隊應邀於當地美術館廣場演出，並帶領民眾體驗動禪的放鬆與安定；10月舉辦的禪修體驗營，有近三十位當地「加拿大楓梅聯誼會」成員參加。

5月，駐溫哥華臺北經濟文化辦事處處長莊恒盛伉儷，偕同文化中心籌備處主任楊修瑋等參訪道場，表達對創辦人聖嚴師父的敬仰，以及對法鼓山弘化事業的肯定；8月，馬波社區中心（Marpole Community Center）十四位五十五至九十歲、來自不同族裔的長者也前來參訪，由常悟法師帶領認識佛教與心靈環保理念。

常悟法師也於5月出席加拿大英屬哥倫比亞大學（University of British Columbia）亞洲研究所主辦的「佛教與社會關懷座談會」，與該國學界分享法鼓山慈善救濟與社會關懷工作的理念與原則；6月，溫哥華道場於該校舉辦佛學講座，由方丈和尚弘講「禪與人生──和樂自在好生活」，共有千餘位中、西方人士認識禪的精神與智慧。

位於美國紐約的法鼓出版社，2014年持續每季定期出版英文《禪》雜誌（Chan Magazine），接引西方大眾修學漢傳禪法。

（2）亞洲地區

2014年，馬來西亞道場除持續舉辦各項定期或不定期的禪修、法會、讀書會、佛學及專題講座等活動，也帶領信眾尋根溯源。2月，七十七位信眾組成「菩薩戒暨禪修體驗、寺院巡禮團」，在監院常藻法師帶領下，來臺參加菩薩戒會，並參訪總本山、農禪寺、齋明寺及天南寺，體驗法鼓家風；12月，馬來西亞法青會成員一行三十餘人於法鼓山各道場展開參學之旅，認識觀音道場的禪悅境教，期間並參加農禪寺跨年祈福法會，為自己和眾生祝福。

本年度，除方丈和尚果東法師3、12月於馬來西亞展開弘法關懷行程，僧團法師也多次前往弘法，包括4月信眾服務處常續法師於道場帶領英文初級禪訓班、清明慈悲三昧水懺法會；5月三場專題講座，分別由副住持果品法師、男眾副都監果祺法師、常續法師分享生活佛法與禪法；7月，常源法師帶領初級禪訓班輔導學長培訓課程、初階禪五；8月，果傳法師於怡保共修處主講「心靈環保與生命安頓」，並帶領中元地藏法會；9月，弘化發展專案召集人果慨法師在馬來西亞道場主講「佛教徒的生死觀」專題講座，並帶領「《大悲懺》法研習營」，引領學員深入懺法法門，讓內心更加清淨。

另一方面，道場也受邀出席當地政府舉辦的多場活動，3月，常藻法師出席為馬航MH370班機受難者舉辦的「跨宗教祝禱會」；4月，法師們及五十位義工參與「MH370牽動全世界人心念誦大會」；7月參加「追悼MH17跨宗教禱告會」，與六大宗教的宗教師及領袖，進行祝禱儀式，共同為失聯的馬航乘客和機組人員祈福。8月，出席馬來西亞「國慶日誦經和祈福法會」，與近兩百位漢傳、南傳及藏傳佛教代表，在點燈儀式及念佛聲中，祈求三寶加被，社會和諧安樂。

此外，為在東南亞地區推廣漢傳佛教，2014年道場並與其他佛教團體合作，包括應當地佛青總會之邀，常藻法師分別於7、12月，出席「佛教的變異」、「佛陀教育和生命教育並行的重要性」兩場座談會，探討佛教在不同時空文化中形成的多元面貌；8月，除常藻法師應邀至沙登那爛陀（Nalanda）佛學會，與該國佛教發展基金會副主席拿督洪祖豐對談「佛教財富觀」外，馬來西亞道場也與佛青總會、《星洲日報》聯合舉辦兩場講座，分別由僧團都監果光法師主講「修行人的領導祕方」、

果慨法師於馬來西亞道場主講「佛教徒的生死觀」，分享生死皆自在的人生觀念。

法鼓文理學院校長惠敏法師主講「心的祕密——慈悲禪修之宏觀與微觀」。

香港道場（專案）方面，定期共修包括念佛、禪坐、大悲懺法會、菩薩戒誦戒會，以及讀書會等活動；年度的新春普佛暨祈福法會、清明報恩佛一、浴佛法會暨皈依典禮、中元《地藏經》共修等大型活動，每場皆有數百人參加；12月初，香港道場也和東初禪寺、洛杉磯道場、溫哥華道場，以及馬來西亞道場，與法鼓山園區同步舉辦「2014大悲心水陸法會」網路共修，傳遞跨時空的祝福；歲末的慈悲三昧水懺法會，則有近千人參加，活絡了當地的學佛風氣。

在禪修活動上，全年舉辦多場初級禪訓班及戶外禪；而繼十多年前聖嚴師父應邀在香港中文大學演講，因緣再次在中大校園萌芽，該校於7月暑期組團來臺參加「青年卓越禪修營」，也與香港道場合作辦理「青年五日禪」、「午間禪坐共修」、「初級禪訓班」、「初級禪修工作坊」等活動，除了經行、禪坐等項目，也運用聖嚴師父著作《聖嚴法師教禪坐》，不僅引導教職員與學子學習安全實用禪修的方法與觀念，也提昇了校園的習禪環境。

2014年的佛學課程，包括果醒法師講「楞嚴空義」、禪堂堂主果元法師主持〈默照銘〉講座，以及果興法師導讀《佛遺教經》與《四十二章經》，帶領學員深入經典要義。本年適逢法鼓山香港成立分會二十週年，除了原本位於九龍的道場，10月港島會址正式啟用，由方丈和尚主持灑淨開光儀式。

（3）全球護法

法鼓山全球護法組織包括會團本部（護法總會）、信眾服務處、各地辦事處及共修處、海外護法會等，在僧俗四眾的積極參與下，透過多元的共修、聯誼、讀書會、關懷、研習營、成長營等方式，以護持法鼓山理念為己任，協助僧團擔荷建設人間淨土的使命。

1.會團本部（護法總會）

護法會團本部設有護法會、法緣會、法行會、禪坐會、念佛會、法青會、教師聯誼會、榮譽董事會、社會菁英禪修營共修會、助念團、義工團、合唱團及信眾服務處等，由在家居士組成，群策群力以佛法從事自利利人的工作，互相學習、共同成長。

1月，由護法總會及全臺分院、護法會辦事處，以及海外馬來西亞道場，聯合舉辦的「2013年歲末感恩分享會」，在十一個地點同步展開，方丈和尚果東法師出席主現場齋明寺，透過視訊連線對參與的近五千八百位信眾表達關懷與祝福；4月，於雲來寺舉辦「2014年悅眾聯席會議」，由果光法師分享「心靈環保勸募學」；「2014年新進勸募會員授證典禮」則於8、9、11月分別在雲來寺、雲集寺、寶雲別苑舉行，共有三百多位新進勸募鼓手加入建設人間淨土行列。

此外，3月於雲來寺舉行「新勸募會員成長營」，護法總會講師王志強與多位資深勸

募會員,為學員帶來豐富的課程與經驗分享;10月,於禪堂進行的「正副會團長、轄召、召委禪二」,由常源法師帶領,並分享禪修心法於勸募工作上的應用。

而於2013年啟動的「行動報師恩──小沙彌回法鼓山」,2014年引發廣大回響,共有近七千人次參與,並於3月成立專屬網站上線,透過網路分享,邀請更多人共同護持法鼓文理學院的建設。

臺北市中山區信眾參與「行動報師恩,小沙彌回法鼓山」活動,分享願心和感動,也邀請更多人共同參與。

2014年各會團均舉辦多元成長活動,提昇會眾學能,精進成長。例如,禪坐會於3至8月期間,共舉辦六場聯合戶外禪,以自然經行、靜坐、聽溪等活動,練習禪修的方法;7月,在農禪寺展開悅眾充電營,監院果毅法師以聖嚴師父於1990年寫給禪坐會悅眾的書信內容:「初機入佛,以自利自安為首,略涉修學,則知安人利他,益世濟眾,方為究竟自利的不二法門。」與禪眾共勉;也於護法會板橋、新莊、內湖、新店等辦事處以及德貴學苑開設「輕鬆學禪班」,透過瑜伽禪、鬆筋禪、禪坐、動禪、都市經行等課程,讓學員在動靜之間,感受到心的清楚與平靜。國際禪坐會(International Meditation Group, IMG)除每週的例行共修外,2014年分別在園區、農禪寺、雲來寺,以及齋明別苑舉辦英文禪一,全年九場,共有兩百多人次參加。

以各級學校教師為主要成員的教聯會,1、3、7、8月,分別展開寒假教師禪七、教師心靈環保一日營、教師禪十、心靈環保教師自我成長營,廣邀教師透過禪修安定身心,並在校園中推廣心靈環保,落實生命教育。助念團則於2、6月,在雲來寺、臺南分院舉辦北區、南區「助念團新任悅眾成長營」,內容包括大關懷教育的內涵、佛事的意義等;至於信眾服務處,8至11月期間,在全臺舉辦八場「勸募關懷逗陣走」活動,以分享與模擬方式,協助勸募小組長更熟悉關懷的方法。

法青會各地分會則定期開辦禪味鈔經班、梵唄班、法音宣流等課程,接引青年學子學習各種修行方法。在成長課程上,全年度於德貴學苑展開兩梯次,每梯次六堂課的「遇見心自己」,由常願法師引導青年學員放鬆身心、覺察自我;已進行多年的「身心SPA」活動,2014年則舉辦四梯次,每梯次八堂,由常元法師等帶領瑜伽伸展、禪坐體驗、遊戲動中禪等,皆有三十多人參加。

2月在德貴學苑展開「新春彩頭三堂課」,由果醒法師帶領,以人際交流大暢通、

自我成長大躍進、發現心中大寶藏為主題，幽默生動地詮解佛法觀念如何在生活中落實；2至6月、9至12月期間，於齋明別苑舉辦藝術與心的對話系列課程，青年學員藉由繪畫、音樂、圖卡等藝術媒介，探索與了解自我；3至4月，舉辦三堂「覺茶臺灣」系列講座，邀請臺灣大學農藝學系教授劉麗飛主講，內容包括世界茶史、認識茶樹、臺灣茶的不同特色、茶文化等課程，課程圓滿後，並於新北市坪林有機茶園進行實地採茶與製茶。

4月，於天南寺舉辦「悟吧！靠過來」二日營，由悟寶熊、心潮鼓手、梵唄班、山水禪以及心潮茶等團隊規畫課程，透過莊嚴攝心的梵唄聲、撼動人心的鼓樂，帶領青年學員領略安定身心的法門；8月，心潮鼓手、心潮茶團隊聯合於法鼓山園區舉辦結業典禮，展現學習成果。

法行會法鼓隊慶祝成立十五週年，1月舉辦「鼓動心靜」成果發表會，歷年隊員、親友、法鼓山各地鼓隊隊員等近兩百六十位來賓到場祝福；而在每月的例會中，由僧團法師講授《金剛經》、《地藏經》、《梁皇寶懺》、《學佛五講》等佛學要義。念佛會則於12月在園區舉辦「梵唄成長營」，由輔導法師常林法師帶領，共有一百八十多位學員學習和眾、無我、感恩與奉獻的悅眾心態。榮董會的「榮董聘書頒發暨聯誼會」，2014年頒聘兩場，共近八百人參加；9月於法鼓山全資網建置「榮譽董事會子網站」，並於11月起發行「法鼓山榮譽董事會電子報」，提供榮董各項資訊和相關服務。

2.各地辦事處及共修處

各地辦事處及共修處主要提供各地區行政辦公及信眾共修、聯誼之用，共修內容包括禪坐、念佛、佛學課程、法器練習、讀書會、勸募分享等相關活動。2014年，全臺共有四十一個辦事處、十九個共修處，與地區民眾共同修福修慧。

全年度活動以歲末關懷揭開序幕，1月期間，包括護法會苗栗、彰化、南投、豐原、員林、嘉義、朴子、潮州、花蓮等辦事處，以及竹山、東勢共修處，分別前往關懷戶家中進行慰訪及發送物資；推動禮儀環保，提倡佛化倫理孝道的「2014第二十一屆佛化聯合祝壽」活動，於9至10月期間，由全臺多地辦事處協辦其中二十場次。12月，「2014第八屆大悲心水陸法會」啟建期間，全臺共有十五個辦事處及共修處透過網路，以視訊連線，接引無法親臨現場的民眾，就近與法相會。

心潮茶團隊於結業典禮上奉茶，將學習成果轉化成安定自在的茶禪。

此外，響應護法總會「行動報師恩──小沙彌回法鼓山」活動，全年有宜蘭、新莊、中山、高雄北區、南投、豐原、彰化、苗栗、大同辦事處及臺北大信南地區和喜自在組、內湖共修處等地區信眾參與，接續聖嚴師父興學大願。

各地辦事處、共修處活動中，規模較大者，北部地區大同辦事處於7至9月間，開辦十堂「助念法器共修課程」，學員接受有次第的教學；中永和辦事處9月起進行「福田班」課程，信眾學做福慧具足的萬行菩薩。中南部地區，嘉義辦事處於1月舉辦《聖嚴法師智慧小故事》新書分享會，由作者果祥法師分享在聖嚴師父座下親炙教誨的點滴；3月，虎尾共修處邀請布袋戲編導大師黃逢時，分享「布袋戲中之傳統文化與倫理」；6至10月間，高雄北區、南區辦事處，潮州辦事處分別舉辦多場新進勸募會員說明及聯誼會，由悅眾分享如何勸人學佛、募人修行的心法。

3.海外護法會

法鼓山海外弘化據點，遍及北美、歐洲、亞洲、大洋洲等多處，其中北美地區有八個分會、十四個聯絡處、十個聯絡點。分會分別是：美國紐約、新澤西州、伊利諾州芝加哥、加州洛杉磯、加州舊金山、華盛頓州西雅圖等分會，以及加拿大溫哥華、安省多倫多分會。亞洲地區有香港、新加坡、泰國、馬來西亞等四個護法會；大洋洲有雪梨、墨爾本兩個分會；歐洲則有盧森堡、倫敦兩處聯絡處，以及里茲聯絡點。

其中，舊金山分會於5月、多倫多分會於10月喬遷至新會所，新澤西州分會於11月進行新會所整建工程，期以更寬敞的共修空間，接引當地民眾學習佛陀的慈悲與智慧，提供世界更多和平安定的力量。

因應各地文化背景及信眾需求，各據點皆安排有禪坐、念佛、讀書會、佛學課程等定期共修課程，共同的法會活動有於2月展開的新春祈福、傳燈法會；3月的清明報恩、5月浴佛、8月中元地藏法會等；12月，北美的加州舊金山、新澤西州分會，以及亞洲的新加坡護法會，也與臺灣同步，展開「2014大悲心水陸法會」網路共修。

另一方面，僧團法師也不定期前往弘法關懷，以融攝生活佛法的禪修、講座，與海外大眾分享普潤人心的法益。

在美洲，舊金山分會1月邀請聖嚴師父西方法子賽門‧查爾得主講「默照禪」並帶領默照禪二；東初禪寺住持果醒法師於3、7月前來關懷，並開辦多場佛學講座、帶領禪修、主持法會、主講福田班課程「認識法鼓山」及帶領法器共修等活動；8月進行三場佛學講座，由僧大副教授果徹法師主講「四念處」、「創造和諧的人際關係──贏得好人緣」、「幸福美滿的人生」，並帶領一場禪一。

9月，北美護法會輔導法師常華法師除了於分會主持心靈茶會、法器教學、佛法講座等，並參與分會舉辦的跨宗教對話活動，與奈爾斯發現教會主任牧師（The Senior Pastor at Niles Discovery Church）傑夫‧史賓塞（Jeff Spencer），就「面對死亡」為

題進行對談；10月的系列禪學講座，由常慧法師講授「心的鍛鍊——禪師對弟子的磨練」，分享禪門鍊「心」的歷程。

西雅圖分會於2月由果徹法師主講五堂「三十七道品講記」，並帶領新春、傳燈法會及禪一；4月，東初禪寺果明法師弘講四堂《六祖壇經》，帶領禪坐、念佛共修及主持默照禪五；8月，僧大講師常延法師於分會弘講十堂《金剛經》，並帶領初級禪訓密集班；11月的十三週年慶系列活動，包括由常諦法師帶領默照半日禪、藥師法會、電影禪，以及生活佛法講座，義工也在服務過程中學習與成長。

芝加哥分會於4月舉辦專題講座、念佛禪一及清明報恩地藏法會，由果明法師主持；8月的禪三，由果醒法師帶領；9月舉辦兩場專題講座，邀請聖嚴師父西方法子吉伯・古帝亞茲分享「親近聖嚴師父與習禪的因緣」、「菩提心」，講析如何在生活中培養菩提心，並用來改善周圍的環境。

新澤西州分會於3月舉辦慈悲三昧水懺法會，由東初禪寺果解法師帶領；5月的浴佛法會由果醒法師主法，並開示浴佛的真義是外浴釋尊，內浴自心；7月「禪話家常」專題講座，由禪堂堂主果元法師主講。9月，分會舉辦系列弘法活動，邀請繼程法師主講四場佛法講座及帶領禪三，傳承聖嚴師父的教法。

安省多倫多分會則於9月舉辦「牽心牽緣，燈燈相續」心靈饗宴，果醒法師、常華法師出席關懷，感恩信眾長期護持，也勸請眾人持續推廣法鼓山的理念。

亞洲方面，新加坡護法會全年念佛、禪修、法會、講座活動密集，2月新春祈福法會，由僧團常雲、常昭、常實法師自臺灣前往帶領；4月清明報恩佛三，由桃園齋明寺監院果舟法師、常浩法師主持，5月的浴佛法會，由信眾服務處監院常續法師主法。

新加坡護法會禪七圓滿，青年禪眾歡喜合影。

7月果傳法師前往關懷，並弘講四堂「法鼓山的理念」；8月，由法鼓文理學院助理研究員辜琮瑜主講「讀禪宗詩偈‧體生命智慧」，分享透過祖師的禪思，體悟生命的智慧，也帶領「歡喜看生死」心靈環保工作坊；9月上旬，果慨法師前往新加坡弘法，包括主講三場專題講座，講授《金剛經》、《阿彌陀經》與《地藏經》中的生命實相。

10月的系列弘法活動，由傳燈院常願法師、常護法師帶領，除分別主講「正見與正念」、「簡單禪」，並帶領初階禪七，分享如何綿密而細膩地活用禪修方法；12月舉辦「心‧生活fun鬆體驗營」，由青年院常元、常義、常啟、常澧等四位法師帶領，近七十位新加坡、馬來西亞青年學員學習開啟正向能量。

泰國護法會於5月舉辦浴佛法會暨皈依典禮，由方丈和尚果東法師主持；8月的中元地藏法會，由果傳法師帶領，並講說《地藏經》要義，勉勵大眾學習地藏菩薩的大願精神。

大洋洲墨爾本分會方面，果元法師於10月前往弘法關懷，除帶領禪修與主持佛法講座外，並介紹、指導「香道」，透過鼻根辨香，從心感受喜悅與滿足。2014年，墨爾本分會首度被澳洲白馬市（City of Whitehorse）推薦為「公益團體」，肯定分會多年來以「心靈環保」理念，與當地米徹姆（Mitcham）居民的積極互動。

二、發展體系

發展體系包括文化中心、信眾教育院、傳燈院、關懷院、青年發展院、相關基金會（人基會、慈基會、聖基會）、弘化發展專案等，致力於推展法鼓山修行、教育、弘法以及文化等事業，提供現代人具體可行、安頓身心的觀念與方法。

（一）文化中心

文化中心為法鼓山主要文化出版、推廣單位，在佛法生活化的前提下，整合文化出版、影視製作、文宣編製、修行用品等，期能以無遠弗屆的文化傳播力量，戮力於漢傳禪佛教的推廣。其下組織設專案規畫室、文化出版處、營運推廣處、史料編譯處等。文化出版處下有叢書部、雜誌部、文宣編製部、影視製作部、產品開發部；營運推廣處下有整合行銷部、數位行銷部、通路業務部；史料編譯處下有史料部、國際翻譯組。對外出版單位為法鼓文化。

2014年叢書部共出版二十八項新品，包含新書二十四種、影音產品三種及桌曆一種；包括重新選編聖嚴師父文稿，出版七本著作：《和樂無諍——心平氣和，是非要溫柔；和樂平安，我為你祝福。》、《安心禪》、《放下禪》、《快樂禪》、《紓壓禪》、《東初禪寺的故事》及《禪與悟》英文版。其中，《和樂無諍》為法鼓山年度主題書，由聖嚴師父著作中，精選「氣和人和事事和」、「認識自我，成長自我」、「面對它，接受它，處理它，放下它」、「共創和平安樂的社會」等相關主題的開

示，提供大眾和樂之道及人心和諧的力量，給予社會平安的祝福；《東初禪寺的故事》則是集結聖嚴師父歷年闡述美國紐約東初禪寺篇章，藉由護法信眾以信心、願心成就的東初禪寺故事，再次探尋、守護親近佛法的初發心。

2月出版的《心靈環保經濟學》，是由擁有經濟學、管理實務專業背景的僧團都監果光法師，提出重振經濟的新思惟——心靈環保經濟學，從「心」出發，直探當代經濟問題的根源，帶領人們對治欲望，以利和同均為理想，建構自利利他的經濟體系；6月出版由學者廖肇亨撰寫的《巨浪迴瀾——明清佛門人物群像及其藝文》，以宏觀的角度和多元史料，重新認識明清佛門高僧的人格典範與師徒情誼。

10月出版的2015年法鼓文化桌曆《觀·禪》，藉由農禪寺的山水之境，尋得每個人的禪心與自由自在；11月出版《烽火家人——從原生家庭看自我成長》，由實踐大學社會工作學系副教授楊蓓以其從事家庭治療的專業經驗，為讀者詳細解讀原生家庭與如何從中型塑出自我價值與人際關係；《四季禪詩》於12月出版，兒童文學作家謝武彰精選四十首禪詩，搭配插畫家張振松的清新繪圖，帶領賞析禪詩中的四季之美。

除了實體書的出版，叢書部也積極回應多元閱讀的時代需求，6月起正式授權「愛播吧」製作的有聲書App，於安卓（Android）系統的Google play上架，共有繁體、簡體二種App版本，包括聖嚴師父弘講的《心經觀自在》、《金剛經如是說》、《地藏菩薩本願經》、《觀世音菩薩普門品》、《法華經的人生智慧》等，以及廣播人士白銀等播講的《觀世音菩薩》、《原始佛教》等具有代表性的書籍，共上百部，提供讀者隨時隨地於行動裝置下載聆聽佛法有聲書。

雜誌部2014年出版十二期《法鼓》雜誌（289～300）、十二期《人生》雜誌（365～376）。《法鼓》雜誌方面，2014年12月圓滿出刊300期，陪伴法鼓山教團走過二十五年，持續以聖嚴師父期許「傳遞法鼓山理念」為使命，翔實記錄僧俗四眾提昇自我、奉獻成長的軌跡。

2014年的《法鼓》雜誌，亦是法鼓山全球弘化道業的具體呈現。7月，美國法鼓山佛教協會（DDMBA）正式取得聯合國經濟及社會理事會的特殊諮詢地位，實現聖嚴師父於國際推動佛法與心靈環保的遺願（297期）；聖嚴師父生平首建道場——美國紐約東初禪寺，本年創建屆滿三十五年，299

法鼓文化出版多種書籍與《法鼓》、《人生》雜誌，致力於漢傳佛教文化的深耕與法鼓山理念的推廣。

期、300期接續報導東初禪寺感恩餐會、口述歷史及道場擴建動土等活動;加拿大多倫多、美國新澤西州新會所亦相繼落成及整建(300期),僧俗四眾繼起聖嚴師父西方弘化悲願。

3月,位於桃園市中心的齋明別苑落成啟用,292期一版、八版分別報導啟用典禮與建築特色,介紹這座「桃園都會的心靈桃源」;中臺灣的教育中心──臺中寶雲寺,將於2015年3月啟用,接續聖嚴師父分享佛法的願心,寶雲寺自8月起舉辦七場「活出絕妙人生──法華智慧系列講座」,各場講座的精彩內容自297期起陸續報導;臺北安和分院邁入二十週年,299期分享了這座臺北都會心窗的成長故事。

各界關注的聖嚴師父興學大願,2014年有重大突破。校園建設方面,「禪悅書苑」取得使用執照(289期)、禪悅書苑圖書館「麗英館」揭牌(293期)、企業家許光陽捐設「揚生館」(296期),使設校條件更加具足;297期報導教育部通過「法鼓人文社會學院」與「法鼓佛教學院」兩校合併,以「法鼓文理學院」為校名,一座心靈環保人才的培育園地正式啟航。

《法鼓》雜誌亦持續報導法鼓文理學院、中華佛學研究所舉辦或參與的各項國際學術會議,以及與國際、教界的交流與合作,如292期佛教學院與美國欽哲基金會合作之「藏傳佛典漢譯暨翻譯人才培訓計畫」、300期正念減壓創辦人卡巴金(Jon Kabat-Zinn)來訪交流等。6月底舉辦的「聖嚴思想國際學術研討會暨法鼓山信眾論壇」,296期以一版頭題及八版全版刊登特別報導,分享學術界對「聖嚴思想與當代漢傳佛教的傳承與實踐」之研究成果。

在大普化教育方面,292期報導普化教育關懷員充電營、295期分享「禪學第一班歡喜結業」、297期「快樂學佛人」課程首度走入社區,並持續報導各地接續開辦的聖嚴書院、佛法課程等,亦刊登各班學員學習心得與精進學員故事,從中分享自我提昇與成長的法喜;數位弘法的腳步亦備受關注,291、294、295期分別報導法鼓山智慧隨身書App、有聲書App上架訊息。

2014年世界各地災難頻傳,馬來西亞航空3月與7月分別發生空難,國內5月臺北捷運殺人事件、7月復興航空於澎湖發生空難、7月底高雄市驚傳氣爆事件,法鼓山慈基會、各地分院道場於掌握災情與救援需求後,投入關懷與心靈援助,293、295、296、297期皆有深入關注與報導。298期人基會「國際關懷生命獎頒獎暨論壇」,表彰獲獎者以悲智大願奉獻利他精神;「心劇團」於雲林偏鄉的「轉動幸福」計畫、慈基會各項慰訪關懷活動,《法鼓》雜誌均有同步報導。

國際弘化上,294期分享方丈和尚果東法師獲頒泰國摩訶朱拉隆功佛教僧伽大學的佛教管理榮譽博士學位、300期報導聖基會於美國哥倫比亞大學設置的「聖嚴漢傳佛教講座教授」,由楊朝華博士接任,繼續在西方學術界扎根漢傳佛教研究。方丈和尚、禪

堂堂主果元法師、聖嚴師父法子繼程法師海外關懷、弘法腳步不停歇，分別前往美、加、墨西哥、印尼、歐洲、東南亞等地主持禪修、弘講或參與跨宗教對談，293期、298期、300期有詳盡報導。

其他特別報導還有：2014大悲心水陸法會（289期）、2014傳燈法會（291期）、2014禪心浴佛（294期）、師父頑皮童年展（295期）、歐美禪眾巡禮尋根（296期）等。

《人生》雜誌方面，2014年的封面、扉頁仍以插畫呈現，延續廣受好評的活潑、明亮風格。各期的專題及新闢專欄均緊扣現代人的修行生活，以符應現代人的禪修需求；另一方面，也加強佛法正知見的建立，闡揚漢傳佛教的智慧，回歸人生佛教的佛法源頭。

每期專題是雜誌的核心議題，本年實用的修行法門系列專題有：2月號（366期）出版「拜《水懺》，迎好年」、7月號（371期）「大家來鈔經」、11月（375期）「法會共修，原來如此」，透過圖解及內容解析和Q&A問答，介紹常見的修行法門與法會儀軌，釐清觀念與方法的困惑，使讀者能知其所以然，以精進心、歡喜心參加共修；「經典」類專題有8月號（372期）「大孝大願《地藏經》」，除了介紹經中的慈孝觀念、經典結構與修行法門等，更凸顯契合當代的地藏本懷，例如《地藏經》中的大願大孝，眾生一肩挑；從生到死的全面關懷；脫離當下的地獄，逆轉人生，引導讀者認識這部漢傳佛教中深深影響大眾生死觀念、來世觀念的經典，了解此經跨宗教、跨文化的背景與殊勝。

另一方面，針對現代人對於日常生活中禪修的需求，企畫了4月（368期）「朝聖——向心中的靈山出發」、6月（370期）「來去禪堂——度修行假」、9月號（373期）「皈依三寶，歡喜入門」、12月（376期）「家事禪，宅修行」，無論是旅遊、假日、在家都可以時時與禪修結合，體會「禪就在日用中」。

此外，佛教文化與社會議題的專題，有1月號（365期）「真食要素，解禪年菜」、3月號（367期）「轉正念，不抱怨」、5月號（369期）「烽火家人——從原生家庭看自我成長」、10月（374期）「菩薩在人間——散發生命的光與熱」，為現代人提供心靈成長與自我提昇的生命養分。

專欄方面，新闢專欄如生活類的「人生選擇題」、「修行在LA」、「禪味小食堂」，以及大覺智海的「禪門直心」、「楞嚴導讀」等，除了提供生活中的身心安頓之道，還有深入與詳細的修行方法解說。延續好口碑的專欄則有「農禪悟語」、「佛藝好修行」、「電影不散場」（電影與人生）、「東亞佛寺之旅」、「華嚴心鑰」等專欄。另外，「人生座談會」摘錄法華智慧系列講座，透過名人觀點與佛法的激盪，提供現代人不同的生命視野與經驗分享。

接受體系內各單位委託製作各類文宣、結緣品的文宣編製部，2014年主要出版品包

括《2013法鼓山年鑑》、《金山有情》季刊（47～50期）、《法鼓佛教院訊》季刊（26～28期）、《法鼓佛教院訊》季刊（創刊號）、法鼓山《行事曆》，還有聖基會《共修力量大》、《人生最後的功課》、《樂齡——體驗與享受生命的美好》與《食在好素》，以及《今生與師父有約》第六集

「老農禪‧心水月」特展中，農禪寺從開創、深耕、開展、轉型到承先啟後，都呈現在客堂牆上的一幀幀老照片中。

等八本中、英文結緣書籍。

影視製作部於2014年自製影片三十四部，包括《法華經的人生智慧》、《師徒故事》動畫系列、《2014法鼓山大事記》等，以及公益微電影《幸運色》；在教學類影片方面，共完成《方丈和尚精神講話之聖嚴師父開示》四集的字幕製作。

以開發涵容心靈環保理念的各式用品、飾品、修行用品為主的商品開發部，2014年共推出五十項新品，包括主題年系列（萬用禮袋、口袋手札、春聯磁鐵）、四安系列（禪修斗篷）、香品系列（盤香、臥香）、日日好系列（自填手帳本）、祝福系列（鑰匙圈）、祈福系列（祈水晶吊飾）等，廣與社會大眾分享禪修與環保在日常生活中的實用。

史料部2014年於法鼓山園區規畫「來法鼓山觀音道場——觀音菩薩特展」，打開觀音密碼，不僅領略觀音之美，也學習觀音精神；並在農禪寺安排「老農禪‧心水月」特展，巡禮農禪寺的發展歷史。

（二）信眾教育院

信眾教育院主要負責規畫、研發、推廣各式佛學課程，及培訓讀書會帶領人等工作，2014年持續整合豐碩的學習資源，普及對信眾的佛法教育。

在聖嚴師父圓寂五週年之際，信眾教育院每週三主場地在農禪寺進行的線上直播「法鼓講堂」，於1至8月間導讀《法鼓全集》，由僧團法師接力授課，從《法鼓全集》中深入聖嚴師父八十載生命著述與弘法的脈絡，以及在生活中實踐佛法的智慧與慈悲，帶領四眾弟子隨師行願。

在聖嚴書院普化教育的推廣上，包括佛學班、禪學班及福田班，系統介紹佛法知見、漢傳佛教內涵，以及法鼓山的理念。2014年在佛學班部分，共新開十四班，總計八十三班，逾五千位學員參加；禪學班新開一班，共兩班，5月並於農禪寺舉辦「聖

嚴書院禪學班第一屆結業典禮」，共有六十九位學員完成三年精進學習；福田班新開十二個班次，帶領近兩千位義工開展自利利人的服務奉獻生涯。

另一方面，接引大眾掌握學佛入門和次第的「快樂學佛人」系列課程，全年於全臺及海外，共進行三十二梯次，兩千六百多人參加；其中，7月於新北市樹林區停七活動中心開辦的課程，是首度於社區開班，就近接引大眾輕鬆踏上學佛之路。而專為六十歲以上長者開辦的「法鼓長青班」系列課程，2014年於全臺各地分院、護法會辦事處，共計展開二十三個班次，近兩千二百位長者參加，為高齡社會注入關懷與安定的力量。

培訓課程上，2月，以「探尋與追隨」為主題的「第二屆普化教育悅眾充電營」，於農禪寺展開，共有一百六十位關懷員深入了解普化教育內涵；8月，「普化教育關懷員北區聯合培訓」課程由果毅法師帶領，邀請資深讀書會帶領人方隆彰主講「如何在小組內啟發團體動力」，近六百位快樂學佛人、長青班、福田班、佛學班、禪學班等課程的關懷員參加，學習在成長自我中弘法。

普化教育悅眾充電營中，果毅法師叮嚀擔任關懷員不只是服務，還要走入佛法更深處，常提起願心和信心。

心靈環保讀書會方面，全年海內外共有一百零三個讀書會，其中於國內有九十八處；而為培育心靈環保讀書會帶領人，10月兩場「心靈環保讀書會帶領人培訓」課程分別於農禪寺、臺中寶雲別苑展開，內容包括《法鼓全集》導讀、心靈環保讀書會的理念、有效提問四層次等，有近一百八十位學員參加，為帶領人注入新能量。

（三）傳燈院

以推廣禪修為主的傳燈院，於2014年制定「法鼓山禪修學習地圖」，從入門、基礎、初階、中階到高階，次第分明的指引，讓學習者能清楚目標、層層遞進，也讓禪修的學習更顯條理完整且平易近人。

全年度在例行禪修活動方面，「Fun鬆一日禪」每兩個月舉辦一場，共近四百人參加；「舒活二日營」分別於1、3月在雲來寺展開，近一百人參加；五場「精進禪二」，分別在法鼓山園區、三義DIY心靈環保教育中心進行，每場有近一百二十人參加；「中級1禪訓密集班」全年開辦五場，帶領三百多位初學者做好進入禪七精進修行前的準備。

於三義DIY心靈環保教育中心展開的培訓課程，包括3月「坐姿動禪學長培訓」、4月「中級1禪訓班學長培訓」、5月「禪坐帶領人培訓」及「禪堂助理監香培訓」、7月「立姿動禪學長培訓」、8月「初級禪訓班輔導學長培訓」及「地區助理監香培訓」、9月「地區助理監香成長營」、10月「動禪學長培育」等，藉此

大眾在「禪心浴佛，我為你祝福」活動中，放鬆身心體驗法鼓八式動禪。

培養更多推廣禪修的師資及種子人才。

其他活動，如5月為慶祝母親節暨佛誕節，於臺北市國父紀念館中山公園廣場舉辦「禪心浴佛，我為你祝福」活動，近五千位民眾透過生活禪的體驗，認識禪修與生活間的關聯與運用；10月，於天南寺舉辦「社工禪修營」，由監院常乘法師帶領，練習覺察自我、放鬆身心與放下壓力，共有五十位專業社工人員讓身心更沒有負擔，重燃助人的力量和信心。

另一方面，相關的禪修課程研發也持續進行，針對法鼓山心靈導覽員的禪悅境教，規畫系列教案，並且延伸至農禪寺的心靈導覽員培訓課程；初級禪訓班課程則調整新增六堂課版本，中級1禪訓班進行八堂課的規畫，期以更靈活的課程組合，接引不同需求的禪眾。

（四）關懷院

關懷院著力於推動以心靈環保為核心的生命教育、臨終關懷、佛化奠祭、環保自然葬等，普遍而平等的圓滿每個人生命各個階段的需求，3至7月，分別在臺南分院、臺北安和分院、三峽天南寺與德貴學苑開辦四梯次大事關懷課程，內容包括認識法鼓山大關懷教育、佛事的意義、梵唄與法器練習等。於德貴學苑進行的十

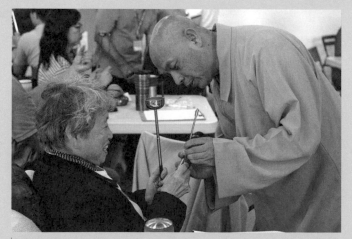
常健法師巡迴北美，分享莊嚴佛事觀念。圖為在舊金山分會教導學員執掌法器的方法和技巧。

堂課程，有近一百六十位青年學員學習正信、正知、正見、正行的佛法觀念，解開生死迷思與恐懼，進一步以感恩心、歡喜心面對死亡。

9至10月，監院常健法師也巡迴北美，除了於美國紐約東初禪寺、加拿大溫哥華道場，並於北美護法會加州舊金山、華盛頓州西雅圖、新澤西州等三地分會，主持「圓滿生命的無限延伸——生死兩相安大事關懷」課程，分享莊嚴佛事的觀念。

（五）青年發展院

以接引青年修習正信佛法、修行禪法為主旨的青年發展院，透過系列國際化、年輕化、生活化的身心靈課程和學習活動，期能培養健全自我、身心健康、奉獻社會的年輕人，1、7月，分別於三義DIY心靈環保教育中心、法鼓山園區舉辦2014冬季、夏季青年卓越禪修營，共有三百位學員藉由禪修體驗，學習超越自我的視界，開拓更寬闊的人生視野。

7月並於三峽天南寺舉辦青年精進禪修營，邀請聖嚴師父法子果峻法師帶領；果峻法師並主持11至12月的「禪」系列講座，共七場，主題分別是「禪的源流與發展」、「禪修的基礎方法」、「禪修的歷程」、「《六祖壇經》」、「禪與人生」、「禪與現代生活」、「禪修的方法——話頭、默照」，分享自身的禪修體悟，並帶領體驗茶禪、書法禪與藝術禪。

青年院5月舉辦專題講座，由禪堂堂主果元法師主講「青年跨宗教交流」，分享參加國際宗教交流暨盧嘉勒紀念研討會的見聞與心得；12月舉辦「全球永續發展與心靈環保的交會」英文工作坊，由常濟法師帶領研討心靈環保與永續發展的關連，鼓勵青年拓展視野，將關懷觸角伸入國際。

第二屆「心‧生活高中營」則於8月在臺東信行寺展開，引導高中學子立定正向的人生規畫。

（六）相關基金會

慈基會、人基會、聖基會，為法鼓山在社會上深耕勤耘大普化、大關懷、大學院三大教育理念的重要單位。

1.慈基會

慈基會秉持「安心、安身、安家、安業」的四安理念，落實急難救助、社會關懷工作為主，致力達成「關懷無國界」的目標。2014年在各項例行關懷活動上，102年度全臺歲末關懷於1月底圓滿，結合社會各界資源，有近三千二百戶家庭在寒冬中感受佛法與人情溫暖；5月展開端午關懷，攜帶應景素粽前往關懷家庭表達祝福外，慰訪義工並分別至各地社福機關、安養機構，與院民歡度佳節，共計關懷近一千一百戶家庭；第二十四、二十五期「百年樹人獎助學金」，全年共嘉惠近三千五百位學子。而為落實對偏鄉教育的關懷，5月慈基會捐贈宜蘭縣南澳高中、員山國中、三星國中、四季國小

等四所學校圖書設備,協助校園提昇閱讀環境;10月起並於新竹縣峨眉鄉富興國小提供學習輔導課程,由義工陪伴學子安心學習。

賑災救援方面,臺灣復興航空班機於7月23日在澎湖馬公發生空難意外、高雄地區於7月31日發生多起石化氣爆事故,造成多人傷亡,慈基會皆於第一時間啟動救災機制,派遣義工展開多項關懷及援助,包括提供佛珠、祈福卡、大悲水、健康諮詢等關懷服務,傳送安心的安定力量。

教育訓練是慈基會的重點工作項目,2014年的教育訓練課程,包括五場初階課程,有近四百位義工學習以「同理心」進行關懷與互動; 9月20日,進階教育訓練課程於高雄紫雲寺進行,近九十位慰訪員進一步提昇慰訪內涵與能力。此外,本年度慈基會也配合臺北市、新北市、嘉義市,以及屏東縣政府,共參與八場災害防救演習,建立整體的救災步調,適切地投入救助工作。

12月,慈基會連續四屆獲衛生福利部「全國性及省級財團法人社會福利慈善事業基金會評鑑」優等表揚,顯見社會大眾對法鼓山推動公益慈善教化事業的肯定。

2.人基會

以「人文社會化、社會人文化」為願景的人基會,2014年結合「關懷生命」與「心六倫社會運動」兩大主軸,首先於1至12月,與教育廣播電台合作製播《幸福密碼》節目,透過對各界賢達的訪談,分享、傳遞幸福;呼應「和樂無諍」主題年,每月舉辦心靈講座, 2月進行首場,全年11場,邀請各領域專家學者,分享心靈環保的安心之道與幸福智慧。

「關懷生命」專案方面,3至6月,人基會每週一於德貴學苑開辦「關懷生命專線」義工培訓課程,四十位完成培訓及實習課程的結訓義工,投入電話線上協談行列,協助面臨生命低潮者,尋得心靈安定的力量與方法,重新活出生命的價值與意義。9月,於國父紀念館舉辦「2014國際關懷生命獎頒獎典禮暨論壇」,獲獎者均是長期推動尊重、珍惜生命,與活出生命價值的個人或團體,為社會樹立正面價值與楷模。

而與法務部合作推動的生命教育專案,本年於桃園少年輔育院、臺中戒治所舉辦音樂會,分別邀請音樂工作者齊豫、聲樂家張杏月演唱,以音聲關懷收容人,累積向善、增上的能量。

心劇團《媽媽萬歲Ⅱ旅程》於雲林進行戶外公演,大、小朋友一起轉動幸福。

為推廣心六倫，人基會心劇團於7月，舉辦兩梯次「2014幸福體驗親子營」，每梯次有近六十對親子在共學活動中，共創心靈記憶；10至11月，「2014年轉動幸福計畫《媽媽萬歲II旅程》」巡演，於雲林縣麥寮、臺西沿海地區展開，除了關懷偏鄉兒童，也藉由戲劇方式分享心六倫的意涵。12月，心劇團並受邀至新北市金山高中舉辦戲劇工作坊，分享劇團成立理念與演出歷程，鼓勵學子超越極限，為生命創造無限可能。

3.聖基會

聖基會，2014年持續以具廣度、深度的多元管道，推廣聖嚴師父思想與理念，以及漢傳禪佛教深化與普化，重點工作包括舉辦學術研討會、講座，以及出版、結緣品的製作等。

在推廣學術研究方面，6月主辦「第五屆聖嚴思想國際學術研討會暨第三屆法鼓山信眾論壇」，其中信眾論壇邀請聖嚴師父法子繼程法師、賽門・查爾得、查可・安德烈塞維克，以及美國佛羅里達州立大學宗教學系副教授俞永峯等，與僧團法師，分享親炙聖嚴師父禪修指導的歷程；學術研討會則以「聖嚴思想與當代漢傳佛教的實踐與傳承」為主題，近百位來自各國學者與會，發表五十九篇論文，活絡了漢傳佛教的多元對話與反思。

每週六舉辦的「聖嚴法師經典講座」，2014年由僧團法師主講了《寶鏡無境——石頭希遷〈參同契〉、洞山良价〈寶鏡三昧歌〉新詮》、「中華禪法鼓宗的修行次第」等，也邀請于君方教授主講「漢傳佛教的菩薩信仰——以觀音為例」，帶領學員深入認識漢傳佛教的包容與適應性。

結緣書籍出版、推廣上，2014年以《共修力量大》彙整聖嚴師父關於共修觀念的開示，使讀者透過法會的共修型態，讓修行更得力；並以《人生最後的功課》、《樂齡——體驗與享受生命的美好》、《食在好素》等結緣書，回應社會的需求；《今生與師父有約》第六集則收錄聖嚴師父引領西方弟子，跨越東西文化，深入漢傳禪法道路的故事。而為提昇結緣書籍的功能，7月在臺中分院舉辦「文殊菩薩種子小組」中區結緣點關懷員培訓課程，以增強各流通據點的推廣與運用。

此外，聖基會分別於1、12月，在德貴學苑舉辦2013、2014年「兒童生活教育寫畫創作」頒獎典禮，鼓勵學童學習透過繪畫與文字，分享觀看《自在神童3D動畫》影片的心得或生活經驗，進而提昇人品、培養健全品格。

本年，由聖基會推廣流通的法鼓山智慧隨身書，陸續開放App下載閱讀，大眾可透過安卓（Android）與蘋果（iOS）作業系統的行動裝置，進行視、聽多元管道學習。

（七）弘化發展專案

弘化發展專案包括了水陸研究推廣、梵唄統一、傳戒及App等專案，落實清淨、簡約、環保的理念，並結合數位科技，展現與時俱進的弘化新面貌。

回應數位時代的需求，2014年在水陸法會期間，提供「線上共修」和「網路分處共修」，讓無法親自前往法鼓山園區的民眾，可以在家精進用功，或者就近至法鼓山的分支道場共修。今年的全臺分處共修共有二十三個據點，海外也新增香港九龍、馬來西亞等九個地點；「網路分處共修」不僅將水陸壇場跨時空延伸，也串起全球各地的善念與祝福。

本年也特別開發梁皇寶懺、慈悲三昧水懺、大悲懺等三款法會App，可在安卓作業系統（Android）的智慧型手機、平板電腦使用，有繁、簡體版本，內容包括聖嚴師父的文字及影音開示、法會儀軌介紹、前行功課，不僅可以完整認識一場佛事的結構與意義，影音連線還能將法會帶著走，精進用功不設限。

水陸研究推廣方面，在「水陸季」特展上，2014年規畫「步步蓮花‧通往淨土」、「轉換心念‧淨土自現」、「百八修練‧智慧顯現」、「迴向祝福‧淨土人間」四個展區，讓參觀的人能結合慈悲觀、三檀等施等觀念，將祝福化為行動，分享給身邊每個人；水陸法會的壇場布置，則打破傳統由圖像、經文組成的刻板印象，順應各殿堂的空間屬性，以空間表達佛法，接引大眾直接感受各壇場簡約、聚焦、攝受的修行氛圍。

另一方面，2、3月舉辦的「第十九屆傳授在家菩薩戒會」，分兩梯次在園區舉行，共有一千一百六十位在家居士圓滿正受菩薩戒，本屆報到率超過九成九，戒子來自臺灣、香港、新加坡、馬來西亞、印尼、德國、土耳其、澳洲等十個國家，香港與馬來西亞道場更分別組團受戒，顯示求戒者堅定的信願。

三、教育體系

教育體系包括法鼓文理學院、僧伽大學、中華佛學研究所、法鼓山社會大學服務中心、禪堂、三學研修院等，秉承創辦人聖嚴師父「以大學院教育為佛教、為社會，培育宗教、人文、社會等各層次人才」的理想，透過多元教育管道，造就在研究、教學、弘法、服務領域裡，啟迪觀念的各項專業人才。

（一）法鼓文理學院

法鼓佛教學院、法鼓大學籌備處（法鼓人文社會學院），於7月通過教育部審議會，議決合併為「法鼓文理學院」，原來的佛教學院繼續以「法鼓文理學院佛教學系博士、碩士、學士班」的名義招生，「法鼓文理學院人文社會學群」，包括生命教育、社區社群再造、社會企業與創新、環境與發展等四個碩士學位學程，則預定於2015年春季招生。

除了制度面的推展，在教學面，2014年持續透過學校教育、學術研討、國際交流以及跨領域的交流合作等多元管道，培育具有國際宏觀視野的宗教師及學術文化兼具的佛學人才。2014年佛教學系學士班十六位、碩士班十八位、博士班三位新生入學，其

中，學士班有七位、碩士班三位、博士班一位外籍生。

在國際以及跨領域的交流合作方面，3月上旬與美國欽哲基金會簽署「藏傳佛典漢譯暨翻譯人才培訓計畫」，由校長惠敏法師、宗薩欽哲仁波切代表雙方簽約，開啟藏傳佛典漢譯新紀元，三百多位教界、學界來賓到場觀禮並祝福；4月下旬，中華電子佛典協會舉辦「Version 2014成果發表會」，分享新版電子佛典的研發成果。

11月，「正念減壓」（Mindfulness-Basedstress Reduction, MBSR）創辦人卡巴金來訪，與惠敏法師、法樂法師等師長展開對談，並帶領「正念減壓工作坊」，呈顯禪修結合心理治療、心理諮商、輔導的多元面貌。

國際學術研討上，全年共兩場，包括與中國大陸清華大學合辦的「人文關懷與社會實踐」系列研討會，共有來自臺灣、中國大陸，近兩百位學者、專家、政府部門、第三部門人士參與，探討公益社會企業的發展與創新趨勢；「佛教禪修傳統——比較與對話國際研討會」則透過十四篇論文，探討佛教禪修傳統的理論與實踐，啟發佛教研究與當代社會弘化的新思維。

為拓展師生研究視野與面向，全年舉辦多場專題講座，邀請各領域專家學者，如挪威奧斯陸大學（University of Oslo）文化研究與東方語言學系教授艾皓德（Halvor Eifring）、挪威科技大學（Norwegian University of Science and Technology）行為醫學教授賀倫（Are Holen），分別以「靜坐在歐美與亞洲的現代化過程」、「靜坐的心理學方法」（A psychological approach to meditation）為題，分享靜坐的類型與發展、靜坐對身心的影響；西藏研究中央大學校長昂望桑滇（Geshe Lharampa Ngawang Samten）主講「從藏文經典恢復梵文的經驗談」；法國國立東方語言文化學院（Institut National Des Langues Et Civilisations Orientales）中國研究系副教授汲喆講「中國大陸的佛學院與僧教育」；英國倫敦國王學院（Kings College London/ Western Sydney University, UK）數位人文學系（Department of Digital Humanities）退休教授哈洛德‧史特（Harold Short）講授「數位人文學於教學與研究上的巨觀架構」（Digital Humanities:Global FrameWork for Collaboration in Research & Teaching），介紹現今數位人文於教學與研究應用。

宗教師也在受邀之列，6月，聖嚴師父法子繼程法師在「禪心悅意」講座中，與近四百名聽眾分享身體、精神與心靈飲食貫串禪悅生活的方法；11月第八世康薩仁波切（Khangser Rinpoche）講「唯識宗與中觀宗究竟見解差異之探討」，及美國法界佛教大學教授恒實法師（Rev. Heng Sure）主講「在高科技世界中維護人性的價值」（Preserving Human Value in the Hi-tech World），分享數位時代的心靈改革之道。

多元化的教學方式是法鼓文理學院的辦學特色，本年有多所大學師生來校短期體驗。其中，8月的「大專校院教師心靈環保成長營」，有多位來自中國大陸以及臺灣大

學的教師及研究生，學習簡單、實用的修行觀念與方法；11月臺灣大學管理學院碩士在職專班課程特別安排二十七位寧波市新生代企業家，於園區參學，並由文理學院禪文化研修中心主任果鏡法師、助理教授鄧偉仁等，為學員授課，帶領體驗行門課程。

大學院畢結業典禮上，師長們為畢業生們點亮菩薩行燈，期勉踏出校園的學子，發願實踐菩薩行。

校園活動方面，3月行政院農委會以文理學院預定地為示範場地，舉辦中樞紀念植樹活動，邀請總統馬英九與方丈和尚、校長惠敏法師等，共同植下十八棵蘭嶼羅漢松，響應「植樹造林，呵護臺灣」；4月以「跨界與轉型」為主題，於校區及臺大醫院金山分院舉辦校慶週活動，包括國畫聯展、說書、海報展等活動，為創校七週年展現和樂、歡慶的學習活力。

6月大學院的畢結業典禮，三十三位畢結業生穿著袈裟、海青，由師長搭上菩薩衣、傳菩薩行燈，發願實踐菩薩行；一年一度的「圖館週」，於12月底展開，以「圖書館，翻轉吧！」為主題，介紹電子館藏的使用方式，並有中西參大賽、五分鐘說書等活動，帶動校園閱讀與知識分享的風氣。

推廣教育方面，法鼓文理學院推廣教育中心2014年在愛群教室、慧日講堂、德貴學苑開辦三期課程，共五十一門課程，提供大眾修習佛學的管道；7月並舉辦「佛教應用成果展」，近百位師生分享禪韻瑜伽、敦煌舞蹈、正念體驗等平日所學，展現佛法淨化身心的妙用。

（二）中華佛學研究所

透過學術會議、研究、出版等管道，在國際間推動漢傳佛教研究的中華佛學研究所，1月與大英圖書館（British Library）共同合作《敦煌漢文佛教寫卷點校本》叢書出版計畫，並於12月發表第一年成果，提出系列叢書數位化的階段性展望。

另一方面，佛研所於11月起展開為期三年的「漢傳佛教青年學者論壇」，以「漢傳佛教研究的新文獻、新視野、新方法」為主軸，推動新型態的青年學者論壇，帶動漢傳佛教研究的趨勢。

此外，與聖基會聯合捐贈美國哥倫比亞大學出版社設立的「聖嚴漢傳佛教學術出版永久基金」，2014年出版《符咒，圖像及曼陀羅──追溯佛教密宗儀式的沿革》（*Spells, Images, and Mandalas: Tracing the Evolution of Esoteric Buddhist Rituals*）、

《活轉的業力——蕅益智旭的宗教實踐》（*Living Karma: The Religious Practices of Ouyi Zhixu*）及《禱告的身體——中世紀漢傳佛教的符咒和儀式想像》（*The Body Incantatory: Spells And The Ritual Imagination In Medieval Chinese Buddhism*）等三本英文學術專書，讓西方學術界對漢傳佛教有更進一步的深入認識。

（三）法鼓山僧伽大學

僧伽大學以培育解行並重、有道心、具前瞻性、涵容性及國際宏觀的青年僧才為宗旨，學制有佛學、禪學兩系。2014年首先於2月舉辦「第十一屆生命自覺營」，共有一百八十位來自海內外的學員，體驗短期出家的清淨生活，本年有四分之一學員來自海外，創下歷屆海外學員參與最多的紀錄。而本年有四位男眾、十四位女眾，共十八位新生入學；也有十二位求度者剃度出家，展開弘法利生的新僧命。

課綱方面，除了解門、行門課程，5月的「第六屆講經交流會」，參加學僧除了以佛教經典為主題，另有以法鼓山理念、心五四等為內容，與聽眾展開心的對話；6月舉行的「102學年度畢業製作暨禪修專題發表會」，共有十四位第一屆「演」字輩學僧運用多元媒材發表作品，展現新世代的多元弘化創意。

其他弘化學習課程，還包括4月女眾部於新北市坪林綠光農場、金山礦溪口等地，進行戶外教學；5月，為即將畢業的學僧安排見習慰訪活動，前往基隆地區及臺北榮民總醫院，實地慰訪關懷；12月，由關懷院監院常健法師帶領前往臺北榮民總醫院重症病房關懷患者和家屬，分享簡單實用的安心之法。

僧大6月舉辦畢業製作發表會，學僧歡喜展現學習成果。

10月，由學僧企畫、採訪、編輯、攝影、插圖的刊物《法鼓文苑》第六期出版，本期以「新手上路」為主題，分享在僧大求學的過程中，各層面的適應與成長。

（四）法鼓山社會大學服務中心

以生活內容為學習導向，提供大眾終身學習管道的法鼓山社會大學服務中心，設有金山、新莊及北投等三校區，2014年共開辦逾百餘門課程，學員近五千人次，從學童、主婦、上班族到銀髮族，大小朋友都在多元學習中，讓心靈更富足。

10月，社大於北投農禪寺舉辦「103年秋季班自治幹部聯席會議」，共有一百多位來自各校區的幹部參加。會議中，校長曾濟群分享法鼓山社大的理念、與對社會的關懷，期勉幹部接引更多人親近法鼓山，共學共同成長。

（五）禪堂

　　禪堂以統籌舉辦各項精進禪修活動為主，2014年共舉辦二十一場，包括初階、話頭、默照、念佛禪，及教理研習等活動，廣與社會大眾分享禪悅法喜。內容如下：

類別	新春禪五	初階禪七	精進禪七	中英禪七	英文禪七	念佛禪九	初階禪十	默照禪十	話頭禪十	念佛禪十	禪修教理研習營	禪修義工成長營
場次	1	5	1	1	1	1	1	3	3	1	2	1

　　兩場禪修教理研習營分別於3、9月在園區展開，皆由僧大果徹法師帶領在禪七作息中精進，並透過對中觀教理的融會貫通，讓修行更踏實；5月舉辦的念佛禪九，由惠敏法師帶領，法師以「自然、莊嚴、歡喜」說明念佛三昧的要領，有近一百人參加。

　　6、7月，分別以中英、英文舉辦禪七共修，中英禪七邀請聖嚴師父法子繼程法師、果峻法師帶領，英文禪七由禪堂堂主果元法師主持，推動漢傳禪法國際化。

　　全年五場初階禪七，1月於園區展開一場，其餘四場分別於3、4、7、10月在臺東信行寺舉辦，共有四百多人參加；高階禪修活動方面，包括話頭禪十與默照禪十，各三場，分別有近一百七十人與兩百七十位禪眾，藉由默照放捨與話頭疑情來體現、參究人人本具之佛性。

（六）三學研修院

　　三學研修院包括百丈院、弘化院及三學院。其中，百丈院每年於園區進行兩次清洗祈願觀音池內石頭的活動，2014年於春季3月22至30日、秋季8月30日至9月7日展開，包括洗石、曬石、刷池壁、擦池底，鋪石等作業，每日有六十多位民眾及義工透過洗石，也滌洗心地。另一方面，為了讓參與12月大悲心水陸法會精進共修的民眾，八天七夜都能專心於壇場修行，百丈院住宿組的法師和義工們，於5月開始陸續為數千個床位進行曬棉被、清潔錫箔墊、床墊套和裝被套、空氣枕灌氣等工作，每一張床上都載滿了善願與祝福；而在12月14日水陸法會圓滿日隔日，更有六百多位法師及義工，參與「普請」出坡工作，學習將法會的修行與體驗落實到日常生活中。

　　弘化院於9月在園區展開禪修月活動，透過參學室心靈導覽員帶領，大眾參與各項禪修體驗，了解「身在哪裡、心在哪裡」，活在當下的生命意

義工參與水陸法會的普請出坡，在日常生活中落實法會的修行與體驗。

涵；10月，於德貴學苑辦理茶主人培訓課程，為參訪園區的民眾擔任茶主人，引領大眾體驗「茶禪一味」之美，感受心靈寧靜與喜悅。12月，於園區舉辦第九屆參學服務員頒證暨歲末分享會，共有兩百四十多位義工在感動交流中發願報答師恩，齊心承諾護法永不停止。

四、支援體系

支援體系是法鼓山主要行政服務單位，配合體系內各組織舉辦活動、運作的需求，提供整合性協助及服務，包括人力資源處、文宣處、活動處、資訊處、總務處、財會處等。

其中，為提昇專職之職能養成，人力資源處全年於雲來寺舉辦八場職能訓練及三場禪修課程，主題涵蓋職場專業企畫、危機處理、溝通與協調、思考與表達等世學，同時也涵蓋佛法及禪修在職場上的運用。

活動處則於1月舉辦「第十九屆佛化聯合婚禮」，共有六十四對新人參加，舉辦已十九年的佛化聯合婚禮，於2014年邁向突破千對的里程碑，已有一千零六十對新人在佛菩薩的祝福下，締結菩提良緣；9至10月，陸續協助全臺各地分院、護法會辦事處舉辦二十八場佛化聯合祝壽活動，以「環保、簡約、溫馨」的方式，祝福三千多位長者。

結語

本年是法鼓山「和樂無諍」年，在體系組織擬定的三項中期目標上，於「安定人心」方面，健全落實以佛法關懷護法、弘化體系之信眾、會眾，乃至於社會大眾，育成健康快樂的僧俗四眾；在「安定社會」方面，協力打造服務風氣、即時掌握回應脈動，為社會提供安心的力量；於「組織成長」方面，則凝聚體系內各部門、各據點的向心力，經營「心平氣和，是非要溫柔；和樂平安，我為你祝福」的和樂無諍組織文化。

2014出版的臺灣第三部門（非政府組織、非營利組織）首本專書《書寫臺灣第三部門史I》，法鼓山是全書十四個組織中唯一的佛教團體，編纂者中央研究院社會研究所所長蕭新煌肯定法鼓山對社會風氣改革與社會公益推動的貢獻。

做為國際性的精神啟蒙團體，也呼應時代環境需求，法鼓山體系組織於2014年起應機調整，朝向心靈環保修行型組織的建立，在有效整合人力及資源下，齊心戮力於三大教育的實踐：透過大普化教育讓佛法更契應、普及、潤澤人心；大關懷教育的安心工程從社區跨越國界，以關懷他人的行動，具體實踐菩薩願行；大學院教育引領與國際學術潮流接軌、建立跨世代對話的平台。法鼓山以積極入世的態度，多元推展契合現代社會的各項教育、文化與關懷工作，承繼聖嚴師父以佛法利益眾生的大願。

實踐

實踐

大普化教育是啟蒙心靈的舵手，
引領眾生從自心清淨做起，
培養學法、弘法、護法的菩薩，
敲響慈悲和智慧的法鼓，
建設人間為一片淨土。

心靈處方
傳遞和樂無諍的祝福

2014年，大普化教育持續對社會人心傳遞和樂無諍的祝福——
禪修推廣上，以次第分明的禪修地圖，接引大眾安己安人；
佛學教育上，以淺白而生活化的佛法貼近人心；
法會共修上，結合現代科技，彰顯數位弘法契理契機的時代意義；
文化出版與推廣方面，透過文字、音聲與法相會，無遠弗屆延伸法喜。
在在回應現代人的不同需求，廣傳利益人間的教法。

大普化教育在2014年，面對世界經濟風暴、金融危機，食品安全、企業倫理的時代挑戰，以及天災人禍所引發的惶怖不安，彷若是一帖安心處方，以禪法為基底，貫穿每一堂課、每一次共修，從兒童心靈環保體驗營、青年禪七、社工禪修營、共修法會，到關懷銀髮族的系列課程，持續且全面地照顧不同年齡及社群的需求，以生活、實用的佛法，引領大眾安頓身心，為社會帶來平安、祥和與希望。

禪修推廣

因應緊湊、忙碌、高壓的生活步調，法鼓山的禪修地圖，完整且次第分明：入門的禪修指引、初級禪訓班、Fun鬆一日禪、戶外禪；其次，基礎禪修有中級1禪訓班、禪一、精進禪二等；最後是初階、念佛、默照、話

頭禪七，以及教理研習營等進階禪修活動，接引大眾循序漸進活用禪法，安己安人。

除了在禪堂及海內外分支道場舉辦的各項活動，5月，法鼓山再度將禪堂帶到車水馬龍的街頭。在母親節當天，結合一年一度的浴佛節，於國父紀念館舉辦「禪心浴佛，我為你祝福」活動，不僅延續往年「萬人禪修」安定攝受的氛圍，今年進一步推廣「生活禪」，透過鈔經、息心缽、慢步經行、托乒乓球、夾豆子、觀身受法等，引導民眾體驗如何將浮動焦躁的心，帶回當下，感受清楚、放鬆的自在。

10月，針對社工人員首度舉辦「社工禪修營」，除了安排初級禪訓和一日禪，引導自我觀照與紓壓，並邀請實踐大學社會工作學系副教授楊蓓講

演「療癒」專題，禪法與世學互為體用，讓學員體會個人的身心世界如何與整體社會的大好連結，增添更多助人的信心和力量。

針對不同族群的特質與需求，傳燈院也積極研發教案，以更多元、活潑的形式來推廣，如行之有年的自我超越禪修營、教師禪七、青年卓越禪修營，以及結合休閒與修行的「禪悅營」，皆受到廣大回響。此外，針對青年學子，持續開辦「遇見心自己」，並培訓心潮茶主人、心潮鼓手、山水禪種子等，揉合禪法與藝術，引導青年收攝盲動的身心，透過五感的覺醒，體驗生命，為人生注入正向的能量。

另一方面，定期開辦法器悅眾、助理兼香、初級禪訓班輔導學長、立姿及坐姿動禪學長、禪修師資等課程，培訓禪眾成為悅眾，養成禪修推廣的源頭活水。

佛學教育

佛學教育的推廣包括次第完整的聖嚴書院福田班、佛學班、禪學班，以及適合一般大眾的快樂學佛人、心靈環保讀書會、心靈茶會、生活佛法講座等；分齡課程則有法鼓長青班、兒童心靈環保體驗營，以及專為青年學子舉辦的法青哈佛夜、心靈環保工作坊等，皆以淺白而生活化的方式，接引大眾親近佛法。

其中，第一屆禪學班於5月結業，學員除了深入義理及漢傳禪法的法脈源流，還須當義工完成福業，並圓滿三次禪七，共有六十九位順利結業，為法鼓山的信眾教育立下新的里程碑。而接引初機學佛者的「快樂學佛人」以及關懷年長者的「法鼓長青班」，今年度分別在海內外開辦三十二、二十三梯次，共接引近五千人，同時也成功走入社區，分別在新北市土城、樹林的社區活動中心開課，方便街坊鄰居就近學佛，在互動關懷中，讓佛法為生活加分。

至於各分支道場舉辦的生活佛法講座，主題扣合社會脈動，是民眾探索、成長自我的必修課，包括安和分院的佛教徒的生死觀、《大般涅槃經》導讀；齋明別苑心靈環保講座；臺中分院寶雲講壇、法華智慧系列講座等。尤其「佛教徒的生死觀」系列課程，平均每場皆有六百多人聽講，反映出大眾對無常、生死議題的關注。此外，「法華智慧講座」邀請施振榮、吳念真、邵曉鈴、蔣勳、趙可式、蔡明亮、張學友、許芳宜等各界人士，與僧團法師進行跨領域對談，佛教經典與世學的激盪，引導聽眾以反省、感恩、學習等不同方式，落實佛法慈悲的本懷。

今年為聖嚴師父圓寂五週年，「法鼓講堂」由僧團法師接力導讀《法鼓全集》，課程含括總論、認識聖嚴師父及法鼓山、建立正信、三學精進、專修法門、生活實踐等六大主題，共

二十二堂課,帶領學員理解師父著述與弘化的脈絡,繼而深入經藏,拓展生命視野。

而為涵養學童安定、專注的心性,今年的兒童心靈環保體驗營以「禪修體驗」為主軸,規畫了托水缽、禪鼓、走路禪、梵唄之外,還有一日食育計畫、生態導覽等輕鬆趣味的活動,讓學員練習將禪法帶入日常生活中。臺南雲集寺、加拿大溫哥華道場更鼓勵親子攜手參與、共同成長。

法會共修

法會共修是許多人接觸佛教、深入佛法的入門磚,法鼓山各分支道場除定期舉辦念佛、菩薩戒誦戒會、《地藏經》共修等活動,年度中還有新春祈福、元宵供燈、清明報恩、朝山浴佛、梁皇寶懺、中元報恩、彌陀佛七等大型法會,藉由誦經、禮懺、供養、佛法開示等儀軌,傳遞佛法知見、修行觀念與方法。

而邁入第八年的大悲心水陸法會,除了延續清淨、簡約、環保的理念,今年更運用數位科技,使壇場無限延伸,透過網路將各道場串連起來,現場及透過網路共修者,達到十五萬人次,分布於全球四十多個國家,四眾弟子在各角落同時精進,體現「家家是道場,世界成淨土」的新世紀風貌。另外,結合慈悲觀修持的「雲端牌位」,今年進一步推廣至全球各地,讓大眾在每一場法會及共修時皆可上網填寫牌位,為親友乃至於一切有情眾生念佛、迴向、祝福,在水陸法會時更創下高達八十多萬筆的牌位資料。

此外,「法會App」應用程式的開發,則是成績斐然,弘化發展專案小組於今年製作包括梁皇寶懺、慈悲三昧水懺、大悲懺、藥師法會、雲端祈福等多款App供民眾免費下載,內含師父的文字和影音開示、儀軌介紹、法會影音、延伸閱讀、前行功課等,不僅可以完整認識一場佛事的結構與意義,使用者隨時上網精進用功,領受甘露法水,更彰顯數位弘法契理契機的時代意義。

文化出版與推廣

法鼓文化的出版品,除了佛學研究專書,亦關注佛法的生活應用與推廣,諸如:回應經濟風暴、食品安全等時代挑戰的《心靈環保經濟學》、分享親職教育的《親子快樂禪》、結合佛法與人文社會關懷的《雲水林間—小林村心靈陪伴札記》等二十七種。新書系「學佛入門Q&A」,出版《讀經50問》、《學佛新手50問》兩本書,以一問一答的方式,提供初學佛者認識佛教的基礎觀念,並解答常見的學佛入門疑惑。

出版之外,2014年也透過專題講座、插畫展等,延伸閱讀的法喜。例如,「《巨浪迴瀾》分享會」邀請作者廖肇亨與讀者面對面交流,深入明

清高僧的行誼芳範；在法鼓山園區展出的「以心傳心生命教育─《聖嚴法師的頑皮童年》插畫展」，則藉由織布印刷、動畫投影，將繪本裡的元素轉化成立體裝置，讓觀者從遊戲和互動參與中領略四環的意涵。

在數位推廣方面，聖基會開發「法鼓山智慧隨身書App」應用程式，包括學佛入門、臨終關懷、禪修入門、心靈環保、自我成長、心六倫等十六個系列、近百本繁、簡體版隨身書上架，突破以往紙本閱讀功能，透過行動裝置隨時隨地領受佛法的清涼智慧，自2月開放下載，使用者遍及四十七個國家及地區，數位弘化的影響力可見一斑。

而於2013年成立的「聖嚴法師文物史料數位典藏與理念推廣研究專案小組」，於1月分享第一階段工作成果，不僅為當代佛教發展軌跡留下重要紀錄，未來，大眾可透過雲端閱讀師父的手稿、書稿與書信等文物史料，深入師父的思想理路、不同時期的禪法教學內容。

結語

法鼓山佛教基金會、北投農禪寺、文化館、雲來寺等，本年再次獲得內政部、臺北市政府的肯定，獲頒績優宗教團體殊榮。高雄新三民精舍、桃園齋明別苑分別於2、3月落成啟用、蘭陽精舍也於年底動土；臺北安和分院也在本年邁入弘化二十週年，於4月啟用新樓層，開展各項新課程及講座，帶動大普化教育的蓬勃發展。新道場、新空間接引更多人來親近佛法之外，法鼓山也積極走進社會人群，人基會心劇團「轉動幸福計畫《媽媽萬歲Ⅱ旅程》」巡演，於雲林縣十所偏鄉小學展開；聖基會舉辦「兒童生活教育寫畫創作」比賽，共收到一千一百七十多件作品，回響熱烈，溫哥華道場也首度於海外響應。2014年，大普化教育持續落實在傳統佛教修行活動中，以突破和創新更貼近人心；同時在運用現代文化的各種活動中，賦予推廣法鼓山理念的使命；跨界的對話與交流，不僅讓佛法的觸角延伸更廣、更遠，也傳遞安定社會人心的祝福。

聖嚴書院福田班課程，學員同班攜手歡喜修福修慧。圖為臺中福田班學員。

● 01.01

法鼓文化出版《心靈環保經濟學》
果光法師闡釋經濟「心」思惟

《心靈環保經濟學》一書，從佛教思想闡釋經濟「心」思惟。

面對世界經濟風暴、金融危機，以及食品安全、企業倫理面臨挑戰的時代，法鼓文化1月1日出版由僧團都監果光法師著作的《心靈環保經濟學》，法師從所學的經濟、管理背景出發，結合佛教經濟思想，直探當代經濟問題的根源，提出重振經濟的「心」思惟。

《心靈環保經濟學》全書分三大章，分別闡釋心靈環保經濟學之思想、實踐與時代意義。全書提供佛法的前瞻性思想，建構自利利他的經濟體系，消費者運用智慧，少欲知足，量入為出，歡喜布施；生產者展現慈悲，取之於社會、用之於社會，以利和同均為理想，將財富回饋大眾。

果光法師表示，聖嚴師父曾提出：各領域與現代的心靈環保結合，才能夠把許多的差異性利益，匯歸於全地球、全人類永續的共同性利益；這個啟發，促使自己思索佛教的經濟思想，提出異於新古典經濟學假設的行為模式——「心靈環保經濟學」，希望利人利己的經濟學，能讓社會和樂、地球永續，為人類帶來真正的幸福快樂。

● 01.01～12.31

網路電視台全年十二部精選「主題影片」
聖嚴師父智慧開示 為心靈注入能量

法鼓山網路電視台2014年每月的「主題影片」單元，全年播出十二個佛學與生活佛法主題，包括觀音法門、禪修體驗、佛法實踐等，精選聖嚴師父相關的開示影片，讓人重溫聖嚴師父深入淺出的精闢開示。

除了聖嚴師父的開示影片，「主題影片」並加上延伸閱讀，提供聖嚴師父相關著作資訊、《人生》雜誌專題精選文章，讓觀眾更深入主題內涵，進一步了解心五四、心靈環保、禪修、佛法生命智慧等，隨時為心靈注入能量。

網路電視台每月「主題影片」單元，引領大眾重溫聖嚴師父智慧開示。

若錯過當月「主題影片」，只要點進「歷史主題」，即可以找到製播以來的所有影片及延伸閱讀。

法鼓山網路電視台 http://ddmtv.ddm.org.tw

2014 法鼓山網路電視台每月精選「主題影片」一覽

月份	主題
1	和樂無諍——氣和人和事事和
2	觀音法門——學觀音‧做觀音
3	心的經典——《心經》的智慧與運用
4	緣起性空——佛法基本概要
5	禪心自在——禪修心體驗
6	當自己的主人——情緒管理
7	錢財與法財——理財之道
8	知己與貴人——朋友相處之道
9	美滿家庭——如何經營幸福家庭
10	愛情與智慧——如何在愛中成長
11	生命的價值——生命的探索與發揮
12	生死皆自在——如何坦然面對生死

● 01.05　03.16

齋明寺「供果教學」課程
體驗心安定、手穩定的禪修工夫

1月5日、3月16日，桃園齋明寺舉辦供果教學課程，由資深悅眾黃麗月分享供果擺設的技巧與方法，學員體驗心安定、手穩定的禪修工夫，共有七十多人次參加。

教學過程中，黃麗月老師不斷強調：「心，最重要。」說明排供果時，要保持恭敬心，心要安定、手要穩定、不疾不徐，除了禪修工夫，還要有耐心；排好之後，一定要三百六十度巡視，檢查是否排得平均穩固。

3月16日的第二次供果教學，黃老師講解排蓮花的技巧，也傳授大型法會中水果山的排法。

要在大供盤中，擺設出顏色、角度協調

黃麗月老師（右三）指導學員排供果時，強調「適應」觀念，實地感受每顆水果的不同。

的五層金字塔，考驗著耐心和毅力；並說明「適應」觀念，每一種、每一顆水果，都有各自的紋路和大小，排供果除了眼睛看，還須靠觸摸，才能體驗每顆水果的感覺，並且要能「知非即捨」。

有學員分享，水果山的排法看似簡單堆疊，練習後才發現其中的巧思和創意，同樣的水果，隨著擺設手法、組合不同，產生的美感和內涵也不同，看似簡單的供果擺設，其實蘊涵了佛法智慧。

● 01.05～03.18期間

《我的師父》新書分享會
果祥法師分享聖嚴師父的智慧故事

《我的師父——聖嚴法師智慧小故事》新書分享會，由作者果祥法師與讀者分享在師父座下親炙教誨的點滴。

由聖嚴師父最早期的弟子果祥法師撰寫的《我的師父——聖嚴法師智慧小故事》一書出版後，自1月5日至3月18日期間，法師先後於高雄紫雲寺、臺南雲集寺、臺南分院、桃園齋明寺、臺中分院、臺東信行寺、基隆精舍，以及護法會嘉義辦事處，展開全臺共八場新書分享會，與各地讀者重溫在不同生活場景中，聖嚴師父自然流露的智慧、慈悲、幽默，乃至童心。

首場於1月5日在紫雲寺展開，兩百多位信眾齊聚聆聽果祥法師分享在聖嚴師父座下親炙教誨的故事。法師說明自己於1978年開始向師父學習佛法，大學畢業兩年後即在農禪寺出家，《我的師父》的三十則故事大多是法師親聞、目睹，或是其他人的口述分享。在法師溫暖、親切的音聲中，重現一則則仍有溫度的生活畫面。

2月16日於臺中分院舉辦的分享會，監院果理法師、常朗法師也分享與聖嚴師父親近的小故事，果理法師表示，聖嚴師父的一句話、一個眼神，片刻的發生只是一瞬間，但在弟子心中，已成為滋養一生的能量。

分享會中，果祥法師也邀請聽聞悅眾分享聖嚴師父的小故事，引領大眾更深刻體會聖嚴師父待人處事的智慧，以及弘法的堅忍心力。

● 01.05～12.28期間

人基會與教育電台合製《幸福密碼》節目
廣邀社會賢達分享生命故事

人基會與教育廣播電台合作製播的《幸福密碼》節目，2014 年持續邀請社會各界知名人士及專家學者，分享生命故事及人生經歷，分季由資深媒體工作者胡麗桂、音樂家陳郁秀、趨勢科技文化長陳怡蓁與聲樂家張杏月擔任主持人，節目於每週日下午該台各地頻道播出。

本年度《幸福密碼》節目，持續以心靈環保、心六倫及關懷生命為主軸，透過對各界賢達的訪談，分享、傳遞幸福。在宗教界方面，法鼓山桃園齋明寺監院果舟法師在以「每個當下都幸福」為題的訪

臺北教育大學教授林志明（右）接受第二季主持人音樂家陳郁秀（左）訪問，分享藉由視覺藝術營造生活中的小確幸。

談中，引導聽眾了解禪修的方法及益處，法師強調禪修能讓忙碌的現代人「沉澱心靈，放鬆身心」，安住於當下每個動作，乃至身心柔和，體驗幸福。

科技界則邀請到立凱電能科技公司董事長張聖時分享創業的心路歷程，說明成功是因緣和合而成，努力雖是基本，時勢與環境因素，則是不可或缺；因為感恩，在面對成功時要懂得珍惜，遇到挫折時，更要留心自己每一個心念與行為，是否常與利他、無私相應。

國際照明設計師周鍊也以「照明的幸福」為題，在節目中分享學佛與工作經驗，表示親近佛法之後，對照明作品的呈現，有另一番明澈的體悟，當設計的初發心是真心體會他人的需要時，創作出來的作品，留予時間與空間裡的感動更深刻。臺北教育大學藝術與造型設計學系主任林志明也在訪談中說明如何透過身旁隨處可見的物品，藉由視覺藝術營造生活中的小確幸。

其他受訪人士，還包括前外交部長錢復、電影導演蔡明亮、作家李昂等，透過對各界賢達的訪問，與大眾分享幸福真諦。

● 01.08～08.13期間

僧團法師「法鼓講堂」導讀《法鼓全集》
概覽聖嚴師父智慧瑰寶

聖嚴師父圓寂五週年之際，普化中心於 1 月 8 日至 8 月 13 日期間，週三開辦「法鼓講堂 2014 隨師行願《法鼓全集》導讀」系列課程，主場地設於北投

僧團法師們接力導讀《法鼓全集》，完整呈現聖嚴師父八十年弘化的事蹟與行履。圖為果毅法師主講「總論」。

農禪寺，並同時在「法鼓山心靈環保學習網」線上直播，提供全球學員上網聽講，並參與課程討論。

系列課程包括「總論」、「認識聖嚴師父及法鼓山」、「建立正信」、「三學精進」、「專修法門」、「生活實踐」等六大主題。每個主題下又分子題，例如，「專修法門」包括「觀音法門」、「淨土法門」以及「禪宗的默照與話頭」；「生活實踐」則有「自我成長」、「情緒管理」、「職場智慧」、「生死自在」等面向。

1月8至22日的講座，由普化中心副都監果毅法師主講，提綱挈領講述了聖嚴師父寫作的動機、目的與歷程等，引領學員更完整地掌握《法鼓全集》的梗概，引領進入師父的法海大門，從中學習歷事鍊心的生活智慧，進而深入經藏，拓展生命視野。

相關課程由僧團法師接力授課，從聖嚴師父的法身舍利《法鼓全集》中，深入師父八十載生命中著述與弘法的脈絡，以及在生活中實踐佛法的智慧與慈悲，帶領四眾弟子依循師父的教法，隨師行願。

2014「法鼓講堂——隨師行願《法鼓全集》導讀」課程一覽

課程名稱	時間	講師
總論	1月8至22日	果毅法師（普化中心副都監）
認識聖嚴師父	2月12日	常寬法師（僧大副院長）
遊記系列介紹	2月19、26日	常炬法師（財會處監院）
建僧、僧教育	3月5日	果光法師（僧團都監）
法鼓山歷史、教團發展	3月12日	果賢法師（文化中心副都監）
建立正信	3月19日	常啟法師（僧團法師）
三學精進——戒學	3月26日	果會法師（雲來寺監院）
三學精進——慧學	4月9、16日	常延法師（僧大講師）
三學精進——禪定學	4月23、30日	常慧法師（僧團法師）
專修法門——觀音法門	5月7日	果慨法師（三學院監院）
專修法門——淨土法門	5月14日	果鏡法師（中華佛研所所長）
專修法門——禪宗的默照與話頭	5月21、28日	果徹法師（僧大講師）
生活實踐——自我成長	7月9日	常續法師（經營規畫處監院）
生活實踐——情緒管理	7月16日	常法法師（僧團法師）
生活實踐——職場智慧	8月13日	果旭法師（臺北安和分院監院）
生活實踐——生死自在	8月20日	果謙法師（臺南分院監院）

● 01.14　04.15　07.08　10.07

方丈和尚全年四場精神講話
期勉專職同仁盡責奉獻　安己安人

　　方丈和尚果東法師分別於1月14日、4月15日、7月8日、10月7日於北投雲來寺，對法鼓山僧團法師、體系專職同仁進行四場精神講話，全臺各分院道場，海外的馬來西亞道場、北美護法會加州舊金山分會也同步視訊連線聆聽開示。

　　1月14日進行的首場精神講話，方丈和尚期勉專職同仁，在工作上，能「和」才有喜，在團體中，相互尊重、體諒、關懷，將逆境視為修福修慧的因緣，讓心不再充滿堅硬的對立，以學習奉獻、服務成就的態度來面對人與處理事。

　　第二季的精神講話於4月15日舉行，方丈和尚說明，信心、願心，始於謙卑；由於謙卑，才能認知自己能力不足，更能珍惜因緣、把握因緣，加上恆心、毅力，讓自己成長。

　　7月8日的精神講話中，方丈和尚表示，工作沒有大小之分，只有任務不同；缺少包容心時，不但同事變敵人，甚至自己就是頭號敵人，如果能把個人小我融入團體大我，透過禪心與願心，讓個人的有限觀點得以開放超越，就能在成就眾人的同時成就自己。

第四季精神講話，方丈和尚勉眾珍惜生命，盡責負責。

　　2014最後一季的精神講話於10月7日進行，方丈和尚勉勵眾人珍惜生命，在職務上不爭權位，但求盡責，就會有成長；奉獻即是修行，安心就是成就，努力持續讓法鼓山淨化人心的理念，不斷成為社會安定的力量。

　　每場方丈和尚精神講話之前，均會先播放一段聖嚴師父的開示影片，主題分別為「是非要溫柔」、「我是誰？」、「盡心盡力第一，不爭你我多少」以及「珍惜生命，盡責負責」，勉勵所有專職、義工，在生活中落實並運用佛法，才能更深刻體悟佛法。

● 01.19

聖基會舉辦兒童寫畫創作頒獎
學童們透過創作提昇好人品

　　1月19日，聖基會於德貴學苑舉辦「2013年兒童生活教育寫畫創作」頒獎典禮，共有四百零七件作品脫穎而出，分別由關懷中心副都監果器法師、聖基

聖基會舉辦「2013年兒童生活教育寫畫創作」活動，果器法師頒獎給優秀作品得獎人。

會董事長蔡清彥、董事許仁壽、傅佩芳、教聯會會長陳美金，以及評審楊宗賢、林機勝等出席頒獎，人基會「心劇團」也帶來《媽媽萬歲》的演出。

果器法師致詞時，以聖嚴師父所說：「只要一念心淨，便一念在淨土；一天之中若能有十念、百念、千念的心靈清淨，便十念、百念、千念體驗到淨土。」勉勵與會學子，從小培養正向的心念，便能感受身邊處處都是淨土。

繪畫組評審召集人楊宗賢表示，在上千幅收件作品中，中年級組在想像力、自信心與題旨的掌握，尤獲評審們讚揚；肯定創作活動鼓勵大眾從小落實心靈環保，結合美學與德育，讓孩子們學習自我反省，提昇好人品。

「兒童生活教育寫畫創作」徵稿以《自在神童 3D 動畫》為題材，鼓勵學童以動畫內容作為主題，用繪畫或作文表達生活中落實心靈環保的方法，全國各地共投稿上千件作品。

● 01.20

僧團法鼓山園區圍爐、辭歲禮祖
互勉精進修行

僧團 1 月 20 日中午於法鼓山園區舉辦歲末圍爐，下午於開山紀念館辭歲禮祖。終年各自於一方弘化、精進的法師們，齊聚總本山，互勉精進修行，共有兩百多位僧團法師及僧大學僧參加。

於開山紀念館祖庭區內，法師們除了觀看聖嚴師父開示影片，也接受方丈和尚果東法師的祝福及鼓勵；全體僧眾並在方丈和尚帶領下，在聖嚴師父的法照前長跪發願，繼續為成熟眾生、建設「和樂無諍」

僧團在園區開山紀念館祖庭區辭歲禮祖，方丈和尚（左）勉眾彼此砥礪，精進修行。

的人間淨土一起努力；方丈和尚也在流芳堂菩提祈福區，寫下 2014 年第一張菩提葉祈願卡「和樂無諍大好年」，作為對世界的祝福。

另一方面，三學院也特別設計了抽書籤的活動，每張書籤各以和、樂、無、諍為主題，並附上一段聖嚴師父的叮嚀。法師們抽到法語時，彷彿是收到聖嚴師父對自己的勉勵，歡喜地共勉以卡片上的法語，做為未來一年修行的功課。

● 01.20

聖嚴師父文物史料典藏成果發表
數位推廣　與聖嚴師父相約在雲端

為了完善保存聖嚴師父的法身舍利，並提供各界運用研究，2013 年年初，僧團與文化中心、中華佛研所、佛教學院、聖基會等單位，成立「聖嚴法師文物史料數位典藏與理念推廣研究專案小組」。經過一年的努力，專案小組 1 月 20 日在法鼓山園區舉辦「聖嚴法師文物史料數位典藏與理念推廣研究」專案成果發表會，分享第一期工作成果。

發表會中，洪振洲老師介紹文物史料數位典藏現況及介面技術建置成果。

發表會由佛研所所長果鏡法師、佛教學院教授杜正民、圖書資訊館館長洪振洲擔任發表人。首先由十位戴著墨鏡和口罩的「搜書」行動劇表演者分成兩隊，從現場一字排開的師父著作中，搜尋關鍵詞「慈悲」。經過五分鐘，兩隊共只找出二個關鍵詞，凸顯數位典藏對史料保存與研究的重要性。

杜正民教授分享就讀中華佛研所期間，聖嚴師父所出的作業——從五十多部大藏經中找出「佛性」二字，藉此說明數位典藏的重要性。杜教授表示，數位典藏並不是典藏文物，而是典藏理念；而數位典藏是承先啟後的工作，承先是把師父有生之年的資料，做完整的數位化整理，啟後則是推動師父的理念。

洪振洲老師則介紹聖嚴師父文物史料數位典藏現況及介面技術建置成果，也持續透過實體資料的數位化進程，以及相關技術與介面的逐步開發，讓使用者可透過自訂主題，深入理解聖嚴師父思想、不同時期的禪法教學內容等。

聖嚴師父的手稿、書稿與書信等文物史料，是當代佛教發展軌跡的重要記錄，未來大眾可透過雲端，與聖嚴師父所留下的法寶，做更深廣而多元的接觸。

● 01.21～27

教師寒假禪七於天南寺展開
為教學和生活注入心靈能量

教師禪七,學員在天南寺禪堂練習經行。

教聯會於 1 月 21 至 27 日,在三峽天南寺舉辦寒假教師禪七,由中華佛研所所長果鏡法師擔任總護,共有一百一十七位教師參加。

禪七課程安排活潑而多元,包括可以在日常生活中具體實踐的坐禪與動禪,如法鼓八式動禪、慢步經行、快步經行、爬山、出坡等;並安排觀看聖嚴師父的開示影片,引領教師禪眾解決禪修及佛法的疑惑。

果鏡法師每晚與學員分享佛法,說明禪宗強調「禪在生活日用中」,而不只是打坐,即使在動中,也要練習用方法,清楚覺察當下正在做的事;法師也提醒生活中要「慈悲待人、智慧處事」,避免造成煩惱的起源。

最後一日的大堂分享,許多學員分享各自不同的殊勝體會,因「腿痛、妄念、昏沉」而引發的慚愧心、聆聽聖嚴師父開示影片而昇起的歡喜心、對於法師與義工關懷的感恩心等;果鏡法師則期勉眾人,走出禪堂才是修行的開始,回到教學工作後,更要時刻安心,在校園播下希望的種子。

● 01.22～24

中山精舍舉辦冬季兒童營
學童練習以微笑放鬆身心

臺北中山精舍於 1 月 22 至 24 日舉辦冬季兒童營,以「微笑種福田」為主題,由常嘉法師與教聯會師資帶領學童,練習以微笑放鬆身心,並建立與家人良好互動的溝通方式,共有六十二人參加。

營隊內容包括學佛行儀、禪坐、讀經、鈔經等,帶領小學員們在各種體驗中練習保持專注的心;並藉由觀賞《108 自在神童 3D 動畫》,引導學童學習知福、惜福與感恩;在闖關遊戲中,則體會到累積財富的辛苦,必須要腳踏實地

的認真努力，才能積少成多。

常嘉法師也與小學員們分享法鼓山的故事，鼓勵每人每天多說一句好話，多做一件好事，小小的好，也能成就大大的好。活動最後，每位學員寫下三張菩提祈願卡，分別祝福親人、

學童在冬季兒童營中，唱誦《心經》，練習保持專注的心。

師長、同學；也將一張親自鈔寫的《心經》紙，與三張祈願卡拿到佛前供佛，圓滿與家人分享幸福的新春禮物。

● 01.22～28

青年院舉辦冬季青年卓越禪修營
年輕學員體驗生活化的禪法

青年院於 1 月 22 至 28 日，在三義 DIY 心靈環保教育中心舉辦「2014 冬季青年卓越禪修營」，本屆主題是「給自己一個機會，用心旅行」，由常耀法師擔任總護，共有一百三十多位學員參加。

禪修營內容包括基礎禪修課程、心靈遊戲、托水缽、戶外禪等，在各種心靈遊戲中，學員練習探索、體驗、覺察自我，而聖嚴師父的開示影片，更是寶貴的見面禮：「要把生命留在現在」、「不管妄念，回到方法」、「放鬆身心，放下身心」，每句法語都是學員「用心旅行」的方法。

另外，也邀請《生死學中學生死》作者辜琮瑜、獲得第三十八屆全國技能「麵包製作」職類競賽冠軍的楊世鈞，分享自我成長的心靈課程。其中，楊世鈞堅持對人生理想的奮鬥、對得失成敗抱持淡然態度，讓學員們印象深刻，進而對自己的生命產生反思。

托水缽是學員收穫最多的體驗之一，踏實地走出每一步，感受與外在環境的互動。

在「與法師有約」單元中，學員提問對佛法與生命的疑惑，如為什麼要出家？法師有七情六欲嗎？常耀法師的回答親切幽默，說明法師是平常人，當然會想吃零食，也會有情感，但會運用方法，清楚自己的角色，將小愛化成大愛。

營隊圓滿前一晚，學員分享參加心得，有學員表示，聖嚴師父在開示影片中提到「學習跟內心對話，不盲從跟隨別人，培養自己的獨立人格與價值觀」，覺得非常受用，希望日後能在課業和生活中具體實踐；也有學員表示儘管營隊生活沒有手機、電腦等3C科技產品，反而感受到心靈上的富足，這才是真正的生命。

● 01.26～06.22期間　07.20～12.14期間

輕鬆學禪「遇見心自己」
引導青年學員覺察身心狀況

1月26日至12月14日期間，傳燈院每月週日於德貴學苑舉辦「遇見心自己」課程，全年共兩梯次，每梯次六堂，由常願法師帶領，引導青年學員放鬆身心、認識自我，每梯次有近四十人參加。

課程中，法師指導法鼓八式動禪、立姿瑜伽、拉筋、收攝身心以及煩惱轉念等體驗操作的活動，學員學習覺察自己的身心狀況，是否被外在環境影響，浮躁而不安定。

另一方面，課程也安排茶禪體驗，以「寂靜三杯茶」的靜語方式帶領學員沉澱身心。第一杯引導學員「回到當下」，藉由茶香感受到環境的因緣變化；再

青年學員在「遇見心自己」課程中，輕鬆學禪，並進一步認識自我。

以第二杯茶喚起「感恩心」，透過感恩茶葉、水，再提昇到對周遭人事物的感恩；最後以第三杯茶回到「禪修」，感受內心世界安定的攝受力。

有學員表示，在系列課程中，學習到如何覺察情緒，保持專注力、決斷力，將禪修心法運用於日常生活中，也進一步認識與了解自我。

● 01.30

除夕夜圓滿一百零八響法華鐘聲
園區以祈福法會迎接和樂無諍年

法鼓山於 1 月 30 日農曆除夕晚間至 31 日大年初一凌晨，在園區舉辦「除夕祈福撞鐘」活動，先於晚間在大殿舉辦彌陀普佛法會，再於法華鐘樓舉辦撞鐘祈福法會，方丈和尚果東法師、首座和尚惠敏法師，與總統馬英九、副總統吳敦義、內政部長

首座和尚惠敏法師、吳敦義副總統、馬英九總統、方丈和尚果東法師、朱立倫、李鴻源部長（左起依序）共同揭開法鼓山 2014 年度主題「和樂無諍」布幔。

李鴻源、新北市長朱立倫等共迎新春，有近三千人參加。

法會上，眾人一齊唱誦佛菩薩聖號及〈法華偈〉、〈開經偈〉。法會後，方丈和尚與僧團代表敲響前三響法華鐘聲，祝願世界和平、國泰民安、法鼓常響；等待區的民眾則安定地唱誦佛號，依序至鐘樓敲響除夕鐘聲，為新年祈願。方丈和尚並與馬英九總統等來賓，一起敲響第一百零八響法華鐘聲，共同揭開法鼓山 2014 年度主題「和樂無諍」布幔，為社會祈福，祈願世界和樂平安。

方丈和尚說明，和樂無諍的意義在於減少對立、分別，隨時保持身心平靜、安定，如此家庭、事業、國家就能充滿希望與光明，並祝福眾人在馬年發揮向善向上的龍馬精神；已連續七年蒞臨法鼓山除夕撞鐘的馬總統，肯定法鼓山提出「和樂無諍」的用心，表示馬象徵衝勁，呼籲國內、兩岸、國際「運用智慧，變對立為對話，化衝突為和解」，團結起來向前邁進。

撞鐘圓滿後，許多民眾至祈願觀音殿鈔經與大殿供燈，以聞鐘聲、修福慧展開新的一年。

● 01.31～02.04

法鼓山園區系列新春活動
廣邀大眾同霑法喜過好年

新春期間，大眾闔家於園區大殿，歡喜接受方丈和尚的祝福。

　　法鼓山園區於 1 月 31 日至 2 月 4 日（正月初一至初五）舉辦新春系列活動，包括法會共修、藝文展覽、活動體驗等，廣邀大眾同霑新春法喜。

　　法會共修方面包括初一至初五每日三場祈福法會，許多民眾闔家參與並點燈祈福；方丈和尚果東法師在初一首場祈福法會後，以「信、願、行十力」祝福小卡與民眾結緣，期勉大家發揮「龍馬精神」，新的一年能夠「凝聚向心力，展現生命力，有願就有力，彼此共勉力」。

　　藝文體驗方面，在第一大樓五樓門廳、彌陀殿安排「同心同趣 DIY」，民眾於現場製作「轉印轉念轉好運」版畫，以及有趣實用的手帕拓染、燈籠彩繪，也可鈔經製作平安御守，為新的一年祈求好運與平安；簡介館每日三時段的佛曲演唱，讓大眾聆聽清淨法音，感受到佛法安定的攝受力。

　　藝文展覽方面，設置於開山紀念館的「來法鼓山觀音道場──觀音菩薩特展」，則帶領民眾了解觀音信仰、體驗觀音之美。

　　主題飲食方面，初一到初五「一日一主題」，包括祥瑞香雲、羅漢海會、農禪家風、禪悅自在、菩提甘露等多道佳餚，運用當季盛產食材，沒有加工食品和味精，以簡單的調味，加上香積主廚、義工的供養心，料理出豐盛又營養的幸福年菜，從樸實的飯菜間，感受寺院傳統年菜的真滋味。

　　一系列的新春活動，廣邀民眾親近清涼禪法，啟動一整年的幸福心力量。

● 01.31～02.16期間

全臺各分院道場喜迎新春
和樂無諍「馬」上到

　　為了迎接 2014 年馬年新春，法鼓山全臺各分院道場於 1 月 31 日大年初一至 2 月 16 日新春期間，同步舉辦法會及新春系列活動，邀請大眾闔家參與，共同迎接「和樂無諍」年。各地活動，概述如下：

　　北部地區，初一至初五，方丈和尚分別至北投中華佛教文化館、農禪寺，以及臺北安和分院、三峽天南寺、桃園齋明寺等北部各寺院，展開新春祝福行，與民眾一同過好年。農禪寺於初一起，一連三天舉行慈悲三昧水懺法會，提供民眾以法水懺除過往的煩惱，除舊迎新；另規畫「老農禪‧新水月特展」、「拓印水月情」，並有書法家揮毫春聯、尋馬組合趣等應景活動，小朋友們拿著拓印紙到大殿、開山農舍、金剛經牆及入慈悲門四個景點，用粉彩筆拓印特色景觀，為水月道場留下美麗的影像。

　　安和分院於初一至初十期間，舉辦新春系列法會，包括普佛、藥師、大悲懺、地藏法會等，並於初五舉行新春長者祈福法會，主法的常炬法師勉勵長者以親近禪法提昇生活品質，也積極培福、精進修行；齋明寺於初四至初五展開「禪的體驗迎新春」，民眾藉由法鼓八式動禪、托水缽、慢步經行、觀身受法等四種不同體驗，分別感受放鬆、專注、自在與安定，讓身心壓力獲得紓解。

　　天南寺融合禪修、祈福和藝文元素，在新春期間舉辦點燈供花祈福法會、叩鐘祈福，以及托水缽、息心缽、龍洗盆等禪修體驗活動，首次於新春舉行的「息心缽」，民眾在義工引導下，練習放鬆持捧的手腕，從中體驗到執著與放捨，以慢、細、慎的心，才能通過考驗。將於三月落成啟用的桃園齋明別苑，也舉辦DIY禪悅手工坊、感恩茶禪、「走進法鼓山二十五年歷史隧道」新春特展等。

　　中部地區的臺中分院共舉辦了除夕彌陀普佛、初一新春普佛、初二大悲懺、初三慈悲三昧水懺法會，大眾在每場法會虔敬恭誦佛號、持咒、禮拜、供養三寶；初一法會圓滿後，並由音樂班小學員演奏佛曲，宛如另一場輕鬆的「法會饗宴」。

　　南部地區的臺南分院、臺南雲集寺、高雄紫雲寺、高雄三民精舍與護法會屏東、潮州兩地辦事處，都安排普佛、千佛懺、大悲懺、觀音等法會共修，帶領民眾以清淨心與歡喜心展望新年。其中，臺南分院初一的新春普佛法會，由關懷中心副都監果器法師主法，法師勉勵大眾學習普賢菩薩，發揮實踐力與行動力，如實修行，達到福慧平安；下午的「法鼓家族」聯誼活動，十個悅眾家族以吉祥話互道祝福，分享學佛心得。

　　東部地區，臺東信行寺迎接馬年新春，初一起接

民眾參與紫雲寺新春活動，歡喜撞平安鐘。

連三天,舉辦了普佛、觀音、大悲懺等法會及「和樂無諍園遊會」,除了祈福撞鐘、手作原木、版畫拓印、親子遊樂等活動,還特別規畫感恩奉茶,在歡欣的年味中備感溫馨。

2014 全臺分院道場新春主要活動一覽

地區	地點	日期	活動內容
北部	北投農禪寺	1月31～2月2日(初一～初三)	慈悲三昧水懺法會
		1月31～12月31日	老農禪・新水月特展
		2月14日(十五)	元宵燃燈祈福法會
	北投中華佛教文化館	1月31～2月2日(初一～初三)	新春千佛懺法會
	臺北安和分院	1月31日(初一)	新春普佛法會
		2月1日(初二)	《藥師經》共修法會
		2月2日(初三)	新春大悲懺法會
		2月3～7日(初四～初八)	《藥師經》共修
		2月4日(初五)	長者祈願與祝福法會
		2月9日(初十)	新春地藏法會
	三峽天南寺	1月31～2月2日(初一～初三)	遊心禪悅喜迎春系列活動
	桃園齋明寺	1月31～2月2日(初一～初三)	新春慈悲三昧水懺法會
		2月3～4日(初四～初五)	禪的體驗迎新春系列活動
		2月14日(十五)	元宵燃燈供佛法會
	桃園齋明別苑	1月31(初一)	新春大悲懺法會
		1月31～2月4日(初一～初五)	DIY禪悅手工坊、感恩茶禪
		1月31～2月16日(初一～十七)	「走進法鼓山二十五年歷史隧道」新春特展
	基隆精舍	2月14日(十五)	元宵燃燈供佛法會
中部	臺中分院	1月30日(除夕)	除夕彌陀普佛法會
		1月31日(初一)	新春普佛法會
		2月1日(初二)	新春大悲懺法會
		2月2日(初三)	新春慈悲三昧水懺法會
		2月4日(初五)	新春法鼓山走春
		2月14日(十五)	元宵燃燈供佛法會
	南投德華寺	1月31日(初一)	新春普佛法會
		2月2日(初三)	新春大悲懺法會
		2月16日	元宵燃燈供佛法會
南部	臺南分院	1月31日(初一)	新春普佛法會
		2月2日(初三)	新春觀音法會

地區	地點	日期	活動內容
南部	臺南雲集寺	1月31日（初一）	新春普佛法會
		2月2日（初三）	新春觀音法會
		2月14日（十五）	元宵燃燈供佛法會
	高雄紫雲寺	1月31～2月2日（初一～初三）	新春千佛懺法會、親子同樂會
		2月14日（十五）	元宵燃燈供佛法會
	高雄三民精舍	2月3日（初四）	新春普佛法會
	屏東辦事處	2月3日（初四）	新春普佛法會
	潮州辦事處	2月4日（初五）	新春普佛法會
東部	臺東信行寺	1月31日（初一）	新春普佛法會
		1月31～2月2日（初一～初三）	和樂無諍園遊會
		2月1日（初二）	新春觀音法會
		2月2日（初三）	新春大悲懺法會
		2月13日（十四）	元宵燃燈供佛法會

● 01.31～11.02

來法鼓山觀音道場──觀音菩薩特展
打開慈悲密碼　了解觀音信仰

　　法鼓山於 1 月 31 日至 11 月 2 日，在園區開山紀念館舉辦「來法鼓山觀音道場──觀音菩薩特展」，從大年初一開展至初五新春期間，共有兩萬五千人次參觀。

　　特展分有四大展區，主題一「念觀音、求觀音、學觀音、做觀音」，讓人了解觀音救度世人的精神、修行法門與實踐菩薩道精神；主題二「觀音的慈悲密碼」，運用三百六十度互

參觀「觀音菩薩特展」，可透過排列組合「魔術方塊」知道觀音譯名、名號等密碼。

動的「魔術方塊」，讓大、小朋友透過排列組合，認識觀音菩薩的七種譯名、十二種名號、五觀、五音、十大願等密碼。

　　主題三介紹法鼓山獨有的開山觀音、祈願觀音、來迎觀音的故事，並陳列聖嚴師父有關觀音的著作手稿；主題四「觀音雕塑廊道」，陳列與法鼓山有淵源的觀音雕像，包括王俠軍創作的白瓷祈願觀音、水晶祈願觀音、信眾捐贈的宋代觀音像等。

聖嚴師父一生修行觀音法門，也由於觀音菩薩的感應，使法鼓山這塊土地與僧俗四眾結緣，因此聖嚴師父將法鼓山定位為觀音道場，期許大眾感受觀音信仰、欣賞觀音之美，將觀音精神運用在生活中，學習做觀音菩薩的化身。

● 01.31起

「老農禪・新水月」特展於農禪寺展開
多媒體文物展示　聽農禪故事

透過老農禪寺建築藍圖與模型屋，了解農禪寺隨順因緣、與時俱進的弘法使命。

歷時半年籌備的「老農禪・新水月」特展，自1月31日起於北投農禪寺開山農舍展開，大眾可透過多媒體文物展示，巡禮農禪寺的發展史。

在二樓的東初老人紀念室，以全新的《師徒故事》動畫影片，生動刻畫老人對弟子的教導，還有東初老人與聖嚴師父書信往返真跡，透顯師徒兩代的道心與願心。於開山農舍興建故事展區，昔日的建築藍圖、復刻史料，呈現出東初老人當年建寺的艱辛；看似不起眼的五十坪農舍，從土地取得到完工使用，歷經了十四年，在在展現東初老人弘傳佛教的悲願與對弟子的深厚護念。

監院果毅法師表示，聖嚴師父曾說過「追溯法鼓山的源頭，不可不知道農禪寺」，水月道場落成以來，許多資深悅眾緬懷昔日農禪記憶，因此希望透過開山農舍的空間與展覽，串起新、舊建築的連繫，並了解農禪寺隨順因緣、與時俱進的弘法使命。

● 02.01起　08.01起

智慧隨身書 Apps 開放下載
透過行動裝置　進行視、聽多元管道學習

由聖基會推廣流通，接引大眾學佛入門的法鼓山智慧隨身書，2月1日起開放透過行動裝置下載閱讀，首批安卓（Android）手機版 Apps 於 Google Play 上架，共有「無盡身教」、「學佛入門」、「生活佛教」、「臨終關懷」四系列書籍，可供免費下載；並於4月1日起，包括「禪修入門」、「心靈環保」、「自我成長」、「心生活運動」、「心六倫」、「心青年」等，全系列十二

法鼓山智慧隨身書開放行動裝置下載閱讀，透過手機 App 即可進行多元閱讀。

款繁、簡體版書籍全數上架。蘋果系統的 App Store（iOS）則於 8 月起，陸續全數上架。

「法鼓山智慧隨身書 Apps」突破以往紙本閱讀功能，讓使用者可以透過視覺、聽覺學習佛法。每一支 App 除了集結相關主題的「智慧隨身書」電子書，還收錄聖嚴師父開示影片、相關課程、影音、書籍推薦。閱讀電子書時，可自訂閱讀介面、字體大小，還有搜尋、分享等功能，相當便利。

透過行動裝置，大眾可隨時隨地領受佛法的清涼智慧，使用者遍及四十七個國家及地區。

● 02.08

聖嚴師父圓寂五週年 傳燈法會園區展開
近六千位四眾弟子傳燈續願菩薩行

2014 年 2 月，聖嚴師父圓寂五週年，法鼓山 8 日於園區舉辦「法鼓傳燈日」傳燈法會，共有近六千位來自全臺各地、香港、澳門、新加坡、馬來西亞等地的護法信眾參加，共同感念師父開啟慧命的法乳深恩，也再次互勉點亮心燈、實踐菩薩行。

當天中午開始，大眾持誦佛號，秩序井然地走向佛前

傳燈法會上，海內外近六千位信眾代表捧持手中缽燈，發願實踐奉獻利他的菩薩行。

供花，以精進念佛的心，揭開傳燈法會序幕。下午二時整，由護法總會各會團長、各區轄召、召委組成的迎燈隊伍，迎請方丈和尚果東法師、僧團十四位傳燈法師代表前往大殿。

方丈和尚隨後從大殿主燈引信，前往傳燈法會主現場，在〈開山祖師讚〉、〈傳法偈〉梵唄聲中，為副住持果暉法師、僧團都監果光法師等點燃引燈，再由僧團法師一一燃亮與會悅眾手中缽燈。燭火映照下，缽燈上十二行〈菩薩行〉字句閃躍著，彷彿是聖嚴師父為弟子們點亮心中明燈，眾人雙手善護捧持，提醒再次檢視自己的初發心。

「人生的目的，就是要努力成長自己；成長自己的目的，是為了奉獻給人。」法會上播出聖嚴師父 1995 年主持大專禪七的開示影音，講述〈人生的意義〉，

也是對四眾弟子的殷殷教誨和期勉；方丈和尚也感恩所有護法悅眾發心做法鼓山的鼓手，從師父的身教、言教之中，學習「不為自己求安樂，但願眾生得離苦」的悲願精神，並將感恩化為報師恩的具體行動。

當日傳燈法會也透過網路直播，傳送到全球各地，佛法的心燈在世界不同角落一盞一盞亮起，匯聚起無量善願，共同為建設人間淨土發願、行願。

● 02.11～2015.01.08期間

「法鼓長青班」2014年開辦二十三班次
為高齡社會注入關懷與安定的力量

專為六十歲以上長者開辦的「法鼓長青班」系列課程，2014年於全臺各地分院、護法會辦事處，共計展開二十三班次，有近兩千二百人參加。

長青班以八堂課為一梯次，採隔週上課方式，每次上課三小時，課程集學習、健康、活力、分享等

長者在長青班課程中，一起動動腦、玩遊戲，感受不一樣的樂齡生活。

特色，內容包括動禪保健、語言學習、新知分享、肢體展演、戶外教學等；也規畫各類人文、醫學、科技新知等講座；每梯次最後一堂課為戶外教學。該班沒有結業式，是「活到老、學到老」的終身學習。

為方便長者就近學習，繼2013年於新北市新莊、臺東縣成功鎮社區開辦課程，2014年9月也於新北市土城宏國社區活動中心開班，有近七十位鄉親參加。為了土城長青班的開課，海山區悅眾多次排練預演，成員不分彼此，相互學習、關懷，展現最佳默契與合作精神。

● 02.13～16期間

各分支道場舉辦元宵祈福活動
燃燈供佛　光明遍照大千

2月13至16日期間，法鼓山各分支道場，包括臺灣北投農禪寺、基隆精舍、桃園齋明寺、臺中分院、南投德華寺、臺南分院、臺南雲集寺、高雄紫雲寺、

臺東信行寺以及海外加拿大溫哥華及馬來西亞道場陸續展開元宵祈福活動，以燃燈供佛法會為主，為歡樂的新春佳節增添法味。

元宵夜，農禪寺如鏡的水月池裡，映現一盞盞紅燈籠，輝映燈光投射下的大殿和《金剛經》牆，宛如另一座水月道場。

13 日晚間，臺南分院、信行寺首先舉辦元宵燃燈供佛法會。其中，信行寺監院果增法師在法會前，以貧女因至誠廣大心來供養佛陀，所以燈明無盡的故事勉勵大眾，以懇切心發願，願一切眾生皆能離苦得樂；法師也自佛前引燈，並為眾人逐一燃燈，法師提醒，除懺悔往昔之外，更要發願，盡自己所能，利益一切眾生。

14 日元宵節，農禪寺除傳統燃燈祈福法會外，信眾闔家回寺院吃湯圓、猜燈謎、提「星星燈籠」。監院果毅法師表示水月道場已有「月亮」，需要「星星」陪襯，創意的說明，讓參加信眾無不會心歡喜；法師並期勉眾人，時時活在當下，用全新的心面對新的一年。紫雲寺也於當日舉行和樂無諍燃燈供佛慶元宵活動，由監院果迦法師開示燃燈供佛的意義，期盼大眾以至誠恭敬的心點燃自心中的光明燈，照亮自己、照亮別人。

臺中分院於 15 日舉辦元宵祈福法會，由監院果理法師帶領大眾恭誦〈楊枝淨水讚〉、《普門品》，並且共同拜願；海外溫哥華道場的燃燈供佛法會，大眾依序在佛前供燈後，道場以大悲水、平安米和眾人結緣，祝福新年平安。

德華寺則於 16 日舉辦元宵活動，副寺果弘法師帶領六十多位民眾唱誦佛號和燃燈，氣氛莊嚴與攝心。

2014 年的新春佳節，就在各地分會舉辦的元宵節法會與活動中，圓滿結束。

● 02.13   02.18

齋明別苑舉辦心靈環保講座
蔡明亮導演、阿基師分享「心」交流

桃園齋明別苑於 2 月 13 與 18 日舉辦心靈環保講座，分別邀請國宴主廚鄭衍基（阿基師）、電影工作者蔡明亮主講，每場近三百人聆聽，共度知性與感性交會的分享時光。

阿基師鄭衍基 13 日在「美味心關係」的講座中，分享做菜中領會的大道理，表示做菜時不浪費食材，就像為人做好時間管理，就不會浪費生命。18 日的

講座，邀請電影工作者蔡明亮分享融合生命體驗的「慢步電影」。蔡明亮一開場就說自己並沒有為講座做準備，卻也像準備了五十年；並表示，自己以電影創作表達對人生百態的觀察、對生命的叩問，因此看他的電影，看到的是他的生命經驗；近年一連拍了六部慢行系列微電影，慢行的僧侶，和街頭上忙碌的眾生相形成對照，就是對講求快速的現代社會的反思。

齋明別苑舉辦「心靈環保講座」，邀請蔡明亮導演主講「慢步電影」。

對於蔡明亮導演說明，快速無法令人有所體會，只有慢下來才能夠領略生活中細微的感動，現場有聽眾回應：「原來創作電影也是一種修行。」

將於3月8日落成啟用的齋明別苑，啟用前率先以都會型道場面貌接引大眾，期望心靈環保講座的舉辦，成為淨化心靈的心淨土。

● 02.13～27

法青會新春彩頭三堂課
果醒法師詮解佛法觀念如何落實

法青會於2月13至27日，每週四晚間於德貴學苑展開「新春彩頭三堂課」，由美國紐約東初禪寺住持果醒法師主講，以「人際交流大暢通」、「自我成長大躍進」、「發現心中大寶藏」為主題，幽默生動地詮解佛法觀念如何在生活中落實，有近六十人參加。

每堂課程，果醒法師都藉由影片的播放，引領學員覺察心識的活動，如在「人際交流大暢通」中，播放動畫測驗「旋轉的女生」，有學員認為是左轉，也有學員認為是右轉，更有學員認為既左轉又右轉。法師說明，觀賞這齣動畫是有方法的，跟隨法師所教的方法，旋轉方向便依學員們的念頭所控制。果醒法師強調，以為動的東西，其實並沒有動過，一切都是心的意識活動。

新春彩頭三堂課中，學員分享自己的「無位真人」。

法師也帶領學員思索想像和真實之間的差別，並思考真我、無我的意義；法師解說，我們平常就像是個穿著人

皮衣服的布袋戲偶，裡面住著一個無位真人，無位真人就像是操控戲偶的那隻手。而當無位真人和無位真人交往，才能稱為心心相印，在此之前，則要先看見自己的無位真人，才能看見他人的無位真人。

許多學員表示，課程活潑實用，感恩法師帶領動腦，從心出發，層層挖掘心中寶藏，在新的一年，為自己送上好彩頭。

● 02.15～09.20

聖基會 2014 年「聖嚴法師經典講座」
僧團法師、專家學者講日常生活的佛法與禪修

聖基會於 2 月 15 日至 9 月 20 日期間，於週六舉辦「聖嚴法師經典講座」，每場有近七十人參加。

首場講座於 2 月 15 日至 3 月 8 日進行，由美國紐約東初禪寺住持果醒法師導讀聖嚴師父著作《寶鏡無境——石頭希遷〈參同契〉、洞山良价〈寶鏡三昧歌〉新詮》，法師說明修行者唯有藉由不斷地精進修行，破除煩惱，才能使自心皎潔如一輪明月：人人皆有自性寶鏡，只

于君方教授以觀音菩薩為例，為聽眾說明觀音信仰傳入中國後的本土化過程。

因被煩惱遮蔽，而失去映照能力，若能拭去心鏡上的塵埃，寶鏡即能再顯明淨。果醒法師勉勵學員運用〈參同契〉及〈寶鏡三昧歌〉的禪理，並在生活中時時修行，即能化煩惱為菩提，體驗真正的禪悅。

僧團常願法師在 4 月 12 日「逆境順境 心安平安」的講座中，說明運用禪修方法化解煩惱，讓煩惱止於身受，不起心受；並鼓勵眾人培養做定課的習慣，讓方法日日相續、念念相續，從中體驗無常，從「有相」知「空相」，進而體悟「無相」。

5 月 17 日起，邀請美國哥倫比亞大學教授于君方主講四場「漢傳佛教的菩薩信仰——以觀音為例」，分別從經典、靈驗記、造像與聖地四方面，說明觀音信仰傳入中國後的本土化過程。講座中也播放 1987 年於杭州上天竺寺、普陀山田野調查時拍攝的紀錄片，讓學員更了解觀音與中國文化的深厚淵源。

7 月 5 日至 9 月 20 日期間，由僧大男眾部副院長常寬法師主講六堂「中華禪法鼓宗的修行次第」。法師說明次第並不複雜，並以吃飯為例，無論先喝湯，還是先吃菜、吃水果，不同的次序都會養成習慣，禪修的次第也是如此，因應不同的方法，而有不同的修行次序；由於次第因人而異，因此聖嚴師父強調禪

宗沒有次第，不同於天台、唯識的次第禪法。

常寬法師表示，話頭、默照禪法雖是頓悟法門，但還是有用功的次第；勉勵學員練習用方法、老實修行。

2014 聖基會「聖嚴法師經典講座」一覽

時間	講題	主講人
2月15日～3月8日	《寶鏡無境——石頭希遷〈參同契〉、洞山良价〈寶鏡三昧歌〉新詮》	果醒法師（美國紐約東初禪寺住持）
4月12日	逆境順境 心安平安	常願法師（僧團法師）
4月19日	生命的覺醒與超越	常乘法師（僧團法師）
4月26日	僧命字典	常遠法師（僧團法師）
5月3日	付錢買燒餅——公案的啟示	常啟法師（僧團法師）
5月17日～6月7日	漢傳佛教的菩薩信仰——以觀音為例	于君方（美國哥倫比亞大學教授）
7月5日～9月20日	中華禪法鼓宗的修行次第	常寬法師（僧大男眾部副院長）

● 02.15～2015.07.12期間

聖嚴書院「福田班」2014年開辦十二班次
義工在服務奉獻中自利利他

福田班學員在課堂上，學習如何在服務奉獻中自利利人。圖為在紫雲寺進行的課程。

2月15日至2015年7月12日期間，普化中心於北投農禪寺、臺北安和分院、桃園齋明別苑、三峽天南寺、臺中分院、臺南分院、高雄紫雲寺、護法會中永和辦事處，以及海外的北美護法會加州舊金山分會、安省多倫多分會與亞洲香港護法會等地，舉辦聖嚴書院「福田班」義工培訓課程，全年共開辦十二班次，有近兩千人參加，共同學習實踐服務奉獻的福慧人生。

「福田班」為帶狀課程，每月上課一次，共有十次課程，近五十門課系統而完整地介紹法鼓山的理念、組織、運作，以及禪修、念佛等修行法門，並安排學員前往各分支道場觀摩或參與共修，帶領學員認識並實踐法鼓山理念，奠定學佛基礎。

課程設計結合義工的實際作業，不僅上課期間必須輪流出坡，協助齋清與善後，課後也要參與各會團活動，進而在奉獻服務的過程中，實踐自利利他的萬行菩薩精神。

有學員表示，解行並重的課程，內容完整，不僅成長自我，對法鼓山有較綜觀的了解，期許自己成為法鼓山理念的實踐者與推廣者。

● 02.16～11.23期間

「快樂學佛人」2014年開辦三十二班次
接引大眾輕鬆踏上學佛之路

接引社會大眾掌握學佛入門和次第的「快樂學佛人」系列課程，2月16日起於高雄紫雲寺啟動，隨後並於各地分院、護法會辦事處，以及海外加拿大溫哥華、馬來西亞與香港等地分別展開，提供新皈依弟子或對佛法有興趣的民眾就近參與，全年共三十二梯次，有兩千六百多人參加。其中，7月17日起於新北市樹林區停七活動中心開辦的課程，是「快樂學佛人」課

近兩百位樹林地區的街坊鄰居，一同參加「快樂學佛人」課程，體驗學佛的輕鬆和法喜。

程首度於社區開班，有八十七歲的阿嬤報名，還有祖孫三代、夫妻、母子一起當同學，街坊鄰居參與踴躍。

系列課程分為三堂，內容分別是：一、認識三寶——認識皈依三寶的意義、認識法會共修；二、認識法鼓山——走入法鼓山、認識禪修；三、踏上學佛之路——認識佛學課程等，含括學佛基礎、心靈成長、如何做一個佛教徒，以及實際參與學佛行儀演練、出坡禪等。

許多學員分享表示，透過「快樂學佛人」課程才真正了解三寶、持守五戒的意義，對於佛門行儀也有了基本認識，並且學習到生活佛法的應用，進而生起對佛法的信心。

● 02.17

新三民精舍舉行灑淨啟用儀式
提供較寬敞的共修空間

位於高雄市建國一路的「新三民精舍」於2月17日舉行灑淨啟用儀式，由關懷中心副都監果器法師主持，法師期許大眾常來修學佛法，累積福慧資糧，在菩薩道上精進成長，有近一百多人參加。

灑淨圓滿後，隨即展開一連
七天的《地藏經》共修，各項
法務也陸續推動，包括「學佛
十課」、幸福人生講座、初級
禪訓班、心靈茶會等活動，讓
甫啟用的精舍，充滿精進學佛
的歡喜。

灑淨啟用儀式後，新三民精舍隨即展開一連七天《地藏經》共修，由關懷中心副都監果器法師主持。

三民精舍原位於建安街，鑑
於參與法會、課程的民眾日益
增多，新覓建國一路場地，提供社會大眾寬敞的共修空間。原來三民精舍的各
項活動，將於下半年度逐步轉移至「新三民精舍」進行。

● 02.20～03.02

第十九屆在家菩薩戒園區展開兩梯次
千餘位戒子發願行菩薩道

法鼓山第十九屆傳授在家菩薩戒會於 2 月 20 至 23 日、27 日至 3 月 2 日分
兩梯次在園區舉行，共有一千一百六十位在家居士圓滿正受菩薩戒，本屆報到
率超過九成九，顯示求戒者堅定的信願。

經過再三的演禮、懺摩、聽聞聖嚴師父影片說戒開示，戒期最後一天正授時，
擔任菩薩法師的方丈和尚果東法師、首座和尚惠敏法師及副住持果暉法師，引
領求戒信眾依次受持四不壞信法、三聚淨、十善及十無盡戒。方丈和尚恭喜新
戒菩薩「生日快樂」、「新生命和樂無諍」，期許戒子護持清淨戒體，隨時提
起慚愧、懺悔、感恩心，面對外境的撞擊，成就「智慧長、菩提增」的因緣，
長養「信、戒、慚、愧、聞、施、慧」
七聖財。

圓滿正受之際，新戒子明白「戒
的功能是清淨與精進」，發願在無量
諸佛會中同修無上菩提，邁向自覺覺
他，覺行圓滿的菩薩道。

本屆戒子來自臺灣、香港、新加坡、
馬來西亞、印尼、德國、土耳其、澳
洲等十個國家，馬來西亞道場與香港
護法會也分別組團受戒。

第十九屆在家菩薩戒於法鼓山園區舉行，戒子們發願奉行菩薩道。

● 02.27～03.02

聖基會執行長楊蓓出席湖北心理衛生協會年會
分享禪法　學習觀照身心之道

　　聖基會執行長楊蓓受中國大陸湖北省心理衛生協會之邀，出席於3月1至2日展開的學術年會，發表主題演講「在親密關係中修行」，講析親密關係與修行的平衡之道。

　　楊蓓老師從《維摩詰經》切入，探討維摩詰居士在修行與家庭中取得平衡的典範，是未來心理學可以予以解讀、探討的；表示從心理學觀點而言，修行就是修自己的「完形」，也就是禪宗說的「本來面目」，促使個體逐漸走向完整的人格。而親密關係的種種互動變化，除了可拓展自我認知的廣度與深度，最終走向擁有自我的「存有感」，發展到最高層次就是「慈悲」。

　　演講中，楊蓓老師強調，慈悲的英譯compassion，是由com加上passion組成，com是「共同」，passion是「熱情」，人類關係的最高境界，就是擁有共同的大愛，這正是慈悲的真義。

　　湖北心理衛生協會主辦的學術年會，備受大陸心理學界重視，本次年會的主題「兒童與青年‧性與親密關係」，聚集了義大利、德國、臺灣、中國大陸等地專家學者，約四百人與會；楊蓓老師長年致力家族治療、推動心理衛生，以禪修結合心理學見長，深受國內外肯定而受邀。

　　楊蓓老師此行，並於2月27日在武漢主持「禪與心理輔導」工作坊，與心理從業人員分享禪法，學習觀照身心，內心安定有助諮商時掌握整體狀況。

● 02.27～12.25

人基會「2014和樂無諍心靈講座」展開
專家學者分享心靈環保的幸福智慧

　　人基會於2月27日至12月25日，每月最後一個週四於德貴學苑舉辦「2014和樂無諍心靈講座」，邀請各領域專家學者，分享心靈環保的安心之道與幸福智慧。

　　首場講座邀請前國軍松山醫院副院長潘文中主講「頭好壯壯真幸福」，分享罹患小腦萎縮症後，儘管造成生活不便，放不下病，但心可以放下的心路歷程。潘醫師表示，雖然疾病影響日常行

潘文中醫師在「和樂無諍心靈講座」中，分享發自內心愉悅的感謝，會產生正向的能量。

動，大腦卻是清清楚楚，這是很好的生命功課，讓自己更懂得感恩、珍惜當下。

國泰慈善基金會董事長錢復夫人田玲玲則在演講中指出，受邀參與「心六倫」運動、擔任「家庭倫理」代言人，是人生中極美好的回憶；每個人都不完美，但如果懂得包容、尊重，家人的關係一定緊密和諧，人際關係也必須在誠懇中建立信任；而凡事都在一念間，若能從正面角度思考，事事都是好事，快樂會油然而生。

其他講座，還包括長庚醫院兒童心智科主治醫師張學岭講「人生的偶然‧必然‧自然」，指出認清自己的價值與壓力來源，視壓力為生活的經驗，就能讓壓力激發創造力、勇氣和活力，也分享抗壓五要件：睡眠充足、營養均衡、規律運動、身心放鬆以及適當的休閒活動；世界宗教博物館生命教育中心主任陳莉諭在「生命之河」演講中表示，愛是地球的靈魂，愛能跨越疆界、療癒心靈，人類的歷史是愛所創造的。

人基會「2014 和樂無諍」心靈講座一覽

時間	講題	主講人
2 月 27 日	頭好壯壯真幸福	潘文中（前國軍松山醫院副院長）
3 月 27 日	優雅的生活美學	田玲玲（國泰慈善基金會董事長錢復夫人）
4 月 24 日	音樂與人生	陳郁秀（白鷺鷥基金會董事長）
5 月 29 日	健康蔬食過生活	吳映蓉（臺灣營養基金會執行長）
6 月 26 日	人生的偶然‧必然‧自然	張學岭（長庚醫院兒童心智科主治醫師）
7 月 31 日	與自然共舞	郭鎧紋（中央氣象局地震測報中心主任）
8 月 28 日	定數與轉機	張盛舒（科技紫微網負責人）
9 月 25 日	生命之河	陳莉諭（世界宗教博物館生命教育中心主任）
10 月 30 日	學習抱願不抱怨的人生	許悔之（有鹿出版社總編輯）
11 月 27 日	放鬆身心，珍愛自己	陸小芬（芳香療師）
12 月 25 日	和樂無諍之功德財務報表	常炬法師（法鼓山財會室監院）

● 02.28

中國大陸國臺辦參訪農禪寺水月道場
體驗「即景觀心」禪悅境教

中國大陸國務院臺灣事務辦公室副主任葉克冬，率領交流局、新聞局、祕書局成員八人，於 2 月 28 日參訪北投農禪寺，並拜會方丈和尚果東法師。僧團副住持果品法師、農禪寺監院果毅法師、行政中心副執行長常續法師、國際發展處監院果見法師、護法總會副總會長張昌邦等，也一同接待。

中國大陸國臺辦副主任葉克冬（左）參訪農禪寺，方丈和尚果東法師（右）陪同解說「即景觀心」的禪悅境教。

一行人在方丈和尚與導覽義工陪同下，參訪大殿、水月池與開山農舍，樸實無華的建築風格、光影流瀉的《心經》牆、映照大千的水月池，都讓眾人耳目一新，葉克冬讚歎農禪寺的大殿簡潔、莊嚴、寬闊，不同於傳統。

方丈和尚分享法鼓山的歷史，以及簡約素樸、啟發慈悲智慧的境教理念，並說明建築中蘊含「空中花、水中月」的深義，表示弘揚佛法不是在表相，而在於內涵。除了陪同解說，方丈和尚還致贈「十力、十隨」祝福卡，邀請眾人下回至法鼓山園區參訪靈山勝境，體驗更豐富的禪悅境教。

● 02.28～03.01

普化中心舉辦「普化教育悅眾充電營」
一百六十位關懷員深入了解普化教育內涵

普化中心於 2 月 28 日至 3 月 1 日，在北投農禪寺舉辦「普化教育悅眾充電營」，主題是「探尋與追隨」，共有一百六十位來自北臺灣，以及香港、加拿大溫哥華的關懷員參加。

充電營課程，包括由僧大副院長果光法師、普化中心副都監果毅法師、佛教學院教授杜正民講解三堂「解門」課程，並安排禪修、朝山、行腳至北投中華佛教文化館禮祖的「行門」課，在解行並重中，體會東初老人與聖嚴師父興辦教育的願心。

首日課程中，果光法師指出法鼓山任何活動，都具有教育意涵，並以聖嚴師父寫給僧團的手書「作育龍象的人便是龍象」，勉勵眾人充實自己，影響年輕一代，成為他人的善知識；杜正民教授以「大學院教育——尋根溯源」課程，說明大學院教育的創設脈絡及體系，期待將來結合法鼓大學、大普化教育，進一

學員們戴著斗笠，靜默地從農禪寺行至祖庭文化館，展開尋根溯源。

步發揮法鼓山的教育功能；果毅法師與眾人分享普化教育各項課程的成果時，更幽默地稱眾人為「股東」。

3月1日行腳禮祖行動出發前，果毅法師說明，此行的意義在於承先啟後，希望眾人保持身心放鬆，發起菩提心與大悲心。學員們戴著斗笠，靜默地從農禪寺經行至祖庭文化館，向開創法鼓山文化教育事業的東初老人法相頂禮。

有快樂學佛人關懷員分享，從禪修、朝山、行腳課程中，學習到修行可以是日常生活中的一部分，平常就要多下功夫；也有海外關懷員表示，了解成立法鼓山的教育初衷後，對接引不同族裔的信眾有更多元的啟發。

普化中心自2008年起，陸續開設快樂學佛人、佛學班、福田班、長青班等課程，以淺白而生活化的方式，接引社會大眾親近佛法，海內外總計已近三萬人結業；關懷員是各項課程中服務、帶領學員的義工，不少人結業後發心擔任關懷員，接引更多人學習佛法。

● 03.01　03.02　04.13　10.17

果祥法師講飲食健康
分享利己護生的健康飲食觀

果祥法師於高雄紫雲寺分享護生自然農法。

僧團果祥法師3月1日在高雄紫雲寺，3月2日上、下午分別在臺南雲集寺與臺南分院進行專題講座，主題是「飲食健康」，分享利己護生的健康飲食觀，共有三百多人次參加。

果祥法師從事農耕多年，談起過去一般農耕者為了提高產量、順應民眾重視蔬菜外相的需求，大量使用農藥與化肥，但這種慣行農法破壞大地生態，影響人體健康。近來在有識之士提倡下，與大地眾生共生、共榮的護生自然農法應運而生，與佛法觀念十分契合。

法師說明，護生農法就是不殺害蟲蟻，把慈悲不殺生真正落實在農業上，沒有所謂的害蟲，所有蟲蟻都是義工，也沒有所謂的雜草，所有的草都是營養的野菜；好的農法必須融入大自然，養一切眾生，與萬物共生、共存、共榮，種出來的蔬果必然養生。

講座中，果祥法師除了以圖片說明，還帶來自種的數種蔬菜，讓大眾傳看聞香，見證護生農法的成果。

由於迴響熱烈，甫於 2013 年 11 月成立的護法會虎尾共修處，於 4 月 13 日舉辦「健康飲食——吃對食物，保衛地球」專題講座，由果祥法師分享兼顧身體健康與守護地球環境的飲食原則與方法；10 月 17 日，果祥法師也於北投雲來寺主講「吃對食物，保衛地球，愛護自他」，分享自然環保的飲食之道。

● 03.01～05.31期間

新三民精舍首開「學佛十課」
接引初機大眾認識佛法

甫於 2 月 17 日舉行灑淨啟用的新高雄三民精舍，於 3 月 1 日至 5 月 31 日期間，週六首度開辦「學佛十課」佛學課程，由僧大講師常延法師主講，有近一百二十人參加。

3 月 1 日首堂課主題是「為什麼要信仰佛教」，常延法師提到信佛的理由，有人因身體多病，或生活顛沛流離、或經歷生離死別。不論原因為何，融

常延法師於新三民精舍講「學佛十課」，接引大眾認識、親近佛法。

合信心、智慧的佛教信仰，都可以讓每個人循序漸進，依自力來超越身心，進而離苦得樂。法師並以聖嚴師父創作〈大悲心起〉的歌詞，期勉眾人起大悲心，修習佛法，增長福慧，並效法諸佛菩薩的精神，自利利他，彼此成就。

為期三個月的「學佛十課」，是新三民精舍舉辦的第一場佛學課程，為接引想認識佛教、以及初學佛的大眾所開辦，期望人人用佛法來成長自己、關懷他人，讓世界更美好。

● 03.02

虎尾共修處舉辦專題講座
布袋戲編導大師黃逢時分享佛法

護法會虎尾共修處於 3 月 2 日舉辦專題講座，邀請布袋戲編導大師黃逢時主講「布袋戲中之傳統文化與倫理」，並分享親近佛法與聖嚴師父的因緣，共有

六十多人參加。

　　黃逢時談起認識聖嚴師父的因緣，來自父親黃海岱與聖嚴師父同在 2000 年獲得「第二十屆行政院文化獎」殊榮；2003 年聖嚴師父到雲林弘法，他擔任雲林縣政府顧問，負責接待。回憶起與聖嚴師父初次見面談話，黃逢時表示就像一陣和煦春

虎尾共修處邀請布袋戲編導大師黃逢時，分享遇上佛法的歷程。

風迎面，自然而柔軟，當時心中已種下學佛種子。

　　講座中，黃逢時分享多年公職生涯裡，遇到困難，都藉由觀想佛像、讀誦《心經》，讓心安定下來；而日常生活中，也常運用聖嚴師父開示的「四它」，並與親朋好友分享。黃逢時還提及 2014 年法鼓山「和樂無諍」春聯上，印有「是非要溫柔」幾個小字，在心中起煩惱時，可以提醒自己心平氣和，「以智慧處理事情，以慈悲對待別人」，非常受用。

　　除了分享遇上佛法的歷程，黃逢時還以黃海岱布袋戲《西遊記》，解說布袋戲的口白、操偶與身段，聽眾皆感親切歡喜。

● 03.02～04.27期間　09.27～11.22期間

安和分院、齋明別苑舉辦「佛教徒的生死觀」講座
果慨法師領眾一窺生命實相

果慨法師於安和分院講說「佛教徒的生死觀」，學員人數創安和分院聽課人數新高。

　　3 月 2 日至 4 月 27 日，臺北安和分院週日舉辦佛學講座，由三學院監院果慨法師主講「佛教徒的生死觀」，講說《金剛經》、《阿彌陀經》、《地藏經》與《心經》等經典中生命的實相，共八堂，每堂有逾六百人參加，創下安和分院聽課人數新高。

　　如何自在地面對生老病死？果慨法師表示，除了理解經文，重要的是如法修行，將佛法實踐於日常生活中，舉凡誦經、持咒、懺悔、布施、思惟「今天是

人生最後一天，該如何過」等，都是方法的練習；也藉由這些練習，幫助我們離相、少執著、起大悲心，從大我進入小我、無我，臨命終時，能「一剎那中離五濁，屈伸臂頃到蓮池」。

課堂中，果慨法師透過經典、聖嚴師父及祖師大德的勸勉，提醒眾人，臨命終時，四大離散，神識昏昧，不易分辨善惡，因此需要學習不執取相，在臨終時不易受到外境干擾；唯有心常常安住正念真理上，才能與佛菩薩感應道交，藉著三寶的力量，往生善道；並以聖嚴師父的叮嚀「唯有生者安，亡者才會安」，勉勵學員對生死建立正確的觀念，圓滿這一期的生命，邁向另一個光明的旅程。

果慨法師強調修學佛法最重要的就是起大悲心、發菩提願。因此自 3 月 9 日起，課程一開始，法師便帶領學員誦念「觀音菩薩」聖號，祈願受苦受難的民眾能仰仗三寶的力量、眾人的共修祝福，心安平安。

由於課程廣受迴響，9 月 27 日至 11 月 22 日，桃園齋明別苑亦於週六開辦生死學課程，由果慨法師領眾一窺生命實相。許多學員表示，感恩法師的講說與分享，學習到歡喜看生死，並能愛念眾生、憫念眾生而常行饒益眾生之事。

● 03.03～06.16　10.06

「關懷生命專線」義工培訓課程
結合佛法 協助民眾轉化身心困擾

人基會於 3 月 3 日至 6 月 16 日，每週一在德貴學苑開辦「關懷生命專線」義工培訓課程，3 月 3 日展開首堂課程並舉辦開訓典禮，祕書長李伸一、副祕書長陳錦宗等到場關懷。

典禮中，李伸一祕書長表示，推動「關懷生命」是人基會重要推廣工作，期盼培訓課程能豐富學員的生命，為生命困頓的民眾提供希望的火炬。

關懷生命專線第一堂培訓課，由惠敏法師分享「身心健康與助人，終身學習與服務」。

首堂課程由佛教學院校長惠敏法師擔任講師，分享「身心健康與助人，終身學習與服務」的理念。法師說明，個人成長取之於社會大眾有形、無形的供養，保持身心健康才能積極回饋社會，藉由終身學習，可以不斷提昇自己的能量。法師提到，無論是自然科學、社會學或人文的角度，都可看見生命不同的面向與型態，勉勵學員從「微小」與「相同」之處，去欣賞生命的一致性，體會眾

生平等，以包容來關懷各種生命現象。

關懷生命專線總督導蔡稔惠，則以「動機」、「服務機構」與「服務對象」來說明義工的服務工作，鼓勵學員時時提起感恩回報的初發心，接聽服務時，堅守角色任務及守密原則，用虛心及耐心來成長自己。

培訓課程結業後，學員隨即展開實習服務。10月6日，人基會於德貴學苑舉行專線義工授證典禮，由李伸一祕書長為四十位結訓義工頒發證書。

受過專業培訓的關懷生命專線義工，運用自助助人的技巧，結合佛法提供電話協談服務，協助民眾轉化身心困擾。專線電話自2009年啟用，2014年起並整合智慧型手機App「Call Saver客服省錢通」，於「生命關懷專區」收錄「法鼓山生命關懷專線」，使用App可省去轉接的等待，讓關懷更迅速即時。

● 03.06～20期間　03.30

法青會舉辦「法青哈佛夜——尋找小確幸」
引領青年用心感受、用腳尋訪

青年學員在「法青哈佛夜」活動中，分享對法鼓山的認識。

法青會於3月6至20日，每週四在德貴學苑舉辦「法青哈佛夜——尋找小確幸」活動，內容涵括三堂佛學課程，30日並安排一日參訪行程，由青年院常澧法師帶領，有近三十人參加。

三堂佛學課程包括「認識法鼓山」、「認識聖嚴法師」，以及「開啟心中的寶山」。在「認識法鼓山」中，常澧法師介紹法鼓山的精神、理念，進而引介正信與人間的佛教；「認識聖嚴法師」課程，法師細數聖嚴師父一生中影響深遠的幾件大事：一、推廣禪修創立中華禪法鼓宗；二、興辦教育推動大關懷、大普化、大學院等三大教育；三、成立教團、六十歲創立法鼓山；四、社會心靈領航員，推動「心五四」與「心六倫」等運動，落實人間淨土建設；「開啟心中的寶山」則是引領學員放鬆身心、認識自我，期勉青年人成長自我，創造生命的價值。

30日，常澧法師帶領青年學員巡禮法鼓山園區，藉由實地參訪行程，體驗法鼓山的禪悅境教。

法青會期盼學員藉由課程，用心感受、用腳尋訪，在生活中找到內心的安定與幸福。

● 03.08

齋明別苑落成啟用

提供桃園地區大眾學佛心淨土

桃園齋明別苑於 3 月 8 日上午舉辦落成啟用大典,包括桃園縣長吳志揚、桃園市長蘇家明等各界來賓,與方丈和尚果東法師、僧團法師、護法信眾等,共有一千六百多人參加,共同迎接學佛心淨土。

啟用典禮上,二樓大殿由方丈和尚及吳志揚縣長、桃園齋明寺原住眾江金曄等,四樓禪堂由僧團副住持果品法師及蘇家明市長等,為佛像進行揭幔儀式。方丈和尚致詞時,首先感恩十方信眾護持成就,從法鼓山接續齋明寺法務的歷史因緣,到齋明別苑建設圓滿啟用,都是眾緣和合而成,一古一新,發揮契機應時的弘化功能。

吳志揚縣長讚歎,一進到齋明別苑,內心馬上沉澱下來,寧靜祥和的攝受力,正契合繁忙現代人的需求;同時感謝法鼓山一直為社會提供安定的力量,讓桃園都會地區有座佛法中心。

典禮中,方丈和尚特別致贈感謝狀予福住建設董事長簡德耀,感恩高齡九十歲的簡董事長,從齋明寺禪堂、農禪寺水月道場到齋明別苑,一路帶領營建團隊,並親自擔任工程管理,陪伴建物從灌漿上樑到竣工落成。

新啟用的齋明別苑,下午並舉辦祈福皈依大典,方丈和尚期勉近九百位有緣在農曆 2 月初八佛陀出家日皈依的信眾,依教奉行,發願盡未來際利益眾生,點滴累積福慧資糧。

方丈和尚果東法師(中右)、吳志揚縣長(中左)與護法信眾代表,共同為齋明別苑大殿佛像揭幔。

齋明別苑啓用

桃園心淨土　讓智慧起飛

　　3月8日上午，「紅塵中見淨土，繁華裡有桃園……，古寺中尊聖顏，新城裡又別苑……」，來自全臺各地、馬來西亞、香港、加拿大等地一千六百多位信眾，在莊嚴佛號、輕快佛曲聲中，迎接桃園心淨土——齋明別苑的落成啟用。

創新承舊　齋明別苑應運而生

　　1999年，擁有一百七十多年歷史、位於桃園大溪的齋明寺，第六代住持江張仁居士敦請聖嚴師父晉任為第七代住持，齋明寺正式交由法鼓山管理，回歸正信的佛教法脈。隨著大桃園地區學佛民眾與日俱增，但齋明寺為國定三級古蹟，擴建不易，於是傳續百年古寺弘法歷史、承接法鼓山精神理念的都會型道場——齋明別苑應運而生。

　　齋明別苑融合法鼓山園區建築風格，及齋明古寺傳統三合院的特色，冂字型的外觀，具有寺院殿堂的恢弘氣勢；直線斜屋頂式設計，線條簡約流暢；灰色的牆面，給人樸實、安定的感覺；建築四周，則以走廊空間和街道區隔，一進入別苑，即刻可以感受到「鬧中有靜」的氛圍。

　　別苑的內部空間規畫，十足展現了都會弘法功能。一樓規畫有知客處與齋堂，祈願觀音像位於迴廊正中間，慈悲迎接前來的十方大眾；別苑正門面對大業路，左右各一道石階梯，直通二樓大殿前庭，帶領參訪者逐步向上，探尋安定心靈的桃花源。大殿內，阿彌陀佛像以齋明寺禪堂中、昔日福建名匠林起鳳雕塑的西方三聖像為藍本，造型古樸，與左右各一百零八座內嵌小佛龕相互輝映；四樓禪堂供奉複製法鼓山大殿的釋迦牟尼佛像。

心靈桃源　都會型現代道場

　　座落於桃園市中心的齋明別苑，是一處糅合宗教、建築、藝術、人文的心靈道場，鄰近國際機場、國道，交通便捷的特殊地理位置，兼具教育和宗教弘化功能，依多元的居民屬性，舉辦佛學、禪訓等初階課程，及心靈環保講座、茶禪、定期法會等活動，全方位接引上班族、銀髮族、青少年、兒童等族群，帶領大眾在各種學習中，以佛法智慧轉化繁忙塵勞，開啟自性寶山。

● 03.08　04.20　04.27　09.27

皈依大典全年舉辦四場
逾四千位民眾踏出學佛的第一步

法鼓山2014年共舉辦四場「祈福皈依大典」，於3月8日、4月20日與27日，以及9月27日，分別在桃園、臺北、臺南與新北市舉行，皆由方丈和尚果東法師授三皈依，總計四場皈依人數共有四千多人。

首場於3月8日在桃園齋明別苑落成啟用儀式後展開，方丈和尚鼓勵新皈依

農禪寺舉行皈依大典，共有一千二百五十三位民眾成為三寶弟子。

佛子加入法鼓山推動心靈環保的行列，讓世界生起安定的力量。皈依大眾涵蓋各年齡層，並以闔家參與居多，而法師們也為慣用閩南語溝通的民眾另闢解說教室，莊嚴的氛圍令人感動。

4月20日於北投農禪寺舉行的第二場皈依典禮中，方丈和尚講解皈依三寶的意義，說明皈依三寶如同入學註冊，是開始向佛菩薩學習慈悲和智慧，開啟與佛一樣清淨的佛性；並以「十力」勉勵大眾以感恩心接受順逆緣，用報恩心奉獻結善緣，讓皈依弟子生起堅定學佛的信心。

第三場於4月27日在臺南大學中山體育館舉行，方丈和尚祝福七百多位新皈依佛子們智慧增長，期勉大眾把身體當成修行的道器，點亮心燈、照亮人生，開啟清淨的佛性，當個快樂自在的學佛人。大典後並展開專題講座，以「和樂無諍‧歡喜自在過生活」為主題，鼓勵大眾運用正面解讀與逆向思考的智慧，將生活中遭遇的紛擾、挫折等負面情緒，轉化為向上提昇的正向能量。

最後一場於9月27日在法鼓山園區展開，方丈和尚勉勵新皈依弟子隨時珍惜生命的可貴，好好把握每一天，共同學習開發佛性、提起覺性、轉化個性、明心見性，體驗「心平氣和，是非要溫柔；和樂平安，我為你祝福」的和樂無諍精神。

為推廣正信及生活化的佛法，法鼓山2014年除於臺灣舉辦四場大型祈福皈依大典，並於全球各分院道場分別舉辦地區性的皈依活動，總計全年有近五千位民眾，把握難得因緣皈依三寶，開啟學佛新生命。

● 03.12

法鼓山響應農委會「植樹造林，呵護臺灣」
中樞紀念植樹活動於法鼓大學預定地舉辦

行政院農委會以法鼓大學預定地為示範場地，舉辦中樞紀念植樹活動。

　　行政院農委會以法鼓大學預定地為示範場地，於 3 月 12 日舉辦中樞紀念植樹活動，邀請總統馬英九、立法院長王金平、司法院長賴浩敏、監察院長王建煊，與方丈和尚果東法師、首座和尚惠敏法師等，共同植下十八棵蘭嶼羅漢松，法鼓山各會團悅眾、現場民眾約二百人，也種下苦楝、烏心石、臺灣椿、無患子、厚葉石斑木等樹種，一同響應「植樹造林，呵護臺灣」活動。

　　馬英九總統致詞表示，法鼓山上種植許多樹木，將自然環境照顧得非常好，與政府提昇森林覆蓋率、降低碳排放量的理念相應。

　　方丈和尚感恩參與植樹的貴賓，在法鼓山播下呵護臺灣的善種子；也表示，無論是樹或人，都是生命共同體，法鼓山將樹木視為成就大眾修行的菩提樹、道場樹，佛經中以「人中樹」來比喻佛陀，如大樹般護佑眾生，祈願將來進入校園就讀的學子，都能成為「人中樹」，奉獻社會，利益眾生。

● 03.12～17

方丈和尚中國大陸行
探訪法脈源頭千年古剎

　　3 月 12 至 17 日，方丈和尚果東法師率同僧團副住持果品法師、護法總會副總會長黃楚琪等，前往中國大陸，於上海、江蘇、湖北等地，探訪法脈源頭焦山定慧寺、南通廣教寺，以及參訪鎮江金山寺、蘇州寒山寺、五祖寺、老祖寺等千年古剎，並應湖北黃梅四祖寺之邀，出席該寺新任方丈陞座典禮。

　　方丈和尚一行於 12 日抵達上海，14 日前往焦山定慧寺，拜訪現任方丈心澄法師。聖嚴師父的恩師東初老人，於定慧寺傳承曹洞宗法脈，並承接方丈、焦

山佛學院院長等法務；1996 年，聖嚴師父將老人部分舍利恭送回定慧寺。心澄法師感念老人當年在焦山辦學，到臺灣後發起影印《大藏經》，對傳續佛教的法脈，影響深遠。

15 日，一行人轉往南通狼山探訪聖嚴師父幼年出家的廣教寺。廣教寺方丈和尚俊才法師陪同從山下拾階而上，參訪大聖殿、法聚庵等殿堂。法聚庵為聖嚴師父當年出家的房頭，如今規畫為「聖嚴法師弘化成就展示館」，目前已對外開放，提供來訪信眾認識聖嚴師父推廣佛法、實踐佛法的生命歷程。

圓滿江蘇行程後，方丈和尚搭機至湖北，17 日出席黃梅四祖寺方丈明基法師的陞座典禮。方丈和尚應邀致詞時，與大陸各界貴賓分享聖嚴師父與四祖寺前任方丈淨慧長老深厚的法緣；方丈和尚期望兩岸宗教及文化交流，彼此互敬互諒、和諧包容，為人間化、現代化的佛法共同努力。

方丈和尚此行，除了參訪，也關懷聖嚴師父的在家俗眷，以及上海地區信眾。

方丈和尚出席湖北黃梅四祖寺新任方丈陞座典禮，並應邀致詞。

● 03.18～05.18

清明報恩法會全球展開
大眾虔敬共修　傳達追思

3 月 18 日至 5 月 18 日期間，法鼓山全球各分支道場分別舉辦清明報恩法會，內容包括佛七、地藏法會、三時繫念法會等，大眾虔敬共修，為先亡超薦，為眾生祈福，共有逾萬人次參加。

臺灣北部地區，北投中華佛教文化館首先於 3 月 18 日至 5 月 18 日，每日舉辦《地藏經》共修，由監院果諦法師帶領。5 月 18 日共修圓滿後，果諦法師提醒眾人努力修學佛法，就不會對死亡感到恐懼，處處觀照自己的心，時時培福修慧，都是將來往生的善業資糧。

北投農禪寺自 3 月 29 日起，舉辦清明報恩佛七，大眾持念彌陀聖號、拜懺、禮佛、跑香、大迴向，連續七天的法會，共有上千人次精進共修；桃園齋明寺於 4 月 3 至 6 日舉行佛三暨八關戒齋，期間大眾繞佛經行至禪堂外草坪，於百年樟樹下坐念，氣氛莊嚴攝受。

總本山於 4 月 5 日，為所在的新北市金山地區主辦春季彌陀法會，由僧團副住持果暉法師主法，金山區長李偉人與當地居民，跟隨法師唱誦《佛說阿彌陀經》、〈往生咒〉及「阿彌陀佛」聖號，場面莊嚴祥和。

中部地區的臺中分院，連續九年舉辦梁皇寶懺法會，於 3 月 30 日在逢甲大學體育館展開，4 月 5 日圓滿日，方丈和尚果東法師、臺中市長胡志強伉儷到場祈福祝禱，方丈和尚勉勵大眾學習寬容與心平氣和，方能將痛苦昇華。

南臺灣的臺南分院、雲集寺，以及高雄紫雲寺，皆舉辦地藏法會。臺南分院於七天法會圓

雲集寺監院果謙法師帶領信眾齊聲念佛。

滿後，3 月 30 日舉行慈悲三昧水懺法會；雲集寺則在每天法會結束前，由法師帶領大眾長跪發願，祈願臺灣及世界各地紛擾止息，和平安定；高雄紫雲寺則於 4 月 4 日進行功德總迴向，方丈和尚到場關懷，勉勵大眾常懷感恩、懺悔，學習地藏菩薩「地獄不空、誓不成佛」的悲心弘願。

海外地區，美國紐約東初禪寺於 4 月 5 日舉行地藏暨三時繫念法會，接續先前為啟建新道場舉辦的《地藏經》共修，至法會當天共圓滿四十九部《地藏經》；加拿大溫哥華道場的地藏法會於 4 月 5 至 6 日展開，監院常悟法師鼓勵眾人修持地藏法門，當得百返生於三十三天，永不墮惡道。

亞洲馬來西亞道場於 4 月 19 至 20 日舉行「法水沁涼」慈悲三昧水懺法會，法會首度結合禪修體驗和法師說法，經規處監院常續法師主法解說懺文內容與修行方法，也引導大眾透過禪修方法，體驗身心的清楚、放鬆；香港護法會於 4 月 5 日舉辦清明報恩佛一，由果興法師主法；新加坡護法會於 4 月 10 至 12 日在當地大悲佛教中心舉辦清明報恩佛三，由果舟法師、常浩法師自臺灣前往帶領，每日有近兩百人參加，傳達孝心報恩的願心。

2014 法鼓山各地清明法會一覽

地區		主辦單位（活動地點）	時間	活動內容
臺灣	北部	法鼓山園區	4月5日	春季彌陀法會
		北投農禪寺	3月29日至4月4日	清明報恩佛七
		北投中華佛教文化館	3月18日至5月18日	清明《地藏經》共修
		臺北安和分院	3月30日至4月13日	清明報恩地藏法會
		桃園齋明寺	4月3至6日	清明報恩佛三
		臺北中山精舍	3月30日至4月5日	清明報恩地藏法會

地區		主辦單位（活動地點）	時間	活動內容
	中部	臺中分院	3月30日至4月5日	梁皇寶懺法會
		南投德華寺	4月6日	清明報恩地藏法會
	南部	臺南分院	3月23至29日	清明地藏法會
			3月30日	清明慈悲三昧水懺法會
		臺南雲集寺	3月31至4月6日	清明報恩地藏法會
		高雄紫雲寺	3月29日至4月3日	清明《地藏經》共修
			4月4日	清明報恩地藏法會
	東部	臺東信行寺	3月28至30日	清明報恩地藏法會
海外	美洲	美國紐約東初禪寺	4月5日	清明地藏暨三時繫念法會
		美國加州洛杉磯道場	4月5日	清明報恩地藏法會
		加拿大溫哥華道場	4月5至6日	清明報恩地藏法會
		北美護法會加州舊金山分會	3月22日	清明報恩地藏法會
		北美護法會伊利諾州芝加哥分會	4月6日	清明報恩地藏法會
		北美護法會華盛頓州西雅圖分會	4月16日	清明報恩大悲懺共修
		北美護法會安省多倫多分會	4月20日	清明報恩地藏法會
	亞洲	馬來西亞道場	4月19至20日	清明慈悲三昧水懺法會
		香港護法會	4月5日	清明報恩佛一
		新加坡護法會	4月10至12日	清明報恩佛三

● 03.22

方丈和尚出席銀髮族協會年度大會
分享「抱願不抱怨」的生活智慧

　　方丈和尚果東法師於 3 月 22 日受邀出席臺北市銀髮族協會於臺北典華飯店舉行的「103 年全國銀髮族福利宣導暨年度大會」，並以「抱願不抱怨的生活智慧」為題進行演講，與近千位長者分享佛法。

　　方丈和尚說明，「抱願不抱怨」就是凡事要正面解讀、逆向思考，在困境中轉化、淡化、淨化自己的心；「願」是向諸佛菩薩最深刻的學習，學習佛菩薩懷抱願力的精神，進而奉獻自己、成就他人，對於已經發生的事也不

方丈和尚出席「103 年全國銀髮族福利宣導暨年度大會」，與長者分享生活智慧。

必懊惱、不必追悔，最重要的是把握當下，盡心盡力隨緣努力。方丈和尚鼓勵長者透過佛法、禪法與心法來開發智慧和慈悲，消除自身的無明煩惱習性。

會中，銀髮族協會理事長曾照嵩為每位與會長者準備一本方丈和尚的著作《抱願不抱怨》，希望透過閱讀推廣佛法，讓每個人都能找到安定身心的方法，開啟內心的幸福密碼。

● 03.23

國際生命線協會參訪法鼓山園區
方丈和尚表達關懷與肯定

方丈和尚與參加「國際生命線協會103年全國年會」的近八百位會員，於祈願觀音殿外合影。

參加「國際生命線協會103年全國年會」的近八百位會員，於3月23日至法鼓山園區參訪，方丈和尚果東法師到場關懷，對該協會長期以來關懷生命、拯救生命的無私奉獻，表達肯定與感佩之意。

方丈和尚表示，一般人的心難免受到外在環境牽引，必須透過正確的因果因緣人生觀來面對無常變化，才能夠心安平安、自在無礙；生命線的同仁們常扮演「傾聽」的角色，安定民眾受傷的心靈，防止其自我傷害，進而有勇氣面對挫折，這就是佛法所說的種善因、結善緣。方丈和尚也邀請生命線協會會員參加法鼓山的禪修課程，透過禪修體驗來肯定自我、成長自我、消融自我。

生命線臺灣總會理事長黃裕舜表示，感恩方丈和尚的開示，對佛教的生命觀有更進一步的認識，希望有機會參與禪修課程，共同學習解除壓力，保持內心安定的力量。

● 03.28起

臺中分院舉辦「點亮寶雲」祈福護持活動
持聖號、送祝福　心心相繫

法鼓山中臺灣教育弘化中心——寶雲寺，預定於2015年3月28日正式啟用，落成倒數前三百六十五天，臺中分院舉辦祈福護持活動「點亮寶雲」，並於3

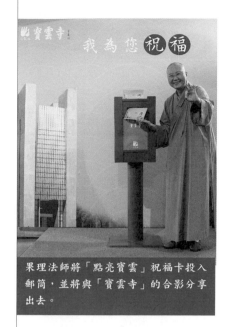

果理法師將「點亮寶雲」祝福卡投入郵筒,並將與「寶雲寺」的合影分享出去。

月28日下午,由監院果理法師、僧團法師,以及護法信眾等七十八位,為活動舉行揭幕儀式。

「點亮寶雲」活動包括兩部分,第一部分「心心相繫」鼓勵大眾持誦「觀世音菩薩」聖號,每圓滿一百零八次聖號,便可至臺中分院或中部各辦事處,領取結緣祝福卡,或是上「點亮寶雲」網站,寄送電子祝福卡;第二部分「時時相續」,則是邀請大眾一起接力護持寶雲寺建設,以啟用前每個小時為一棒,棒棒相接,直到落成當天圓滿。

當天,法師帶領信眾恭誦《心經》、一百零八次「觀世音菩薩」聖號,現場「點亮寶雲」網站上的聖號計數器由「○」啟動,隨即躍升至「八四二四」次,掌聲也隨之響起。活動中,每個人並獲得一張祝福卡,眾人填寫手中卡片,投入現場的郵筒前,會透過電腦自動拍照系統,與「寶雲寺」合影,將建寺祈福的照片,同步分享給各地親友。

果理法師表示,祝福是自心最美的開展;也邀請大眾將護持寶雲寺的願力、對眾生的祝福,傳送給身邊每個人。

「點亮寶雲」活動網站:http://lightup.ddm.org.tw

● 04.01～12.01期間

聖基會 2014 年五本結緣新書出版
分享聖嚴師父生活佛法的清涼開示與身教

聖基會 2014 年出版《共修力量大》、《人生最後的功課》、《樂齡——體驗與享受生命的美好》與《食在好素》,以及《今生與師父有約(六)》等五本結緣書,與大眾分享聖嚴師父生活佛法的清涼開示與身教。

4月1日出版的《共修力量大》,收錄聖嚴師父開示法會修行的方法、意義,以及共修的觀念等,引導大眾透過法會共修的集體力量,轉化個人的散亂、疲怠,進而專注修行,讓修行更得力;6月出版《人生最後的功課》,則收錄聖嚴師父對生死大事的開示,並介紹積極正向的佛教生死觀。

9月出版《樂齡——體驗與享受生命的美好》,收錄了聖嚴師父對高齡化生活與生命的開示,包括:維持健康、人際關係、社會參與等,提出智慧觀察和

解決之道，為高齡生活建立正向觀念與價值。

鑑於食安問題廣受社會關注，《食在好素》於 10 月 1 日出版，從健康、慈悲與修行三個面向，分享聖嚴師父對現代人飲食觀的開示，包括素食對人體的益處、天然的調味、吃飯的態度等層面，以及推廣環保的飲食觀念，引導大眾從健康的飲食著手，進一步在飲食的各個層面，提起對身、口、意的覺察，進而提昇人品。

聖基會 2014 年出版五本結緣新書，分享聖嚴師父的身教與生活佛法開示。

另一方面，四眾弟子回憶聖嚴師父言教身教的結緣書《今生與師父有約（六）》，於 6 月出版，收錄《牛的印跡》（*Hoofprint of the Ox*）共同作者丹·史蒂文森（Dan Stevenson）、《禪》（*Chan Magazine*）雜誌美術編輯李祺·阿謝爾（Rikki Asher）、長年擔任聖嚴師父翻譯的王明怡、聖嚴師父首位西方法子約翰·克魯克（John Crook）的訪談，分享聖嚴師父的行誼與願心。

● 04.01～11.14

2014 年人資處八場職能訓練課程
提昇專職職能養成

為提昇專職之職能養成，行政中心人力資源處於 4 月 1 日至 11 月 14 日期間，於北投雲來寺舉辦八場職能訓練及三場禪修課程，內容包括職場專業企畫、危機處理等世學議題，同時也涵蓋佛法及禪修在職場上的運用。

首場於 4 月 1 日進行，邀請鎧瑞國際股份有限公司策略管理顧問莊振家主講「專案管理」，講說專案管理不同階段的重要組成元素、管理程序及技巧；22 日的主題是「工作溝通與協調」，介紹平行溝通的重要性與協調要領。

5 月、6 月及 11 月的主題是領導心法，由資深悅眾張允雄講授，課程以分組討論進行，活潑開放的引導，帶領學員了解如何運用各項技能，凝聚團隊共識，達到成員之間充分溝通與有效分工，並學習透過自我消融及隨順因緣的佛法運用，促進雙向溝通。

林口長庚醫院兒童心智科主治醫師張學岺則在 6 月 12 日「溝通與衝突」的講座中，講說如何減化衝突對組織或工作所造成的負面影響，並進一步轉化衝突為正向能量；7 月 18 日，亞碩國際管理顧問有限公司講師張震球主講「問題分析與解決」，分享透過系統化的思考訓練，強化解決問題的能力，提昇專職工作所需專業知識與技巧的基礎。

由僧團法師帶領的禪修課程，包括一場初級禪訓密集班與兩場禪二，引領專職藉由禪法認識自己，精進成長，為社會大眾服務。

2014 年專職職能訓練課程一覽

時間	講題／主題	主講人
4月1日	專案管理	莊振家（企業策略管理顧問）
4月22日	工作溝通與協調	莊振家（企業策略管理顧問）
5月20日	初級禪訓密集班（上）	常乘法師（法鼓山傳燈院監院）
5月23日	如何帶動高效率團隊（上）	張允雄（法鼓山資深悅眾）
5月27日	初級禪訓密集班（下）	常乘法師（法鼓山傳燈院監院）
6月12日	溝通與衝突	張學嶺（兒童心智科主治醫師）
6月24日	如何帶動高效率團隊（下）	張允雄（法鼓山資深悅眾）
7月18日	問題分析與解決	張震球（企業策略管理顧問）
8月29日	思考與表達	惠敏法師（法鼓文理學院校長）
9月2至3日	禪二	常願法師（法鼓山僧團法師）
9月9至10日	舒活禪二	常應法師（法鼓山僧團法師）
11月14日	專職如何帶領義工	張允雄（法鼓山資深悅眾）

● 04.12

國際發展處舉辦禮儀培訓課程
謝俊得大使分享國際禮儀

國際發展處於 4 月 12 日在北投雲來寺舉辦「國際禮儀‧歐洲篇」培訓課程，邀請外交部禮賓處大使級代表謝俊得分享國際禮儀與跨文化溝通、歐洲各國文化習俗，以及國際接待禮儀，包括僧團法師、專職和義工，共有一百八十三人參加。

謝俊得大使首先說明，一般人以為會講英語，就表示國際化、有國際觀，其實是很大的誤解；「國際觀」是指對國際事務的認識，了解彼此的差異，從而抱持平等、尊重的態度，進一步去關懷對方；熟悉國際禮儀，是培養國際觀、做好跨文化溝通的重要基礎。

謝大使進一步解析，現代的國際禮儀，不只局限國與國之間的外交場合，食、衣、住、行各方面，

謝俊得大使受邀主講「國際禮儀培訓課程」，分享國際禮儀與跨文化溝通的內涵與精神。

乃至握手、擁抱、微笑、目光等,都是禮儀的一部分。熟稔歐洲文化的謝俊得大使,以義大利俗諺「在羅馬行如羅馬人」(When in Rome, do as the Romes do.),期許眾人在跨文化互動時「因地制宜」,多從對方的文化立場來思考,在消除自我認知的過程中,不僅在無形中提昇了自我品質,也是禮儀環保的高度展現。

● 04.13

臺東信行寺舉辦專題講座
果慨法師講地藏菩薩的大願法門

果慨法師提醒大眾,把握死亡因緣,學習正向的生死觀念。

臺東信行寺於 4 月 13 日舉辦專題講座,由三學院監院果慨法師主講「地藏菩薩的大願法門」,法師以母親的臨終過程為例,引導大眾思考正向的佛教生死觀,共有一百多人參加。

果慨法師講析,《地藏經》對於臨終四個階段,以及相應的救度方法,都有詳盡解釋;並說明大部分眾生臨終時,多半「隨重、隨習、隨念」,但對正信的佛教徒而言,應以「隨願往生」的目標來期許自己。

「唯有生者安,亡者才會安。」法師引用聖嚴師父的法語,分享為母親辦佛事的過程中,家人始終相互幫忙體諒,也讓老菩薩得以真正安心離開。果慨法師提醒大眾,應把握死亡因緣,為子孫示範正確的生死態度,進行一場最好的生命教育。

● 04.13～05.25

全球分支道場舉辦浴佛活動
逾萬人內浴自心 感念雙重恩典

為感恩佛陀誕辰與母親節,4 月 13 日至 5 月 25 日期間,法鼓山全球各分支單位舉辦多元的浴佛報恩祈福活動,總計有二十六處分院道場、護法會辦事處舉辦,共有逾萬人參加。

臺灣北部地區的北投中華文化館首先於 4 月 13 日舉行浴佛法會,在釋迦牟尼佛聖號聲中,大眾出位依序浴佛,並持誦〈浴佛偈〉,主法的僧團常源法師以聖嚴師父法語「功德給別人,責任給自己」,說明放下功德利益的得失心,

心量就大，執著就小；法師勉勵眾人用「懷恩」的心，感念佛陀教誨，用「反省」的心，反觀自己，學習佛陀的大悲願心利益眾生。

法鼓山園區於 5 月 3 至 4 日舉行「朝山‧浴佛‧禮觀音」，大眾沿著朝山步道，三步一拜，感念大地的恩澤；桃園齋明寺的浴佛活動在 5 月 3 日進行，民眾闔家透過法會、浴佛、供燈，共沐佛法的甘露法味；

近千位信眾歡喜進入農禪寺大殿，以浴佛洗滌心靈塵垢。

北投農禪寺浴佛法會於 17 日展開，監院果毅法師期勉大眾藉由浴佛儀式，洗淨心中塵垢，從錯誤知見中覺醒，以清淨的心來浴佛，才是最好的供養。

三峽天南寺也於 5 月 17 日首次結合朝山活動，舉辦浴佛法會，由監院常乘法師帶領八百多位板橋、樹林、新莊、土城等地區信眾，從三門一路往上，口中誦念「南無本師釋迦牟尼佛」聖號，額頭頂禮觸地，感念佛陀與母親的雙重恩典。

南部地區，臺南雲集寺 5 月 10 日浴佛感恩活動現場，充滿了青春活力，許多年輕學生和小朋友，一早即加入浴佛行列，並參加打卡按讚送結緣品、母親節感恩等活動。高雄紫雲寺於 5 月 4 日舉行浴佛法會，一千多位信眾到場參與，共同感念三寶恩、父母恩、眾生恩；高雄三民精舍也於 3 日舉辦浴佛活動，並邀請信眾觀賞悉達多太子話劇表演，從佛陀一生的故事中，學習佛陀度眾化眾的慈悲與智慧。

海外部分，加拿大溫哥華道場於 5 月 4 日舉辦浴佛法會，監院常悟法師叮嚀大眾把身心安住當下，以清淨無雜染的心，一起同沐法雨、同霑法益；13 日，馬來西亞道場舉行浴佛法會暨皈依典禮，四百位信眾以虔誠的心，伴著香花淨水浴佛，並祝福六十一位新皈依的三寶弟子，開啟學佛新生命，時時感恩每個當下的新生。

2014 全球分支單位浴佛節暨母親節活動一覽

地區		主辦單位／活動地點	時間	活動名稱／內容
臺灣	北部	法鼓山園區	5月3至4日	朝山‧浴佛‧禮觀音
		北投農禪寺	5月17日	浴佛法會
		北投雲來寺	5月6日	浴佛法會
		北投中華佛教文化館	4月13日	浴佛法會

地區		主辦單位／活動地點	時間	活動名稱／內容
臺灣	北部	臺北安和分院	5月25日	浴佛法會
		三峽天南寺	5月17日	朝山暨浴佛法會
		桃園齋明寺	5月3日	浴佛法會
	中部	臺中分院（寶雲別苑）	5月18日	浴佛法會
		南投德華寺	5月4日	浴佛法會暨園遊會
	南部	臺南分院	5月4日	浴佛法會
		臺南雲集寺	5月10日	浴佛法會
		高雄紫雲寺	5月4日	浴佛法會
		高雄三民精舍	5月3日	浴佛法會
		護法會嘉義辦事處	5月4日	浴佛法會
		護法會潮州辦事處	5月3日	浴佛法會
	東部	臺東信行寺	5月4日	浴佛法會
		花蓮辦事處	5月4日	浴佛法會暨百年樹人獎助學金頒發
海外	美洲	美國紐約東初禪寺	5月18日	浴佛法會暨園遊會
		美國加州洛杉磯道場	5月11日	浴佛法會
		加拿大溫哥華道場	5月4日	浴佛法會
		北美護法會新澤西州分會	5月11日	浴佛法會
		北美護法會伊利諾州芝加哥分會	5月11日	浴佛活動
	亞洲	馬來西亞道場	5月13日	浴佛法會
		香港護法會	5月4日	浴佛法會暨皈依典禮
		新加坡護法會	5月10日	浴佛法會
		泰國護法會	5月17日	浴佛法會暨皈依典禮

● 04.18～20

法青會「悟吧！靠過來」二日營
帶領青年學員領略安定身心的法門

　　法青會於 4 月 18 至 20 日，在三峽天南寺舉辦「悟吧！靠過來」二日營，由青年院常澧法師帶領，帶領青年學員領略安定身心的法門，有近四十人參加。

　　營隊課程由法青會心潮鼓手、梵唄班、話頭班青年合唱團以及心潮茶禪等四個團隊規畫，無論是茶禪、山水禪、梵唄、鼓樂，都先帶領學員體驗放鬆，接著打開眼、耳、鼻、舌、身、意，注入新感受。

　　如茶禪團隊邀請學員坐在草坪上喝茶，靜語，用心品味茶的香氣和味道，感受到每次茶聚都是獨一無二，學習秉持著一期一會的茶禪精神，珍惜身邊的人

事物；心潮鼓手團隊則引領從跑、蹲、跳等動作，喚回注意力，在動態中體驗放鬆和專注。

常澧法師表示，藉由活潑又有意涵的活動，培養青年學員獨當一面，增加獨立思考和適應各種環境變化的能力。

「悟吧！靠過來」二日營中，茶禪團隊請學員坐在草坪上喝茶，用心品味茶的香氣和味道。

● 04.18　06.18

人基會與法務部合辦兩場「心幸福音樂會」
於矯正機關提昇社會祥和能量

人基會與法務部合作辦理「生命教育暨技藝扎根實施計畫——心六倫運動」，4月18日、6月18日分別於桃園少年輔育院、臺中戒治所等矯正機關舉辦「心幸福音樂會」，將倫理道德和正向價值觀帶入矯正教育，提昇社會祥和能量。

4月18日於桃園少年輔育院進行的「齊豫唱心歌」，由音樂工作者齊豫演唱，並邀請中原大學嘻哈研究社的社員們共同演出，除了中、英文以及宗教歌曲之外，齊豫也演唱膾炙人口的〈橄欖樹〉等，以歌聲引發四百多位收容同學的共鳴，也讓心六倫的內涵深植心中，從心改變，進而改變外顯的態度與行為。

6月18日於臺中戒治所舉行的音樂會，由聲樂家張杏月演唱聖嚴師父作詞的〈智慧〉、〈慈悲〉、〈在平安裡〉等多首歌曲，並與法鼓山佛曲動禪隊合作，以歌聲和手語表演〈慈悲〉，引導收容人體驗音樂與身心合一的放鬆與安頓。

法務部專門委員黎翠蓮、矯正署副署長劉梅仙等來賓，全程參與兩場音樂會。黎翠蓮致詞表示，人基會透過演講、音樂會等形式，深耕生命教育，向收容人傳遞社會的關懷；劉梅仙副署長則肯定法鼓山致力

音樂工作者齊豫在「心幸福音樂會」中，以歌聲關懷收容人。

社會公益的用心，也期望收容同學可以透過聆聽天籟美聲，進入心靈淨化的殿堂，並以青春活力的雙手，打造屬於自己的人生。

● 04.20

嘉義辦事處舉辦 Fun 鬆一日禪
動禪推廣講師陳武雄指導練習禪法

嘉義辦事處Fun鬆一日禪活動，禪眾練習、體驗各種禪法。

護法總會嘉義辦事處於 4 月 20 日舉辦 Fun 鬆一日禪，由法鼓八式動禪推廣講師陳武雄指導練習、體會各種禪法，共有七十多人參加。

Fun 鬆一日禪的內容，包括四念處生活禪、享受呼吸、放鬆禪、茶禪、立姿和坐姿法鼓八式動禪等。講解茶禪時，陳武雄老師提醒，不同時間，體會內心不同變化，當下只要清楚明白，不比較、不判斷、不分別，最重要的是不執著，當心有所預期，就會有執著；而一切美好都在生活中，往自己內心求，而非向外求，平常生活就是在「鍊心」，一步一腳印練習，一定能體會到佛法利益。

有學員表示，練習坐姿法鼓八式動禪第八式「觀身受法」時，以前只是觀身體的動作，雙手機械化的上下，心早就跟著妄念四處流竄，經陳老師解說，了解每個動作間，都是綿綿密密的，便能體驗從未有過的清楚、放鬆與安定。

● 04.20　05.31　06.21

臺南舉辦「教育暨關懷系列講座」
鄭東坡、邵揮洲分享生命意義

4 月 20 日至 6 月 21 日期間，臺南分院、臺南雲集寺聯合舉辦「教育暨關懷系列講座」，共三場，邀請台糖長榮酒店總經理鄭東坡、成功大學系統及船舶機電工程系教授邵揮洲分享生命價值與意義，有近三百人次參加。

4 月 20 日及 6 月 21 日，分別在雲集寺及臺南分院進行的講座，主題是「從佛法中體認經營管理的思維及對生命意義的重視」，鄭東坡總經理分享 2003 年因一場演講而與聖嚴師父結緣，演講中聖嚴師父的「修行在紅塵」、「境隨

心轉」兩句法語，讓自己有深刻的體悟，進而親近佛法，也把佛法觀念運用於職場中，以「愛」為出發點，運用慈悲與智慧的概念來帶領員工、面對顧客及廠商，也引導員工了解工作的價值——成長自己、利益眾生。

鄭東坡總經理分享如何把佛法觀念運用於職場。

5月31日的講座於雲集寺舉行，邀請邵揮洲教授主講「迎向快樂的人生」，邵教授說明，快樂可以是對事物滿足，可以是平和無牽掛，可以是心中充滿愛；但最重要的是以健康為本的快樂，可以讓身心靈永保健康，而恬淡無壓力就是快樂的源由。邵教授也提醒，「快樂」不只是被外境左右的情緒反應，而是一種內在的智慧力與慈悲力，也是一種美好的生活態度。

● 04.26

安和分院「新樓啟用祈福感恩會」
提供更寬敞共修空間

臺北安和分院於4月26日在增購的四樓新樓層，舉行「新樓啟用祈福感恩會」，法會由僧團果禪法師主法，方丈和尚果東法師到場關懷，共有七百多位信眾到場同霑法喜。

方丈和尚開示時，以「大家相聚安和緣、見證新樓啟用緣、布施護法喜悅緣、安心奉獻利他緣、感恩接受順逆緣、報恩奉獻結善緣、四攝六度菩薩緣、和樂無諍圓滿緣」等「八緣」，勉勵眾人在感恩時刻，進一步以奉獻利他來報恩，把握每個因緣修福修慧。

監院果旭法師為大眾祝福時表示，安和分院啟用

安和分院「新樓啟用祈福感恩會」，果禪法師領眾祈願為自己、為大眾共植福田。

二十年來，歷任監院與信眾同心努力，依循佛陀和聖嚴師父的教導，以豐富多元的課程與共修活動，接引無數都會民眾認識佛法；並說明新樓啟用不僅有「承先」的感恩，也彰顯「啟後」的功能，期許人人用觀音菩薩的智慧，為自己、為大眾共植福田。

安和分院位於臺北市中心，有感於佛法安定身心的功能，加上參與各種佛學、禪藝課程的民眾日益增多，原有的空間不敷使用，因此，2012年《地藏經》共修期間，邀請大眾祈求佛菩薩加被，順利找到新場地。因緣巧妙和合，很快完成四樓的承購，提供大眾更寬廣的共修環境，也接引更多人親近佛法。

● 04.27

臺南大學皈依大典暨講座
方丈和尚分享「和樂無諍」

方丈和尚在臺南大學演講，與民眾分享「正向八望」及「心平氣和八證氣」的正面人生觀。

臺南分院於4月27日在臺南大學中山體育館舉行祈福皈依大典暨佛學講座，由方丈和尚果東法師授三皈依，共有七百多人成為三寶弟子。儀式圓滿後並展開佛學講座，由方丈和尚主講「和樂無諍，歡喜自在過生活」，分享正面的人生觀，包括臺南大學校長黃秀霜、臺南市民政局副局長戴鳳隆、宇慶建設公司董事長鄭光吉、俊逸文教基金會董事長李明威等來賓，有近一千五百位民眾參加。

方丈和尚表示，在快速多元、忙碌緊張的生活中，特別需要保持內心安定，唯有心安才能平安；也進一步說明平時要能明因緣、識因果，隨緣努力不怨天尤人，遇到不如意的事，可以運用「四它」去面對、接受、處理、放下。「人生要在平淡之中求進步，又在艱苦中見其光輝；在和諧之中求發展，又在努力中見其希望。」方丈和尚引用聖嚴師父法語，期勉大眾了解「生命的意義是為了服務、生活的價值是為了奉獻」。

講座中，方丈和尚送給大眾「正向八望」、「心平氣和八證氣」金句，鼓勵眾人運用正面解讀與逆向思考的智慧，將生活中遭遇的紛擾、挫折等負面情緒轉化為提昇人我的正向能量。

許多皈依後參與聽講的信眾表示，十分感恩能在臺南分院接引下，皈依三寶、學習佛法，期許往後發揮佛教的精神，奉獻自己，利益他人，讓有限的生命活出價值、活出精彩。

● 04.29

行政中心舉辦專題講座
金惟純分享「修行」提昇生命品質

行政中心人力資源處4月29日在北投雲來寺舉辦專題講座，邀請《商業周刊》創辦人金惟純主講「還在學——成功不是你想像的那樣」，與專職分享如何透過「修行」提昇生命的品質，有近一百人參加。

金惟純表示，唯有把自己內在修行好，向上的能量才能擴及整個世界。

金惟純從世界經濟局勢、家庭結構改變分析，說明世界各國多以西方為典範，崇尚個人主義，滿足欲望、自我膨脹，結果造成環境暖化、經濟泡沫化、社會失序等諸多弊端，製造的問題比解決的問題還多；因此，應該回歸東方傳統的智慧，消耗最少的資源，卻活出最好的生命品質。

講座中，金惟純表示，修行最重要的就是修心，心是簡單的，現代人以為頭腦發達就好，但頭腦是複雜的，用頭腦待人處事只會引起巨大的身心壓力，當人把頭腦所反應的當作真實，就是一種執著和妄念；現代人要學習用心看，一切才會變得簡單。

最後，金惟純以「人在當下要保持覺察，活在當下才是最高的效能」，勉勵大眾將心打開，隨時做好修行的功課。

● 04.30　06.08　07.13

臺中分院舉辦「寶雲講談」
分享工作中的禪修心法

4月30日至7月13日期間，臺中分院週日舉辦「寶雲講談」系列講座，邀請各領域的專業人士，分享工作中的禪修心法，共三場，有近五百五十人次參加。

李偉文分享活動行程多，僅僅是身體動作上的「趕」，心其實可以「不忙」。

首場於 4 月 30 日舉行，邀請國際知名照明設計師周鍊主講「無我自在的設計觀」，說明無我是不執著，不被自己的思惟限制，應用在照明設計上，即是不需要完美的光影，而是讓光成為生活的一部分。演講後，周鍊也聆聽寶雲寺建築團隊介紹每層樓的照明設計，並一一回應，每個分享，都呼應「無我不執著」的設計觀以及人生態度。

荒野保護協會榮譽理事長李偉文於 6 月 8 日「迷路原為看花開」講題中，分享以公益服務的方式，實踐人生慈悲和智慧的心路歷程，並提醒大眾，追求達成目標的同時，別忘了夢想的呼喚，每個時刻都做好正確選擇，對於所知所感，親身去體驗，而非僅止於知道，方能得到改變，感受幸福。

7 月 13 日的講座，邀請首位完攀世界七頂峰的女性登山家江秀真主講「雲端上的行腳——轉動夢想的力量」，說明登山遇到危急很常見，因此更需要正向思考，靜心處理現況；也表示登山可以培養抗壓性與耐力，期待能有更多人推動登山教育。

● 05.01起

雲端祈福全球啟動
臺北安和分院率先響應

延伸「大悲心水陸法會」雲端牌位概念，5 月起，法鼓山在全球各地推廣「雲端祈福」，大眾隨時可上網為親友、眾生祈福。各地分院中，臺北安和分院率先響應，設置兩部觸控式電腦供民眾上網，現場也安排義工引導，從觀看「祈福 ing」動畫、上線寫牌位、練習修持慈悲觀、念佛等，步驟清楚易懂，深受好評。

每當義工在觸控螢幕前解說時，民眾會一邊提問一邊討論，像個小型的佛法分享會，一一破除大眾對於牌位、金錢與功德的迷思；對於不熟悉數位介面的長者，除了提供紙本服務，義工也會鼓勵大眾回家慢慢寫，藉此接引家人一起練習慈悲觀、念佛祈福。

雲端牌位突破時空限制,既環保又便利,不僅接引大眾加入念佛共修與迴向祝福的行列,同時也是一種關懷和教育。有信眾表示,以前參加法會,祈福對象只局限自己的家人,現在只要聽到、看到需要幫助的人,便可上線為對方祈福,讓人感受到祝福的心量原來可以無限擴大;也有民眾分享,現在可以先在家中寫好牌位、靜心念佛,等到參加法會時,心無旁騖,安然進入壇場用功,雲端牌位提供了一個全新的修行體驗。

除了安和分院,總本山、北投農禪寺、桃園齋明別苑、臺南分院、雲集寺與高雄紫雲寺,以及馬來西亞道場等,均陸續啟動雲端祈福的服務,不管是法會、念佛共修等修行活動,隨時都能上網寫牌位,將一聲聲佛號轉化為祝福,傳遞無限。

安和分院率先推廣雲端祈福,接引民眾加入祝福行列。

● 05.03
雲端祈福推廣培訓課程
果慨法師動畫短片解說

僧團於 5 月 3 日在北投雲來寺舉辦雲端祈福推廣培訓課程,由三學院監院果慨法師講說雲端祈福的環保精神與修持慈悲觀的意涵,有近百位法師、專職與義工參加。

果慨法師說明雲端祈福的概念,緣起於聖嚴師父為提昇經懺佛事內涵的願心;法鼓山在 2007 年第一屆大悲心水陸法會時,便以創新數位牌位,一改紙本牌位燒化的傳統,落實四環的精神;2013 年更進一步,推廣雲端牌位,邀請大眾上網,為親友眷屬、累世怨親債主、法界一切眾生寫牌位,做到跨越時空的祝福,回響相當熱烈。

「推動雲端祈福,是希望各種法會都能透過雲端寫牌位。」果慨法師提起聖嚴師父的叮

法鼓山啟動全球雲端祈福,以跨越時空的祝福,提昇佛事的內涵。

嚀，任何法會都要具有關懷與教育的意義，不是為了辦法會而辦法會。因此，不只水陸法會寫雲端牌位，任何法會都可以寫，才是真正落實聖嚴師父的叮囑。

為了推廣雲端祈福，專案小組特別製作一部動畫短片，邀請插畫家萬歲少女構思創作。動畫主角造型可愛、對話親切又貼近生活，不僅破解一般人寫牌位的迷思，說明雲端祈福的意義，更傳達了正信的佛教觀念。

● 05.11

禪心浴佛 為世界祝福
近五千民眾傳遞淨化人心的正向力量

大眾在僧團法師引導下，運用禪法舒展身心，向世界傳送禪修的清淨與祥和。

為慶祝母親節暨佛誕節，法鼓山於 5 月 11 日在臺北市國父紀念館中山公園廣場舉辦「禪心浴佛，我為你祝福」活動，內容包括各式禪修生活體驗、浴佛禪等，內政部移民署長謝立功伉儷、臺北市民政局長黃呂錦茹、八方新氣藝術總監王俠軍伉儷、滾石國際音樂董事長段鍾沂伉儷、國華高爾夫球場董事長何劉連連等各界來賓，以及方丈和尚果東法師、佛教學院校長惠敏法師等，與近五千位民眾共同體驗禪修的安定與攝受。

在禪修中心副都監果元法師、僧團法師與鼓聲的引導下，民眾微笑體驗行禪、立禪、法鼓八式動禪，感受「身在哪裡，心在哪裡；清楚放鬆，全身放鬆」的動禪心法。靜默中，大眾運用禪法舒展身心，在喧鬧的市區形成一股安定力量，向世界傳送禪修的清淨與祥和。

方丈和尚以「心靈環保感恩行，禪心浴佛殊勝行，清楚放鬆安定行，放下身心自在行」等〈禪心浴佛八證行〉祝福天下的母親，也帶領誦念「祈願增福增慧，世界和平人安樂；祈願消災除障，人人免難有幸福；許願廣結善緣，自利利他出苦海；許願禪心浴佛，少煩少惱滿人間」祈願文，大眾凝聚善念，齊心為臺灣與世界祝福。

隨後，方丈和尚帶領大眾，一人持一缽水，依序用放鬆、平靜的心浴佛，感恩佛陀留給世人珍貴教法，感念母親的付出與辛勞。

現場也規畫「生活禪體驗區」，許多民眾練習以清楚、放鬆的動作，透過鈔經祝福、息心缽、龍洗盆、慢步經行、托乒乓球、夾豆子遊戲、觀身受法等體驗，練習把浮動焦躁的心，帶回到當下的清淨自在。

● 05.24

護法總會合唱團舉辦成長營
以音聲分享佛法

隸屬護法總會的合唱團 5 月 24 日於臺中寶雲別苑舉辦成長營，由團長李俊賢帶領，內容包括歌曲教唱及詮釋、佛曲觀摩演唱等，共有一百多位團員參加。

課程首先安排觀看聖嚴師父的開示影片，聖嚴師父期許合唱團團員，藉由佛曲演唱，分享佛法與法鼓山的理念。李俊賢團長則教導學員發聲、運用禪法放鬆聲帶及身心的方法，並分享專注一心地歌唱就是禪修的觀念，鼓勵大家專注唱歌，如此，打坐、念佛將更容易得力。

成長營中，並邀請聲樂家黎蓉櫻、劉靜諭分別講授聲樂奧妙、發聲技巧，黎蓉櫻老師示範各種美聲唱法，說明美聲唱法可以讓人從中體悟快樂和憂傷，也可提高演唱能力；劉靜諭老師介紹人體發聲的聲帶，也示範不同音質的正確發聲。

最後，臺中分院監院果理法師勉勵團員，學習音聲演唱結合修行，與大眾分享法音。

果理法師（中左）期勉合唱團團員，以音聲演唱結合修行，與大眾分享法音。

● 05.27

聖嚴書院舉辦禪學班第一屆結業典禮
六十九位學員完成三年精進學習

普化中心於 5 月 27 日在北投農禪寺舉辦聖嚴書院禪學班第一屆結業典禮，由副都監果毅法師頒發結業證書，包括班導師常惠法師與授課老師常慧法師、常慶法師都到場觀禮祝福，共有六十九位學員完成三年精進學習。

首屆禪學班自 2011 年 8 月開課，三年來，由禪修與教學經驗豐富的果稱、

禪學班授課法師們到場祝福學員，繼續朝福慧雙修的道路前進。

果光、果毅、果傳、果徹、果興、常諗、常慧、常慶等法師接力授課，從基礎的概說、禪宗史、聖嚴師父法脈、漢傳禪法、禪的實踐與運用、漢傳禪法精髓《六祖壇經》介紹、修行法門默照禪、話頭禪的深入解說，學員循序漸進，一步步深入漢傳禪法的堂奧。

上課之外，每次作業也別出心裁，例如連續一週，隨身攜帶十顆小石頭，觀察自己的心境變化；以及鈔〈六祖壇經·定慧品〉的功課等；每月最後一週，還安排小組討論與分享，讓學員交流學習心得與禪修體驗。此外，學員也要修福修慧，每年至少完成三十二小時的義工福業，並鼓勵學員解行並重，三年內至少要打三次禪七，其中一次為高階禪七，如默照或話頭。

有學員表示，熏習禪學不易，所以特別珍惜課堂時光；也有關懷員分享，三年來除了增進禪學知識，還必須打三次禪七，兩者相輔相成，對禪修很有幫助。

● 06.01

法鼓文化授權有聲書 App 繁簡體版上架
提供讀者下載聆聽聖嚴師父佛法有聲書

由法鼓文化正式授權「愛播吧」製作的有聲書 App，6 月起在安卓（Android）系統的 Google play 上架，共有繁體、簡體二種 App 版本，提供讀者隨時隨地於行動裝置下載聆聽佛法有聲書。

App 中已上線的有聲書超過上百部，包括由聖嚴師父親自弘講的《心經觀自在》、《金剛經如是說》、《地藏菩薩本願經》、《觀世音菩薩普門品》、《法華經的人生智慧》等，以及廣播人士白銀等播講的《觀世音菩薩》、《原始佛教》等具有代表性的書籍，提供現代人親近佛法，感受心靈的平安與自在。

● 06.12～09.30

法鼓文化舉辦「《聖嚴法師的頑皮童年》插畫展」
互動展覽結合四環與兒童生命教育

6 月 12 日至 9 月 30 日，法鼓文化於園區第二大樓舉辦「以心傳心生命教育——《聖嚴法師的頑皮童年》插畫展」，展出插畫家菊子結合針線與多媒材的

插圖，並將故事中的重要元素，藉由織布印刷、手工縫製、投影動畫，化成現場立體裝置，傳遞四種環保的精神。

插畫展由法鼓文化策展，延伸插畫家菊子的插圖，菊子表示，聖嚴師父的大愛縫補著世界的缺口，從不間斷，所以以針線手縫方式，傳達聖嚴師父真實故事中的溫馨與溫暖。

展場中，將故事中的重要元素轉化成現場的立體裝置，包括說明標示牌，也由一塊塊麻布織品製成；另一方面，古早味的道具，如：原木桶、木頭窗戶，都傳達出四種環保的精神，與兒童生命教育結合，引導小朋友在遊戲過程中，與聖嚴師父相遇，在日常生活中培養四種環保的好習慣。

帶著孩童看展的家長表示，展覽充滿創意與巧思，織布擺設正好符合環保精神，而互動式的展區設計，也帶領參訪者體驗聖嚴師父的童年生活。

「《聖嚴法師的頑皮童年》插畫展」，帶領參訪者進入聖嚴師父的童年世界。

● 06.28

人基會關懷新住民課程結業
彰顯族群倫理　共創和諧人文社會

由人基會、法鼓山社大與群馨慈善事業基金會分別於新北市萬里區大坪國小、石門區老梅國小、金山區中角國小，為北海岸地區新住民及學童舉辦的「幸福廚房」、「幸福兒童」課程，6月28日於法鼓山園區舉辦聯合結業典禮，共有六十五位學員、四十位兒童結業，新北市金山區長李偉人和石門區長巫宗仁與社大校長曾濟群到場觀禮，給予祝福及肯定。

參加「幸福兒童課程」的大坪國小學童表演陶笛，感恩各界關懷偏鄉新住民家庭。

上午，學員首先參訪法鼓山園區，體驗禪悅境教；午齋則結合「幸福廚房」課程成果發表，健康又美味。下午，進行結業典禮，並安排三校學童及話頭班樂團音樂演出，周邊還有二手市集活動，傳遞惜福培福的環保觀念。

人基會董事果器法師致詞時表示，法鼓山於 2007 年啟動「心六倫」運動，持續推動的「關懷新住民深耕計畫」，就是彰顯「族群倫理」的意涵，希望透過對不同族群、文化、語言、宗教等的尊重與包容，改變與提昇臺灣社會的倫理內涵和道德形象，進一步影響全球華人社會的民情風氣；同時感恩各界的資源及善緣，還有護法義工的投入，齊心關懷新住民家庭，共創和諧的人文社會。

● 06.29

法青會「心潮鼓手」首度開演
禪與鼓交會　共譜心靈旋律

青年學員於「心潮鼓手」演出活動中，分組體驗禪修的放鬆與安定。

法青會和表演團體優人神鼓共同培育的青年鼓隊「心潮鼓手」，6 月 29 日於德貴學苑演出《鳳凰》、《生生不息》兩齣戲碼，表演融合禪修的清楚與安定，展現培訓成果。

青年院常澧法師關懷時表示，心潮鼓手是以正面、積極的態度進行學習，鼓與生活是分不開的，擊鼓不只是表演，也是踏實的生命態度，能夠開啟感官、提昇覺知，轉化成心靈的內涵。

現場還安排青年朋友體驗鼓手的練習歷程，規畫包含禪修、肢體開發、觀察與傾聽以及擊鼓默契體驗，引導眾人享受心靈淨化的感官饗宴。

心得交流時，有上班族分享，在體驗肢體律動時，會因為顧慮他人動作而受影響，發現閉上眼睛練習時則更能專注，今天最大的體會便是學習專注當下；也有學生表示，對禪坐共修，集體所散發出的專注力及安定力，印象特別深刻。

● 07.01～10

青年院舉辦青年精進禪修營
親近佛法　體驗活著的美好

青年院於 7 月 1 至 10 日，在三峽天南寺舉辦青年精進禪修營，邀請聖嚴師父法子果峻法師帶領，法師每天三次開示，將禪的精神與生活融合，運用種

種巧妙的譬喻、風趣的言語，接引青年學員親近佛法，有近一百一十人參加。

在青年精進禪修營中，果峻法師期勉學員分享內心的光明，成為向上提昇的力量。

十天的營隊內容，主要是坐禪與各種動禪的練習，教導學員用禪修的方法呼吸、走路、站立、吃飯、睡覺，在放輕、放鬆、放慢的生活當中探索學習，體驗活著的美好；除了禪修的前行技巧、觀念和心態，法師也引導學員提起慈悲心、智慧心，以及正確的生活觀、人生觀，期勉學員將內心的光明帶回家中、帶入社會，成為一股向上提昇的力量。

為皈依學員說明五戒時，果峻法師以「戒就是洗衣粉」為喻，提到衣服髒了，用洗衣粉洗就乾淨了，並以「衣服每天穿，不可能不髒」，勉勵學員不要怕犯戒而不受戒。

有學員分享指出，透過法師幽默、淺顯易懂又生活化的開示，讓自己容易緊張焦慮的個性，一天天慢慢消除；此外，法師教導深吸長歎、腹部呼吸等禪修的前行方便，也發揮了相當大的安定功能。

● 07.01～08.17

兒童心靈環保體驗營各地展開
引導快樂學習　培養正向能量

7月1日至8月17日暑假期間，「2014法鼓山兒童心靈環保體驗營」於全臺北、中、南、東各地分院道場、護法會新莊辦事處、法鼓山社大金山校區，以及海外加拿大溫哥華道場等地展開，以禪修體驗為主軸，並結合地區特色，讓參與的學童體驗小小禪士的修行生活，共有一千四百多人參加。

在臺灣，北部地區的法鼓山園區，帶領小學員體驗寺院的修行及作息，包括合掌、問訊、拜佛等佛門禮儀，也學習基本的梵唄唱誦，從法音中感受身心的清淨與放鬆；北投農禪寺，除安排活潑多元的禪法課程，如放鬆、經行、禪鼓等，也於戶外進行景觀教育及生態導覽，引導學童認識自然環保的內涵。

臺北安和分院的營隊則結合繪畫、戲劇、音樂、舞蹈、DIY元素，寓教於樂，讓學童在遊戲互動中，學習心念專注、深入認識法鼓山推動的四種環保；中山精舍在安排規律健康的禪修生活之外，並邀請萬芳醫院的營養師介紹正確的飲

安和分院帶領小學員誦念《心經》，由慢到快，體驗專注放鬆。

食觀，教導學童珍惜食物、吃出健康，以及安排天文館義工講解宇宙星空的奧妙。

桃園齋明寺規畫古蹟巡禮，介紹寺院的建築特色及藝術、歷史，並認識自然生態的多樣性與趣味性；齋明別苑則以禪修體驗為主，結合各種訓練專注力的活動或遊戲，讓學童體驗安定，並應用在生活及學習上。

臺中分院兩梯次的兒童營，邀請中興大學化學系的師生們設計別具特色「心的體驗」課程，以實作的化學實驗，讓學童們透過化學變化，了解「眼見不能為憑」，引導學童只要在生活中用對了方法，心情就不會有大波動，也能心平如鏡。

南部地區的臺南雲集寺以當地豐富農業資源，設計「一日食育計畫」，安排親子認識當季時蔬，介紹從農場到餐桌，學習友善大地、減少碳足跡，進而對萬事萬物生起感恩之心、知福惜福。

高雄紫雲寺則由高屏地區許多現職老師，帶領英語話劇、科學遊戲、感恩手語等課程，啟發小學員的創意與生命力。

臺東信行寺安排基礎禪修指引課程，陪伴學童在綠地曠野中體驗走路禪、法鼓八式動禪、托水缽及禪坐，體驗「專注當下」的安定感。

海外的加拿大溫哥華道場，則以禪法為主軸，內容包括學佛行儀、故事繪本、手工製作、團康活動等，引導小學員將佛法精神內化於日常生活中，也安排藍莓園體驗、親子互動遊戲，在活潑創新當中，小手牽大手，為營隊增添溫馨氣氛。

2014的兒童營隊活動，透過禪修體驗、禮儀學習、自然觀察、團隊協力等多元化活動，引領學童在放鬆學習中，培養正向能量。

齋明寺的小小學佛人，一舉手、一投足都流露出自在安定。

2014 法鼓山兒童心靈環保體驗營一覽

區域		舉辦單位（地點）	舉辦日期	梯次	主要參加對象
臺灣	北部	法鼓山園區	7月15至19日	第一梯次	國小升五年級
			7月21至25日	第二梯次	國小升六年級
		北投農禪寺	7月9至11日	第一梯次	國小升三、四年級
			7月16至18日	第二梯次	國小升五、六年級
		臺北安和分院	7月11至13日	共一梯次	國小升三至五年級
		臺北中山精舍	7月3至5日	第一梯次	國小升二至四年級
			7月7至9日	第二梯次	國小升五、六年級
		桃園齋明寺	8月1至3日	第一梯次	國小升三、四年級
			8月8至10日	第二梯次	國小升五、六年級
		桃園齋明別苑	7月5至6日	共一梯次	國小升三至五年級
		法鼓山社大金山校區	8月16至17日	共一梯次	國小升四年級以上
		護法會新莊辦事處	7月26至27日	共一梯次	國小二至五年級
		護法會海山辦事處	7月4至5日	共一梯次	國小升三至六年級學童及家長
	中部	臺中分院	7月1至2日	第一梯次	國小升四年級
			7月3至4日	第二梯次	國小升五年級
	南部	臺南分院	7月13日	共一梯次	國小升二至四年級學童及家長
		臺南雲集寺	7月20日	共一梯次	國小升三至六年級學童及家長
		高雄紫雲寺	7月18至20日	共一梯次	國小升三至五年級
	東部	臺東信行寺	7月8至12日	共一梯次	國小升三至六年級
海外	北美	加拿大溫哥華道場	8月15至17日	共一梯次	10至16歲

●07.03

佛教學院推廣教育中心舉辦成果展
傳達佛法淨化身心的妙用

　　佛教學院推廣教育中心於 7 月 3 日在德貴學苑舉辦「佛教應用成果展」，近百位師生分享禪韻瑜伽、敦煌舞蹈、正念體驗等平日所學，傳達佛法淨化身心的妙用。

　　指導學員從數呼吸開始，逐步感受「正念減壓」的佛教學院助理教授溫宗堃說明，「正念」一詞源於八正道，是佛教的一種修行方法；選修敦煌養生舞的學員也表示，從研讀經典入門，搭配學習敦煌舞後，更加體會「禪悅」的歡喜。

　　推廣教育中心主任廖本聖表示，透過成果展的舉辦，期望引領大眾廣泛接觸佛教義理、應用與佛學語文，並有所了解與啟發，一同傳達正信的佛法觀念，

透過「禪韻瑜伽」，學員更能將佛法應用於日常生活中。

讓社會更祥和。

推廣教育中心開辦的課程，包括：佛法教理、佛學語文、佛教應用三大類，兼容漢傳、南傳、藏傳等不同佛教傳承，部分課程並結合現代心理學和生死學，提供學員將佛教應用於現代生活中，進一步提昇生命品質。

● 07.05～06　07.12～13

人基會舉辦「2014 幸福體驗親子營」
共創親子間的心靈記憶

人基會於 7 月 5 至 6 日、12 至 13 日，分別於德貴學苑舉辦「2014 幸福體驗親子營」，每梯次有近六十對親子參加。

方丈和尚果東法師於活動第一天到場關懷祝福，並分享佛教是生命走向覺醒的教育，而親子共學更有益於導正觀念和言行舉止，增進親子關係，幫助小朋友的人格健全發展。

營隊活動透過戲劇表演、遊戲勞作和故事分享等課程，教導小朋友學習生活禮節，培養孝順、和群、知足、感恩、共享等好品格；並安排了親子講座、舞蹈和繪畫治療，以及親子共同體驗的故事治療與禪修體驗，創造親子間的心靈記憶。

此次也幫兩位小孫子報名參加體驗營的人基會祕書長李伸一表示，家長透過共同參與的過程，更能夠正視到孩子的教育問題，十分有意義，期望大眾都能從體驗、討論、分享、觀察與聆聽中，有所學習並共同成長。

小朋友在幸福體驗親子營活動中，歡喜搶答。

● 07.08～09.02期間

安和分院《大般涅槃經》佛學課程
學員研讀佛陀涅槃前的生活與教法

臺北安和分院於 7 月 8 日至 9 月 2 日，每週二舉辦佛學課程，由佛教學院助理教授鄧偉仁導讀巴利藏《長部》第十六經《大般涅槃經》的中譯本，並透過課堂問答與互動，引領學員領略佛陀涅槃前的生活與教法，有近一百一十人參加。

鄧偉仁老師在《大般涅槃經》佛學課程中，帶領學員研讀佛陀涅槃前的生活與教法。

八堂的《大般涅槃經》課程，內容豐富而寫實，包括五個層面：佛陀最重要的教法（如世間善法、四聖諦、三法印、緣起法等）、印度宗教的修行形式、僧團的制度、佛陀的遺教以及佛陀最後的生活。

教學經驗深厚的鄧偉仁老師以聖嚴師父所著的《佛教入門》為依據，帶領學員理解佛法的基本概念，透過研讀，追隨佛陀弘法的足跡，從經典的字裡行間，感受佛陀對弟子、眾生的諄諄教誨，以及對社會的慈悲關懷，同時體會佛法的智慧。

● 07.12～18

園區展開 2014 夏季青年卓越禪修營
學員學習透過禪修改變自己

青年院於 7 月 12 至 18 日在法鼓山園區舉辦「2014 夏季青年卓越禪修營」，由常元法師擔任總護，共有一百多位來自臺灣，以及印尼、馬來西亞、中國大陸等海內外學員參加，體驗七天六夜的禪修生活。

營隊內容以禪修活動為主軸，引領學員體驗全身放鬆、享受呼吸、活在當下的感受；也透過觀賞聖嚴師父的開示影片，以及與僧團法師的互動、提問、對話，解答學員生活和佛法方面的疑問，提供學員更多元的觀點與思惟，並學習不同的生命經驗與態度。

另一方面，營隊也安排心靈成長活動，藉由肢體的律動、遊戲式的體驗，引

百餘位青年學員於園區禪堂學習透過禪修改變自己。

導學員認識真正的自己,並體會人我之間互動、互信的關係,進而鼓勵自我突破,也樂於分享。

大堂分享時,有學員表示,雖然課業繁忙,但在父母的鼓勵下參加禪修營,最大的收穫是在過程中不斷學習放下,讓生活不再緊張憂慮;也有小隊輔分享,親近禪修後,能察覺到起心動念的煩惱,讓生命有另一層面的成長。

● 07.12

禪坐會悅眾充電營於農禪寺展開
眾人發願推廣禪修報師恩

禪坐會於 7 月 12 日在北投農禪寺舉辦悅眾充電營,由農禪寺監院果毅法師帶領,法師以聖嚴師父於 1990 年寫給禪坐會悅眾的書信內容:「初機入佛,以自利自安為首,略涉修學,則知安人利他,益世濟眾,方為究竟自利的不二法門。」與禪眾共勉,共有六十多人參加。

果毅法師並播放 1997 年聖嚴師父對禪坐會悅眾的開示,主題是「以奉獻我們的體力和財力,為被成就的利益」,引導悅眾對「無相布施」有更深刻的體悟,也明白歡喜無所求的付出,才是奉獻的正確觀念。每一段開示後,法師都會再次分享重點,各小組也對聖嚴師父開示印象最深的部分,熱烈展開討論。

下午的課程,邀請實踐大學社會工作學系副教授、也是法鼓山資深禪眾楊蓓,分享「禪與心靈療癒」。援引諸多真實的案例,楊蓓老師表示,聖嚴

監院果毅法師引導禪坐會悅眾,分享聆聽聖嚴師父開示後的心得和體會。

師父教導的禪法，平實又安全，包括面對、處理問題的「四它」，帶給人們最好的心靈療癒。由於因緣難得，一百多位農禪寺的法師、專職和義工，也參與聆聽。

農禪寺禪坐會於每週日固定舉行共修，三十年來未曾間斷，是無數禪眾淨化身心、護持佛法的共修會團。

● 07.13

「聖嚴書院佛學班北區結業典禮」農禪寺展開
近四百人圓滿三年精進學習

普化中心於 7 月 13 日在北投農禪寺舉辦「聖嚴書院佛學班北區結業典禮」，授課的僧團法師、講師都到場祝福，包括大安、中山、板橋、大同、淡水地區等九個班級，共有三百八十六人圓滿結業。

副都監果毅法師表示，在這一期有限生命裡，三年其實非常短暫，身為佛弟子要勇敢擔負起學法、修法、護法、弘法的責任；

結業典禮中，果毅法師將結業證書頒給每位學員。

法師期勉學員將所學運用在每一刻生命中，共同攜手精進向前。

典禮中，結業班級也以戲劇、相聲及佛曲演出，分享三年來的學習成長。有學員扮演菜籃族、上班族，趣味分享自己排除萬難也要趕來上課；有的學員說學逗唱，笑談佛學有些字分開看得懂，湊在一起就不明白；還有學員演出佛學班同學讓位給孕婦，在生活中勇於行善和服務，落實佛法的行動。

有位在天文台服務的學員表示，學佛三年來受益良多，現在會用慚愧心看自己，用感恩心看世界，也將天文知識結合法鼓山自然環保的理念，與小朋友分享如何愛地球。另有學員分享，學佛是人生的一大轉彎，原本對人常起情緒時，現今卻能與人拉近距離，也體認到真正的智慧，就是在生活中學習修行。

佛學班今年有一百四十四位獲得全勤獎，也就是超過三分之一學員一堂課都沒缺席，連課堂作業也認真完成。引領眾人學佛的動力，除了結業學員口中所說，學佛是「人生最精彩的轉彎」，法師、講師、關懷員及學員合力營造的和諧學習氛圍，也是一大原因。

●07.20

聖基會舉辦「文殊菩薩種子小組」培訓課程
推廣結緣書　接引大眾親近佛法

常勳法師勉勵結緣點關懷員以自利利他的精神推廣結緣書。

聖基會於 7 月 20 日在臺中分院舉辦「文殊菩薩種子小組」中區結緣點關懷員培訓課程，內容包括結緣書書系介紹，以及結緣書推廣工作流程、推廣經驗分享等，臺中分院監院果理法師到場關懷，共有六十位學員參加。

上午的課程，首先安排觀看聖嚴師父《學習與奉獻》的開示影片，啟發學員了解奉獻自己、成就他人是生命最安全的保障；文化中心副都監果賢法師也介紹「法鼓山智慧隨身書」的書系及內容，期勉學員閱讀並深入了解結緣書的內涵，讓自己先受用，才能分享給他人，達到讓正法流向大眾的法布施。

下午，由北區結緣點資深關懷員介紹推廣工作實務，並分享關懷經驗，提醒學員發心容易、恆心難持，修行貴在行履。

圓滿培訓課程後，學員從常勳法師手中接下了「文殊菩薩種子」的識別證，彼此互勉以自利利他的精神推廣結緣書，接引大眾親近佛法。

●07.20

中國大陸神通寺參訪法鼓山園區
交流發揚佛教文化

7 月 20 日，中國大陸山東省濟南神通寺方丈和尚界空法師來訪法鼓山園區，由僧團副住持果暉法師陪同參訪，進行交流。

一行二十六人於大殿禮佛後，前往佛教學院圖書資訊館、祈願觀音殿、開山紀念館等處，並遠眺以心靈環保為辦學理念的法鼓大學校區，透過解說，認識法鼓山三大教育的方針和實踐。

兼任山東省佛教協會副祕書長的界空法師表示，此行專程帶領寺中常住法

師及護法居士前來，期望藉由體驗法鼓山的學風、家風、道風，將聖嚴師父的悲願、法鼓山的理念，以及東初老和尚等祖師大德於臺灣保存的佛教文化，透過培訓、交流、講座種種方式，帶回大陸各地的寺院，繼續發揚光大。

神通寺方丈和尚界空法師（前右二）來訪法鼓山園區，由果暉法師陪同參訪（前右一）。

因十二年前阿閦佛首相聚的善緣，法鼓山和神通寺凝聚了兩岸的善意與祝福，蘊含「因緣教育」的深意。

● 07.25～08.24

教孝月全球分支單位舉辦中元法會
大眾虔敬共修　為眾生祝禱

7月25日至8月24日為農曆7月教孝月，法鼓山全球二十二處分支單位分別舉辦中元報恩相關法會，有近八萬人次參加。

各地舉辦的活動以地藏法會為主，北投中華佛教文化館首先於7月25至27日舉辦中元地藏法會，由住持鑑心長老尼主法，僧團果祥法師為大眾講述《地藏經》的二十八種利益，提醒眾人任何事物都在變化，身心也是不斷變化，經常覺察自己身在無常中，就會少一些執著，多一些對眾生的慈悲。

臺南雲集寺於7月27日由監院果謙法師帶領進行灑淨儀式，接著展開七天的地藏法會。法會前，澎湖發生空難事件，法會期間，高雄也發生石化氣爆，地區信眾隨即加入祈福行列，祈願地藏菩薩以慈悲願力，使生者免於恐懼、亡者蒙佛接引往生西方淨土。

除了地藏法會，臺東信行寺於8月1日起舉辦三天的中元孝親報恩法會，包括三

文化館住持鑑心長老尼率領信眾恭誦《地藏經》，祈願眾生免於苦難和恐懼。

昧水懺、三時繫念法會，主法的常品法師教導大眾放鬆的方法，並且提醒在拜懺時身心要放鬆，才能夠真正的發起懇切至誠的慚愧心，才是真正的懺悔，得到修行的利益。

高雄紫雲寺自8月10日起一連七日進行《地藏經》共修，並於17日舉行三時繫念法會；法會期間，方丈和尚果東法師到場關懷，勉勵眾人保持向前信念，生起正知正見，學習地藏菩薩的大願精神，開啟平等的智慧和慈悲。

另一方面，北投農禪寺於8月2至8日，啟建一年一度的梁皇寶懺法會，有近五萬人次參與共修，方丈和尚果東法師並於首日到場開示，提醒大眾面對人生各種無常境界，不要過於恐慌與擔心，期勉眾人以智慧沉著的力量幫助自己，用慈悲祝福的力量安定人心。

海外的美國加州洛杉磯道場於8月3日舉辦中元報恩地藏法會，同時為澎湖空難、高雄氣爆及海內外不幸事故傷亡者超薦祈福。主法的果徹法師以「心量如地廣，菩提心如地堅，涵容滋養眾生如地深」，期勉大眾發勇猛精進心，學習安忍，為有緣乃至無緣眾生，盡一分心力。

2014 海內外中元系列法會一覽

區域		主辦單位（地點）	時間	內容
臺灣	北部	北投中華佛教文化館	7月25至27日	中元地藏法會
		北投農禪寺	8月2至8日	梁皇寶懺法會
		臺北安和分院	8月10至23日	報恩祈福法會
		桃園齋明寺	8月18至24日	中元地藏法會
		桃園齋明別苑	8月2至3日	中元地藏法會
		臺北中山精舍	8月10至16日	中元地藏法會
		基隆精舍	8月10至17日	中元孝親報恩《地藏經》共修
	中部	臺中分院	8月8至10日	中元報恩地藏法會
		南投德華寺	8月3日	中元報恩地藏法會
	南部	臺南雲集寺	7月28日至8月3日	中元地藏法會
		臺南分院	8月5至11日	中元地藏法會
		臺南分院（臺南二中）	8月23至24日	中元慈悲三昧水懺法會
		高雄紫雲寺	8月10至16日	中元孝親報恩《地藏經》共修
			8月17日	中元三時繫念法會
		護法會嘉義辦事處	8月9日	中元地藏法會
		護法會潮州辦事處	8月23日	中元地藏法會
	東部	臺東信行寺	8月1至2日	慈悲三昧水懺法會
			8月3日	中元三時繫念法會

區域		主辦單位（地點）	時間	內容
海外	北美	美國紐約東初禪寺	8月23日	中元地藏法會暨三時繫念法會
		美國加州洛杉磯道場	8月3日	中元報恩地藏法會
		加拿大溫哥華道場	8月8至9日	中元地藏法會
			8月10日	中元慈悲三昧水懺法會
		北美護法會安省多倫多分會	8月17日	中元地藏法會
		北美護法會新澤西州分會	8月24日	中元地藏法會
	亞洲	新加坡護法會	8月9日	中元報恩地藏法會
		泰國護法會	8月17日	中元地藏法會

● 08.09

法青會「為世界祈福點燈」晚會
共修力量迴向世界平安

　　法青會於 8 月 9 日在德貴學苑舉辦「為世界祈福點燈」晚會，在常元法師的帶領下，透過禮佛、拜願、唱誦〈大悲咒〉、《心經》、觀音菩薩聖號以及點燈祈福，將共修的力量迴向各地民眾，祈願世界平安，青年院監院果祺法師到場關懷，有近一百位青年學子參加。

　　果祺法師勉勵學子們，生命無常，一切事物也並非永恆不變，意外事件的傷亡者就宛如菩薩示現一般，用生命幫助我們認識世間，平時多做自利利他的好事，隨時隨地運用佛法的安心之道，讓心保持安定清淨，就是菩薩慈悲與智慧精神的展現。

　　有就讀高三的學子表示，願將念佛功德迴向一切眾生，祈願仰仗觀音菩薩的慈悲願力，接引意外事件的罹難者往生佛國淨土，大眾也透過佛法的力量安定恐懼憂慮的心靈。

● 08.10　08.22～23　08.24

僧團舉辦剃度大典
新戒法師展開弘法新僧命

　　法鼓山於 8 月 24 日地藏菩薩誕辰日，在園區大殿舉行剃度典禮，由方丈和尚果東法師任得戒和尚，副住持果暉法師任教授阿闍黎，文化館住持鑑心長老尼、果祥法師等十一位法師任執剃阿闍黎，為十二位求度行者披剃，同時有二十二位行者求受行同沙彌（尼）戒，有近六百人觀禮祝福。

　　在莊嚴梵唄聲中，十二位求度者依序辭親出家、剃髮、換著僧裝、懺摩、問

遮難、受戒、搭衣。方丈和尚祝賀新戒法師邁向成佛道路，勉勵出離煩惱、生死的家，將世間所有情感，昇華為發菩提心、行菩薩道的道情；果暉法師則期許新戒法師，學習菩薩聞聲救苦精神，發利益眾生的大願，以感恩心、初發心、精進心、菩提心，走入新僧命的每一天。

十二位求度者辭親出家，在親友祝福下，展開弘法利生新僧命。

在剃度大典前，僧大於 8 月 10 日於國際宴會廳舉辦溫馨茶會，安排即將剃度的行者，與親友們分享在法鼓山的學習和成長。有行者分享，感恩師長、父母成就，更提到執事中學習放下和溝通，從中觀察自己的起心動念並認識自我，感受到出家更能學習去關懷家人及身旁的師兄弟，全心投入服務和奉獻。

另一方面，在 22 日、23 日於祈願觀音殿舉辦的「剃度大悲懺法會」，則邀請新戒沙彌、沙彌尼的俗家親眷及社會大眾以精進共修，表達對新戒法師的祝福。

●08.15～19

青年院舉辦第二屆「心·生活高中營」
學子增進視野、了解自我

學員分組進行矇眼托水缽，在專注過程中，培養默契和信任。

青年院於 8 月 15 至 19 日在臺東信行寺舉辦第二屆「心·生活高中營」，引導學子了解自己、增進學習視野，由常元法師擔任總護，有近七十位十五至十九歲高中生參加。

營隊的課程，包括放鬆體驗、電影討論、名人講座、團體合作遊戲、戶外

活動等，鼓勵學員用心學習「心靈環保」，並運用在個人、家庭及校園生活中；也帶領學員探索如何從「自我肯定」達成「自我成長」與「自我超越」，進而更深一層地認識自我與生命的本質與內涵。

有學員分享，感恩法師和義工的包容和協助，將營隊活動調整到最佳模式，以及大寮義工精心製作餐點，讓每一餐都吃得營養、豐富又美味；也有學員表示，明年上大學後，會回營隊擔任義工，傳遞成長與幸福。

● 08.17

「活出絕妙人生——法華智慧系列講座」臺中登場
方丈和尚、施振榮、吳念真對談「找尋人生風景」

臺中寶雲寺舉辦落成啟用系列活動，首先於 8 月 17 日至 2015 年 2 月 8 日期間，每月週日於臺中市政府集會堂舉行「活出絕妙人生——法華智慧系列講座」，共七場。

首場於 17 日進行，邀請宏碁集團創辦人施振榮、文學創作工作者吳念真，與方丈和尚果東法師進行對談，主題是「找尋

方丈和尚（右二）、施振榮（左二）、吳念真（左一），於臺中市政府集會堂對談「找尋人生風景」。

人生風景」，由媒體工作者葉樹姍擔任主持，共有一千六百多人與會聆聽。

在講座主持人的提問中，三位與談人分別從「理想」、「逆境」、「時代」及「行願」的人生風景，道出自己的生命故事。方丈和尚自述出家前的人事際遇，起起落落之間，嘗到無常的滋味，接觸佛法之後，才真正明白菩提心便是奉獻，進而發起利益大眾的心。

方丈和尚期勉大眾，不以順境為成功，不以逆境為失敗，更不把困難視為人生挑戰，凡事從因果、因緣學習看待，反而珍惜一切人事物，成就自利利他的福慧資糧。

同樣成長於貧困的環境，施振榮表示年輕時遭遇聯考失利、公司倒閉，這些人人避之唯恐不及的瓶頸，正是培養自我突破的契機，也因此開創了屬於臺灣的品牌。懷抱著「讓自己更有用」的信念，施振榮退而不休，近年積極投入文

化公益事業，希望播下種子，改變產業及社會文化。施振榮期勉年輕人，逆境是人生的常態，如果能正面解讀，逆境也讓人生更豐富。

　　成長於九份礦區的吳念真，從小因寫信、讀報而提早參與成人的世界，在逆旅中，總是順勢而為，放開心胸去接納、傾聽不一樣的聲音，他表示，了解自己的責任所在，在自己的能力範圍內盡可能去付出，心存感恩與慈悲，就有機會逆轉，唯有彼此理解，人與人之間才有溝通的可能。

　　回應變動失序、人心浮動的時代風景，施振榮認為從自己的日常生活改變，才能創造屬於社會、國家的美麗風景；方丈和尚則以《法華經》常不輕菩薩的精神，勉勵大眾尊重他人、學習寬恕與感恩。

　　兩小時的對談，吳念真的詼諧坦率、施振榮的積極樂觀，以及方丈和尚適時提點佛法深義，引起熱烈回響與共鳴。有剛踏入職場的上班族表示深受啟發，聽講後更清楚人生的方向與責任；也有大學新鮮人讚歎與談人的真誠分享，提醒自己找尋人生風景之際，還要運用慈悲和智慧去創造、改變，進而豐厚時代的風景。

2014 寶雲寺「活出絕妙人生——法華智慧系列講座」一覽

時間	講座主題	與談人
2014年8月17日	找尋人生風景	果東法師（法鼓山方丈和尚） 施振榮（宏碁集團創辦人） 吳念真（作家、導演）
2014年9月14日	慈悲的力量	果祥法師（法鼓山僧團法師） 邵曉玲（臺中市市長夫人） 楊蓓（聖基會執行長） 齊豫（音樂工作者）
2014年10月19日	心中有寶藏	果毅法師（法鼓山農禪寺監院） 柯有倫（演藝工作者） 沈芯菱（十大傑出青年）
2014年11月16日	回收煩惱 再生智慧	惠敏法師（法鼓山首座和尚） 蔣勳（畫家、作家） 羅秀芬（前理海科技總經理）
2014年12月21日	藥不藥美好人生	常寬法師（法鼓山僧伽大學副院長） 趙可式（成功大學醫學院護理系教授） 潘文中（前國軍松山醫院副院長）
2015年1月18日	美善正在流轉	繼程法師（聖嚴法師法子） 張學友（音樂工作者） 蔡明亮（導演）
2015年2月8日	璀璨生命的湧出	果光法師（法鼓山都監） 王俠軍（八方新氣藝術總監） 許芳宜（舞蹈工作者）

08.17

「普化教育關懷員北區聯合培訓」於農禪寺舉行
在成長自我中弘法

信眾教育院於 8 月 17 日在北投農禪寺舉辦「普化教育關懷員北區聯合培訓」課程，由監院果毅法師帶領，並邀請資深讀書會帶領人方隆彰主講「如何在小組內啟發團體動力」，有近六百位快樂學佛人、長青班、福田班、佛學班、禪學班等課程的關懷員參加。

果毅法師說明普化教育的沿革，以及聖嚴師父於課程規畫時，特別重視「戒、定、慧」三學並重。

果毅法師說明普化教育課程推動的靈魂人物，就是各班的關懷員，關懷員的工作，如同教育服務業，承擔起學法、護法、弘法的使命。法師表示，關懷員如菩薩雄兵，以真誠的心照顧和關懷學員，並用身、口、意三儀樹立榜樣，帶動學習。

下午的課程邀請方隆彰老師講解如何在團體中帶動氣氛，並引導關懷員實際演練。方老師說明，關懷的意義在及時、適當回應對方需要，運用聆聽、善問、回應，讓對方清楚感受，進一步與學員達到交流和信任。

課程最後，果毅法師一一介紹各班輔導法師，法師們也為關懷員加油祝福。果毅法師以聖嚴師父的兩句話：「盡心盡力，盡可能學習」、「不勉強，不挑剔，不可能失望」，勉勵關懷員成長自我，也幫助別人成長。

08.31

法青會心潮鼓手與茶團隊聯合結業典禮
展現動靜皆自在的禪修智慧

法青會「心潮鼓手」與「心潮茶團隊」於 8 月 31 日在園區舉辦聯合結業典禮，全球寺院管理副都監果祺法師、青年院監院常元法師出席關懷，共有三百多位民眾透過純淨的茶湯，以及安定人心的鼓聲，體驗「動靜皆自在」的禪修智慧。

果祺法師分享，擊鼓可以讓身心保持清淨，喝茶同樣也可讓身心安定；品茶的過程中，有苦、澀、甘、甜、無味、白開水味等各種層次的變化，正如面對

結業典禮上，心潮鼓手擊奏出強弱分明、宛如波浪般的流動卻又讓人覺受安定自在的鼓聲。

環境的不適應感，應該要學習把心調整過來，用感恩心、飲水思源的心來生活。

心潮茶團隊指導老師陳威志說明，新潮茶團隊是讓青年茶人同時接受禪修與行茶培育，以清淨的心泡好茶，泡令人感動的茶，並從其中觀察因緣的變動，感受生命的變化。

有鼓隊學員表示，參加心潮鼓手的過程中，最大的收穫就是「禪修」，開始學會和自己對話；茶團隊學員則分享，每一席茶像在經歷、體驗生命，發現把心打開以後，不同茶人的茶都有畫面，不再只局限於舌頭上的味覺，而是心與心的交流。

● 09.01

《東初禪寺的故事》出版
記錄聖嚴師父弘化西方的歷程

文化中心於 9 月出版新書《東初禪寺的故事》，由聖嚴師父住世時隨行記錄胡麗桂選編，記錄聖嚴師父抱持初發願心，從零開始，於北美一步一步弘化西方的歷程。

書中選錄聖嚴師父歷年闡述美國紐約東初禪寺的相關文稿，包括「拓荒」、「歐美弘化」、「回到原點，開創未來」等篇章，勾勒出聖嚴師父創建道場的悲願，如 1979 年，聖嚴師父到美國弘法之初尚無棲身之處，寫信勉勵在臺灣的弟子們：

《東初禪寺的故事》的出版，讓讀者認識聖嚴師父從零開始，於北美弘化西方的歷程。

「你們要努力修行，努力求進步，你們的師父一生窮困，但從未潦倒；一生不向現實環境低頭，但為求法與弘化願向一切眾生行乞。」2001 年，聖嚴師父在紐約象岡道場的開示，仍是強調相同的初發心：「我之所以走到現在，就是一個信念：我要把我所知道的佛法觀念和方法，奉獻給人。」

　　文化中心表示，在美國紐約東初禪寺擴建動土之際出版此書，用以供養聖嚴師父弘法的起點，也祝願法鼓山邁向國際弘化的新里程。

● 09.01～30

法鼓山園區展開「禪修月」活動
近萬人次體驗禪悅放鬆

　　法鼓山園區於9月1至30日展開年度的「禪修月」系列活動，引領大眾放鬆身心，期間有近萬人次在心靈導覽員的引導下，參與各項禪修體驗。

　　2014年的禪修體驗多元而細緻，包括放鬆引導、托水缽、靜

民眾在心靈導覽員的引導下，體驗聽溪禪。

坐、觀身受法、八式動禪、慢步經行、聽溪、觀風、觀水、鈔經等，民眾可依個人需求，揉合靜態與動態的練習，由淺入深，體驗身心的變化。另一方面，各定點也搭配尋寶集章活動，讓大、小朋友在放鬆中另有一番趣味。

　　來自歐洲的越南民眾初次體驗「觀身受法」後，表示透過移動的雙手，可以達到內心的安定，是很特別的體驗，也對漢傳禪法的活潑，印象深刻。

● 09.03～11.26期間

「法鼓講堂」佛學課程下半年三講
主要為經典講授

　　繼「2014隨師行願《法鼓全集》導讀」系列課程後，9月3日至11月26日期間，信眾教育院週三晚間開辦「法鼓講堂」佛學課程，以北投農禪寺為主場地，並在「法鼓山心靈環保學習網」同步直播，提供全球學員上網聽講，線上提問、交流。

　　下半年的課程主要為經典講授，包括由德貴學苑監院常元法師主講「善財童子五十三參」，講說《華嚴經》中善財童子尋師問道的歷程，勉勵學員學習善財不畏艱辛勤求佛道的精神，發菩提心，行菩薩道；僧團果祥法師也講授四堂

「藥師法門」，講析藥師如來的十二大願，期勉大眾將身心融於藥師如來的祝福中。

11月的課程，則邀請師範大學東亞學系助理教授王美秀主講「聖嚴法師——不一樣的旅行觀」，藉由文學視角一窺聖嚴師父行腳弘化的生命旅程，引領體悟聖嚴師父的悲憫與大願，進而隨師行願。

2014「法鼓講堂」課程一覽

課程名稱	時間	講師
善財童子五十三參	9月3至24日	常元法師（法鼓山德貴學苑監院）
藥師法門	10月8至29日	果祥法師（法鼓山僧團法師）
聖嚴法師——不一樣的旅行觀	11月12至26日	王美秀（師範大學東亞學系助理教授）

● 09.05 09.30

法鼓山獲內政部、臺北市頒績優宗教團體
結合關懷與教育的弘化事業獲肯定

內政部於9月5日在新北市政府集會堂舉辦「心中有愛・臺灣有福——103年績優宗教團體表揚大會」，北投農禪寺、文化館、雲來寺以及法鼓山佛教基金會等四單位，推動關懷結合教育的理念，長期投入公益慈善及社會教化事業，獲績優宗教團體

法鼓山四單位獲內政部績優宗教團體殊榮，由常綽法師、常遠法師、鑑心長老尼、果昌法師（左起依序）代表受獎。

殊榮，由文化館鑑心長老尼、僧團果昌法師、常遠法師、常綽法師代表出席，接受內政部長陳威仁頒獎。

其中佛基會因累計十二次獲此殊榮，更由內政部專案報請行政院特頒獎牌以資鼓勵。常遠法師在受獎時表示，感恩四眾弟子護持付出，也感謝政府單位給予肯定。

另一方面，農禪寺及文化館也獲臺北市績優宗教團體肯定，臺北市政府民政局於9月30日在臺大醫院國際會議中心舉辦「102年度臺北市績優宗教團體、改善民俗暨103年度孝行模範聯合表揚大會」，由市長郝龍斌頒獎，法鼓山由鑑心長老尼、果許法師代表出席受獎。

法鼓山相關事業體系單位，已連續多年獲內政部與臺北市政府表揚，以心靈環保理念所推動的各項弘化及公益事業，為大眾帶來安頓身心的力量，深受各界肯定。

● 09.05～08

海內外六處分支道場慶中秋
大眾共享幸福禪味

9月5至8日期間，法鼓山海內外六處分支道場分別舉辦充滿禪悅法喜的中秋晚會活動，在法師的祝福聲中，大眾共享幸福的月圓禪味。

國內方面，基隆精舍首先於5日晚間，在外木山沙灘舉行月光禪，月亮初昇之際，由副寺常賡法師、常甯法師等帶領一百多位民眾面向太平洋，練習法鼓八式動禪、經行，躺在沙灘上聆聽海潮聲，並共同點燈祈願祝福，感受不一樣的中秋清涼夜；三峽天南寺於6日舉辦月光禪浴，四百多位信眾在悠揚樂聲、鳥鳴、蛙聲、蟲聲相伴下，跟隨常願法師的引導，以大地為床，倘佯於大片草坪上，運用直觀禪法，將心專注在觀月上。

7日中秋前夕，一千多位信眾齊聚北投農禪寺團圓過節，在大殿祈福法會開始前，播放聖嚴師父影音開示「菩薩清涼月，常遊畢竟空」的涵義；法會圓滿後，每人手捧一盞小燈，彷彿用小燈點亮心燈，點點燈光繞著水月池畔，映照出無量光明。當日，大寮法師及義工特別準備印有「大悲心起」、「農禪餅」、「水月酥」等字樣的月餅，與大眾結緣，應景又有創意。臺東信行寺也於同日舉辦中秋晚會，包括法會與藝文表演，共有八十多人參加。

桃園齋明寺於8日中秋節當晚舉辦晚會，邀請社區居民參加，展現「月圓人團圓」的歡喜；法會中，法師帶領大眾共同持誦〈大悲咒〉及觀世音菩薩聖號，祈願眾生吉祥平安。

海外的加拿大溫哥華道場於6日舉辦「微笑過中秋」活動，在持誦〈大悲咒〉、《心經》後，

中秋前夕，信眾齊聚農禪寺，手捧小燈繞水月池，映照出無量光明。

進行電影禪，由監院常悟法師帶領賞析《怪獸大學》（*Monster University*）片中的佛法意涵。

各地民眾在充滿法味的團圓中，共學菩薩少煩少惱，為世間帶來平安喜悅。

● 09.13

方丈和尚應邀「單國璽豐富生命系列講座」開幕致詞
感念單國璽樞機主教的精神與人格

方丈和尚果東法師 9 月 13 日應邀至臺北榮民總醫院介壽堂，為「單國璽豐富生命系列講座」開幕致詞，分享聖嚴師父與天主教樞機主教單國璽的身教，包括耕莘醫院總院長鄧世雄、前衛生署長陳建仁、臺灣大學哲學系教授孫效智、成功大學護理系教授趙可式等，共有六百多人出席與會。

方丈和尚表示，單樞機主教已生活在天主的大愛裡，也讓世人看見這份大愛，他的精神與人格，啟發我們「從信仰的實踐，生起真實的信心」。方丈和尚也提到聖嚴師父的一生，便是佛法與生命結合，一言一行都讓人感受信仰的力量，這也是單樞機主教和聖嚴師父兩人最深刻的身教，讓人們感受到天主的大愛，以及佛的慈悲與智慧。

方丈和尚也分享單樞機主教回歸天主懷抱前，以「掏空自己、返老還童、登峰聖山」為題，坦然說出三次因接受治療，服用利尿劑及瀉藥而出糗的經驗，帶給他的震撼和感動，並感謝單樞機主教以此教導我們每一個人，讓人生中的絆腳石，變成提昇生命高度的墊腳石。

● 09.14

「活出絕妙人生——法華智慧系列講座」第二場
慈悲的力量　啟發人生智慧

臺中分院於臺中市政府集會堂舉辦的「活出絕妙人生——法華智慧系列講座」，9 月 14 日展開第二場，邀請臺中市市長夫人邵曉鈴、音樂工作者齊豫，與法鼓山僧團法師果祥法師、聖基會執行長楊蓓對談，主題是「慈悲的力量」，分享慈悲在個人、家庭、社會與生態等不同層面的展現。

談起八年前的車禍，邵曉鈴感謝臺灣民眾在她昏迷時，為她祈福的慈悲力量，她不埋怨車禍，反而由衷感謝車禍的破相，讓自己不再執著身體的美，並因此打開了心門；面對肇事者，也選擇原諒，因為放下，才能繼續向前走。

齊豫表示自己的「困境」，都是因為犯了錯才產生，感恩有機緣演唱佛曲，

不僅讓心情平靜，還能撫慰心靈，也發願繼續用歌聲供養一切眾生，接引人向善、學佛，發揮正向影響力。

楊蓓老師分享當年桃芝颱風後，陪同聖嚴師父勘災，聖嚴師父安慰一位失去家人的女士多念佛，簡單一句話，讓那位女士釋放了情緒，也讓楊蓓

果祥法師（中）、邵曉鈴（右二）、齊豫（左二）、楊蓓（左一）於第二場法華智慧講座分享「慈悲的力量」。

老師體認到慈悲與柔軟的力量遠勝於心理治療的技術。了解到化解家人之間的摩擦，可以透過軟化態度、反求諸己，帶著供養家人的心情，單純地把自己的角色扮演好，親人也可能成為同參道友。

投入自然農法的果祥法師，分享農事中蘊含的慈悲之道，說明養生，就是養一切眾生，對待長養一切眾生的土地，耕種時，不論看得見、看不見的生物都要保護。法師強調，消費者的習慣，會影響農業的方向，也會影響土壤的幸與不幸，眾生的幸與不幸；而在食安問題頻傳的時代，更凸顯一切眾生休戚與共。

● 09.15

方丈和尚救國團講「隨緣最積極？」
分享放下執著的智慧

方丈和尚果東法師於 9 月 15 日，受邀至救國團總團部演講，以「隨緣最積極？」為主題，與聽眾分享沒有分別執著、活在當下、應機自在的生活智慧，有近一百位救國團員工參加。

演講中，方丈和尚說明，人生每個歷程都是一種成長，一切的現象隨時都在變化，所以必須把握因緣、創造因緣、凡事隨緣。然而，隨緣並非不必努力，而是對

方丈和尚救國團講「隨緣最積極？」，分享沒有分別執著的智慧。

已經發生的事不必懊惱、追悔，最重要的是把握當下，盡心盡力、隨緣努力；因此，隨緣可說是最積極的人生觀與生活態度。

目前為法鼓山桃園辦事處副召委以及救國團桃園市團友會會長的陳朝英特別到場聆聽並表示，方丈和尚的開示讓他想起聖嚴師父說的「身在公門好修行」，只要盡心、盡力、盡職地把工作做好，常為眾生著想，天天都是行善積德的好機會。

救國團主任張聰德也指出，救國團與法鼓山合作過許多關懷社會的工作，法鼓山推廣的心靈環保理念以及心五四、心六倫運動，也和救國團「公益、教育、服務、健康」的志業相契合，期許未來能夠有更多機會，為「提昇人的品質，建設人間淨土」共盡心力。

● 09.19

美國聖公會參訪法鼓山園區
禪悅境教中體驗禪文化

為慶祝臺灣聖公會宣教六十週年，美國聖公會（Episcopal Church in the United States of America）主教會議移師臺灣展開，9月19日並組成十九人參訪團，前來法鼓山園區參訪，由僧團常玄法師代表接待，並引領體驗禪修月系列活動，感受法鼓山的禪悅境教。

常玄法師首先帶領團員以「隨息」的方式，體驗「中華禪法鼓宗」的現代禪法。來自紐約的團員分享，在美國就曾有過禪修經驗，感覺每一次的禪修過程，都和基督徒的「禱告」很像，是一種很奇妙的體驗。常玄法師回應，禱告時的意念、所想到的神，很類似禪法強調的「所緣境」，因此會有兩者狀態很接近的感覺。

美國聖公會參訪法鼓山，體驗禪悅境教。

對於第一次拿毛筆寫字的團員，法師簡化鈔經的程序，教導書寫「慈悲」、「智慧」、「神」、「人」等字詞。選寫「人」字的團員表示，不論男人、女人、好人、壞人，都應該表達祝福，讓世間充滿溫馨的力量；也有團員認為自己欠缺「慈悲」，所以特別學寫這兩個字，培養平等關懷眾生的慈悲心。

除了體驗不同的宗教文化，參訪團也品嘗齋堂的素菜，感受環保、健康、慈悲的佛教飲食。來自洛杉磯的學員表示，希望日後可以改吃素食培養慈悲心，並計畫造訪法鼓山位於美國加州的洛杉磯道場，對佛教文化有更進一步的認識。

● 09.20

方丈和尚分享面對災害的智慧
了解因緣因果減少不安

九二一大地震屆滿十五週年前夕，方丈和尚果東法師 9 月 20 日，應國立自然科學博物館邀請，於臺中霧峰 921 地震教育園區，以「普潤人心——談面對災害的人心智慧」為題，分享面對災害、自然與人生的無常時，如何運用佛法的智慧來處理，共有一百二十多人參加。

方丈和尚指出，大地震中無數的受難菩薩，給社會帶來極大的震撼，聖嚴師父帶著僧俗弟子親至災區關懷，並成立

方丈和尚果東法師於九二一地震教育園區，分享面對災害的智慧。右為科博館館長孫維新。

安心服務站，一句「救苦救難的是菩薩，受苦受難的是大菩薩」，以及「臺灣加油」，為災後社會帶來安定人心的力量。

方丈和尚表示，大自然及因緣不斷變化，是佛法「成、住、壞、空」的體現，面對災害的發生，只要具有因果、因緣觀，就可減少矛盾不安的情緒；如果能以心靈環保為前提，將大自然萬物當做自己身心來照顧，就會減少對大自然的傷害。

最後，方丈和尚強調，在當今天災人禍頻傳的世界，學習以慈悲面對萬事萬物，以智慧處理所有事情，更要以感恩心、同理心，以及正確健康的心態來處理問題，化解人的貪、瞋、癡三毒。

● 09.23

浙江奉化雪竇寺參訪法鼓山園區
了解佛教推廣教育的理念與實踐

中國大陸浙江奉化雪竇寺方丈怡藏法師及寧波、奉化等市府代表一行九人，於 9 月 23 日參訪法鼓山園區，由方丈和尚果東法師代表接待，進行交流。

方丈和尚果東法師（前排右二）與中國大陸浙江奉化雪竇寺方丈怡藏法師（前排左一）一行合影。

方丈和尚除與來賓們分享法鼓山推動的心靈環保和三大教育理念，具有掌握社會脈動，不離文明、和諧的特質，並介紹中華佛研所、僧大、法鼓文理學院的辦學特色。此外，也陪同一行人參訪園區，讓參訪團有更多心靈上的感動。

怡藏法師表示，此行除深入了解臺灣佛教推廣教育的理念，並藉由考察法鼓山大學院教育，作為日後中國興辦佛學院的參考。

● 09.26～27

禪坐會舉辦助理監香成長營
學習鬆筋禪　身心都放鬆

般若禪坐會於 9 月 26 至 27 日，在三義 DIY 心靈環保教育中心舉辦「地區助理監香成長營」，由傳燈院常願法師、專業瑜伽老師余麗娜帶領，主題為「鬆筋禪——臥姿」，引導學員學習以簡單的動作來了解身體、體驗身體，共有一百一十多位禪眾參加。

常願法師說明鬆筋禪是禪法，重點在於覺知的擴大，透過對身體的覺知，清楚肌肉、關節和韌帶的連動關係。隨著心與身在一起的練習，身體一點一點慢慢放鬆，從局部擴大到全身，不局限在某一部位。相對地，拉筋則是用力去完成動作，與覺知的放鬆大不相同。

在余麗娜老師帶領下，學員從認識骨盆和髖關節開始，藉由模型與圖片解說、實地觸摸，進而練習如時鐘般轉動骨盆的動作，以身體為老師，學習去覺察每個動作，找出最適合自己的力道與姿勢。沒有對錯，只有不斷練習、離開妄念，讓心貼在

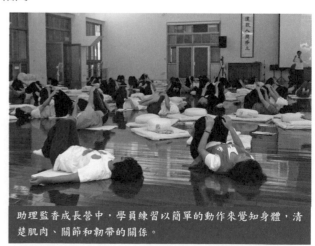

助理監香成長營中，學員練習以簡單的動作來覺知身體，清楚肌肉、關節和韌帶的關係。

動作上，跟身體在一起。

課程並包括禪修觀念與心法的分享，資深禪眾黃東陽說明禪修不在追求標準動作、標準答案，而要將每一次的練習都當成新的體驗。

● 09.27～10.04

農禪寺舉辦改建後首場初階禪七
水月道場再現農禪家風

北投農禪寺於 9 月 27 日至 10 月 4 日，舉辦改建後首場初階禪七，由臺中分院監院果理法師擔任總護，共有一百六十三位來自全臺各地、香港禪眾參加。

果理法師分享，二十七年前於農禪寺出家、跟隨聖嚴師父學禪，農禪寺不僅是法鼓山發源地，又位處臺北市區，交通便利，加上改建後的道場景觀，禪修環境得天獨厚。法師勉勵禪眾，珍惜因緣，在禪期中用功打坐、拜佛。

有學員表示，清晨天未亮，即在大殿練習法鼓八式動禪、做早課，於水月池畔打坐，照見天光雲影變幻，深刻體會「無常」；也有禪眾分享，小參時間，走進開山農舍，感念一路傳承下來的農禪家風，更提醒自己要努力精進。

「早年聖嚴師父經常在農禪寺主持禪七，臺灣民眾學禪的風氣，便是從農禪寺推展開來。」監院果毅法師表示，自 2012 年底水月道場落成後，農禪寺成為大臺北地區的景觀道場，平日參訪民眾和團體絡繹不絕，除了透過寺內景觀，接引大眾認識法鼓山，感受佛法意涵，更希望接引民眾進一步走入農禪寺，學習禪修，體驗安定自心的修行法益。

農禪寺舉辦初階禪七，禪眾在水月道場精進修行。

心劇團 2014《媽媽萬歲Ⅱ旅程》巡演展開
在雲林啟發轉動幸福的正向力量

人基會心劇團舉辦「2014 年轉動幸福計畫《媽媽萬歲Ⅱ旅程》」巡演活動，於 10 月 9 日至 11 月 20 日期間，在雲林縣麥寮、臺西、口湖、虎尾等鄉鎮地區十所小學，展開兩個月的校園巡演，透過融合繪畫、舞蹈、劇場遊戲等群我互動的表演，引領學童、老師、家長感受表演藝術之美，啟發轉動幸福的正向力量。

2014 年「轉動幸福計畫」，由「幸福巡演」、「生根計畫」及「幸福茶會」組成。心劇團於每所校園演出後，透過「生根計畫」活動延伸閱讀演出作品，結合繪畫、舞蹈、劇場遊戲等，引導孩子深入體會作品中隱喻的觀念；「幸福茶會」則邀請老師和家長，共同探討交流新住民多元文化的課題。

《媽媽萬歲Ⅱ旅程》改編自越南民間故事，融合印尼、緬甸、泰國、菲律賓等東南亞文化特色，藉由舞蹈、偶戲、特技、雜耍等表演，詮釋超越語言的母愛。全劇以「圓形劇場」形式演出，帶領學童即興體驗「看戲、作戲、演戲」的旅程，反應熱烈。

演出後進行的「幸福茶會」中，一位阿嬤表示雖然「聽無」國語，但有感覺到此劇所要表達的感情；一位母親則說，鄉下文化刺激較少，希望「心劇團」常來表演，讓孩子有機會接受多元文化滋養；明禮國小校長許徽林表示，對孩童來說這是一個幸福的開始，故事中的每個點，都能啟發他們的內心，留下感動的回憶。

在《媽媽萬歲Ⅱ旅程》演出中，學童們上場參與主角的奇幻冒險之旅。

巡演前的 10 月 6 日，心劇團並於雲林縣政府親民大廳舉辦「2014 年轉動幸福計畫啟動記者會」，會中與群馨慈善基金會、國泰慈善基金會、王詹樣公益信託基金會等公益團體，共同和雲林縣教育處處長邱孝文、參與學校的校長及師生代表，點亮象徵希望的心燈，為巡演揭開序幕。

心劇團「2014 轉動幸福計畫《媽媽萬歲 II 旅程》」巡演一覽

時間	演出地點	演出形式
10月9日	雲林縣麥寮鄉明禮國小	校園巡演
10月17日	雲林縣麥寮鄉興華國小	校園巡演
10月20日	雲林縣臺西鄉新興國小	校園巡演
10月23日	雲林縣麥寮鄉豐安國小	校園巡演
10月28日	雲林縣麥寮鄉麥寮國小	校園巡演
10月31日	雲林縣麥寮鄉橋頭國小	校園巡演
11月1日	雲林縣虎尾鎮農博生態園區	戶外公演
11月7日	雲林縣臺西鄉泉州國小	校園巡演
11月14日	雲林縣臺西鄉尚德國小	校園巡演
11月18日	雲林縣臺西鄉崙豐國小	校園巡演
11月19日	雲林縣口湖鄉過港國小	校園巡演

● 10.08

印度達蘭薩拉辯經學院來訪
期望增進僧團、學校間交流

印度達蘭薩拉辯經學院院長格西格桑占堆（Geshe Kalsang Damdul）一行於 10 月 8 日參訪法鼓山園區，除拜會方丈和尚果東法師，並與法鼓文理學院進行交流。

座談中，兼任西藏高等教育學校董事長的格桑占堆院長，懷念與感佩聖嚴師父興辦佛教高等教育的胸襟和遠見，也推崇法鼓山推動佛教教育的理念及方式。

格西格桑占堆院長（中）訪方丈和尚果東法師（右三），推崇法鼓山推動佛教教育的理念及方式。

方丈和尚簡介法鼓文理學院的發展歷程，並說明即使在僧團，也如同在接受學院教育一般，都是在促成大眾共同交流學習。除了感恩格桑占堆對聖嚴師父的緬懷，方丈和尚邀請格桑占堆到美國時，再訪當年與聖嚴師父相識的東初禪寺，感受法鼓山在西方的弘法氛圍。

格桑占堆院長表示，辯經學院的學生非常期盼能到臺灣學習漢傳佛法，此次造訪期望得以增進僧團、學校間的交流機會，同時也邀請方丈和尚至印度參訪。

● 10.10～11

方丈和尚、惠敏法師出席蓮花基金會研討會
與各界共同探討佛教臨終關懷的使命與願景

方丈和尚果東法師、法鼓文理學院校長惠敏法師分別於 10 月 10、11 日，出席佛教蓮花基金會於臺灣大學集思國際會議中心舉辦的第十屆「佛法與臨終關懷研討會」，與各界代表共同探討「邁向高齡化社會佛教臨終關懷的使命與願景」。

方丈和尚於「佛法與臨終關懷研討會」分享投入臨終關懷正是成就慈悲和智慧的學習。

開幕致詞中，方丈和尚肯定研討會探討高齡化、少子化、長者失智等現代議題，由於高齡常會伴隨著失望和絕望，許多長者雖不抱怨，卻也沒有發願；捨報時心識會隨業而走，除了慈悲、智慧的功德力，其餘都是生不帶來、死不帶去。方丈和尚並分享投入臨終關懷，正是在成就學習慈悲、智慧，學會珍惜有情、無情都是如來的示現，在無常、無我、空的緣起法中，展現以慈悲關懷人、以智慧處理事。

11 日，惠敏法師應邀以「文理學院之博雅教育與臨床宗教師培育課程」為題，進行特別演講，分享 2015 年即將開辦「生命教育碩士學程」的法鼓文理學院，在博雅教育、生命教育與臨床宗教師培育課程的相關規畫。

● 10.10

安和分院邁入弘法二十年
持續提供都會大眾培福修慧「心」淨土

邁入弘法二十年，臺北安和分院於 10 月 10 日舉辦「二十週年感恩會暨長者祈福法會」，由寺院管理副都監果祺法師主法，邀請上百位資深護法悅眾，與近七百位七十歲以上的長者相聚，方丈和尚果東法師出席關懷與祝福。

方丈和尚表示，安和分院是個微笑的發光體，發的是慈悲光、智慧光，期許安和持續發揮都會型道場多元、精緻、創新的特質，恰到好處地扮演「法鼓山與社會的門窗」；也勉勵來學佛的大眾，學習觀音菩薩的精神，接引他人來學佛，幫助他人得到幸福快樂。

祈福法會中，長者及護法悅眾誦念佛號，帶著虔敬的心意於佛前獻供，氣氛莊嚴攝受。法會圓滿後，監院果旭法師特別介紹結緣祝福禮的意涵：念佛祝福卡鼓勵眾人多念佛，共同「用心念，啟動心的力量；用善法，帶動善的循環」；計步器鼓勵長者多出門走動，並附贈聖嚴師父的祝福法語「走

安和分院二十週年感恩會，方丈和尚到場關懷祝福與會信眾。

路健康練身，更可修行鍊心」、「不管沿途風光，對境不做取捨，必能心境兩忘。」

活動中，也播放《安和分院・都會心窗》影片，回顧自 1994 年成立以來，長期舉辦禪修指引、初級禪訓班、《藥師經》共修、大悲懺法會及各項修行活動與佛法課程，是臺北都會民眾淨化身心、培福修慧的「心」家。

● 10.12

「蘭陽精舍」動土儀式
提供宜蘭地區大眾更寬敞修行空間

10 月 12 日觀世音菩薩出家日，「蘭陽精舍」舉辦動土儀式，由僧團副住持果暉法師、護法總會副總會長楊正雄、護法會北六轄區轄召李子春、建築師林順男等共同執鏟，有近兩百位信眾參加。

動土前，主持人前羅東高中校長游文聰與大眾分享，當年聖嚴師父來蘭陽地區開啟殊勝法緣，讓信眾深刻認同法鼓山理念，開始籌措建設蘭陽精舍；自 2007 年起，經歷任召委和信眾們多方努力，終於找到新處所。

「蘭陽精舍」動土儀式，由果暉法師主法。

儀式圓滿後，果暉法師以法鼓山從籌備到落成啟用的過程期勉信眾，只要是大眾需要，不論多大考驗，要相信眾志成城，有願就有力。

蘭陽精舍預計兩年後完工，為宜蘭地區大眾提供更寬敞的修行空間。

● 10.18～19

讀書會帶領人培訓課程開辦
學習推廣讀書會心法

信眾教育院於 10 月 18 至 19 日，在北投農禪寺舉辦「心靈環保讀書會帶領人培訓」課程，由監院果毅法師、常用法師、資深讀書會帶領人方隆彰老師等授課，內容包括《法鼓全集》導讀、心靈環保讀書會的理念、有效提問四層次等，共有一百多位學員參加。

讀書會帶領人培訓課程中，學員練習用心傾聽，運用四層次提問法，發揮共學的力量。

課程中，果毅法師介紹聖嚴師父在各階段生命經歷中的寫作和著述，將聖嚴師父的著作分門別類，讓學員更能深切體會聖嚴師父傳遞的理念；常用法師解說心靈環保讀書會的緣起，以內修外弘為目的，勉勵學員「讀懂一句、受用一生」，不僅讀「書」，也要讀「人」。

下午的課程，邀請方隆彰老師講授「四層次提問法」，引導認識讀書會的概念架構、思考歷程及帶動提問，從「知道、感到、想到、悟到」的四層次提問法，循序探索自我對材料的感受、聯結、反思及重整，進而產生新的正向學習。並進行分組演練，實際運用學習的方法。

大堂分享時，有學員表示，透過充實的課程及實務演練，打破既有的思考框架，也從中體驗到三人行必有我師、共學力量大無窮，更發願加入帶領人行列，將聖嚴師父的理念、佛法的精神，確實運用在生活中。

● 10.18～11.21　　11.22～12.05

園區展開水陸季系列活動
分享水陸體驗　開啟自心寶藏

12 月 6 日水陸法會啟建前，法鼓山園區於 10 月 18 日至 12 月 5 日期間，舉辦水陸季系列活動，引導大眾感受水陸法會的大悲精神與修行法益。

首先於 10 月 18 日起進行水陸特展，規畫「步步蓮花‧通往淨土」、「轉換

心念‧淨土自現」、「百八修
練‧智慧顯現」、「迴向祝福‧
淨土人間」四個展區，從步步
蓮花的法喜中，凝視心念萬花
筒，觀察自己的起心動念，反
思生活中如何保持心的平靜
與安定；接著由水陸各壇的修
行心要，練習轉化百八煩惱，
最後結合「慈悲觀」、「三檀
等施」觀念，將祝福化為行
動，分享給身邊每個人。

信眾在水陸法會啟建前，於園區進行佛國巡禮，體驗
佛國淨土就在人間。

最受歡迎的是「轉動法輪」，透過轉盤遊戲尋找相應的修行法門以及各壇專
屬書籤；而「漂流郵局」則讓許多人慢下腳步，思考生命中的美好與缺憾，書
寫與投遞之間，彷彿開啟了尋找自我的內在生命之旅。

11月22日起展開的「佛國巡禮」活動，結合參學導覽行程，在導覽義工的
引導下，首先觀看水陸法會簡介的影片，接著巡禮各壇場，藉由壇場境教體驗，
包括在淨土壇念佛、禪壇打坐、經行，祈願壇繞佛、法華壇誦經等，體會水陸
各壇的精神與修行法門，不少來自海外的信眾，也以佛國巡禮做為深入法會的
前行功課之一。

有初次參加佛國巡禮的信眾分享，在禪堂平台體驗放鬆、直觀，感覺和大自
然融為一體，而楞嚴壇的耳根圓通法門，讓自己發現內心不安時，再細微的聲
音都是一種干擾，當內心平靜下來，便能聽到、同時也願意接受不一樣的聲音，
是非常特別的體驗。

● 10.19

「活出絕妙人生——法華智慧系列講座」第三場
「心中有寶藏」發揮青春生命

臺中分院於臺中市政府集會堂舉辦的「活出絕妙人生——法華智慧系列講
座」，10月19日展開第三場，邀請十大傑出青年沈芯菱、音樂工作者柯有倫，
與北投農禪寺監院果毅法師對談，主題是「心中有寶藏」，分享如何發揮青春
生命，開啟心中寶藏。

柯有倫表示，從小受到演員父親柯受良的影響，認為演藝人員「非常厲害」，
長大後從事音樂工作，發行第一張專輯就有好成績，第二張卻未受市場青睞，

讓他深感挫折；面對逆境時，母親教導，凡事以慈悲心看待，會覺得任何事情都簡單許多。母親的身教言教，不僅是心靈的寶藏，也是啟發再向前的動力。

從小隨父母在夜市擺攤的沈芯菱分享，六歲時母親送她一個「寶藏盒」，裡面放了一疊白紙，希望她每天寫下「別人感謝妳的三件事，以及妳感謝別人的三件事。」母親的寶藏盒讓她體會到真正的寶藏不是金錢所能衡量，而是可以為別人做什麼，並從助人過程中，看到自己擁有為別人圓夢的力量。

果毅法師則指出，外在因緣是否具足，我們無法確切知道，但每個人的願心，可以創造因緣。法師分享學佛後，佛法與文字專長結合，更有因緣編輯和推廣《法鼓全集》，從中也養成「不會就學」、「當成修行」的態度；當成就事情的條件不具足，從佛法的因緣、因果觀出發，問自己「是否準備好」、「是否為自己設限」，還有「是否具足願心」，佛法就能教我們活出生命的意義，讓生命更厚實。

果毅法師（左二）、柯有倫（右一）、沈芯菱（左一）分享心中寶藏。右二為主持人葉樹姍。

● 10.24～26

傳燈院首度舉辦社工禪修營
練習覺察自我　加大生命視窗

10月24至26日，傳燈院於三峽天南寺舉辦「第一屆社工禪修營」，由監院常乘法師帶領五十位來自臺灣與中國大陸的專業社工人員，練習覺察自我、放鬆身心與放下壓力，增添更多助人的信心和力量。

常乘法師說明，禪修不僅在禪堂拜佛打坐，更是時時刻刻的修行，細嚼慢嚥、慢步經行、右臥入眠，行住坐臥皆是禪；分享佛法時，也結合個人生命歷程，引領學員了解佛法和生活的近距離，並講述聖嚴師父的故事，感受聖嚴師父的親切和慈悲。

禪修營也邀請實踐大學社會工作學系副教授楊蓓講授「療癒」，楊老師說明撫平生命的創傷，必須學習轉化與超越，了知因緣、因果，就不會因不平等而在心中煩惱受苦，透過禪修、奉獻，將心理的負面能量，逐漸地轉成正面能量，讓心回到比較平靜、自在的狀態，進而生起慈悲和智慧。

五十位學員並無一定的宗教信仰，參加社工禪修營，不僅和法鼓山結緣，也打開對禪修和佛教認知的一扇窗。有社工師表示，從「觀照身心」的方法，理解到照顧好自己的身心，才能照顧好別人；來自中

社工禪修營學員藉由托水缽，覺察身心狀態，練習清楚放鬆。

國大陸的年輕學員則分享，過去一直在尋找可以堅持並踐行的信念，透過禪修營，不僅堅定既有的信念，並擴大了視野，內心更豐富。

● 10.25

果元法師雲林科大分享生活禪
結合空間美學放鬆身心

禪堂堂主果元法師 10 月 25 日受邀前往雲林科技大學，於該校國際會議廳主講「生活禪法與空間美學」，共有兩百多位師生參加。

連結宗教文化創意產業議題，法師首先介紹聖嚴師父一手擘畫的法鼓山園區、農禪寺水月道場，如何以「心靈環保」為基礎，應用佛教建築現代化、生態工法的規畫方式，實踐現代宗教建築典範。

演講中，法師也闡析禪法於生活中的運用，在碰到壓力或與外界產生衝突時，可以用方法觀照內心，從臉部、肩膀、四肢等部位開始放鬆，到緩慢呼吸；正在走路時，也可放慢腳步，放鬆自己。法師建議與會者每日至少禪坐二十至三十分鐘，練習放鬆腦筋及身體，養成習慣以後，平常就容易用上方法。

法師指出，微笑本是全世界共同語言，並以自己參加國際會議為例，說明逢人面帶微笑可化解許多尷尬場面，消融不同宗教民族之間的隔閡與矛盾，當人們臉上開始微笑，身體也隨之放鬆，彼此距離隨之拉近。果元法師強調，微笑與禪修關係密切，可使禪修者更快進入安詳自在的禪修狀態；也可以把微笑當作一個方法，讓心重新回到自然狀態，就像佛菩薩法相都是滿足與喜悅。

設計學院院長李傳房表示，行政與教學忙碌，每日工作長達十二小時，一定會嘗試法師教導的方法，降低精神緊繃，減輕工作壓力；有建築系學生分享，聽完演講更理解如何安排課業時間，分出「輕重緩急」，放鬆自己。

● 10.26

社大「自治幹部聯席會議」農禪寺舉行
走出校區 關懷人與社會

社大於農禪寺舉行「自治幹部聯席會議」,提昇對社大教育理念的認識。

法鼓山社會大學於 10 月 26 日於北投農禪寺舉辦「103 年秋季班自治幹部聯席會議」,共有一百多位來自金山、新莊及北投等三地校區的幹部參加。

首先,藉由觀看《看見人文心願景》的影片,讓幹部們了解法鼓山社會大學成立的緣起,也對社大的理念有了更深入一層的了解;並由各校區代表介紹各校區,讓幹部們對其他校區有基本的認識。

會議中,校長曾濟群分享法鼓山社大的核心理念、人與社會的關懷以及對社會祥和的期盼,說明社大的核心價值不僅是學習生活上的一技之長,更是一種人文上的關懷,進而達到「提昇人的品質,建設人間淨土」,也勉勵學員不僅是自己來學習,也要帶親友加入法鼓山,共學共同成長。

社大自 2003 年開辦以來,每一期課程都會在各校區舉辦幹部會議,2014 年首度於農禪寺舉辦聯席會議,期盼藉由參訪、接觸法鼓山的發源地,進一步將佛法的種子與心靈環保的理念,帶回學校、班級與家中,接引更多人親近佛法。

● 11.15

安和分院舉辦《巨浪迴瀾》分享會
廖肇亨老師帶領從禪詩認識明清高僧

臺北安和分院於 11 月 15 日舉辦專題講座,邀請《巨浪迴瀾》作者、中央研究院中國文哲所研究員廖肇亨分享「從禪詩看高僧的德性與悟道」,有近一百二十人參加。

廖肇亨老師以雲棲袾宏的〈示牙蟲〉開場,指出雲棲袾宏的蛀牙其實是牙周病,蕅益智旭因病常到九華山閉關,石濂大汕到越南順化弘法嚴重水土不服,顓愚觀衡從北方南下卻中毒等,雖然辛苦,然而高僧大德卻能以正面的態度面對病痛。

廖老師說明，在天崩地解的時代，高僧要有異常舉動，才能成就非常事業；以憨山德清因涉入朝廷政爭，被剝奪僧籍流放充軍，而在亂世中不得不從軍卻不改其志者，還有南宋大慧宗杲禪師以及聖嚴師父，這些磨難正凸顯高僧風範。

廖肇亨教授從禪詩解析明清高僧行誼，體會佛法才是心靈究竟皈依處。

「不論是生病，還是面對動亂的時局，佛門中人最重視的，還是如何把負能量轉化成正能量。」廖老師總結從高僧身上所學，勉勵大眾，佛法才是心靈最究竟的皈依處。

● 11.15

紫雲寺、正修科大合辦「親淨地球」
學習以「清楚、放鬆」心法淨化環境

高雄正修科技大學主辦、高雄紫雲寺協辦的「親淨地球」活動，11月15日於紫雲寺展開，由常報法師帶領清淨禪公園的環境，共有兩百多位師生參加。

上午八點，學生準時抵達紫雲寺，由常報法師帶領眾人體驗放鬆，以立禪方式攝心，鬆弛緊繃的身心。全程陪同的土木系教授林冠州，表示同學首次如此安定，並讚歎寺院環境的攝受力。

放鬆身心後，進行出坡工作，學生們練習用「清楚、放鬆」的心法，專注在每個動作上，禪公園幅員雖大，在學生與義工齊心合作下，一個小時內就將預定工作完成。午齋時，監院果迦法師帶領學子學習用餐禮儀；並期勉學子，從親近地球的過程中，學習感恩；用清淨地球的行動，淨化自己，在奉獻中提昇自我。

擔任活動總召的學生表示，感恩法師與義工協助承辦活動，將持續關懷周遭生活環境，從奉獻中提昇自我。

正修科大學生分組於紫雲寺外的公園，練習用「清楚、放鬆」的心法淨化環境。

● 11.16

「活出絕妙人生──法華智慧系列講座」第四場
回收煩惱　再生智慧

企業家羅秀芬（左起依序）、作家蔣勳與惠敏法師，對談「回收煩惱，再生智慧」。右一為主持人葉樹姍。

　　臺中分院於臺中市政府集會堂舉辦的「活出絕妙人生──法華智慧系列講座」，11月16日進行第四場，邀請作家蔣勳、前理海科技總經理羅秀芬，與法鼓文理學院校長惠敏法師對談，主題是「回收煩惱，再生智慧」，分享由佛法提煉出的人生智慧。

　　從事科技業的羅秀芬，認為自己是「很好命」的人，卻有「萬一得不到」和「擔心失去」的煩惱。學佛後，逐漸看清自己的煩惱源自於「貪」，除了經常反省懺悔，也了解學佛就是修心，進而在生活中學習透過布施幫助他人。

　　每天早晨誦持《金剛經》的蔣勳，提到「不忍」和「捨不得」是自己很大的煩惱來源，有一次讀到經文「實無一眾生得滅度者」，省思到自我其實隱藏了自大，提醒自己要更謙卑。蔣勳表示，母親往生，是最大的不捨，然而再捨不得，也必然要捨得，正因為捨不得，所以更要捨得。

　　惠敏法師表示，煩惱多是業力牽引所致，可以用「聽聞正法、親近善知識、如理思惟、法隨法行」四種方法，為自己消煩惱、生智慧；法師期勉大眾，將聽到和讀到的道理消化，成為自己的思惟模式，將善持續，讓惡止斷，而思惟同樣要帶動感覺，讓身心產生直覺的感動和悸動，將好的持續、壞的止斷。

● 11.30

方丈和尚出席佛教僧伽醫護基金會祈福法會
為僧伽安養預定地灑淨

　　方丈和尚果東法師於11月30日應佛教僧伽醫護基金會董事長會宗長老邀請，出席歲末祈福法會，並為該基金會於苗栗後龍設置的僧伽安養預定地進行灑淨，也祝福與法相會的大眾，都能清淨身語意，將煩惱化為菩提，共同學習觀音菩薩以謙卑心、同理心來救苦。

　　方丈和尚致詞時，回應會宗長老恭敬三寶的籲請，表示「佛是大醫王，法是

方丈和尚受邀為佛教僧伽醫護基金會僧伽安養預定地灑淨。

良藥，僧是護病者」，基金會護持三寶的精神，正是引導大眾學習「開發佛性、提起覺性、轉化個性、淡化習性、淨化心性、回歸自性」的一大福田。

方丈和尚也肯定該基金會法師與同仁的奉獻，尤其讚揚能以平等的慈悲、無我的智慧來關懷教界與僧眾，並以「菩提心十隨」與「心平氣和八證氣」，分享法鼓山「和樂無諍」的年度祝福，祈願大眾運用佛法，修正身語意的行為，展現調和身心的醫護精神。

● 12.02

人基會舉辦《蔬醒》新書發表暨座談會
各方專家對談食安議題

人基會於 12 月 2 日在德貴學苑舉辦《蔬醒》新書發表會暨食安座談會，由作者鄧美玲分享，並邀請臺灣師範大學化學系教授吳家誠、高雄醫學大學藥學院院長李志恆、芳香治療師陸小芬、臺灣營養基金會執行長吳映蓉對談食安議題，方丈和尚果東法師到場關懷。

方丈和尚表示，佛教〈供養偈〉中有「三德六味」，即清淨德、柔軟德、法味德，與淡、鹹、辛、酸、甘、苦六種滋味，選擇乾淨的食物，烹調得柔軟，各種滋味都有不同的功用，用心品嘗，便能透過飲食獲得正面能量。

《蔬醒》作者鄧美玲表示，希望透過書寫，將兒時的美好經驗保存下來，這是一個覺醒的時代，當人心對美好還有嚮往的時候，世界就充滿希望。

座談會中，各方專家就毒理學、化學、營養學等專業領域，交流吃得安心的方法。專精毒理的李志恆院長表示，當代生活中，少不了毒性物質，但不必過度恐慌，只要懂得食用當季食材、不吃來歷不明的東西，均衡飲

人基會舉辦「蔬醒心力量」食安座談，各方專家交流吃得安心的方法。

食，就能將風險分散。

吳家誠教授說明，身體有解毒能力，人人可承受的劑量不同，需要自己了解，健康飲食應從知己、知彼開始。

鑑於近年來食品安全頻亮紅燈，人基會以心六倫中「生活環保」為推廣主軸，邀請作家鄧美玲撰寫《蔬醒》一書，融合聖嚴師父教法，從土地、記憶、滋味，以及「食物」與「食觀」出發，用蔬食轉動幸福。

● 12.06～13

第八屆大悲心水陸法會園區啟建
全球四十二國十五萬人次參與 家家成道場

水陸法會透過數位網路，將壇場無限延伸，體現「佛國淨土，即在眼前」。

12月6至13日，法鼓山於園區啟建「2014大悲心水陸法會」，共有十二個壇場，每日均有逾四千人現場參與；八天法會，透過網路線上共修的信眾，分布全球四十二個國家、共十五萬人次，雲端祈福牌位多達八十多萬筆。

法會期間，大眾誦經、禮懺、念佛、禪坐，也聆聽法師說法，了解經文義理，落實「解行並重」，並在拜佛、朝山、繞壇中體驗動中修行的心法；共修的法喜，不只在法鼓山園區，本屆持續透過數位科技，使壇場無限延伸，其中視訊連線的「分處網路共修」獲得廣大回響，包括：美國、加拿大、馬來西亞、新加坡、香港，以及全臺各地分院、辦事處等三十二處，讓無法親臨現場的海內外民眾，就近以法相會。

在13日傍晚送聖會場上，透過視訊連線，全球數萬信眾齊心持誦「阿彌陀佛」聖號；送聖動畫中，四聖六凡化為點點星光，從法會現場迎向極樂淨土。

圓滿送聖法儀後，方丈和尚果東法師感恩與會的僧俗四眾，以清淨、平等、歡喜的心念，共同成就莊嚴殊勝的法會，並以「大悲水陸殊勝行，誠敬唱誦精進行。拜懺功德清淨行，感恩報恩福慧行」等「大悲水陸法會行」做為祝福。

連續三年負責水陸法會網路轉播的義工分享，法會進行中要即時提供壇場訊息，引導在電腦前共修的信眾，因此對法會的儀軌更清楚，宛如置身各壇共修，又能同時利益全球信眾，修行的體驗更有意義。

匯聚善念，淨土現前
第八屆大悲心水陸法會

　　2014 年第八屆法鼓山大悲心水陸法會，12 月 6 至 13 日於園區啟建，壇場、園區與萬行菩薩相互呼應境教說法，契入修行法門；並結合數位科技，使壇場無限延伸，四眾弟子在全球各角落同時精進，體現「你在哪裡，大悲心水陸法會就在哪裡！」、「家家是道場，世界成淨土」的新世紀風貌。

　　法鼓山水陸法會邁入第八年，除了延續清淨、簡約、環保的理念，秉持創辦人聖嚴法師的教法，逐步修訂不切時宜、不符環保的部分，且年年皆有突破與創新。

境教說法，契入修行法門

　　傳統場布由佛像、經文組成，屬於符號、思考性的表達，大眾進入壇場後需要轉化才能理解；法鼓山的壇場則打破刻板印象，從色調、媒材著手，藉空間來說法，讓大眾走入壇場後，直接領略該壇的修行精神與經文意涵，感受到簡約、聚焦、攝受的修行氛圍。

　　例如：藥師壇以秋香綠的柔和光芒展現明澈清淨氛圍；地藏壇以灰色系取代傳統的金碧輝煌，再以枯枝藤編由地面向上延伸，串連窗景外盎然綠意，使大地觀的悲憫意象超越消災超薦的刻板概念；其他如在淨土壇念佛、禪壇打坐經行、祈願壇繞佛、法華壇誦經、華嚴壇靜閱，均呼應園區禪悅境教、萬行菩薩的無聲說法，無一不是在引領大眾領略水陸法會的堂奧，契入修行法門，開啟自家寶藏。

　　另一方面，不同於以往強調功能性的數位投影及牌位查詢，今年的功德堂採原石基調設計，象徵人人保有原始的初心，並以弘一大師所寫的「功德藏」，邀請與會民眾回到初心，在社會亂象頻仍、人心惶怖不安的時代，再次提起祝福的心念，點一盞無盡燈，開啟彼此心中的寶藏。

數位弘化，精進共修無國界

　　共修的法喜，不只在法鼓山園區，今年持續透過數位科技，將壇場無限延伸。八天的法會，現場及透過網路上線共修，達到十五萬人次，分布於全球四十多個國家，雲端祈福牌位更多達八十多萬筆。其中，「分處網路共修」獲得廣大回響，包括美國、加拿大、馬來西亞、新加坡、香港以及

全臺各地分院、辦事處等三十二個據點，以視訊連線，接引在地民眾參與勝會。大眾隨著視訊畫面，拜願、誦經、繞佛、聆聽開示，安定攝受的氛圍不亞於法會現場。跨時空的修行，體現了「家家是道場，世界成淨土」的願景。

另一方面，回應數位時代的需求，提出 QR code 報到系統、LED 供燈、熏香之外，2014 年弘化發展專案小組更開發多款法會 App 應用程式，包括梁皇寶懺、慈悲三昧水懺、大悲懺、藥師法會、雲端祈福等多個系列，內含聖嚴師父的文字和影音開示、儀軌介紹、前行功課等。

透過法會 App，不僅可以完整認識一場佛事的結構與意義，影音連線還能將法會帶著走，在有形、實體的水陸法會圓滿後，隨時隨地啟建自心的水陸法會，彰顯數位弘化契理契機的時代意義。

教育關懷，實踐人間淨土

一場佛事的圓滿，仰賴諸多成員分工合作，相輔相成，除了法師、悅眾等人的主持、信眾的參與，更需要內外護義工的支援，共同成就圓滿。早在法會開始前半年，各組義工便投入前置作業；法會期間，造辦大眾飲食、壇場內外的維護、接待引導、車輛指揮調度，即至法會圓滿後的普請，義工輪流接力，不僅忙的快樂，累的歡喜，也體現慈、悲、喜、捨的精神。

「有水陸法會的地方，就是人間淨土的實現。」水陸法會研究推廣專案總召集人果慨法師分享，「水陸法會不只是誦經、拜懺，更是揉合教育與關懷的一場修行。」

在法鼓山，流傳一千五百多年的水陸法會，突破舊有的經懺佛事格局，巧妙融入科技、藝術與人文，無論是壇場境教、雲端牌位、網路分處共修，還是方便實用的法會 App，展現了這是一場與時俱進的新時代共修勝會；大眾共修實踐佛法，淨念相繼，淨土即在眼前。

水陸法會在送聖後圓滿，方丈和尚果東法師勉眾將大悲心帶入生活，在人間實踐淨土。

● 12.07～13

「2014 大悲心水陸法會」網路共修
全臺二十四分處同步連線

農禪寺信眾跟隨監香法師沿水月池繞佛，體驗人間淨土就在眼前當下。

12 月 7 至 13 日，第八屆大悲心水陸法會啟建期間，國內各地分院、護法會辦事處與共修處等二十四個據點，以視訊連線，接引無法親臨現場的民眾，就近與法相會，同霑共修法喜。

位於臺北市的北投農禪寺、臺北安和分院，首次加入分處網路共修行列，而小型共修處如護法會竹山、虎尾、朴子等，也將殿堂打理整齊莊嚴，猶如總本山壇場的延續，大眾隨著視訊畫面，拜願、誦經、繞佛、聆聽開示，安定攝受的氛圍不亞於法會現場。

農禪寺於水陸法會期間，布置了一百八十席法華壇位，當總本山法華壇出位繞壇，農禪寺信眾也在監香法師帶領下，沿著水月池，伴隨著佛號聲、風聲、車聲，在安定的步伐中，體驗人間淨土就在眼前當下。

高雄紫雲寺此次在法會期間連線「地藏壇」、「藥師壇」、「祈願壇」、「瑜伽焰口壇」、「幽冥戒」、「普佛」、「送聖」等佛事內容。參與共修的信眾分享，法鼓山大悲心水陸法會兼顧傳統、創新與環保改革，讓眾人在清淨的氛圍中修行，內心的感受非常安定。

2014 大悲心水陸法會國內網路共修一覽

分區	共修地點	壇別
北部	北投農禪寺	法華壇、瑜伽燄口壇、幽冥戒、送聖
	臺北安和分院	地藏壇、瑜伽燄口壇
	三峽天南寺	大壇、瑜伽燄口壇、幽冥戒、送聖
	齋明別苑	大壇、送聖

分區	共修地點	壇別
北部	新店辦事處	法華壇、送聖
	淡水辦事處	瑜伽燄口壇、幽冥戒
	文山辦事處	法華壇、送聖
	新竹辦事處	地藏壇、瑜伽燄口壇、幽冥戒、送聖
中部	臺中分院	法華壇、瑜伽燄口壇、幽冥戒、送聖
	苗栗辦事處	
	豐原辦事處	
	彰化辦事處	
	員林辦事處	
	南投辦事處	
	竹山辦事處	
南部	臺南分院	法華壇、瑜伽燄口壇、幽冥戒、送聖
	雲集寺	
	紫雲寺	地藏壇、祈願壇、藥師壇、瑜伽燄口壇、幽冥戒、送聖
	三民精舍	大壇、瑜伽燄口壇、幽冥戒、送聖
	嘉義辦事處	大壇、瑜伽燄口壇、幽冥戒、送聖
	朴子共修處	法華壇
	虎尾共修處	法華壇
東部	羅東辦事處	地藏壇、瑜伽燄口壇、幽冥戒、送聖
	花蓮辦事處	法華壇、瑜伽燄口壇、幽冥戒、送聖

● 12.20

心劇團金山高中舉辦工作坊
鼓勵學子超越自己的極限

　　12月20日，人基會心劇團受邀至新北市金山高中，為二十三位學生舉辦戲劇工作坊，分享劇團從成立到演出的歷程；並接受該校資訊應用學程學生採訪，鼓勵學子超越自己的極限。

　　當天，團長蔡旻霓與四位團員引導學生放開肢體與想像力。同學們圍成一

心劇團至金山高中舉辦表演工作坊，分享劇團從成立到演出的故事，鼓勵學生超越自己的極限。

圈，輪流將手中看不見的痱子粉塑成禮物，送給下一個人；還蒙上眼睛，隨著同伴帶領，觸摸教室裡的物品，品嘗不知名的水果，體會在黑暗中感受世界，五感比平常更敏銳。

另一方面，團員也分享心劇團從成立到參與各場重要演出的過程，以及加入劇團後，如何克服各種挫折，藉此鼓勵學生不要害怕困難，當面臨難題，更要用心探索生命，翻轉思惟，超越自己認為的極限。

工作坊的舉辦，緣於該學程學生報名參加「2015 年臺灣學校網界博覽會」，認為法鼓山為金山的鄉土特色，將專題取名「法鼓文化 震金北海」。指導老師洪華欣表示，2014 年 9 月起，學生除了閱讀資料，還參與大悲心水陸法會後的普請，實地參訪法鼓山；得知心劇團巡演訊息，便積極邀請劇團到校交流。深受老師與同學的用心所感動，團長蔡旻霓不僅答應接受採訪，並為學生舉辦一場戲劇工作坊。

負責活動採訪的學生表示，幾次與法鼓山接觸，打破以往對寺院的刻板印象，希望有機會接觸法鼓山的其他基金會，透過網路，讓世界認識金山的好人、好事、好社團。

● 12.20～21

法青會舉辦英文工作坊
常濟法師帶領從「心」探索

12 月 20 至 21 日，法青會於德貴學苑舉辦「全球永續發展與心靈環保的交會」英文工作坊，由常濟法師、果禪法師帶領探討心靈環保與永續發展的關聯，共有二十位青年學員參加。

工作坊中，法師帶領學員從「心」出發，提出「舒適圈」與習性的觀點，說明一般人容易待在屬於自己的舒適圈太久，以至於要有新突破、新嘗試的時候，會害怕、猶豫，不敢向前；對於待人處事，也總覺得自己是對的。一層層自我

常濟法師（左）、果禪法師（右）帶領法青英文工作坊，勉勵學員走出自己的「舒適圈」，開發潛能。

保護，沒有站在對方的角度思考，就會形成「對立」。如果能時時觀照自己的身、口、意，而不是到處產生對立，就可以避免很多不必要的紛爭。

法師強調，智慧是從「心」顯現，而非知識上的理解，而自我成長的方法，

只能透過一次一次的練習和努力,沒有捷徑。

一位就讀大二的學員分享,感恩法師用心教導和鼓勵,期盼將所學與朋友分享,讓更多人找回真實的自己,期許自己能不斷創造未來,開發自心的潛能,找到心中寶藏,做一個踏踏實實的修行人。

● 12.21

「活出絕妙人生──法華智慧系列講座」第五場
感恩與發願 跨越生老病死

法鼓山僧大副院長常寬法師(左二)、成大教授趙可式(左一)、醫師潘文中(右二)對談「藥不藥美好人生」。右一為主持人陳月卿。

臺中分院於臺中市政府集會堂舉辦的「活出絕妙人生──法華智慧系列講座」,12月21日進行第五場,邀請成功大學醫學院護理系教授趙可式、前國軍松山醫院副院長潘文中,與僧大副院長常寬法師對談,主題是「藥不藥美好人生」,透過主持人陳月卿引談,分享在醫療、病人、照護者之間不同角色的體會。

醫治無數病人、經常出國義診的潘文中醫師,被確診罹患「小腦萎縮症」,身體動作不協調,以及被旁人誤解,使他開始省思「有生必有死,生死之間,如何活出絕妙人生?」也體會到人生要做的事,就是做好自己,時時知足、感恩、惜福,最重要的是活在當下。

致力推動安寧療護的趙可式教授,本身也是癌症患者,分享生病帶來三項「禮物」:調整生活、價值觀,以及每天過「四道」人生──道謝、道歉、道愛、道別。談到宗教對臨終病人及家屬的正面影響,趙教授肯定聖嚴師父、單國璽樞機主教將信仰融入生命,歡喜面對生死,讓她學到死亡前要準備的,是功德和智慧資糧。

曾任聖嚴師父侍者的常寬法師,談到俗家父親、法身父親都是罹癌往生,讓自己上了兩場生命教育課。法師觀察聖嚴師父對身上病痛總是幽默以對,讓周圍的人也都釋懷;也從聖嚴師父身上學到,面對死亡,除了感恩、祝福,還要發願,而發願是擴散的、無窮的,不只聚焦自己。

常寬法師的分享,立即獲得回響,潘文中醫師當場發了大願:願每位聽眾帶著祝福和感恩,微笑過好每一天。

● 12.26～2015.01.03

馬來西亞法青參學法鼓山園區
體驗觀音道場的心禪悅

12月26日至2015年1月3日，馬來西亞法青會青年成員一行三十餘人於法鼓山展開參學之旅，巡禮園區、北投農禪寺、德貴學苑、三峽天南寺，以及臺中寶雲別苑，體驗觀音道場的禪悅境教。

馬來西亞法青與僧大學僧分享青年弘法之道。

參訪團在元旦當日來到法鼓山園區，首先到藥王園整地，回歸自然、內在，享受簡單綠生活的喜悅；接著參訪園區，更深入了解法鼓山與聖嚴師父的理念；也與僧大學僧交流，分享青年學佛因緣與弘法之道。最後在簡介館接受方丈和尚果東法師「光明遠大」的祝福。

甫於馬來西亞圓滿「禪與纏──當數位時代遇上心靈環保」演講的方丈和尚，特別與團員互動問答「智慧型3C產品真能夠帶給大家智慧？！」提醒青年朋友「活在當下，佛在當下」，使用3C產品掌握時代脈動的同時，也多與真實世界的人物互動，藉由佛法、禪法、心靈環保的實踐，開發出潛藏的慈悲與智慧。並期勉團員，凡事奉獻利他，順逆皆感恩，只要轉念，世界就會跟著改變，轉境轉出心光明，自然「光明遠大」。

參學期間，一行人並參加德貴學苑的青年祈福活動與農禪寺的跨年祈福法會，在佛號聲中接受祝福，也為眾生祈福。

● 12.28

念佛會舉辦「梵唄成長營」
悅眾在梵唄聲中和眾精進

念佛會12月28日於法鼓山園區舉辦「梵唄成長營」，由輔導法師常林法師帶領，藉由法師指導、學員示範等方式，精進念佛唱誦與執掌法器，共有一百八十多位地區悅眾參加。

上午的課程，由常林法師講解念佛的觀念和方法，包括：梵唄與修行、念佛法門和儀軌、共修唱誦、法器代表意涵與執掌方法。法師說明念佛要有四種心：相信自己要修苦、集、滅、道的「信心」；有「至誠心」方能與佛菩薩相應；有「深心」才能綿密不斷；以及願一切有情眾生，隨時收攝身、口、意三業的「發願迴向心」。

學員練習執掌法器，常林法師一旁指導，為學員打下扎實基礎。

下午，由念佛會悅眾們示範木魚、引磬、鐘鼓、地鐘和唱誦，接著即席抽點學員上場練習。對資深悅眾而言，是堂「年度成果展」；而對剛入門的悅眾來說，除了認識執掌的法器，更打下了扎實基礎。

大堂分享時，有學員表示，法師引用自身經驗及戒長法師的指導，課程生動有趣，了解打法器不只照著板眼打就好，更要有解、行並重的觀念，也對地區推動念佛共修更具信心。

● 12.28

弘化院舉辦第九屆參學員授證暨歲末分享會
在服務奉獻中深化願心

參學員授證暨歲末分享會，新任各組聯絡人歡喜承擔責任，並與常慈法師合影。

弘化院於 12 月 28 日在園區舉辦第九屆參學服務員頒證暨歲末分享會，共有二百二十位參學員及二十位親友參加。

會中由監院果悅法師、常統法師、常慈法師為二十六位新任參學服務員、兩位英文導覽員授證，並進行聯絡人交接及連任儀式，每組分別以花瓶、石頭、燈缽、聖嚴師父著作等作為信物，象徵甘露法水、慈悲願心及法鼓教法代代傳承。

活動並舉行拜懺、供燈儀式，深化護法奉獻願心；也安排參學員的小朋友，童聲朗誦《心經》及歌曲表演，現場氣氛溫馨熱絡。

常統法師鼓勵學員廣邀親友，參加參學服務員培訓，藉由完整的培訓與服務課程，在成長自己的過程中利益更多人，讓自己的生命成為無限的可能。

● 12.28　2015.01.09

聖基會舉辦「兒童生活教育寫畫創作」頒獎
溫哥華道場首度參與試辦

聖基會於 12 月 28 日在臺北德貴學苑舉辦「2014 兒童生活教育寫畫創作」頒獎典禮，由慈基會祕書長果器法師、聖基會董事許仁壽、傅佩芳、法律顧問陳貴德等擔任頒獎人，共近兩百位來自北、中、南、東及澎湖等地學童與家長參加。本屆除了繪畫

許仁壽董事（右二）為小朋友頒獎，希望下一代學到智慧法寶，多一點快樂。

組、作文組，還新增書法組，自 9 月徵件以來，共收到一千一百七十多件作品，回響熱烈，溫哥華道場也首度於海外響應。

典禮上，果器法師以聖嚴師父從生活中體驗人生智慧，再以文字及書法呈現為例，鼓勵學生日常生活多用心、多體會；許仁壽董事歡喜表示，聖基會致力製作動畫，期望以兒童看得懂、聽得懂的方式呈現生活佛法，讓下一代學到智慧法寶，少一點煩惱，多一點快樂。

作文組與繪畫組的學童，是觀看聖基會製作的《心靈環保兒童生活教育動畫（二）》後，透過作品回應心得與相關經驗；首度收件的書法組，則就二十句「108 自在語」擇一揮毫，收到的投稿作品數量多、素質高，令評審難以抉擇。繪畫與書法得獎作品還特別做成個人化郵票，讓活動更有意義和紀念性。

溫哥華道場也首度於海外試辦，結合「親子生活園」課程，在課堂上說明活動主題，播放動畫，鼓勵孩子們參與創作，共有十二位小朋友參加，並於 2015 年 1 月 9 日舉行頒獎典禮。

聖基會希望，透過兒童生活教育寫畫創作活動，使佛法的觀念與方法在人生的初期即能深植於心，提昇孩子的品德倫理發展，為安定社會盡一份心力。

● 12.31～2015.01.01

農禪寺、臺中分院、馬來西亞道場跨年迎新

近三千民眾靜心迎接 2015

12 月 31 日至 2015 年 1 月 1 日，國內的北投農禪寺、臺中分院，以及海外的馬來西亞道場，分別以念佛、點燈、拜懺的方式，共帶領近三千位民眾一起點亮心燈，靜心邁入嶄新的一年。

時值彌陀佛七的農禪寺，從 31 日晚間十時起，大眾接續以念佛、繞佛、拜願的方式迎接新年。方丈和尚果東法師也到場關懷，親切幽默的分享，引起大、小朋友的熱情回應，為隆冬夜晚增添溫馨氣氛。

對於時下倒數跨年、追曙光的風潮，方丈和上則與大眾互勉：「運用佛法，開啟心中的寶山，見到慈悲光、智慧光，這就是曙光，祈願我們共見曙光、同證菩提！」

當晚，農禪寺於零時整點開啟「金剛經牆」的投射燈，祝福大眾「智慧轉境，自心光明；慈悲利他，希望遠大」；同時將阿彌陀佛四十八個大願製成「籤詩」，讓參加民眾抽出與自己相應的新年功課。

連續四年舉辦靜心跨年的臺中分院，今年由老中青三代信眾接力演出短劇、動禪、佛曲等；接著在僧團法師帶領下，燃燈供佛，並誦念《心經》與觀音菩薩聖號，最後在靜坐中迎新，監院果理法師提醒大眾，用最寧靜的心，回歸內心光明，讓新的一年充滿無限光明與希望。

亞洲的馬來西亞道場，則有近兩百位信眾齊聚，由監院常藻法師帶領，虔誠禮拜《大悲懺》，以清淨、謙卑、柔和的心念，迴向受難者，並為世界送上新年祝福，祈願眾生都能離苦得樂。

別開生面的跨年活動，受到各地民眾的熱情響應，不僅有三代同堂出席，夫妻帶著新生寶寶，也有年輕朋友相約前來。許多民眾對於靜心打坐、用清亮深遠的磬聲迎接新年，感受特別深刻。

方丈和尚於農禪寺與信眾一同跨年，與眾共勉多發利益眾生的好願，為社會帶來祝福。

實踐

貳【大關懷教育】

從生命初始到生命終了，
以「心靈環保」出發，
落實各階段、各層面的整體關懷，
安頓身心、圓滿人生，
實現法鼓山入世化世的菩薩願行。

悲智為底蘊
深化關懷的安心力量

2014年，國際間，戰爭、疫疾、恐怖攻擊、飛安意外不斷，
臺灣也因食安、空難、氣爆等公安問題頻傳，人心普遍不安；
大關懷教育以慈悲智慧為底蘊，致力於急難救助、
整體關懷、社會慈善、信眾關懷等面向，
打造安心工程，為社會注入安定的力量，
引領大眾建設自心淨土，帶領臺灣看見和樂無諍的幸福。

大關懷教育是法鼓山普及各項溫暖人間環境的服務，透過普遍而平等的關懷，令大眾得安樂，使人間成淨土。2014年的大關懷教育，以對整個社會的關懷為著力點，關懷的層面從信眾、社會、慈善到生命教育，並以心靈環保為核心，融攝教育的內涵，深化佛法的慈悲力量，為淨化人心、安定社會而努力。

急難救助　祈願眾生心安平安

本年，國內外相繼發生數起重大災難，3月，馬來西亞航空班機失聯；7月，17日馬來西亞航空於烏克蘭墜毀、23日臺灣復興航空於澎湖降落失敗、24日阿爾及利亞航空於非洲失事、31日高雄發生氣爆災害，五場意外，造成近七百多人喪失生命，以及無數家庭的破碎與傷痛。法鼓山皆在第一時間便透過宗教的信心和祈願方式，為罹難者祝禱，也傳遞對受難家庭的關懷與祝福。

其中，澎湖空難意外發生後，關懷院監院常健法師與慈基會慰訪義工於次日便抵達澎湖，除關懷往生者家屬及受波及民眾，並設立服務站、舉辦追思祈福法會，期以佛法力量安定人心；同時間，高雄地區助念團義工則前往殯儀館，為罹難者進行助念；方丈和尚也在北投中華文化館舉辦的「中元地藏法會」中，帶領信眾為傷亡者祝禱。

而在高雄氣爆事故後，慈基會與高雄紫雲寺立即啟動救災機制，展開各項援助，除於紫雲寺成立服務應變中心，統籌各項救災事宜；也在災區設立綜合服務中心，現場提供各項關懷服務。方丈和尚、常健法師、紫雲寺常住法師並

帶領義工，分別前往各收容中心關懷民眾、醫護和救災人員；常琨法師則與助念團員前往殯儀館，為罹難者念佛，陪伴家屬度過悲痛難關。

另一方面，高雄市佛教會於8月7日為氣爆事故罹難者舉行的法會暨聯合奠祭，由紫雲寺監院果迦法師代表主祭，帶領大眾誦念《地藏經》迴向受難者；方丈和尚也率同近千位義工和信眾，於12日參加由行政院主辦的「高雄731氣爆暨澎湖723空難事件全國宗教界追思祈福大會」。

整體關懷　入世化世圓滿生命

至於在各階段、各層面的整體關懷上，大關懷教育從心靈環保出發，以入世化世的菩薩願行，深入社會各角落推動生命教育，協理眾生圓滿從初始到終了的生命旅程。2014年最具指標性的活動為9月舉辦的第五屆「國際關懷生命獎」，透過得獎者罕見疾病基金會與蕭建華、廖智、陳公亮所展

現悲智度人的大願行，見證在苦難、逆境中猶能淬鍊生命的光輝與堅毅，一篇篇波瀾壯闊的生命樂章，正是大關懷推廣生命教育最深刻、動人的教材。

頒獎典禮後，邀請法鼓文理學院校長惠敏法師、成功大學護理系教授趙可式、導演蔡明亮進行「關懷生命論壇」，分別就宗教、醫學、電影的專業領域，分享「珍惜生命，讓愛流轉」的生命智慧，及將人生逆境的絆腳石轉化為支撐人生高度墊腳石的正向人生觀。

其他層面的關懷，還有於1月舉辦的「第十九屆佛化聯合婚禮」，共有六十四對新人在佛菩薩的祝福下，締結菩提良緣，佛化聯合婚禮在2014年更突破千對，寫下新的里程碑；另外，「第二十一屆佛化聯合祝壽」於9至10月期間，在全臺展開二十八場，以「環保、簡約、溫馨」的方式，祝福三千多位長者。

校園方面，本年持續關懷偏鄉學子教育，5月，慈基會捐贈宜蘭縣南澳高中、員山國中、三星國中、四季國小等四所學校圖書設備，協助提昇閱讀的環境，為學子們的心靈成長，注入更多愛與善的能量；7月，嘉義地區慰訪義工為平日關懷的學子們舉辦「與陽光有約——心靈環保之旅」活動，參訪法鼓山園區。

僧團法師與義工參與為高雄氣爆罹難者舉辦的聯合奠祭，關懷所有受難者及其親友。

10月開始，慈基會、桃園與新竹地區的義工，結合在地學校老師及大學生組成學輔團隊，協力於新竹縣富興國小開辦「兒童暨青少年學習輔導班」，針對偏鄉地區弱勢家庭中的學童，提供結合關懷與教育的輔導。

社會慈善　結合資源普潤人心

年度活動中，首先展開的是「102年度歲末大關懷」系列活動，自2013年12月至2014年1月底，陸續於全臺展開二十三場，除提供慰問金及物資，許多關懷點同步舉行祈福法會或念佛共修，引領大眾安定身心，總計關懷近三千二百戶低收入戶、獨居老人、急難貧病民眾。5、6月的端午關懷，與10月的中秋關懷，慈基會皆結合各界資源，派遣義工前往關懷家庭慰訪，並至各地社福機關、安養機構，與院民歡度佳節，共近五千人次感受到社會真誠的溫暖。

在百年樹人獎助學金方面，第二十四、二十五期共舉行六十六場頒發活動，近三千五百位學子受益，頒獎典禮以結合節慶，或專題講座、參訪活動等方式進行，藉以傳達法鼓山的教育理念和關懷，也鼓勵學子們以勇氣突破生命逆境。

此外，還有地區性的慰訪義工持續不輟地進行陪伴、關懷行動，不論是在社區、機構，抑或是親訪孩童、長者住處，一步一腳印，帶領受關懷者從自我的成長、改變做起，進而提

昇、影響社會的健全與和樂。

信眾關懷　安頓身心凝聚願力

2014年在信眾關懷上，透過感恩分享、聯誼、成長營、教育訓練等各項活動的舉辦，安頓信眾身心，凝聚認同與願力，落實聖嚴師父「以關懷完成教育的功能，又以教育達成關懷的任務」的期許。

首先在1月，於全臺十處分院、護法會辦事處，以及海外馬來西亞道場聯合舉辦「2013年歲末感恩分享會」，方丈和尚果東法師於主場地齋明寺，透過視訊連線對參與的近五千八百位信眾表達關懷與祝福。

於2013年啟動的「行動報師恩──小沙彌回法鼓山」，在2014年持續引發廣大回響，全年活動不斷，共有近七千位信眾參與，接續聖嚴師父的興學願心。

3、4月於北投雲來寺分別舉辦的新勸募會員成長營、悅眾聯席會議，有近三百位信眾齊聚一堂，深化凝聚護法弘化的願心使命，也在募人募心的道業上，更有著力點。新進勸募會員授證典禮則於8、9、11月分別在雲來寺、雲集寺、寶雲別苑展開，方丈和尚親臨關懷，共有五百多位新進勸募會員參加；8至11月期間，信眾服務處也在全臺舉辦八場「勸募關懷逗陣走」活動，以分享與模擬方式，帶動交流學習，透過聖嚴師父的開示影片，小組長們重溫勸募的意義：「勸

募為橋樑，把佛法給人才是最重要的目的。」

此外，為提昇關懷內涵與能力，慈基會2014年共舉辦五場慰訪員「初階教育訓練」與一場「進階教育訓練」課程，由顧問江弘基及專職介紹慰訪工作的必備條件與助人關懷的概念，培育義工專業慰訪知能。

對於大事關懷課程的推動，全年在臺南分院、臺北安和分院、三峽天南寺與德貴學苑圓滿四梯次初階課程的推廣工作，透過護法體系、助念團與地區悅眾的積極參與，帶領學員建立正向的生死觀念。

結語

因為長期致力於全球社會的賑災救援、急難救助及慰訪弱勢團體、頒發獎助學金等關懷行動，2014年12月，慈基會再獲衛生福利部「全國性及省級財團法人社會福利慈善事業基金會評鑑」優等肯定，此項評鑑自設立以來，慈基會每一屆均獲得優等表揚。每一次的殊榮都有賴法鼓山教團各單位、基金會董事、義工以及捐款大眾的支持與全心投入，也提醒慈基會重新檢視對社會的責任，並期許透過各項關懷服務，使每一個族群都能以地球村的視野，相互尊重與包容。

法鼓山秉持淨化人心與社會的弘願，以大關懷教育踏實履踐溫暖人間環境的使命，每一項工作重點雖然不同，但涵藏的慈悲智慧一以貫之，也因著這樣的底蘊軟實力，帶領大眾在「2014和樂無諍年」，走過跌宕不安，走出傷痛苦難，將「和樂平安，我為你祝福」的美好心量，匯聚為前進的動力，建構心安平安的幸福願景。

新進勸募會員授證典禮中，新進鼓手歡喜承擔勸募任務。

● 01.01～01.31

102 年度歲末關懷全臺溫暖展開
合計關懷近三千二百戶家庭

慈基會舉辦 102 年
度「法鼓山歲末大關
懷」系列活動，自
2013 年 12 月 14 日起
至 2014 年 1 月 31 日
期間，陸續於全臺各
地分院、護法會辦事
處展開，匯集民眾的
愛心，並結合地區資
源，共同關懷當地低
收入戶、獨居老人、

於紫雲雲寺舉行的歲末關懷活動中，由果迦法師帶領祈福供燈，領受佛菩薩慈悲的祝福。

急難貧病等民眾，合計二十三個據點，共關懷近三千二百戶。

在提供慰問金及物資之餘，許多關懷點均同步舉行祈福法會或念佛共修，以此引領大眾安定身心。另一方面，各地的關懷活動也結合在地特色多元呈現，例如北投文化館提供義剪服務、南投辦事處結合當地衛生單位舉辦健檢活動，讓民眾備感溫馨；高雄紫雲寺則舉行祈福供燈，由監院果迦法師帶領，象徵領受佛法的慈悲與祝福，另安排活潑話劇表演與影片觀賞，傳遞「心靈環保」的理念。

系列關懷活動中，臺中分院及花蓮辦事處並將關懷延伸至當地老人養護中心，表演帶動唱及樂器演奏，傳遞社會的關懷與祝福；南投德華寺及護法會多處辦事處更提供「關懷到家」服務，由義工直接將關懷物資送到關懷戶家中，並進行慰訪關懷。

每年的法鼓山歲末關懷活動，慈基會都希望透過物質與精神上的扶持，讓關懷家庭感受到佛法與社會的溫暖。

102 年度「法鼓山歲末關懷」活動一覽

區域	時間	活動地點	活動內容	關懷地區（對象）	關懷戶數
北部	2013年12月7至30日	護法會宜蘭辦事處	關懷送到家	宜蘭縣市關懷戶	18
	2013年12月14日	北投農禪寺	祈福法會、藝文表演、致贈禮金與物資	臺北市、新北市關懷戶	400

區域	時間	活動地點	活動內容	關懷地區（對象）	關懷戶數
北部	2013年12月14日	桃園齋明寺	祈福法會、藝文表演、致贈禮金與物資	桃園市關懷戶	328
	2013年12月15日	北投文化館	祈福法會、義剪、致贈禮金與物資	臺北市、新北市關懷戶	760
	2013年12月16至17日	護法會羅東辦事處	關懷送到家	宜蘭縣羅東鎮關懷戶	24
	2013年12月21日	法鼓山園區	祈福法會、藝文表演、致贈禮金與物資	北海岸行政區、基隆關懷戶	227
	2014年1月12日	護法會苗栗辦事處	影片觀賞、致贈禮金與物資	苗栗縣市關懷戶	29
中部	2013年12月25日至2014年1月25日	臺中分院	關懷送到家	臺中市關懷戶	97
	2013年12月10日至2014年1月10日	護法會彰化辦事處	關懷送到家	彰化市關懷戶	19
	2014年1月5至12日	南投德華寺	關懷送到家	南投縣魚池鄉、國姓鄉、仁愛鄉關懷戶	163
	2014年1月5至12日	護法會竹山共修處	關懷送到家	南投縣竹山地區關懷戶	75
	2014年1月11日	護法會東勢共修處	念佛、音樂饗宴	臺中市東勢區關懷戶	69
	2014年1月12日	護法會南投辦事處	念佛、義剪、影片觀賞、致贈禮金與物資	南投縣、市關懷戶	171
		護法會豐原辦事處	念佛、義剪、藝文表演、致贈禮金與物資	臺中市豐原區關懷戶	24
		護法會員林辦事處	念佛、影片觀賞、致贈禮金與物資	彰化縣員林鎮關懷戶	82
		護法會嘉義辦事處	祈福法會、藝文表演、致贈禮金與物資	嘉義縣市關懷戶	49
		護法會朴子共修處	念佛、影片觀賞、致贈禮金與物資	朴子關懷戶	39
南部	2014年1月4日	臺南分院	念佛、致贈禮金與物資	臺南市關懷戶	39
	2014年1月10至20日	護法會潮州辦事處	關懷送到家	屏東縣潮州鎮關懷戶	40
	2014年1月19日	高雄紫雲寺	祈福法會、藝文表演、致贈禮金與物資	高雄市關懷戶	185
東部	2013年12月4日至2014年1月6日	護法會花蓮辦事處	關懷送到家	花蓮縣關懷戶	75
	2014年1月6至20日	臺東信行寺	關懷送到家	臺東縣市關懷戶	251
合計					3,164

● 01.11

第十九屆佛化聯合婚禮於園區舉行

六十四對新人許下「鐘聲」幸福

　　法鼓山1月11日於園區舉辦「第十九屆佛化聯合婚禮」，邀請伯仲基金會董事長吳伯雄擔任證婚人、商業發展研究院董事長徐重仁伉儷擔任主婚人、富邦證券董事長許仁壽伉儷擔任祝福人，並由方丈和尚果東法師為新人授三皈依，共有六十四對新人參加。新人來自美國、馬來西亞、香港及臺灣各地，有多對是在法鼓山一同成長的義工與法青，有近一千六百位親友到場祝福。

　　婚禮由新人接續敲響幸福禮鐘掀起序幕，方丈和尚祝福時，以聖嚴師父所說的「夫妻是倫理關係，不是論理關係」勉勵新人珍惜彼此相識的緣分，也鼓勵新人要將彼此視為生命共同體，遇到意見不合的時候把自我縮小、心量擴大，互敬、互諒、包容，讓家庭氣氛保持和諧。

　　十九屆「全勤」的證婚人吳伯雄帶領新人宣讀結婚證詞，祝福新人未來在婚

六十四對新人在佛化聯合婚禮中，許下「鐘聲」幸福。

姻生活中，遇到衝突要互相禮讓避免爭吵，讓婚姻生活更圓滿，並改編歌曲〈你儂我儂〉的歌詞為「你聾我聾」獻唱。

　　2014年的佛化聯合婚禮，邁向突破千對的里程碑，自1996年開辦至今，已有一千零六十對新人在佛菩薩的祝福下，共結菩提良緣。

● 01.12

法行會法鼓隊擊響法鼓十五年

舉辦「鼓動心靜」成果發表會

　　法行會法鼓隊慶祝成立十五週年，於1月12日在臺北教育大學雨賢廳舉辦「鼓動心靜」成果發表會，方丈和尚果東法師、佛教學院校長惠敏法師、中華佛研所所長果鏡法師、法行會會長許仁壽，以及歷年隊員、親友、法鼓山各地鼓隊等，有近兩百六十位來賓到場分享成長的喜悅。

　　發表會由新、舊世代成員交替演出，曲目包括：經典鼓曲〈破舊迎新〉、富

有律動的〈法輪常轉〉，鼓手三人一組，配合節奏交換擊鼓位置，旋成一個個不停轉動的法輪。鼓曲之間，合作多年的響仁和製鼓達人王錫坤，也以大鼓獨奏〈風雨雷電〉祝賀，法鼓隊指導老師李子建則邀請全場觀眾，以「阿、伊、喔、嗚」等母

法鼓隊舉辦成立十五週年成果發表會，期待更多人共擊法鼓。

音發聲，與鼓聲融和為和諧、寧靜的心靈之聲。

十餘年來，參與法鼓山各種活動的法鼓隊，在練習和演出過程中，累積如同家人般的情誼，隊員們珍惜每週相聚練習的緣分，期待更多新血加入，共擊法鼓。

●01.18

「歲末感恩分享會」海內外同步展開
方丈和尚勉眾成長自我、展望未來

護法總會及各分院道場聯合舉辦的「2013 歲末感恩分享會」，1 月 18 日以桃園齋明寺為主場地，法鼓山園區、北投農禪寺、三峽天南寺、臺中寶雲別苑、臺南雲集寺、臺南分院、高雄紫雲寺、臺東信行寺、護法會花蓮辦事處以及海外馬來西亞道場等十地，也同步展開。方丈和尚果東法師於齋明寺，透過視訊連線，關懷五千七百多位回家團圓的悅眾。僧團都監果光法師、中華佛研所所長果鏡法師，以及禪修中心副都監果元法師、關懷中心副都監果器法師等，也分別前往各分享會現場，向大眾表達感恩與祝福。

活動中播放 2013 年法鼓山大事記影片，帶領眾人回顧過去一年推動三大教育、國際弘化的概況。方丈和尚祝福時，讚歎眾人共同努力

農禪寺悅眾們一同恭誦〈大悲咒〉祈福，並將香花放入大缽中，於佛前許下新年好願。

的成果，鼓勵大家「感恩過去、檢討現在、展望未來」，感恩過去的順逆緣，做得好的繼續保持，如有不足，未來加以改進、成長自我。各地悅眾也透過視訊，向各現場熱情打招呼。

各地分享會都安排了祈福法會與饒富特色的節目，北海岸四鄉鎮與基隆、宜蘭、羅東地區九百二十位悅眾齊聚法鼓山園區，護法總會副總會長周文進也出席關懷，一同觀賞書法老師現場揮毫、合唱表演，與《法華經》「長者窮子喻」話劇表演等，趣味而多元的演出讓現場歡笑聲不絕，也感受到佛法的深意；齋明寺安排鼓隊兒童班振奮人心的太鼓表演、合唱團演唱莊嚴祥和的佛曲，並有三位護法悅眾分享學佛心路歷程與修行大願，讓大眾感動不已。

農禪寺的感恩分享會，有一千八百人參與，護法總會副總會長張昌邦與大眾一起恭誦〈大悲咒〉祈福，將香花供於佛前，許下新年好願。

海外的馬來西亞道場，兩百位悅眾以一人一菜的方式，共享豐盛午齋，現場還有一棵掛滿小福袋的七尺祈福樹，眾人將親手寫下的祈福卡掛上樹梢，再取下裝了果實（糖果）及法語的福袋，不僅祝福自己與他人，也接受三寶的祝福。

● 02.22　06.22

助念團新任悅眾成長營
交流大事關懷經驗　掌握關懷原則

成長營中，學員以六人為一小組，分別扮演案例中的家屬、關懷者和旁聽者，揣摩如何運用同理心與智慧，關懷家屬。

為提昇關懷品質，2月22日與6月22日，助念團分別於北投雲來寺、臺南分院舉辦「助念團新任悅眾成長營」，由關懷院監院常健法師、團長顏金貞、副團長黃欣逸帶領，內容包括法鼓山大關懷教育的內涵、佛事的意義等，共有近六百位北部及南部地區的正副召委、助念悅眾、勸募組長參加。

上午的課程，由顏金貞團長、黃欣逸副團長解說大事關懷的原則、申請流程、關懷時的儀容舉止；具有三十年社工經驗的諮商心理師丁志薗，則帶領同理心課程。悅眾以六人為小組，交流過去死亡傷痛的經驗，再分別扮演案例中的家屬、關懷者和旁聽者，從中揣摩如何運用同理心與智慧，關懷哀慟的家屬。

下午進行分享與討論，由悅眾分享助念關懷經驗與狀況，包括助念時家屬拜腳尾飯或饅頭的溝通之道、有許多團體參與助念，該如何安排協調等，顏

團長也補充說明如何圓融溝通，才能既符合法鼓山關懷原則，又能兼顧家屬的感受。

最後，安排法師 Q&A，學員踴躍向常健法師提問，也提出許多建議。法師表示，法鼓山成立助念團以改善喪葬風俗、提昇人品，是很重要的社會關懷工作，因此團員須了解助念關懷的原則，事先與家屬妥善溝通，才能讓關懷更圓滿；更提醒要時時提起對生命的熱忱，以初發心、菩提心、長遠心來關懷與服務。

有學員表示，顏團長提及的「掌握原則，彈性處理」八字箴言，讓自己更了解如何處理各種情況，期望有更多類似課程，繼續交流學習。

● 03.01起

「行動報師恩──小沙彌回法鼓山」網站上線
廣邀大眾傳好願、護持法鼓大學

護法總會「行動報師恩──小沙彌回法鼓山」活動，專屬的互動網站自 3 月 1 日起上線，除不定期更新方丈和尚果東法師、各場活動關懷法師的開示，還可從網站傳送電子邀請卡，提供各地護持者邀約親友參與護持法鼓大學的行動。

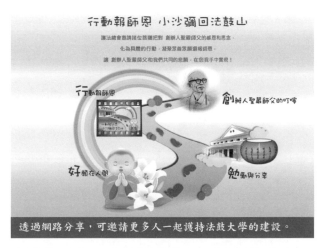

透過網路分享，可邀請更多人一起護持法鼓大學的建設。

網站內容包含「創辦人聖嚴師父的叮嚀」、「行動報師恩」、「勉勵與分享」、「好願在人間」四區。進入網站，可先點選「創辦人聖嚴師父的叮嚀」與「行動報師恩」短片，了解「小沙彌回法鼓山」的緣起、「行願、滿願、再發願」的活動精神；「勉勵與分享」則收錄方丈和尚、僧團法師、護法總會總會長陳嘉男的祝福與勉勵，還有各地區護持信眾的分享。

已響應「小沙彌回法鼓山」者，還可進入「好願在人間」，透過電子郵件邀請更多人來發願。使用者鍵入姓名和電子信箱後，即可在線上種植象徵純潔、平安、吉祥的百合花，發送邀請卡給朋友後，就可看到一朵朵百合花在山頭綻開，讓好願廣布人間，建設人間淨土。

「小沙彌回法鼓山」網站：http://www.ddm.org.tw/event/bv/index.htm

● 03.16　05.24　05.31

關懷院開辦大事關懷課程
引導大眾學習正向面對生命實相

關懷院於 3 月 16 日、5 月 24 日及 31 日，分別在臺南分院、臺北安和分院及三峽天南寺舉辦大事關懷課程，由監院常健法師、常導法師、助念團悅眾，共同講解正信、正知、正見、正行的佛法觀念，共有一千多位民眾透過課程學習如何以感恩心、歡喜心面對死亡。

長年投入臨終關懷的助念團團長顏金貞，分享法鼓山助念團秉持聖嚴師父叮嚀「你家有事，我幫助你；我家有事，你幫助我；他家有事，我們幫助他」的互助精神，因此，法鼓山的大事關懷不與誦經畫上等號，陪伴和傾聽也是關懷的重點，鼓勵大眾發菩提心、常遠心參加助念，自利利他。

常導法師帶領關懷實務演練時提到，很多時候我們想安慰對方，卻常常忽略對方真正的需求，如此則不容易感動對方，也難以解決對方的問題；法師提醒學員要常常練習設身處地，為對方著想，以同理心陪伴，真誠關懷。

常導法師帶領學員進行同理心練習，提醒眾人社會上很多人需要被關懷。

課程最後，常健法師提點，我們會恐懼死亡，是源於對生命真相不了解；身體由五蘊和合，會經歷生老病死，每個人來到人間，都有個任務，任務圓滿了就會離開，所以應當珍惜有限生命體，好好修行。

有學員表示，透過課程，學習到如何以感恩心、歡喜心面對死亡，藉著共修善緣，協助親人安詳離開人世，邁向新的生命旅程。

● 03.21

慈基會受邀參與新北市災害防救演習
防患未然　心安平安

3 月 21 日，慈基會受邀參與新北市政府於五股區二重疏洪道陽光運河和泰山區堅實營區憲訓中心展開的「103 年度災害防救演習」，並支援提供熱食，共有三十八位新莊地區緊急救援義工參加。

這次演習模擬臺灣北部地區山腳斷層發生錯動，引發芮氏規模七的強震，造

成房屋嚴重倒塌、道路橋樑損毀、維生管線中斷、火災事件頻傳等複合式災害,演練分成減災整備、應變、搶救、復原等階段進行。

新莊地區慰訪義工於演習中引導受災民眾避難、搬運物資、提供熱食,引領依序排隊打菜。除了熱食提供,也設置心靈關懷專區,提供法鼓山心靈環保相關結緣書籍及播放安心音樂,安定民眾心靈。

慈基會參與新北市災害防救演習,支援並提供熱食。

災害防救演習,將地震、颱風過後可能發生的狀況,以救災及動員、復原等階段工作,熟悉應變作為,期使中央與地方齊心協力合作,加上民間力量的協助,讓災害減低傷害,並帶給人們心安平安。

● 03.23　09.28

宜蘭、中山辦事處接力興學願心
將感動化為行動

響應護法總會「行動報師恩——小沙彌回法鼓山」活動,護法總會宜蘭辦事處、中山辦事處分別於3月23日、9月28日在法鼓山園區舉行朝山及「小沙彌回法鼓山」活動,各有三十多位及四百多位信眾帶著護持「5475大願興學」的小沙彌參加,並捐出善款,接續聖嚴師父的興學願心。

朝山後,眾人步行至簡介館,分享勸募「大願興學」的心得。有悅眾表示自己不會募款,只是勸人學佛、與人分享聖嚴師父教的法寶;也有悅眾表示對勸

宜蘭地區三十多位帶著小沙彌撲滿的信眾,將感動化為行動,護持法鼓大學的建設。

募的觀念，覺得「只要給」就好，後來領悟到手心向下、「我能給」也是一種慢心，念頭一轉，佛法的好，要與人分享，邀請更多人一同護持。

活動最後，安排巡禮法鼓大學預定地，進一步認識校園整體規畫與設計；大眾也深刻了解「小沙彌回法鼓山」就是以實際行動來報師恩，群策群力，共同成就、護持聖嚴師父的興學悲願。

● 03.30

護法總會舉辦「新勸募會員成長營」
果器法師勉勵學觀音募法緣

新勸募會員兩人一組實地演練，練習互相讚美對方，輪流扮演勸募者、被勸募者。

護法總會於 3 月 30 日在北投雲來寺舉辦「新勸募會員成長營」，由護法總會講師王志強，以及資深勸募會員葛金雲、周秀玲分享勸募意義與方法，護法總會輔導法師果器法師、副總會長黃楚琪到場關懷，共有一百五十位北區新進勸募會員參加。

果器法師勉勵鼓手們，學佛當發心，勸人學佛、募人修行，在勸募的過程中，即是弘揚佛法、修布施，與大眾同享功德。

如何開口勸募，與人分享法鼓山的好？王志強老師提供三個原則：引起注意、感到興趣、激發意願，並帶領會員實地演練。首先練習引起聽者興趣的讚美，兩人一組，互相讚美對方的六個優點，只見讚美一出口，氣氛愈來愈熱絡，每個人都笑容滿面。接著以三個原則練習勸募，眾人輪流扮演勸募者、被勸募者，勸募者誠懇殷切，被勸募者則大方回饋自己的感受與經驗，提供改進的建議。

有新勸募會員表示，成長營課程具體實用，自己更清楚法鼓山的方向，也在交流中互相增上。

● 04.13

「2014 悅眾聯席會議」於雲來寺展開
果光法師分享「心靈環保勸募學」

護法總會於 4 月 13 日在北投雲來寺舉辦「2014 悅眾聯席會議」，方丈和尚果東法師、關懷中心副都監果器法師到場關懷，會中並進行榮譽董事會會長交

接，由護法總會副總會長黃楚琪接任，共有一百三十六位正、副會團長、轄召、召委參加。

聯席會議除了例行的行政溝通報告、地區運作分享，還特別播放影片「讓願力翱翔」，由大信南地區首任召委周金城，分享擔任悅眾的心路歷程，表示都是依循聖嚴師父「依眾不領眾」的教誨，而負責協調眾人的過程，讓自己深刻體會身為法鼓山的一員，沒有職位的大小，只有職務的分配。

方丈和尚果東法師（中）主持法鼓山榮譽董事會會長交接，由護法總會副總會長黃楚琪（左二）接任會長，並邀請卸任會長劉偉剛（右二）擔任名譽會長。（左一為新任執行長陳宜志，右一為卸任執行長連智富）

下午，由僧團都監果光法師講說「心靈環保勸募學」，說明不論是召委，還是都監，就像禪修期間的總護法師，都是關懷全體的職務。果光法師提醒，勸募人數、功德款金額等數字，是「有相勸募」，真正要做的是「無相勸募」，也就是透過勸募來關懷對方、幫助對方；法師勉勵悅眾，要以關懷和教育為方向，不是以勸募為導向，隨時做好「自己的監香」，共同在菩薩道上前進。

● 04.19～05.25　10.11～11.16

第二十四、二十五期「百年樹人獎助學金」頒發
嘉惠近三千五百位學子

慈基會於 4 月 19 日至 5 月 25 日、10 月 11 日至 11 月 16 日期間，在全臺各地舉辦第二十四、二十五期百年樹人獎助學金頒發活動，全年共六十六場，有近三千五百位學子受益。

在各地的頒發活動中，除了頒獎典禮，也結合母親節或中秋節的節慶活動，以及專題講座、參訪等共同進行，為頒發活動增添不少熱鬧活潑的氣氛，並藉此傳達法鼓山的理念和關懷。

其中，於 4 月 19 日及 27 日，分別在德貴學苑、士林科教館展開的「第二十四期北區百年樹人獎助學金」頒發活動，近五百位學生分成高中、大學組，以及國小、國中組兩梯次參與，關懷中心副都監果器法師、慈基會副會長楊黃玉淑、法緣會副會長李惠雲代表頒發獎助學金，十幾位受助的高中、大學生，也擔任義工與主持人，回饋社會。典禮並由聖基會執行長楊蓓以「勇氣」為題演講，鼓勵學子，面對生活逆境，在求學道路上用穩健步伐邁向光明人生。

下半年 11 月 2 日進行的高雄地區頒發活動,主題是農業暨生態教育之旅,特別安排學子前往屏東科技大學,小學生參訪「保育類野生動物收容中心」、國中生參訪「農機具陳列館」、高中及大學生則是「靜思湖」生態團康之行,進行生態認識與體驗,引導了解自然環保的重要性。

新北市海山地區的學子,分組參訪羅東林業文化園區,了解自然生態與生活的關聯。

11 月 15 日護法會三重蘆洲地區的獎助學金頒發,於三峽天南寺進行,活動中播放《108 自在神童 3D 動畫》影片,以活潑的動畫內容傳遞「心靈環保」、「心六倫」的精神;監院常乘法師勉勵同學,遇到逆境時要先把心安定下來,進而轉念為正向思考,持續精進成長,將來回饋社會,幫助更多需要的人。

2014 百年樹人獎助學金發放人次一覽

學別／期別	國小	國中	高中	大學(大專)	總計
第二十四期	534	425	434	372	1,765
第二十五期	418	446	433	410	1,707
合計	952	871	867	782	3,472
百分比(%)	27.4	25.1	25.0	22.5	100

● 04.19　11.16

榮董會舉辦榮譽董事頒聘暨聯誼會
凝聚心願　發新願

在紫雲寺舉辦的榮董頒聘聯誼會中,方丈和尚感恩南部、東部榮董的護持,眾人歡喜加入法鼓山大家庭。

榮譽董事會於 4 月 19 日、11 月 16 日,分別在北投雲來寺、高雄紫雲寺,舉辦榮譽董事聘書頒發暨聯誼會,由方丈和尚果東法師頒發聘書給榮譽董事,感恩眾人加入法鼓山大家庭。榮董會長黃楚琪、執行長陳宜志,到場關懷並祝福,共有八百多人參加。

活動在法鼓隊的鼓聲中揭開序曲,充滿活力的法青們演出話劇《小和尚與大石頭》,傳遞

「需要的不多，想要的太多」、「知福才有幸福，心安就有平安」等生活佛法觀念。

方丈和尚頒發聘書後，進行「心願與新願」單元，眾人觀看聖嚴師父開示影片，聖嚴師父勉勵眾人，奉獻不是犧牲，而是以恭敬心、感恩心、不求回報的心，誠懇親切地付出，在付出時可以繼續努力，在昇華中奉獻、進步。方丈和尚也以〈榮董八證行〉，感恩並期勉榮董能夠「護法因緣福慧行，代代相傳信願行」。

許多榮董於會中發心擔任義工，有近一百五十位分別承擔接待、交通、香積等執事，共同成就圓滿。

● 04.26

中山辦事處舉辦勸募會員聯誼
游文聰校長分享生活與自然環保

護法會中山辦事處於 4 月 26 日舉辦勸募會員聯誼，由召委劉定春帶領一百二十六位勸募會員前往宜蘭，除了參訪蘭陽博物館，了解宜蘭鄉土人文歷史與文化，並邀請羅東高中校長游文聰分享生活環保與自然環保。

游文聰校長於中山辦事處舉辦的勸募會員聯誼中，分享自然環保與生活環保的重要。

游文聰校長分享日常生活中生活環保與自然環保的重要，強調生活中不浪費資源及能源，不製造垃圾汙染，讓環境長長久久覆育萬物、永續經營；而在校園中，為培養學生的生活素養、生命價值觀，在高一安排清掃學習課程，帶領學生從掃廁所開始，學習謙卑惜福、凡事貫徹始終的人生態度。

另一方面，也安排資深悅眾分享學佛及勸募心得。有悅眾分享去年一場意外，經過三次腦部手術，深深感受護法團隊的能量，祈願身體快快恢復，以報三寶恩、父母師長恩、國家恩、眾生恩。

● 05.10

榮董會於農禪寺舉辦感恩聯誼會
分享學佛護法的共修情誼

榮譽董事會於 5 月 10 日在北投農禪寺舉辦悅眾感恩聯誼會，方丈和尚果東法師、關懷中心副都監果器法師到場關懷，會中並由轉任名譽會長的前會長劉

偉剛，與轉任顧問的前執行長連智富分享親近法鼓山與聖嚴師父的因緣，共有三十八位悅眾參加，分享學佛、護法的共修情誼。

劉偉剛分享，十五年前跟著聖嚴師父至中國大陸參訪，開啟了與法鼓山的因緣。從策畫活動中，學習自我肯定、自我成長，但是自我消融最困難，每次活動快要圓滿時，總是「自我膨脹」；對於有機會在法鼓山奉獻，親近許多善知識，心中非常感恩，雖然階段性任務告一段落，但會永遠護持法鼓山。

連智富感恩當初聖嚴師父接引，表示為法而來是最幸福的，自己會持續在法鼓山奉獻，永不退轉；也籲請眾人，以推廣漢傳禪佛教為使命，積極護持大學院教育，為後代子孫留下不滅的明燈。

榮董會悅眾在農禪寺歡喜相聚，分享跟隨聖嚴師父學習成長的過程。

聯誼會最後，方丈和尚頒贈聖嚴師父「平安吉慶」的墨迹掛軸，感恩悅眾們的奉獻，並鼓勵眾人當義工的時候，練習用佛法轉化自己的習氣，聞聲救苦；以信、願、行開創未來，盡未來際，永為佛種，以感恩、報恩的心，在奉獻中修行。

● 05.22

方丈和尚發表「小心不擔心　心安得平安」
關懷北捷受難者　祈願眾生得安穩

針對 5 月 21 日發生的臺北捷運隨機殺人事件，方丈和尚果東法師 22 日以〈小心不擔心　心安得平安〉一文表達關懷，祈願罹難者往生佛國淨土或自己信仰的天國，受傷、驚嚇者能獲得身心平安；也呼籲，每一個人都能散發愛與關懷的力量，藉由關愛他人，令眾生得安穩，自身的安穩才有實踐的可能。

另一方面，法鼓山各分寺院也於例行法會或共修中設立消災超薦牌位，為受傷往生者祈福迴向；並籲請社會大眾能一起持咒迴向，共同凝聚正向力量，讓社會回返心安平安的生活常軌。

小心不擔心　心安得平安

方丈和尚語

◎果東法師

　　果東在美國得知，5月21日，在臺北捷運發生的悲劇事件消息，心中深深地感到不捨。

　　對於日復一日搭載著上百萬人平安出門、平安回家的臺北捷運上，竟在這一日，有多位民眾受到身心創傷，甚至於有四位民眾失去了寶貴的性命，而整個社會也處在一種恐懼之中。期盼社會大眾能將心中所產生的陰霾和恐懼，轉化為照顧自己、關懷他人的助力。

　　法鼓山全體會眾，祈願罹難往生者，往生佛國淨土或自己信仰的天國，受傷、驚嚇者能獲得身心平安。在災難與事件中，受苦受難的都是菩薩的化身，他們以自己寶貴的生命當做教材，向人們示現，從個人、到家庭、校園、社會，每個環結都是環環相扣的，當問題發生，也不僅只是其中一個環結出了問題。在眾所認為最充滿希望、擁有大好前程的年輕人身上，竟然選擇做出這樣的舉措，這背後必然有錯綜的因緣背景。

　　事件過後，正是反思的契機，然而，反思不是責備、恐懼和擔心；反思，是希望下一個悲劇不要發生，並使得更多人發揮人性的良善，能夠照顧好自己、關懷身邊的人。

　　在事件過後，人人心中都企求著平安，而求平安需要能先心安，此刻，讓我們每個人從自心做起，用自己的信仰，創造心靈環保的環境，保護自己的心，得到讓自己安心的力量，只有自己安心了，進一步，才能達到社會的安定。

　　果東呼籲，因為我們是生命共同體，讓我們每一個人都能散發愛與關懷的力量，藉由關愛他人，令眾生得安穩，自身的安穩才有實踐的可能，在這個需要心安平安的時刻，我們每一個人的愛與關懷，都是力量。

● 05.24～06.02

慈基會展開端午關懷活動
近兩千五百人感受佛法溫暖

於德華寺進行的端午關懷活動中，安排義剪，為關懷家庭
服務。

5月24日至6月2日期間，慈基會於全臺各地展開端午關懷活動，慰訪義工除攜帶應景素粽前往關懷家庭表達祝福外，並分別至各地社福機關、安養機構，與院民歡度佳節，共計關懷近一千一百戶家庭，有近兩千五百人感受佛法的溫暖。

首場活動於5月24日進行，由新北市海山區慰訪組前往三峽區清福養老院，透過祈福法會、老歌帶動唱、獻花祝福等互動交流，與一百八十多位長者歡喜過端午；臺北市北投區慰訪義工則於28日，參加浩然敬老院創院二十八週年活動，慈基會關懷敬老院已邁入第十八個年頭，當天義工們準備了素麵線，與院內長者、社區民眾結緣。

中部埔里地區的端午關懷於5月25日在德華寺舉行，除了安排義剪、音樂演奏，副寺果弘法師也以阿拉丁神燈的寓言故事，勉勵大眾心存善念，開啟善的循環。由於考量到有些關懷家庭成員年紀較長、行動不便，義工們在活動結束後，便將物資直接送到家中，以表達關懷。

6月2日端午節當天，新竹地區慰訪義工前往建嘉安養中心，在〈當我們同在一起〉的歌聲中，眾人進行傳球說祝福語；義工也帶領長者誦念「觀世音菩薩」聖號，並送上念珠，鼓勵平日多念佛，安頓身心、增長福慧。最後在〈我為您祝福〉歌聲中，圓滿了這次的關懷活動。

● 05.25

高雄北區信眾響應行動報師恩
帶著小沙彌撲滿回三民精舍

護法總會「行動報師恩──小沙彌回法鼓山」系列活動，5月25日有近一百位高雄北區信眾帶著小沙彌撲滿，於高雄三民精舍進行聯誼活動，並捐出善款，接續聖嚴師父興學願心，前榮譽董事會執行長連智富到場關懷，並分享護持法鼓山、自我生命成長的歷程。

連智富說明，自己成長歷程一路順遂，曾經有個「連自負」的外號，經聖嚴師父鼓勵組織法行會，將法行會當做一座橋，「連」接大家的「智」慧去創造法鼓山的財「富」，而聖嚴師父無私、無我的身教與言教，改變了自己的生命價值；也希望眾

連智富分享護持法鼓山、自我生命成長的故事。

人共同護持聖嚴師父的悲願，不忘初發心，讓佛法的明燈，永不熄滅。

活動中，有資深悅眾分享對法鼓山的大學院教育深具信心，從就讀法鼓山僧大的孩子身上，看到身心脫胎換骨的改變，相信聖嚴師父為眾生的悲願，一定可以「提昇人的品質，建設人間淨土」；也有信眾分享，聖嚴師父有著無私的胸襟，不只是「名師」，更是「明師」，自己用歡喜心推動勸募工作，祈願善的蝴蝶效應，接引更多人來實現。

● 05.30

慈基會捐助蘭陽偏鄉學校圖書設備
為學子心靈成長注入愛與善的能量

為協助偏鄉校園提昇閱讀環境，慈基會捐贈宜蘭縣南澳高中、員山國中、三星國中、四季國小等四所學校圖書設備，5月30日並於宜蘭縣政府舉行捐贈儀式，由縣府祕書長陳鑫益代表受贈，四所學校代表都出席觀禮。

慈基會祕書長果器法師（右三）、副會長楊黃玉淑（右四）代表法鼓山捐贈宜蘭縣四所學校圖書設備，協助偏鄉校園提昇閱讀環境。

慈基會祕書長果器法師表示，捐贈圖書設備是法鼓山對關懷偏鄉教育的響應，期望社會大眾為下一代共築和樂安穩的學習環境；代表捐贈的副會長楊黃玉淑，除了感謝宜蘭縣府給予機會，並分享方丈和尚果東法師開示的「求

平安需要先心安」，當每個人從自心做起，創造心靈環保的環境，讓自己得到安心力量，才能進一步達到社會安定。

陳鑫益祕書長說明，聖嚴師父於 2008 年提出「好願在人間」，呼籲大眾許好願、做好事、轉好運，即使是小小的善願、善事都要做，正是安定人心的好方法；員山國中資設組組長陳進華表示，該校辦學經費短缺，雖然校方相當惜福，但部分設備已超過十年，經常故障影響教學品質，感恩這次獲得全額補助，圓滿全校師生的期盼。

法鼓山以兼顧關懷與教育為目標，長期透過頒發「百年樹人獎助學金」等方式，陪伴面臨困境的學生安心度過難關。這次與宜蘭縣政府合作，捐助偏遠學校圖書館設備，希望藉由實際行動，改善學生的學習閱讀環境，落實法鼓山大關懷教育的理念，為學子們的心靈成長，注入更多愛與善的能量。

● 06.22

全新體驗「小沙彌回法鼓山」
大信南地區和喜自在組於農禪寺響應

護法總會「行動報師恩——小沙彌回法鼓山」系列活動，6 月 22 日有七十多位臺北大信南地區的信眾，帶著小沙彌撲滿，回到北投農禪寺響應活動，首度採用護法總會全新規畫的流程，以「行願、滿願、發願」為主軸，透過觀看聖嚴師父開示影

和喜自在組體驗全新的「小沙彌回法鼓山」活動，感受行願、滿願、發願。

片、分享護持心得、行願故事，並寫下祝福明信片，傳遞願心與祝福。

「我對興建法鼓大學有百分之兩百的信心，也請各位將這個願持續下去。」聖嚴師父 2007 年的開示影片，帶領眾人回歸建設法鼓大學的初衷。當時正值「5475 大願興學」起步階段，面對興建法鼓大學的疑慮，聖嚴師父解釋，法鼓大學是以心靈環保與品德教育為主軸，培養對眾生熱忱、關懷的人才，是淨化人心、淨化社會的教育中心，祈請大眾持續共同推動。

有長年擔任義工的信眾分享，以前只知發私願，不懂何謂「大願」，但聖嚴師父開示，「起心動念都是為了眾生，就是大願、菩提願。」自此不僅發願利

他，還努力行願；也有信眾分享，學佛以來，體會到人心的不安、貪婪，造成社會和環境不安寧，更需要護持淨化人心的法鼓大學。

關懷中心副都監果器法師關懷時，表示「小沙彌回法鼓山」活動，看似為了法鼓大學的建設而舉辦，實際上是藉由活動，推動法鼓山的三大教育，來提昇人的品質，建設人間淨土；法鼓大學也將開設生命教育、社區、社會企業、永續發展等學程，為社會注入更多祥和安樂的力量。

● 06.23

高雄南區辦事處舉辦「新進勸募會員說明會」
勸人學佛　募人修行

護法會高雄南區辦事處於高雄紫雲寺舉辦「新進勸募會員說明會」，由悅眾分享勸募心法，召委王麗美期許眾人藉由關懷互動，分享佛法，進一步勸人學佛、募人修行，共有四十多人參加。

說明會中首先播放《大哉斯鼓》影片，認識法鼓山的理念；悅眾也帶領眾人認識法鼓山的三大教育，以及如

高雄南區辦事處「新進勸募會員說明會」，悅眾分享勸募心法。

何透過法鼓山的關懷資源，例如念佛、禪坐、法會、急難救助、臨終及往生關懷等，接引大眾修學佛法。有悅眾分享善用結緣書分享佛法結善緣、閱讀聖嚴師父著作和《法鼓》雜誌、參與共修及課程學習，不間斷地自我充實成長，安頓好初發心。

活動中，會員熱烈提問，希望化願力為行動力，把佛法的好帶給周遭每一個人，讓每一個小小的好，變成大大的好。

● 06.28

慈基會新竹區「兒童暨青少年學習輔導」結業
陪伴學童一起成長

慈基會於新竹地區開辦的「兒童暨青少年學習輔導」課程，於6月28日在十八尖山舉行結業式，包括輔導老師、義工和學生，共有五十一人參加。

當天活動結合十八尖山健行和感恩餐會，上午由老師及義工陪同健行。小朋

新竹區兒童學輔班結業，老師及義工陪同小朋友至十八尖山健行，也上了一堂戶外自然課。

友一到山上，好奇的眼睛四處逡巡，無論蝴蝶、小松鼠、蜥蜴、蝸牛，好似上自然課，除了觀察，也討論自己的發現。

結束健行回到朝山國小，平日陪伴學習的大哥哥、大姊姊也來參加結業活動。除了期末學習分享，小朋友還創作感謝卡送給想感恩的人，指導老師也製作「努力學習進步獎」、「勤學服務獎」，鼓勵學童繼續用心學習。

「兒童暨青少年學習輔導」課程是為關懷弱勢家庭而開設，一學期的時光，學童從羞澀、調皮、行為脫序，到行止有據，轉變過程讓人感動。

● 07.05～06

慈基會舉辦「與陽光有約──心靈環保之旅」
嘉義學子法鼓山參學體驗

慈基會於 7 月 5 至 6 日舉辦「與陽光有約──心靈環保之旅」活動，由嘉義地區慰訪義工帶領平日關懷的三十三位學生、五位家屬參訪法鼓山園區。

一行人在參學員引導下，先到祈願觀音殿禮拜，晚上由常定法師帶領練習法鼓八式動禪、七支坐法等基礎禪坐。第二天清晨，學生們至大殿隨僧眾做早課、聆聽參學員講述聖嚴師父題寫「本來面目」匾額，蘊涵了禪門風範及師父對弟子的期許，並在大殿的廊道上體驗托水缽的專注與放鬆。

近午時分，學子前往法華鐘樓，以虔敬心禮拜、繞鐘，並親手撞響引鐘，感受「法華鐘鳴靈山境」的境教氛圍。

在法華鐘樓，學子以虔敬心禮拜、繞鐘，並親手撞響引鐘。

慈基會「與陽光有約」活動，希望關懷家庭在大自然中放鬆身心，並增進親子間的情感與互動，達到關懷與教育的目的。

● 07.06

榮譽董事會悅眾迎新聯誼
方丈和尚勉眾在奉獻中修行

榮譽董事會於 7 月 6 日在農禪寺舉辦「悅眾迎新聯誼會」，迎接第三任新悅眾團隊，方丈和尚果東法師、關懷中心副都監果器法師到場關懷，共有六十多人參加。

新任會長黃楚琪致詞時，感恩前兩任悅眾團隊的奉獻，才有第三任團隊的誕生；表示新團隊的任務就是「關懷榮董、接引榮董」，關懷指的是「整體的關懷」，而接引就是透過大家發願的力量，實踐有願就有力。並鼓勵榮董，除了自己成為榮董，也要發願接引

黃楚琪會長勉勵榮董悅眾，成就「榮董家庭」，讓「護法因緣，代代相傳」。

家中成員，成就「榮董家庭」，讓「護法因緣，代代相傳」。

在執行長陳宜志介紹會務後，悅眾一同聆聽聖嚴師父的開示影片「同心同願，法鼓傳薪」。影片中，聖嚴師父勉勵大家要同發菩提心、同願度眾生，自己未度先利人，就是初發心的菩薩；身為悅眾的精神，就在於發願度眾生。

方丈和尚關懷開示時，以「奉獻即是修行，安心即是成就」勉勵眾人在奉獻中，同時安心修行，並以智慧法語期許大眾都能「關懷教育成長行，安心奉獻自在行。順逆感恩喜悅行，知恩報恩利人行」，成就「四攝六度菩薩行，和樂無諍圓滿行」。

● 07.06　07.20　08.16　08.31　11.16

慈基會「慰訪員初階教育訓練」課程
學習用佛法感化自己、感動他人

為提昇慰訪知能，慈基會於 7 月 6 日至 8 月 31 日期間，分別在臺灣北、中、南地區，共舉辦四場「慰訪員初階教育訓練」課程，由顧問江弘基及專職帶領，祕書長果器法師出席關懷，共有三百二十多位慰訪義工參加。

課程首先由專職介紹慈基會成立的目的與宗旨、主要服務方案、服務項目及

慈基會舉辦「慰訪員初階教育訓練」課程，圖為在法鼓山園區舉辦的場次。

慰訪作業流程、慰訪前的準備、慰訪義工的身、心、口儀等專業知識，並以角色扮演方式，引導學員在慰訪過程中，以「同理心」來關懷互動。

之後，由江弘基顧問介紹慰訪工作的必備條件與助人關懷的基礎概念：助人關懷是先幫助自己再關懷他人，慰訪員要先懂得「照顧自己」，再學習觀世音菩薩「聞聲救苦」，打開五個感官一心一意地傾聽對方；江顧問也提醒學員「助人為樂」，自助助人且出自真心的關懷，是生命中最美麗的回饋。

最後，果器法師期勉學員，慰訪過程中提供觀念、方法，不是教育對方，而是要抱持謙卑的態度與關懷對象互動，在學中做，在做中學，學習關懷與感恩。

由於迴響熱烈，11月16日另行於護法會新竹辦事處進行慰訪員初階教育課程，共有四十五位學員透過經驗交流，提昇個案關懷能力。

2014年慈基會「慰訪員初階教育訓練」課程一覽

時間	地點	參與地區
7月6日	法鼓山園區	北七轄區
7月20日	北投雲來寺	北一至北七轄區
8月16日	臺南分院	南部地區、臺東
8月31日	臺中寶雲別苑	中部地區
11月16日	護法會新竹辦事處	新竹地區

● 07.23～25

法鼓山關懷復興航空澎湖空難事件
籲請大眾共同念佛、持咒祝禱傷亡者

臺灣復興航空GE222班機於7月23日晚間在澎湖馬公發生空難，法鼓山於第一時間即於全球各分支道場設立超薦、消災牌位，同時在全球資訊網、臉書「持咒祈福專區」籲請社會大眾共同念佛、持咒為傷亡者與親友、消防及救護人員祝禱。

24日，關懷院監院常健法師與慈基會慰訪義工抵達澎湖，關懷空難往生者家屬及受波及民眾，並於「菊島福園」設立服務站，陪伴家屬為罹難者誦念佛號祈福。

常健法師於澎湖，關懷受難者親屬，提供念佛安心的方法。

25 日下午，常健法師於「菊島福園」主持追思祈福法會，誦念《心經》、〈往生咒〉及佛號，期以佛法力量安定復興空難傷亡者與家屬；同時間，高雄地區助念團的義工，也前往市立殯儀館，為運返高雄的罹難者進行助念。晚間，也有三百多位信眾參加高雄紫雲寺舉辦的「大悲懺法會」，為受難者祈福。

方丈和尚果東法師除了在第一時間表達對受難者及社會大眾的關懷，並於 25 日至北投文化館舉辦的「中元地藏法會」會場，帶領信眾為傷亡者祝禱，祈願人人心安、處處平安。

法鼓山後續也配合政府相關單位安排，在澎湖及高雄進行關懷，透過佛法，帶給社會人心安定的力量。

● 07.26

高雄南區、屏東潮州舉辦勸募聯誼活動
聚沙成塔　實現好願

7 月 26 日，護法會高雄南區、屏東潮州辦事處分別舉辦勸募會員聯誼活動，由資深悅眾分享勸募心法，關懷院常獻法師到場關懷，分別有一百一十人及八十多人參加。

上午，高雄南區的聯誼活動於高雄三民精舍進行，並由臺北念佛會會長陳修平分享勸募心法，表示勸募不在於金額多寡，而是要讓更多人有機會，一起行善種福田；勸募也是一項任務、一個機會，只要盡心盡力，都能有所成長。

常獻法師到場關懷時，勉勵眾人不論是一塊錢或一百元，

高雄南區勸募鼓手帶著小沙彌撲滿歡喜回到新三民精舍，參加聯誼活動。

都是一分心意、一股力量，匯聚這些力量，就能夠改變很多事，實現更多好願。

潮州辦事處則於下午舉行的聯誼活動，安排觀看《芒鞋踏痕——以行動報師恩》影片，大眾深刻感受到，發願後就有力量產生、就有因緣出現，很多問題也自然得到解決。大堂分享時，有七十五歲的悅眾感恩在勸募的過程中，可以分享佛法、關懷別人，表示不管年紀多大，未來都要繼續做下去。

● 07.31～08.12

法鼓山關懷高雄氣爆受災地區
提供安心安定力量

法師於竹西里活動中心，帶領孩童念佛安定身心。

7月31日午夜，高雄市發生多起石化氣爆事故，慈基會與高雄紫雲寺於第一時間，啟動救災機制，展開各項關懷及援助；方丈和尚果東法師獲知災情，隨即指示四眾弟子抱持「生命共同體」的精神，關懷與協助受災民眾。

8月1日上午，於紫雲寺成立服務應變中心，下午並在位處災區的五權國小設立綜合服務中心，提供居民祈福卡、佛珠、大悲水、安心小冊、基本健康諮詢等關懷服務，並引導民眾上網填寫雲端牌位，為自己和家人祈福，還透過網路直播北投農禪寺梁皇寶懺法會，跨越時空，傳送祝福與安定的力量。

氣爆發生後，災區居民被安置在中正高中、樂群國小、瑞祥高中等九處臨時收容中心，關懷院監院常健法師、紫雲寺常住法師率同義工，前往各個收容中心關懷民眾、醫護人員和救災人員。其中，在竹西里活動中心，多位孩童於事故後，連日出現焦慮、不安等情緒，法師與義工在幼稚園、社區媽媽的協助配合下，與小朋友分享念佛的方法，藉由安定的佛號，陪伴家長、孩子走出恐懼陰霾。

方丈和尚也於4日前往五權國小指揮中心、二聖指揮中心、中正高工、民生醫院、九龍禮儀館等地關懷民眾，並向救災人員表達感謝，鼓勵眾人多稱念「阿彌陀佛」聖號，將傷痛轉化為慈悲的力量，讓自己的心得到安定，也祝福他人心安平安。

另一方面，1日起，紫雲寺常琨法師也率同助念團員前往高雄市立殯儀館，為罹難民眾念佛，陪伴往生者家屬度過悲痛難關。

用祝福的力量安定社會

方丈和尚語

8月2日講於北投農禪寺梁皇寶懺法會

◎果東法師

　　這段期間，國內外相繼發生數起災難事件：7月17日發生於烏克蘭的馬來西亞航空空難事件、7月23日澎湖的復興航空空難意外、7月24日非洲的阿爾及利亞航空墜毀，到7月31日，高雄發生了氣爆災害；這四場意外，造成近五百人喪失寶貴的生命，以及無數家庭的破碎與傷痛。

　　法鼓山創辦人聖嚴師父曾勉勵我們：「災難與我們每一個人的生命都是息息相關的，我們每個人都有照顧災區災情的責任。」災難發生後的第一時間，專業的救災人員，會及時趕往現場救災。至於不在現場的我們，可以為受災地區的民眾做些什麼？法鼓山身為宗教團體，第一階段便是透過宗教的信心和祈願方式，為罹難者祝禱，希望他們能放下一切牽掛，平安地離開人間，求生佛國淨土。

　　而在災難之中，受苦受難的大菩薩，也包括罹難者親屬、受傷者，和飽受驚嚇的當地居民，他們所經歷的身心創傷，我想大家都能夠體會。站在他們的立場，災難發生後最需要的是尊重，讓他們有時間與空間，去處理親人的身後事，同時處理自己的悲傷。

　　但是，通常的人面對無常境界，往往手足無措，主要是心理承受過度的負荷與壓力，因此身心不容易安定。在這種情況下，法鼓山會在現場帶領他們念佛，給予安心的觀念與方法，從體驗每一口呼吸的珍貴，慢慢使身心平定下來，再進一步安身、安家，重建家園。

　　面對無常境界，安心是最重要的保障。唯有沉著、冷靜，才能用自己的力量、自己的心來幫助自己。至於幫助他人，可以有各種方式，表達祝福，是最直接的一種關懷。真誠的祝福，最重要是基於同理心。因為我們體認到受災的民眾，此時最需要安心的力量，因此以虔敬的心意祝福送暖；當我們的心意虔誠，祝福的力量是非常廣大的。而對沒有信仰的人來講，則可透過類似許願方式，祈願受災地區的民眾，少一點苦難，多一點平安；願人間少災少難，常有和平、安樂。

（摘錄）

● 08.07　08.12

法鼓山出席「全國宗教界追思祈福大會」
方丈和尚與各宗教代表為受難民眾祝禱祈福

高雄巨蛋「全國宗教界追思祈福大會」現場，上千位法鼓山義工、信眾默念佛號，為所有受難民眾祈福祝禱。

請默念佛號

　　由行政院、國際佛光會中華總會主辦的「高雄731氣爆暨澎湖723空難事件全國宗教界追思祈福大會」，於8月12日在高雄市巨蛋體育館舉行，法鼓山由方丈和尚果東法師率同近千位義工和信眾與會，包括總統馬英九、副總統吳敦義、行政院長江宜樺，與佛教、天主教、基督教、道教、一貫道等全國各地宗教團體代表，共有一萬多人參加。

　　方丈和尚在關懷受難者家屬時表示，宇宙萬物原是沒有區隔的整體，看到戰爭、意外事件等災難，難免心有不忍，情緒會波動，祈願大家要心平氣和，心安才有平安，用同理心、寬恕的心來撫慰罹難和受難者，從災難中省思，不再對私欲貪婪存有僥倖心理，也要學習跳脫自責、批評，開啟「用慈悲對待人，用智慧處理事」的智慧。

　　此外，8月7日，高雄市佛教會於市立殯儀館為高雄市石化氣爆事件罹難者舉行法會暨聯合奠祭，由紫雲寺監院果迦法師代表主祭，並與一百多位義工、信眾，透過誦念《地藏經》關懷受難者。

　　在澎湖空難、高雄氣爆兩起事故後，法鼓山高雄、臺南、臺中等地法師與義工，持續慰訪受災民眾，期盼透過陪伴與支持，協助民眾化解傷痛，早日回復正常生活，重建安心家園。

2014 法鼓山關懷高雄氣爆記要

時間	大事記要
7月31日	高雄市前鎮、苓雅區凌晨發生氣爆，近300人員傷亡。
8月1日	慈基會於高雄市五權國小成立服務中心，提供災區民眾所需關懷。
	高雄紫雲寺成立服務應變中心。
	高雄紫雲寺常琨法師率同助念團員前往高雄市立殯儀館，為罹難民眾念佛，陪伴往生者家屬。
	法鼓山各分院、辦事處，為傷亡民眾豎立超薦及消災牌位，並透過網路直播農禪寺梁皇寶懺法會，跨越時空，傳送祝福與安定的力量。

時間	大事記要
8月2日	關懷院監院常健法師至中正高工、竹西里活動中心等臨時收容中心，關懷災區民眾、醫護和救災人員。
8月4日	方丈和尚至高雄五權國小指揮中心、二聖指揮中心、中正高工、民生醫院、九龍禮儀館等地關懷民眾，並向救災人員表達感謝。
8月7日	高雄市佛教會於市立殯儀館為罹難者舉行頭七法會暨聯合奠祭，紫雲寺監院果迦法師代表主祭。
8月12日	方丈和尚出席於高雄巨蛋舉行的「全國宗教界追思祈福大會」，為澎湖空難、高雄氣爆事故傷亡者祝禱。

● 08.23～11.01期間

信眾服務處舉辦八場「勸募關懷逗陣走」
分享與模擬　協助勸募小組長熟悉關懷

為協助勸募小組長更熟悉關懷的方法，8月23日至11月1日期間，信眾服務處於全臺各地，共舉辦八場「勸募關懷逗陣走」活動，以分享與模擬方式，帶動交流學習。23日在北投雲來寺進行首場，共有一百二十三位北三、北四、北七轄區與和喜自在組勸募小組長參加。

與會悅眾模擬角色扮演，扮演小組長者耐心解說關懷。

透過聖嚴師父的開示影片，小組長們重溫勸募的意義：「勸募為橋樑，把佛法給人才是最重要的目的。」聖嚴師父提醒，遇到困難要再發願，還有每天都要用佛法，就不會起退心

電話關懷是勸募工作相當重要的環節，活動安排悅眾分享電話關懷的訣竅，說明微笑是不敗的敲門磚，就算通電話見不到面，還是要注意言行舉止，把握每次機會。首先要挑對時間，依對方的身分、作息，評估適合通話的時間；第二，準備好布達的內容，給予明確的資訊；第三，注意禮貌，就算被拒絕，也不要馬上掛電話，可以把電話留給對方，給對方回心轉意的機會。

大堂分享時，護法總會輔導法師果器法師提醒學員，關懷出自於內心的真誠，即使不說話，卻能讓人感到被關懷，就是修行的力量；並勉勵大眾，再怎麼忙碌，每天都要練習禪修、運用禪法，煩惱少了，自然就能接引更多人來學

習佛法。

　　有小組長表示，勸募是一種修行方式，去做才有學習、改進的機會，在過程中，慈悲與智慧也隨之成長。

2014「勸募關懷逗陣走」活動一覽

時間	地區	舉辦地點
8月23日	北三、北四、北七轄區，和喜自在組	北投雲來寺
8月30日上午	北一轄區，文山、新店、中永和地區	北投農禪寺
8月30日下午	北二轄區	北投農禪寺
9月13日	北六轄區	羅東辦事處
9月20日	北五轄區	桃園齋明寺
9月27日	高雄、潮洲、屏東、臺東地區	潮州辦事處
10月18日	中部地區	臺中寶雲別苑
11月1日	臺南、嘉義地區	臺南分院

● 08.31　09.28　11.15

2014 勸募會員授證典禮舉行三場
新進鼓手歡喜承擔勸募任務

　　護法總會於8月31日、9月28日及11月15日，分別在北投雲來寺、臺南雲集寺及臺中寶雲別苑舉辦「2014新進勸募會員授證典禮」，方丈和尚果東法師、輔導法師果器法師、信眾服務處監院常續法師、四位副總會長張昌邦、

方丈和尚勉勵新勸募鼓手邀人護法、種福田，一起做淨化人心、淨化社會的推手。圖為在雲來寺進行的場次。

楊正雄、周文進、黃楚琪都與會關懷，共有三百多位新勸募鼓手承擔勸募任務，接棒擊法鼓。

　　方丈和尚表示，勸募會員邀人護法、種福田，對社會具有潛移默化的作用，是安定社會力量的推手；提醒勸募會員任重道遠，隨著經濟條件改善，若精神層面沒有同步提昇，物質欲望、自我中心就會愈來愈強，

如果有佛法的引導，就可以淨化人心、淨化社會。

　　張昌邦副總會長引用聖嚴師父的話「勸募是榮譽、功德，也是責任」，歡迎眾人投入勸人學佛、募人護法、利益眾生的工作行列；並分享自己觀察在法鼓山學佛的三大好處：資源豐富、適合共修、有大福田可種，祝福眾人成為勸募會員後，能夠忙得快樂。黃楚琪副總會長也感恩及祝福新勸募會員，一起推動法鼓山理念，並分享「聖嚴師父 108 自在語」及智慧隨身書，是接引和關懷菩薩最好的禮物。

　　每場活動還安排合唱團佛曲演唱、資深悅眾的分享與現身說法等。資深勸募會員、前花蓮召委葛金雲，分享「勸募初心，點滴我心」，表示感念聖嚴師父的法語「感恩是飲水思源，報恩是不斷的努力成長，利益他人。」發願當推動法鼓山理念的鼓手，也勸請大眾當義工，創造奉獻的機會。

● 09.07～10.19

全臺舉辦二十八場佛化聯合祝壽
推動禮儀環保　為「家中寶」祝福

　　為推動禮儀環保，提倡佛化倫理孝道，法鼓山「2014第二十一屆佛化聯合祝壽」活動，於 9 月 7 日至 10 月 19 日期間，陸續於全臺各地分院、護法會辦事處共舉辦二十八場，以「環保、簡約、溫馨」的方式，祝福三千多位長者。

在雲集寺舉行的祝壽活動中，長者別上胸花，接受法師、悅眾和兒孫的祝福。

　　臺南雲集寺首先於 9 月 7 日展開嘉南地區聯合祝壽，九十位長者在家屬陪同下，歡喜參加感恩祈福法會、佛前供燈、感恩奉茶等活動。監院果謙法師恭喜長者「生日快樂」，勉勵「多念佛，為自己、也為子孫祈福」；僧團果舫法師也介紹阿彌陀佛的功德、念佛法門的殊勝，並以蓮池大師和蕅益大師的故事，勉勵眾人認真念佛，安定身心。

　　臺北安和分院在 10 月 10 日上午舉辦聯合祝壽，近千位長者及家屬齊聚參加延壽祈福法會，監院果旭法師領眾誦念《心經》、〈藥師偈〉以及「藥師琉璃光如來」佛號，共同為長者祈福消災；現場並以「念佛祈福卡」與長者結緣，募集民眾對親友及社會的祝福，帶動善的循環。

北投雲來寺的祝壽祈福法會，則於 10 月 11 日展開，法會由財會處監院常炬法師主法，帶領誦念《心經》、「藥師佛」聖號，並安排感恩奉茶儀式，由晚輩為家中長輩奉茶，傳遞孝道的美德與文化，場面溫馨感人。

每場祝壽活動中，方丈和尚果東法師皆透過影片，祝福「家中寶」生日快樂，也祝福長者「活到老，學到老」、「不計較，不比較」、「有慈悲，有智慧」，邁向福祿壽喜的圓滿人生。

2014 法鼓山佛化聯合祝壽活動一覽

地區	活動日期	舉辦單位	活動地點
北區	9月13日	桃園齋明寺	桃園齋明寺
	9月14日	護法會羅東辦事處	羅東高中禮堂
	9月21日	護法會新莊辦事處	新莊辦事處
	9月22日	護法會松山辦事處	松山辦事處
	9月24日	護法會松山辦事處	松山辦事處
		護法會三重蘆洲辦事處	三重蘆洲辦事處
	9月27日	基隆精舍	基隆市仁愛國小禮堂
	9月28日	護法會石牌辦事處	石牌辦事處
		護法會蘆洲共修處	蘆洲共修處
		護法會宜蘭辦事處	宜蘭安康幼兒園
		護法會大同辦事處	大同辦事處
		護法會林口辦事處	林口區公所四樓
		護法會三芝石門辦事處	石門區公所三樓
	10月5日	護法會文山辦事處	文山辦事處
		護法會海山辦事處	海山辦事處
		護法會社子辦事處	社子辦事處
	10月10日	臺北安和分院	臺北安和分院
	10月11日	北投雲來寺	北投雲來寺
	10月12日	臺北中山精舍	臺北中山精舍
	10月19日	護法會中永和辦事處	臺灣圖書館演講廳
		護法會淡水辦事處	水碓市民活動中心
中區	9月28日	護法會員林辦事處	員林辦事處
南區	9月7日	臺南雲集寺	臺南雲集寺
	10月5日	高雄紫雲寺	高雄紫雲寺
		護法會屏東辦事處	屏東辦事處
		護法會潮州辦事處	潮州辦事處
東區	9月27日	護法會花蓮辦事處	花蓮辦事處
	10月12日	臺東信行寺	臺東信行寺

法鼓山「2014 國際關懷生命獎頒獎」
表彰悲智大願奉獻利他的精神

人基會於 9 月 14 日在臺北國父紀念館舉辦「2014 國際關懷生命獎頒獎典禮」，本屆得獎者為「團體大願獎」罕見疾病基金會、「個人慈悲獎」陳公亮、「個人智慧獎」蕭建華、廖智，邀請衛生福利部政務次長林奏延、新北市長朱立倫、國泰慈善基金會董事長錢復，以及人基會祕書長李伸一等擔任頒獎人，有近二千位民眾觀禮。

方丈和尚果東法師於致詞中，感佩四位得獎者以苦難淬鍊生命，展現悲智度人的大願行，將人生逆境中的絆腳石，轉化為支撐人生高度的墊腳石，是菩薩現身說法，激發更多人珍惜生命的可貴。關懷生命獎決審委員會召集人錢復則表示，在食安、公安問題頻傳之際，仍有許多勇敢為生命奮鬥的個人和團體，努力為社會大眾展現正向光明面，並讚揚二十六件入圍決審的事蹟，都是深刻的生命教材，證明人間仍充滿愛心與希望。

「個人智慧獎」得主蕭建華表示，在人生最得意時罹患罕見疾病，接二連三的坎坷經歷，反而激發生命的勇氣，也忍受身體病痛，投入一千六百多場演講，籲請大眾熱愛生命，讓良善無盡循環；在汶川地震中失去女兒及雙腿的舞蹈老師廖智，災後兩個月即帶傷為賑災籌款義演，則引用「壓傷的蘆葦不折斷，將殘的燈火不熄滅」，向豐盛的新生命感恩。

罕見疾病基金會由現任董事長曾敏傑代表受獎，表示個人的生命有限，但希望無窮，透過組織的力量，可以讓愛與關懷流傳擴大，為罕病患者尋找生命出路。

典禮圓滿後，邀請成功大學護理系教授趙可式、金馬獎最佳導演蔡明亮與法鼓文理學院校長惠敏法師共同參與關懷生命論壇，以「活著——珍惜生命，讓愛流轉」為題，分享認識自我、成長自我的生命智慧真諦。

國際關懷生命獎獲獎者與頒獎人合影，左起依序為人基會祕書長李伸一、廖智、曾敏傑、方丈和尚果東法師、錢復、陳公亮、蕭建華、林奏延次長。

自立立人的人間天使、菩薩

9 月 14 日講於臺北國父紀念館
「2014 國際關懷生命獎頒獎典禮」

◎果東法師

　　法鼓山關懷生命獎自 2007 年舉辦迄今，已邁入第五屆，恭喜「大願獎」（團體）財團法人罕見疾病基金會、「慈悲獎」陳公亮牧師，以及「智慧獎」蕭建華先生及廖智女士，經推薦、遴選，成為本屆關懷生命獎得主。

　　此一獎項設置緣起，是因恩師法鼓山創辦人聖嚴師父看到全球近年自殺案件，始終高居各國乃至亞洲地區的死亡比例，因此倡導「關懷生命、尊重生命、珍惜生命」的觀念與態度，籲請每一個人建立健康的人生觀，並且推己及人，時常關心身邊親友，預防自殺事件的發生；期以自立立人、自助助人的精神，共創平安自在的人間社會。

　　談及生命的關懷，實有兩種意涵：一是個人生命的尊重與珍惜，另一則是推己及人，以正向、積極的價值觀，帶動提昇的示導作用。而此二者，均是由個體生命的尊重與珍惜開始，才能在群體與環境之間發揮關懷影響力。法鼓山設置關懷生命獎的意義，即是在此。

　　今年的得獎者，無論團體或個人，所共同闡發的特質，皆是不受環境與身心因素阻撓，而在逆境中，淬鍊出生命的堅毅與光輝。所謂難行能行、難忍能忍，他們不僅坦然接受苦難的事實，更跨越逆境，將一般人視為阻礙的絆腳石，轉化為支撐起人生高度的墊腳石，而讓世人看見：即使受苦受難，也不等於有苦有難。如此壯闊的生命樂章，使他們成為人間典範，也激勵了其他同受苦難雕琢的人生。

　　進一步來講，佛教把這種自度度人的精神，稱為「不捨有情」，出發點則是大悲心與大願力。凡是具有情緒感知的生命體，均稱為「有情」，主要是指人類；花草樹木、山河大地，則因生命的構成少了情緒、情感等作用，因此稱為「無情」。由此可知，佛教的生命觀與宇宙觀，均是以人為本，從人的生命關懷開始，進而推及照顧一切動、植物與生態環境，而將自身、他人與環境，視為生命共同體，以自立立人、自助助人，甚至從奉獻利他，來完成個人生命的價值。

　　「大願」、「慈悲」、「智慧」這三個獎項的命名，雖是從佛教而來，然其精神，都是人間天使、菩薩的生命軌跡，此從本屆獲獎者的人間行履，已然示現真切的寫照。再次向他們致敬，也恭喜他們獲獎。

「2014 關懷生命論壇」對談「活著」
分享「珍惜生命，讓愛流轉」的真義

9月14日「2014 國際關懷生命獎頒獎典禮」圓滿後，人基會隨即於臺北國父紀念館舉辦「2014 關懷生命論壇」，邀請成功大學護理系教授趙可式、導演蔡明亮，與法鼓文理學院校長惠敏法師，分別就醫學、電影與宗教教育的專業領域，以「活著——珍惜生命，讓愛流轉」為題，分享正向的人生觀。

惠敏法師表示，人生中最大的轉折是決定出家，一開始是追求「解脫道」，希望了脫生死，後來進入教育體系，才慢慢走入「菩薩道」，這不僅是人與人的關係，還包含了自身生命、社區、社會到環境的關係，以「心靈環保」為圓心，圓周式向外擴展，希望每個人認識自己、尊重生命，提醒自己去看與眾生的關係，看到生命的可能性，體會共生的網絡，從中學習智慧與慈悲。

趙可式教授則在十五歲罹患腦瘤、母親往生，第一次感受「無常」，而在自己進入醫療體系，發現醫學院教學生「生、老、病」，唯獨沒教「死」，不管臨終病人是否有救，一律不能放棄急救，一切以「救活」為首要，反而沒有「尊嚴」可言，所以積極推動安寧緩和醫療，並催生「安寧緩和醫療條例」，放棄無效急救，讓人有尊嚴地善終，圓滿生命。

蔡明亮導演從專業角度剖析，不管什麼電影，總無法跳脫拍攝美女，就算生病的人也是拍得很美，但現實生命並不是如此，因此透過鏡頭凝視生命，在生命的角落，用多重的焦點來探究生命實相。

透過論壇的舉辦，人基會期盼大眾體會人生實相，活出生命意義。

「2014 關懷生命論壇」，邀請成功大學護理系教授趙可式、導演蔡明亮，與法鼓文理學院校長惠敏法師（左起依序），分享「珍惜生命，讓愛流轉」的真義。右一為主持人媒體工作者陳月卿。

● 10.15

高雄北區舉辦新進勸募會員說明會
勉勵新會員發廣大願

高雄北區護法會於 10 月 15
日在高雄紫雲寺舉辦新進勸募
會員說明會,由悅眾分享勸募
與關懷心法,有近三十人參加。

會中首先觀看聖嚴師父開示
影片《佛教徒該如何發願》,
聖嚴師父期許佛教徒要發宏
願,由小而大、由細而廣,勉
勵新會員發廣大願。

高雄北區舉辦新勸募會員說明會,由資深悅眾分享勸
募心法。

高雄北區召委葉錦花以「勸募資料袋說明」、「勸募的心態」、「如何做勸
募關懷」等主題,與眾人分享如何做好勸募,並以自身經驗,說明勸募需要有
一顆見故友的心,而「108 自在語」、行事曆、結緣書等,都是做為簡易溝通、
接引大眾的好幫手。

做好勸募首重關懷,而法鼓山的大事關懷,最讓民眾感到受用。說明會中也
安排助念組悅眾說明關懷事項、申請流程、佛化奠祭的理念與作法,強調法鼓
山推動「心靈環保」為核心的佛化奠祭,是以關懷達成教育功能,以莊嚴佛事
的用心,圓滿人生最後功課,讓生死兩相安。

● 10.18～12.27

慈基會學輔班新竹富興國小開課
落實偏鄉孩童教育關懷

慈基會學輔班於新竹富興國小開課,陪伴學
童學習與成長。

為落實對偏鄉孩童教育的關懷,慈基會 10 月起,
每週六於新竹縣峨眉鄉富興國小提供學習輔導課程,
有近三十位學童參加。

10 月 18 日上午,齋明寺監院果舟法師、學輔義工
及老師、交通大學學生,分別從桃園、新竹前往富興
國小,參與第一次課程。課程開始前,富興國小校長
張小萍勉勵學童珍惜因緣,感恩老師、助教和義工陪
伴大家學習。

「能來上課的人，都很有福報。」果舟法師也鼓勵小朋友，提昇人品最重要，成績只是一個過程，真正對自己有幫助是品格教育，更期勉建立良好的人生觀，長大後也能關懷別人、奉獻社會。

● 10.24～26

「正副會團長、轄召、召委禪二」園區舉行
學習運用禪修方法做好關懷

10月24至26日，護法總會於禪堂舉辦「正副會團長、轄召、召委禪二」，由僧團常源法師帶領，慈基會祕書長果器法師、信眾服務處監院常續法師到場關懷，共有一百多位資深悅眾參加。

常源法師說明習禪前，身心如何做好準備；禪坐時，要如何收攝心念、調理身體；回到日常生活，行、住、坐、臥均可修行禪觀，並引導悅眾面對腿痛、昏沉的方法，以及止觀的概念。

護法總會舉辦「正副會團長、轄召、召委」禪二，悅眾學習將禪修方法運用在地區關懷工作中。

兩天禪期，並安排戶外經行與聽溪禪。法師強調不要分別、不做辨識，練習觀照、保持直心和平常心、減少主觀的分別和執著，身心就能平衡與穩定。

有悅眾分享，聖嚴師父所教的法，便是幫助自己最好的法寶，往後在地區，除了做好關懷工作，更要將方法如實運用在生活中。

● 12.20　12.28

農禪寺、齋明寺、文化館、園區舉辦歲末關懷
關懷祝福近千戶家庭

慈基會於12月20與28日，分別於北投農禪寺、桃園齋明寺及法鼓山園區舉辦「2014歲末關懷」活動，共關懷近一千戶家庭。

20日於北投農禪寺展開的活動，邀請大臺北地區四百多戶家庭參與，透過感恩祈福供燈、環保惜福園遊會，陪伴民眾度過溫馨週末。臺北市民政局長黃呂錦茹、社會局副局長黃清高，以及多個慈善、社工團體也到場關懷。

上千位民眾參加農禪寺歲末關懷，井然有序地領取物資、春聯，歡喜參與各項活動。

桃園齋明寺也於 20 日舉行歲末關懷，監院果舟法師表示，法鼓山除了對關懷家庭施予物質上的協助，也鼓勵尋求精神糧食，即便遇到了生命中的寒流，也要為自己和他人祝福；並叮嚀與會民眾互相關懷、多念佛號，為自己的人生找到光明。

28 日，關懷活動於法鼓山園區進行，邀請金山、萬里、石門、三芝，以及基隆、中永和地區的關懷戶參加，除致上關懷禮金與物資，並安排藝文表演，由百年樹人獎助學金獲獎學童、金山高中校友管樂團及法鼓山社大，以音樂饗宴的方式，讓歲末關懷充滿歡樂。

有關懷家庭成員表示，由於家族性疾病，致使生活面臨艱難，能在年前獲得安心度日的物資，十分感謝社會溫情與溫暖。

● 12.24

慈基會獲頒衛福部「慈善事業基金會評鑑」優等肯定
期許在既有基礎上深化服務與關懷

慈基會獲衛生福利部「全國性及省級財團法人社會福利慈善事業基金會評鑑」優等肯定，並於 24 日上午出席衛福部於中國電視公司大樓舉辦的頒獎典禮，由祕書長果器法師代表受獎。

該項評鑑，自設立以來已頒發四屆，慈基會也連續四次獲得優等表揚。果器法師表示，得獎是責任的再開始，這份殊榮有賴於法鼓山教團各單位、基金會董事、義工以及捐款大眾的支持，希望能有更多民眾來參與，在既有的服務基礎上持續深入關懷；並且和社會各界共同推動創辦人聖嚴師父倡導的四環、心六倫，以地球村的視野，

果器法師代表慈基會，接受衛福部長蔣丙煌頒發「慈善事業基金會評鑑」優等獎。

對於協助關懷的對象，彼此尊重、包容，不因種族、文化、宗教信仰的不同，而有所隔閡。

果器法師並於頒獎後，出席「103 年度財團法人社會福利慈善事業基金會聯席會報」，分享法鼓山公益與慈善關懷的理念與作為。

實踐

參 【大學院教育】

涵養智慧養分的學習殿堂，
以研究、教學、弘法、服務為標的，
培養專業的佛學人才，
開啟國際學術交流大門，
朝向世界佛教教育園區的願景邁進。

跨界與轉型
漢傳佛教的多元實踐

2014年，大學院教育以「法鼓文理學院」的啟航，締寫新頁。
而國際研討會、學術交流、譯經合作協議，以及透過學校教育、
講座等活動，跨越專業組別、領域、文化，突破學習與實用的落差，
在傳承中繼起創新步履；並能回應高等教育的時代需求，
立基於宗教，融合人文、社會等學科，
轉型建構佛法與世學兼備的教學環境，展現入世關懷的多元風貌。

歷經十餘年的籌設，法鼓文理學院於 7 月正式啟航，是 2014 年大學院教育最大盛事。

同時，不論是孕育法門龍象的僧伽大學、或是三十年辛勤耕耘、帶領臺灣佛學研究與國際接軌的中華佛研所，本年度猶是戮力以學校教育、推廣教育、學術研討、國際及跨領域的交流合作等種種方法，培育在研究、教學、弘法、專業服務領域裡，引導大眾、啟迪觀念的各種專門人才。

而於 6 月底圓滿落幕的「第五屆聖嚴思想國際學術研討會暨第三屆法鼓山信眾論壇」，則廣邀世人追隨聖嚴師父修學禪法的歷程，帶領僧俗四眾領略全球發展的法鼓禪跡。

法鼓文理學院

因應社會需求、時代趨勢，2012 年初朝整合方向進行的法鼓佛教學院、法鼓人文社會學院，本年順利合併，在原有的辦學基礎上，更能集中教育資源、發展特色，以「博雅教育」為方針，結合佛教學系，以及生命教育、社區再造、社會企業與創新、環境與發展等碩士學位學程，秉承創辦人聖嚴師父的期許，成為「善良動能的發源地，可為我們的社會培育出更多淨化人心的發酵種籽」。

文理學院舉辦的活動多元而豐富，涵蓋建立研究基礎、會議研討、學術交流三個層面。首先於 3 月與美國欽哲基金會簽署合作，展開「藏傳佛典漢譯暨翻譯人才培訓計畫」；4 月，中華電子佛典協會（CBETA）發表 2014 年電子佛典集成新版內容。不論是佛典漢譯、譯經人才培訓，還是佛經電子化，這些佛典傳譯的長年耕耘與落

實，正是佛法能流傳二千五百年而不輟的重要基礎，同時不僅開啟漢傳與藏傳佛教的交流，也是現代經典傳布工程的大躍進。

會議研討部分，10 月初與北京清華大學合辦「人文關懷與社會實踐」研討會，來自臺灣、中國大陸，近兩百位學者、專家、政府部門、第三部門人士齊聚探討全球新興議題「社會企業」的發展與創新趨勢。10 月底舉辦「佛教禪修傳統——比較與對話國際研討會」，共有一百多位來自德、義、比、日、英、美、中國大陸及臺灣等地學者，透過十四篇論文，探討佛教禪修傳統的理論與實踐。

在研究交流方面，校長惠敏法師於 7 月出席日本龍谷大學國際佛教論壇，介紹「從生命到環境之基於四無量心的發展」，為日本佛教的未來提出建言；11 月助理教授鄧偉仁出席輔仁大學「朝聖的跨宗教探究座談會」，與伊斯蘭教、東正教與談者交流佛教的朝聖傳統；11 月「正念減壓」創辦人卡巴金（Jon Kabat-zinn）來訪，與師生分享佛教禪修方法在醫療和減壓上的運用。

本年受邀來校進行專題演講的專家學者包括：挪威學者艾皓德（Halvor Eifring）和賀倫（Are Holen）、義大利學者維拉底（Giovanni Verardi）、心理學家楊蓓、朱銘美術館館長吳順令，分享內容涵括文化、語言、醫學、考古學、心理學、藝術等領域，啟發師生更寬廣的研究視野。在教育推廣方面，6 月邀請馬來西亞繼程法師，與社會大眾分享「禪心悅意」；8 月首度舉辦「大專校院教師心靈環保成長營」，為兩岸教師身心充電；11 月則為臺灣大學管理學院碩士在職專班中國大陸的學員，規畫禪修體驗、心靈環保等課程。

校園活動上，除了考生輔導說明會、校慶活動、畢業典禮、圖書資訊館週等例行舉辦，12 月還參加僑生大學招生博覽會，向各國學子介紹以心靈環保為辦學核心的文理學院，拓展學校知名度。因應併校，除了學校網站、校刊同步更名，校慶並以「跨界與轉型」為主題，首度至臺大醫院金山分院舉辦。而「淨心淨土，金山環保」社團每月於北海岸淨灘，同時透過網路邀集各界參與，廣獲回響；行願社、澄心禪學社、書法社等師生，連續六年至仁愛之家關懷長者，體現利他的菩薩行。

中華佛學研究所

2014 年，中華佛研所以「新文獻、新視野、新方法」為主軸，於 11 月至 12 月期間，展開「漢傳佛教青年學者論壇」徵集活動，計畫以三年為期，補助參與論壇的青年研究小組，以期開創漢傳佛教研究的新世紀，建立跨世代對話平台。

另一方面，與大英圖書館合作《敦煌漢文佛教寫卷點校本》叢書出版計畫，於 12 月發表第一年成果，初期將敦煌遺書中的漢文佛教文獻，進行文

跨界與轉型　漢傳佛教的多元實踐

本校勘及數位化，未來則陸續發行線上數位、紙本印刷版本，對相關研究的進行，助益甚大。

在學術出版方面，5月出版《大慧宗杲禪師法語》；12月出版第15期《中華佛學研究》；佛研所與聖基會捐贈美國哥倫比亞大學出版社設立的「聖嚴漢傳佛教學術出版永久基金」，則於8、9月出版《符咒，圖像及曼陀羅——追溯佛教密宗儀式的沿革》（*Spells, Images, and Mandalas:Tracing the Evolution of Esoteric Buddhist Rituals*）、《活轉的業力——蕅益智旭的宗教實踐》（*Living Karma:The Religious Practices of Ouyi Zhixu*）及《禱告的身體——中世紀漢傳佛教的符咒和儀式想像》（*The Body Incantatory: Spells And The Ritual Imagination In Medieval Chinese*

Buddhism），提昇漢傳佛教在西方學術界的能見度與實力。

法鼓山僧伽大學

創校十四年的僧大，是法鼓山僧團培育新僧命的搖籃，第一屆「演」字輩學僧於本年結業，荷擔起弘法利生的如來家業。2月，舉辦「第十一屆生命自覺營」，共有一百八十位來自臺灣、美國、澳洲、加拿大、馬來西亞、新加坡、越南、中國大陸等地的學員，於園區體驗出家生活的自在，其中四分之一學員來自海外，見證法鼓山漢傳禪佛教在國際間的影響力日漸卓著。

4月，僧大女眾部進行戶外教學，學僧從製茶、行禪、淨灘中體驗生活，省思內在與環境；5月，「第六屆講經交流會」中，十四位學僧分享運用佛法轉化心念、昇華內在的歷程；6月「畢業製作暨禪修專題發表會」上，學僧就禪修、寺務管理與應用、現代化媒材經變等主題，結合國樂、攝影、漫畫等多種元素進行發表，展現弘化新創意，令人讚歎新世代學僧度眾化眾的現代「心」法門。暑假期間，落實解行並重的教育理念，學僧赴臺灣各分支道

「第五屆聖嚴思想國際學術研討會暨第三屆法鼓山信眾論壇」的舉辦，開啟跨界對話，也分享法鼓禪跡。

場、中國大陸四川實習，實地感受執事法師和信眾弘法、護法的願力；歲末時節，在關懷院監院常健法師帶領下，前往臺北榮民總醫院病房，關懷患者及家屬，分享簡單實用的安心之法。

10月，僧大學僧刊物第六期《法鼓文苑》出版，以「新手上路」為主題，分享學做出家人的過程中，各層面的適應與成長，除了回歸自心的修行體會，並具備多元的視角，例如從觀察日本佛教的現況惕勵自己；從社會學的理性研究，回到慈心利他的關懷；從與義工共同出坡過程中，學習奉獻的熱忱；專題部分，更將學僧父母親納入「新手」範圍，探討布施子女出家的父母，從反對、不捨，到運用佛法、歡喜成就的心路歷程。

開展漢傳佛教研究的多元面向

6月，聖基會與僧團聯合舉辦「第五屆聖嚴思想國際學術研討會暨第三屆法鼓山信眾論壇」，本屆學術研討著重於「聖嚴思想與當代漢傳佛教的傳承與實踐」，共有臺灣、美國、英國、加拿大、中國大陸等地近百位學者與會，並有四百多位聽眾參與，人數為歷年之最。

發表的論文除了延續聖嚴思想的研究，更延伸至佛教經濟學、漢傳禪佛學、國際化、心理治療等實踐面向，其中尤以本屆獨立出的「漢傳佛教與心理治療論壇」，開啟佛法在心理治療上的應用和交流，廣受教界和學界矚目。

信眾論壇則邀請東西方弟子分享追隨聖嚴師父修學禪法的歷程，及就東西方弘化的實務經驗進行對談，尤其西方弟子們在推廣實踐上，各自因應歐美當地文化背景，開展種種學禪的方便法門，不僅看見中華禪法鼓宗深入全球各地的發展脈絡與現況，也啟發思索禪宗的時代意義及展望。

結語

2014年，大學院教育在眾願匯聚下締寫新頁，每一筆都是動人的樂章，2至3月，繼程法師舉辦「佛心禪緣書畫展」，相續師父興學願心；4月，由香港實業家李家昶捐款籌建的禪悅書苑「麗英館」舉行揭幕；7月，臺灣企業家許光揚捐助「揚生館」建設工程。除了捐款興學，校園內一草一木，處處可見各方護持善心，國際扶輪社捐贈臺灣原生楓香，行政院農委會在校園預定地種下蘭嶼羅漢松、苦棟、烏心石、臺灣椿、無患子等樹木，祈願入校就讀的學子，能成為「人中樹」，奉獻社會，利益眾生。

「十年樹木，百年樹人。」來自十方大眾的涓滴心力，猶如陽光、空氣與雨水，澆灌構築佛法與世學兼備的大學院教育，培育成就跨領域學科素養，具「悲智和敬」能力與態度的領導人才，具體實踐法鼓山心靈環保的核心主軸。

●01.11

佛教學院舉辦考生輔導說明會
惠敏法師期勉用讀書來利人利己

　　佛教學院 1 月 11 日於園區舉辦考生輔導說明會，進行學士、碩士及博士班入學報考說明，說明會由學士、碩士、博士班一年級學生策畫執行，並擔任服務接待，校長惠敏法師與多位師長出席，共有五十位有志報考學子參加。

　　惠敏法師表示，說明會並不是考前猜題，而是備考的經驗交流，鼓勵參加者擺脫「為考試而讀書」的想法，讓讀書成為幫助自己、幫助別人的事情。法師也以當年就讀中華佛研所的老照片，對照新校區第一期校園完工照片，說明佛教教育經歷三十多年，由聖嚴師父和眾多師生的努力，成就出現今的樣貌，期

惠敏法師（中）在考生輔導說明會上，鼓勵報考者讓讀書成為幫助自己、幫助別人的事。

許未來有更多人參與，為佛教教育建構出因應時代需求的教育典範。

　　參與說明會的學子，有來自漢傳、藏傳佛教傳承的法師，以及高中生、社會人士等，有外籍學子表示，研究所畢業後，接觸法鼓山禪法多年，期望進一步接觸佛學研究，了解佛法與現代性議題的對話。

●01.25～12.20期間

佛教學院環保社團海洋淨灘
以行動關懷生態環境

　　為落實對生態環境的具體關懷，1 月 25 日至 12 月 20 日期間，由佛教學院教職師生發起的「淨心淨土，金山環保」社團，持續於每月第三週或第四週週六在金山礦溪出海口、萬里加投下寮海灘等北海岸海灘進行淨灘活動，清理海洋生態環境。

　　其中，10 月 25 日的擴大淨灘活動，於金山中角跳石海岸進行，包括社團成員、僧大及法青會，有近七十位師生和青年鼓手參加。聆聽淨灘作業要點後，眾人戴上工作手套、拎著垃圾袋，開始清理海灘上的垃圾。當收集一袋袋的保

麗龍細碎片、膠類製品、浮球時,也進一步深思:人類與大地的的相處之道。

有成員分享,雖然無法做到零垃圾,但從一些小改變出發,足以改善環境的面貌;也有學僧表示,除了落實具體的生活環保,例如養成自備環保餐具和購物袋的習慣、做好資源回收、減少垃圾製造量,更可實踐心靈環保「需要的不多,想要的太多」,以心靈的提昇做為自然環保的基石。

佛教學院環保社團投入淨灘活動,以行動關懷生態環境。

● 02.08～16

「第十一屆生命自覺營」園區舉行
學員體驗出家的自在快樂

僧大於 2 月 8 至 16 日在法鼓山園區舉辦第十一屆生命自覺營,共有一百八十位來自臺灣、美國、澳洲、加拿大、馬來西亞、新加坡、越南、中國大陸等地的學員,體驗出家生活的自在快樂。開營當日適逢聖嚴師父圓寂五週年法鼓傳燈日,學員齊聚大殿參與傳燈法會,學習聖嚴師父一生感恩奉獻的精神。

自覺營前階段課程以戒學為主軸,包括學佛行儀、授戒演禮、說戒等,其中說戒由佛教學院校長惠敏法師、果通法師分別講授。惠敏法師將「戒」定義為「良好的生活習慣」,並分享現代人可在生活中運用的「身心健康五戒」、「終身學習五戒」;果通法師則分享持戒就是「能控制自己,做自己的主人」。

11 日舉行正授,由方丈和尚果東法師擔任得戒和尚、副住持果暉法師為教授阿闍黎,學員個個朝氣十足、威儀齊整,在回答「問遮難」時,聲音鏗鏘有力,充分展現持守戒律的決心。方丈和尚期勉學員珍惜難得的出家因緣,努力學習。

其他課程安排,由三學院監院果慨法師講授「梵唄與修行」,分享用音聲祝福一切眾生的願心;常

自覺營近四分之一學員是從海外各地,來臺體驗法鼓山的出家生活。

遠法師分享「佛教的生命觀」時，強調人身及學佛的難得，鼓勵學員不管是否有出家因緣，都要堅持學佛的路。

除此，「生活禪」由東初禪寺住持果醒法師帶領學員探索「心」的意識活動；僧大副院長常寬法師在「創辦人的悲願和法鼓山的境教」中，藉由聖嚴師父描述法鼓山景色的墨跡，帶領學員體驗法鼓山的美好境教；「生命的轉彎處」由行政中心副執行長常續法師分享生命故事，法師的成長經歷，讓學員充分領會佛法所說的緣起和生命的珍貴。

最後一晚的感恩之夜，全體學員大聲唱誦〈菩薩行〉，發願未來要用佛法幫助自己、利益他人。

僧大 2004 年首度舉辦生命自覺營，接引青年學員短期體驗出家的清淨生活，2014 年邁入第十一屆，本年有四分之一學員來自海外，創下歷屆海外學員參與最多的紀錄。

● 02.15～03.02

繼程法師護持聖嚴師父興學大願
佛心禪緣書畫展於北投舉辦

聖嚴師父法子繼程法師於 2 月 15 日至 3 月 2 日，在北投鳳甲美術館舉辦「佛心禪緣書畫展」，展出百餘幅書畫創作，護持聖嚴師父興學願心。

展覽共計四大單元，「緣續筆墨」集合書法創作；「心經書畫」包含巨幅、

方丈和尚果東法師（中）、惠敏法師（左二）、邱再興董事長（右二）、李心潔（右三）等來賓出席書畫展的開幕式。

微型《心經》，數量最多；「禪戲翰墨」以禪畫、壺、香、小幅作品為主；「佛心禪緣」中的話頭偈、默照偈、禪偈，則是繼程法師在聖嚴師父座下習禪三十餘年的體會，書寫出禪門的樸實本味。

2月23日的開幕儀式「揮毫琴會」，方丈和尚果東法師、佛教學院校長惠敏法師、鳳甲美術館董事長邱再興、演藝工作者李心潔等出席觀禮。繼程法師表示，每一幅翰墨都是在歡喜、遊戲、自在的心境中完成，沒有習作；法師並在《空山憶故人》幽遠琴音中，提起大毫，蘸墨、運筆、落款、蓋印，輕鬆自若間完成三大幅墨跡。

除了展覽，繼程法師並於2月22日至3月1日期間，分別在北投農禪寺、雲來寺，以及臺北安和分院、德貴學苑、臺中分院展開多場禪與藝的對談與講座，分享禪心與禪悅。

繼程法師師承嶺南派佛教書畫奇才竺摩長老，翰墨因緣四十年，2008年新春期間，開始在宣紙上作畫，從此走入書法作畫的遊藝創作，也在法鼓山帶領禪修期間，善用禪修空檔，隨興在禪堂內創作。法師期望透過書畫展，藉翰墨因緣鼓勵大眾相續聖嚴師父的興學願心，共同護持法鼓大學的建設。

● 02.22

國際扶輪社友捐贈楓香
法鼓大學校區預定地增添「楓」采

國際扶輪社三四八〇地區第十二分區的三十多位社友與親眷，於2月22日參訪園區及法鼓大學校區預定地，並響應自然環保，捐贈數十株四公尺高的臺灣原生楓香，為校園美景增添無限「楓」采。

捐贈儀式中，方丈和尚果東法師到場關懷，佛教學院副校長蔡伯郎則致贈感謝狀。方丈和尚除了感謝社友們透過植樹的方式共同種下「慧根」，並贈予「和樂無諍」吊飾與「十力」祝福卡結緣，期許大眾能一起推動「心平氣和，是非要溫柔；和樂平安，我為你祝福」的生活理念。

蔡伯郎副校長（左）致贈感謝狀予扶輪社代表張謙謙（右），感謝捐贈臺灣原生楓香，為校園增添楓采。

扶輪社代表張謙謙表示，現代人不斷破壞自然，所以全球氣候急遽變化，造成許多人受到傷害，因此非常感恩扶輪社友的接引，以及法鼓山僧團法師、義

工的悉心安排,讓大家得以投入植樹環保的行列,也期望用一人一樹的愚公精神,讓地球環境愈來愈健康、愈來愈美麗。

社友一行也至法鼓大學校區預定地,遠眺海天一色的壯闊景觀,並參觀禪悅書苑、健康館和綜合大樓等教學空間,感受校舍莊嚴、沉靜的人文氛圍。

● 03.06

開啟藏傳佛典漢譯新紀元
佛教學院、欽哲基金會簽署人才培訓計畫

佛教學院、美國欽哲基金會於 3 月 6 日在臺北安和分院簽署「藏傳佛典漢譯暨翻譯人才培訓計畫」,由校長惠敏法師、宗薩欽哲仁波切代表雙方簽約,擔任翻譯的建築師姚仁喜、達賴喇嘛宗教基金會負責人達瓦次仁、國立故

簽約儀式完成後,惠敏法師(左)與宗薩欽哲仁波切歡喜展示合約書,開啟漢傳佛教與藏傳佛教的交流。

宮博物院研究員劉國威、政治大學中文系教授林鎮國、欽哲基金會藏漢翻譯計畫負責人游欣慈等三百多位教界、學界來賓,都到場祝福。

惠敏法師致詞表示,聖嚴師父和欽哲仁波切都重視教育和文化,2012 年欽哲基金會於香港舉辦「佛典傳譯‧漢藏互譯籌備研討會」,表達邀請在佛學研究、人才培育上成果豐碩的佛教學院,成為藏傳佛典漢譯計畫的重要團隊。經一年多商議,雙方達成合作共識,並由曾在臺灣、印度、中國大陸求學,於日本取得佛學博士學位的佛教學院助理教授蘇南望傑,擔任譯經與培訓計畫的主持人。

簽約儀式最後,欽哲仁波切並以「翻譯佛陀的言語」為題,進行專題演講,表示佛學研究終須回歸東方,並且以經典為主,因為學佛還是要依據經典。仁波切以英國一處知名的佛教研究中心為例,由於西方人崇尚客觀,不承認龍樹、無著等人的存在,也否認大乘經典,這樣的研究很難說是「客觀」;而藏傳佛典的英譯工作已展開多年,但華文世界人數眾多,藏典譯成漢文,會利益更多人。

特別報導 現代譯經工程新紀元
佛教學院、欽哲基金會合作藏傳佛典漢譯

　　佛典傳譯是佛法能流傳二千五百年不輟的重要因素，3月6日，法鼓佛教學院、美國欽哲基金會於臺北簽署「藏傳佛典漢譯暨翻譯人才培訓計畫」，不僅開啟漢傳佛教與藏傳佛教的交流，也是現代譯經工程的大躍進。

佛典傳譯　弘法使命的傳承

　　其實，早在1970年沈家楨居士成立譯經院，推動漢傳大乘佛典的英譯；1978年，由聖嚴師父出任會長，遷址至北投中華佛學研究所內；隔年，譯經院改組，由中華佛研所接辦。2014年，承續佛研所而成立的佛教學院，與欽哲基金會合作藏文《大藏經》的漢譯計畫，不僅是弘法使命的傳承，也是譯經工程再延續。

　　誠如佛教學院校長惠敏法師在簽約儀式中致詞所指出，無形的精神傳承，勝過蓋有形的寺院。法師讚歎宗薩欽哲仁波切重視佛典傳譯的眼界，因為譯經不只是語言的轉換，也含括了背後蘊涵的文化意涵、思想邏輯。

　　佛教學院、欽哲基金會此次合作，緣於2012年欽哲基金會於香港大學舉辦「佛典傳譯・漢藏互譯籌備研討會」，經多方討論，基金會邀請在佛教學術研究與人才培育上成果豐碩的佛教學院，成為藏傳佛典漢譯計畫的重要合作團隊。

藏經漢譯　培育翻譯人才

　　經過一年的試運商議，並彙集專家學者的意見，雙方達成合作的共識計畫，整合出「藏傳佛典漢譯暨翻譯人才培訓計畫」，以三年為一期，分三期，除了計畫主持人，譯者包含臺灣、中國大陸、印度、尼泊爾、西藏等地的法師和學者；佛教學院配合計畫增設翻譯課程，鼓勵碩、博士生以藏經翻譯為論文題目。另一方面，結合佛學資訊組的專業，翻譯成果也將透過網站公布，並建立資料庫、電子佛典，以利更多人研究運用。

　　由於翻譯計畫需要藏文、漢語、梵文、巴利文及佛教背景的知識專才，因此由本身是藏族、曾在中國大陸蘭州（藏語系）、印度（佛學）、臺灣（中文研究所）求學，並在日本佛教大學取得博士學位、現任佛教學院助理教授的蘇南望傑，擔任藏文譯經與人才培訓計畫的主持人。

蘇南望傑老師解說計畫內容時，說明從元朝到清朝，藏文《大藏經》曾有過四次翻譯，分為蒙古文、滿文，尤其清朝乾隆皇帝請章嘉大師主持藏文《大藏經》翻譯，是歷史上重要的里程碑。但也由於譯經年代差距等種種因素，造成許多佛典僅有藏譯本，或僅有漢譯本；而西藏和印度的交流，直到佛教晚期仍持續進行，因此有上千部經典，是漢傳經典沒有的，藏經漢譯正可補足漢文《大藏經》缺佚的部分。

補缺大藏經　交流漢藏佛教文化

此計畫翻譯的藏經文本是北京中國藏學研究中心出版的《中華大藏經》（藏文版），分《甘珠爾》和《丹珠爾》兩大部，共有經典四千五百七十部。《甘珠爾》藏語意為「佛說部」，包括顯、密、經、律的佛教原始經典；《丹珠爾》意為「論疏部」，是佛陀弟子對佛語的闡釋和論述的譯文集成，包含哲學、邏輯、文學、語言、藝術、天文、曆算、醫藥和建築等大、小五明學科。第一階段，將完成《甘珠爾》的般若系列，包括《本生緣經》、《慈經》等；《丹珠爾》則有安慧《大乘莊嚴經廣釋》、阿底峽《般若心經注》。

「深入經藏」是佛教徒四弘誓願之一，譯經也一直被視為佛法傳承、傳布的大業，《大藏經》更是佛菩薩、祖師大德的智慧結晶。佛教學院、美國欽哲基金會合作翻譯藏傳佛典，不僅促進漢傳佛教與藏傳佛教進一步的交流，也開啟現代譯經工程新紀元。

法鼓佛教學院、美國欽哲基金會合作藏傳佛典漢譯計畫，由校長惠敏法師（中）、宗薩欽哲仁波切（右二）代表簽約。（左一為現場引言人溫宗堃老師，左二為計畫主持人蘇南望傑老師，右一為翻譯人姚仁喜建築師）

●03.23

僧大於園區舉辦招生說明會
鼓勵青年學子以生命感動他人

僧大於 3 月 23 日在法鼓山園區階梯教室舉辦招生說明會，院長方丈和尚果東法師到場關懷，共有三十六位有志報考的青年參加。

方丈和尚果東法師說明僧大的教育，是培養學生學習消融自我，達到和樂無諍的生活；副院長果光法師也強調，僧大培育的宗教師，是與人互動時，能讓人感到放鬆自然，並能像觀世音菩薩，只要眾生需要幫助，不管再困難，逆緣也會成為成就的善因緣。

學僧為考生導覽校園環境，感受聖嚴師父建設千年道場的願心、用心和遠見。

小組分享時，考生與學僧互動交流，分享應考心得與出家因緣，氣氛熱絡。活動最後，眾人分組前往參觀教育行政大樓、圖書資訊館及僧眾寮房，實地了解僧大的日常作息與學習環境；在開山觀音公園，學僧與考生共同發願，祈願更多人找到生命著力點，共同荷擔如來家業。

有考生表示，參加說明會，解開了許多疑問，更堅定出家這條路；也有考生分享方丈和尚的開示，讓自己了解「和樂無諍」是出家人努力的方向，透過團體共修，從肯定自我、朝消融自我方向成長。

●04.02

佛教學院舉辦專題講座
挪威學者談靜坐現代化的過程

佛教學院於 4 月 2 日舉辦專題講座，邀請挪威奧斯陸大學（University of Oslo）文化研究與東方語言學系教授艾皓德（Halvor Eifring）、挪威科技大學（Norwegian University of Science and Technology）行為醫學教授賀倫（Are Holen），分別以「靜坐在歐美與亞洲的現代化過程」、「靜坐的心理學方法」（A psychological approach to meditation）為題，有近六十人參加。

艾皓德博士指出，在西方較為普及的靜坐（meditation）方法幾乎都源自東方靜坐傳統，而西方具有學術研究價值的科學報告，也都集中於東方傳統靜坐

艾皓德教授於講座中肯定「靜坐」的學術研究意義。

的研究。艾皓德博士認為現代的靜坐，就是一個普及化的靜坐，著重技巧與經驗，也可以成為科學研究的對象，但是離宗教涵義的靜坐甚遠，值得繼續深究。

具心理與醫學背景的賀倫博士，參與多項神經科學研究，對於靜坐帶來日常生活、個性等各項轉變，持以正面肯定。講座中，賀倫博士提出四項靜坐分類，包含靜坐時的注意模式、靜坐的所緣、對雜念的態度、教導靜坐的背景等，讓聽者對全世界的靜坐類型，有一梗概的認識。

講座中，兩位學者分享靜坐的類型與發展、靜坐對身心的影響，為學院師生帶來最新的國際研究成果。

● 04.07～11

佛教學院慶祝創校七週年
跨界與轉型　迎接兩校合併

佛教學院於 4 月 7 至 11 日，以「跨界與轉型」為主題，於法鼓山園區、臺大醫院金山分院舉辦校慶週活動，內容包括校慶大會、國畫聯展、五分鐘說書競賽、海報展等系列活動，為創校七週年展現和樂、歡慶的學習活力。

8 日校慶當日上午，校長惠敏法師帶領二十多位師生，從校園出發，跨過田野與市街，經行前往臺大醫院金山分院；抵達院區後，惠敏法師代表校方，以 4 月出刊的《人生》雜誌當伴手禮，向院方表達全校是帶著「朝聖」的心情而來。法師表示，醫院每天面對生老病死，現代醫學已研究並推廣善終醫療，因此機會是給有準備的人，藉著到醫院舉辦校慶活動，跨越思考向度，思惟每人的生命議題。

首度在校外舉辦的「五分鐘說書競賽」，也邀請醫院員工加入。其中，護理長劉旭華在競賽中，拉著一只紅色行李箱，箱中裝著各種醫療器材和念佛機，裝滿了社區每一位臨終者給予醫護人員的學習功課。而劉旭華護理長所分享的《紅色的小行李箱──生死謎藏 3》，也在分組票選中獲選為最想讀的一本書。

下午，於法鼓山園區舉辦校慶大會，方丈和尚果東法師與朱銘美術館館長吳順令、中央警察大學前教務長李貞吉、法鼓學校財團法人董事莊南田、黃楚琪等來賓，出席典禮，與全院師生共同祝福大學院教育轉型順利。大會中，惠敏法師說明「跨界與轉型」的主題意義，對個人而言，可「跨越」自他、國家的

人際關係，學習「慈悲喜捨」四無量心，跨越專業組別、領域、文化，突破學習與實用的落差；法師期許佛教學院從單一宗教領域，轉型到與法鼓人文社會學院合併的學科領域，建構佛法與世學兼備的多元教學環境。

隨後進行的專題演講，邀請李貞吉教授主講「從牛背上吹進國家音樂廳——談自我實現」，並現場表演口哨吹技，分享發揮創意的自學故事，勉勵師生跨越界限，開拓生命方向。

校慶週期間，同時於金山分院展開系列活動，包括二樓北海藝廊舉行「禪心藝韻國畫聯展」，展出書畫社、法鼓山社會大學學生的山水禪畫，與鄉親分享生活美學；門診區也展出「數位專案成果海報展」，介紹佛教學院八項數位專案內容，引領大眾了解佛學與資訊如何跨界結合，貢獻社會。

惠敏法師帶領佛教學院師生至臺大醫院金山分院舉辦七週年校慶，院內醫護人員也一同參與。

● 04.18

法鼓大學禪悅書苑麗英館揭幕

方丈和尚感恩捐贈因緣

因認同聖嚴師父興學大願，香港實業家李家昶於 2007 年將其夫人李吳麗英身後財產，部分捐贈籌建中的法鼓大學。2014 年，禪悅書苑落成，為感念捐贈者善願，禪悅書苑圖書館特別命名為「麗英館」，並於 4 月 18 日舉行揭幕典禮，方丈和尚果東法師、佛教學院校長惠敏法師、捐贈人代表與家屬，及近百位大學院師生、護法悅眾共同出席觀禮。

方丈和尚致詞時，帶領就讀僧大的學僧及佛教學院的僧眾，向各方護持興學大願的大眾表達感恩，並引「法鼓山啊，鼓在何處？弘法護法，就是法鼓」，讚歎捐助者的慈悲善願，培育更多弘法人才，永續如來家業，即是敲響護法、弘法的法鼓。

代表捐贈人致詞的吳紹麟，轉達高齡九十歲的李家昶對法鼓大學的祝福，並分享李吳麗英女士為人簡樸、善良，助人不欲人知，深信「有捨便有得」的布施美德；另一位捐贈代表胡蘭表示，聖嚴師父的悲願，在各方善緣匯聚下逐步

實現，七年的等待相當值得，全家人也因為捐助因緣，得以接觸正信佛法，期望透過家人的捐助拋磚引玉，邀請更多人護持法鼓大學。

典禮結束後，建築團隊也引導參與大眾，巡禮禪悅書苑建築空間，了解校園規畫，也體驗聚沙興學的願心。

禪悅書苑牆上的紀念碑文，以「禪心悅意‧麗典英哲」為題，記述興建緣起。回溯2007年2月，聖嚴師父舉辦「遊心禪悅」書法展，廣邀各界響應興學大願，募得籌建善款，聖嚴師父因而將該棟建築命名為「禪悅書苑」；同年6月，又得李吳麗英女士善款護持，因此特以捐助者芳名為圖書館命名，寓意「學子研讀麗典，書苑培育英哲」。

方丈和尚果東法師（右五）、佛教學院校長惠敏法師（後排左三），與捐贈人代表吳紹麟（左六）、胡蘭（左五）以及護法信眾代表，共同迎接「麗英館」揭幕。

● 04.26

CBETA 舉辦「Version 2014 成果發表會」
同步推行 ePub 電子書

4月26日，中華電子佛典協會（Chinese Buddhist Electronic Text Association, CBETA）於高雄元亨寺舉辦「Version 2014 成果發表會」，身兼協會主委的佛教學院校長惠敏法師、教授杜正民，以及元亨寺方丈和尚淨明法師、《漢譯南傳大藏經》編譯主委吳老擇教授，與近四百位出席的法師、學者、信眾，共同分享電子佛典的研發成果。

惠敏法師致詞表示，隨著歷年的彙編與修正，電子佛典內容已愈趨精確，尤其加入元亨寺版《漢譯南傳大藏經》後，透過電腦介面，可將北傳、南傳不同譯本的佛典並列對讀，有助使用者更進一步理解佛典內容；淨明法師引「芥子納須彌」為喻，讚歎電子佛典工具的開發，開啟大眾研讀佛典的廣度與速度。

CBETA 副主委杜正民教授，於介紹電子佛典的研究應用時表示，電子佛典給予現代人一個數位的讀經環境，大眾可在全球環境裡閱讀藏經；電子佛典光碟發行達十五萬片，已超越歷史上紙本藏經的刊刻總數，而全版上網，更造福全球無數大眾。

歷經三年努力，新版電子佛典於前版內容外，新增六十四部「國家圖書館善本佛典」、七十冊元亨寺

CBETA 協會主委惠敏法師（右五）、元亨寺方丈和尚淨明法師（右四）、吳老擇教授（右三）、杜正民教授（左二）等出席「Version 2014 成果發表會」，與大眾分享研發成果。

版《漢譯南傳大藏經》，並加入四百多部、近二千卷新式標點經文，以及二萬多筆用字修訂，總字數達一億九千萬字。另一方面，新版內容同時製成「ePub 電子書」，民眾可由 CBETA 官網下載閱讀。

● 04.28～30

僧大女眾部舉辦校外教學
以實際行動淨化心靈

僧伽大學女眾部於 4 月 28 至 30 日舉辦校外教學，在新北市坪林綠光農場、金山磺溪口等地，進行製茶體驗、行禪、淨灘等活動，以實際行動淨化心靈。

透過行禪，學僧開啟淨化自我心靈的旅程。

首日前往坪林綠光農場，學僧們走入田間，感受生態的自然平衡，體驗摘茶、揉捻、焙火等如同禪修鍊心的製茶過程；29 日，學僧至金山磺溪口海邊淨灘，撿拾出成山的垃圾，深刻體會環境保護的迫切性，有學僧並發願，要用禪修方法推廣「萬人淨灘」，清理環境的同時，也將心中的垃圾分類。

30 日最後一天進行行禪，學僧從陽明山與金山交界處的八煙聚落出發，穿過石砌房舍，走入層層梯田，眾人腳步毫無停歇，跨過冒著蒸汽的溫泉水，踩踏紅銅色的石塊，體驗祖師大德求法路上的艱辛，也開啟淨化自我心靈的旅程。

● 05.01～02

僧大舉辦第六屆講經交流會
十四位學僧分享心的對話

講經交流會中，學僧運用插畫，分享用佛法轉念的經驗。

僧大於5月1至2日在園區階梯教室舉辦第六屆講經交流會，除了以佛教經典為主題，另有以法鼓山理念、心五四等為內容進行分享，共有十四位學僧參加，與聽眾展開心的對話。

方丈和尚果東法師出席關懷時，勉勵學僧代佛說法，一定要自己先能依教奉行，才能真正與法相會。此次講經的學僧，有三位以聖嚴師父提出的「心五四」切入講題，一年級的演報行者，將自己如何在遇到困境、挫折時，藉由「心五四」方法來轉化心念，昇華內在的寧靜，感動了在場的師生。

此外，阿彌陀佛四十八大願成就佛國淨土、觀音菩薩如何修行耳根圓通、地藏菩薩誓度一切眾生的悲願等法門，都是學僧平日用心練習的方法，也是與自己相應的法門。一年級的演通行者，談到自己病重之際接觸到淨土法門，有如漂流在大海中抓到一塊浮木，由於一心持念阿彌陀佛，數月後，感到身心有了正向轉變。他分享即使當下往生，也有信心能蒙佛接引，令與會者為之動容，對念佛法門產生大信心。

僧大男眾部副院長常寬法師在結語時，說明身為宗教師，應能清楚觀照當下的身心狀況和環境氛圍，避免無意中落入經驗、知識、思辯層面，而真正的對話毋須言語，如同講經交流，是心與心的溝通與相契，當年靈山會上，釋尊對迦葉拈花微笑，就是一場最好的心靈對話。法師期勉學僧們體會「宗教師的語言」和「宗教學者的語言」之間的差異，接引更多人得到佛法的潤澤。

● 05.17

法鼓山守護金山環境獲肯定
參與新北市環保局聯合擴大淨灘行動

佛教學院「淨心淨土，金山環保」社團與法鼓山社會大學金山校區，5月17日應邀參與新北市環保局主辦的春季聯合擴大淨灘活動，與愛護關懷環境的團體單位近三千人，合力清潔金山區中角沙珠灣沙灘。

活動中，新北市環保局長劉和然、金山區長李偉人特別致贈感謝狀，感恩法

鼓山長期以來守護金山環境。劉和然局長表示，根據專家學者統計，漂流於海上的海洋廢棄物約十三億噸，這些垃圾不只造成海洋汙染，也會造成海洋生物因誤食或遭垃圾纏繞而死亡，期勉大眾培養環保的生活習慣，從源頭進行廢棄物減量，共同珍惜環境資源、愛護地球環境。

佛教學院與金山社大師生參與新北市環保局舉辦聯合擴大淨灘活動，維護海洋生態環境。

2012 年 4 月起，佛教學院將校慶淨灘擴大為定點定期活動，於磺溪口及周圍沙灘，清理來自海洋的淤積垃圾，使磺溪口生態逐漸恢復，成為各類生物共棲的清淨家園。

● 06.07

佛教學院、僧大舉辦畢結業典禮
三十三位畢結業生發願實踐菩薩行

佛教學院、僧大於 6 月 7 日在園區國際會議廳舉辦畢結業典禮，三十三位畢結業生穿著袈裟、海青，在〈三寶歌〉、〈菩薩行〉等佛曲聲中，依序登壇就位，由師長搭上菩薩衣、傳菩薩行燈，彼此互勉延續菩薩心行，利益眾生，共有三百多位師生及親友觀禮祝福。

三十三位畢結業生圓滿學業，師長祝福同學踏出校門後，一同關懷社會、服務人類。

　　方丈和尚果東法師致詞引用聖嚴師父法語：「順逆相對，好壞一體」，期許畢結業生用慈悲與智慧、謙虛與尊敬、誠心與和諧，實踐「心靈環保」核心理念，處處學習觀音菩薩精神，以禪心微笑面對人生旅程。

　　佛教學院校長惠敏法師分享一生受用的習慣——「身心健康五戒」與「終身學習五戒」，鼓勵畢業生終身奉行，並以書畫家劉雲路贈予學校的「一帆風順」墨跡，勉勵學生轉動慈悲智慧的風帆，為世界傳遞善法。

　　畢業生代表致詞時，碩士班長叡法師感恩學習過程中，備受法鼓山照顧，尤其經常聆聽國際學者來校演講，開拓眼界與心胸，也學到不同的語言。僧大演道法師、演清法師，以《西遊記》主角人物特徵，雙口相聲形容在僧大四年的心境轉折，每一階段都抱持出家的決心與奉獻；演道法師也發願，在菩薩道上持續推動聖嚴師父的理念，幫助身邊的人少一些煩惱，多一些智慧。

　　禮成後，惠敏法師在校園戶外親自擊鼓，並由魄鼓社擊出〈默照禪心〉鼓曲，做為畢結業生「勇健啟航」的贈禮。

● 06.16～17

僧大舉辦畢業製作暨禪修專題發表
結合國樂、攝影、漫畫　開創弘法新方向

　　僧大於 6 月 16 至 17 日，在園區第三大樓階梯教室舉辦「102 學年度畢業製作暨禪修專題發表會」，副院長常寬法師、聖嚴師父法子果峻法師出席關懷，共有十四位四年級學僧運用多元媒材發表成果。

　　今年發表的主題有三大類，一為禪修專題，以聖嚴師父的禪期開示整理為主；二為寺務管理與應用，包括：演康法師「水陸法會分壇香燈手冊」、演梵法師「境教導覽手冊」、演戒法師「法鼓山梵唄教學樂譜集」等；第三類是現代化媒材經變，包括：演燈法師「圖解聖嚴法師念佛禪」、演誠法師「類旅遊書——就是法鼓山」，以及演行法師「國樂與梵唄的結合」等。

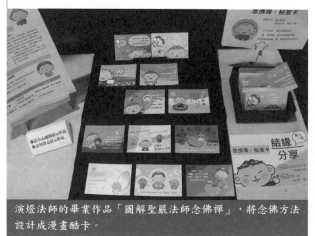
演燈法師的畢業作品「圖解聖嚴法師念佛禪」，將念佛方法設計成漫畫酷卡。

　　其中，「國樂與梵唄的結合」進行現場國樂演奏，演行法師選取瑜伽焰口法會中四個段落，邀請大學

時期的學長和同學共同演奏；佛教梵唄與傳統國樂的結合，呈現漢傳佛教兼容並蓄、與時俱進的特性，對未來法鼓山理念的推廣，開創出更多可能。

以圖像敘述為主的攝影作品「類旅遊書——就是法鼓山」，將學習的山居歲月，藉由文字與照片，傳達內心的感動；「圖解聖嚴法師念佛禪」則將念佛的觀念方法，以幽默易懂的文句，搭配造型討喜的人物，設計成一套漫畫酷卡，希望改變一般人對念佛的刻板印象，讓念佛法門利益更多現代年輕族群。

男眾部副院長常寬法師結語表示，本屆畢業僧是第一屆「演」字輩出家眾，新世代的面向既多且廣，學僧發表的作品也相當多元，充分呈現漢傳佛教的包容性與當代性。來自新加坡的果峻法師，則期勉畢業僧要深懷宗教師情操，承接聖嚴師父的悲願，期許自己接心、印心、傳心。

● 06.17

法鼓大學籌備處舉辦專題講座
繼程法師分享「禪心悅意」

法鼓大學籌備處於 6 月 17 日在德貴學苑舉辦專題講座，邀請聖嚴師父法子繼程法師主講「禪心悅意」，分享身體、精神與心靈飲食貫串禪悅生活的方法，有近四百人參加。

繼程法師於德貴學苑分享「禪悅為食，法喜充滿」的深意。

法師表示，身體是重要的修行道器，平常怎麼虐待身體，進了禪堂，身體也會毫不客氣地回應，因此，調身體就從調和飲食與睡眠入手，進而調身、調心，修行工夫才能層層增進；而禪堂飲食清淡又簡單，有助腸胃與舌根放鬆，吃的時候不必分析味道、分別好壞，吃下去便是，日常飲食也應放捨舌根對美味、刺激的追求，即是調飲食。

繼程法師進一步說明，禪修是內在心靈的糧食，從眼、耳、鼻、舌、身五根觸受，領納藝術、音樂、香味、大自然的美，轉化為精神的食糧，也有助於調和身體機能；生理與心靈一體，調和色身道器的外在飲食，可以幫助內在心靈攝心。

法師提醒大眾，〈臨齋儀〉所念的「禪悅為食，法喜充滿」，是對一切眾生

的祝願，菩薩道的修行，念念在此，每天念，要念到心裡去，由此培養菩提心，希望眾生得到解脫快樂、得到種種利益。

● 06.27～28

聖基會舉辦「第三屆法鼓山信眾論壇」
探討禪宗的時代意義及展望

聖基會於6月27至30日在臺灣大學集思會議中心舉辦「第五屆聖嚴思想國際學術研討會暨第三屆法鼓山信眾論壇」，27至28日進行信眾論壇，邀請聖嚴師父法子繼程法師、賽門・查爾得（Simon Child）、查可・安德烈塞維克（Žarko Andričević），以及美國佛羅里達州立大學宗教學系副教授俞永峯等，與禪修中心副都監果元法師、佛教學院學士班主任果暉法師，以「法鼓禪跡」為主題，分享跟隨聖嚴師父修學禪法的歷程與啟發。

論壇分「承先啟後的中華禪法鼓宗」、「聖嚴法師禪法在西方」、「聖嚴法師禪法特色與傳承」等三個子題，帶領僧俗四眾重新思索禪宗的時代意義及展望。曾擔任師父侍者的俞永峯老師除與會討論，並發表〈法鼓宗的傳承與時代意義〉一文，探討中華禪法鼓宗的發展脈絡。

兩天論壇討論熱烈，其中「聖嚴法師禪法在西方」備受矚目；賽門和查可就自己的觀察，分享東西方文化的差異、在歐美推廣禪修的方便法門。醫學背景出身的賽門，分析西方人學禪的動機偏向自我中心，注重禪修的好處和體驗，因而結合心理諮商研發「西方禪」（Western Zen Retreat），引導禪眾覺察與消融自我。

查可則從聖嚴師父第一次到克羅埃西亞帶領禪修談起，分享自己如何從中學習，並持續在經濟、宗教、社會風氣不太友善的環境中，透過武術、瑜伽、慈心觀等方法推廣禪法，如今正在籌建道場；繼程法師則從修學歷程出發，講析聖嚴師父禪風的轉折與開展。

許多參與論壇的信眾表示，兩天的議程豐厚精彩，東、西方法子現身說法，引領四眾弟子了解聖嚴師父弘化的軌跡以及漢傳禪法在西方的推廣現況，深受感動與啟發。

信眾論壇上，法師與海內外聖嚴師父資深禪修弟子齊聚一堂，就東、西方弘化的實務經驗，進行對談分享。

以團體的力量奉獻社會

**6月27日講於臺灣大學集思會議中心
「第三屆法鼓山信眾論壇」**

◎果東法師

　　諸位法師、諸位居士護法菩薩，阿彌陀佛！

　　首先，歡迎及感恩諸位參加法鼓山信眾論壇。信眾論壇已經邁入第三屆，法鼓山開始舉辦信眾論壇始於 2010 年，我們除了緬懷法鼓山創辦人聖嚴師父的教導恩澤之外，更藉此活動讓僧俗信眾共同檢視：我們是否落實了聖嚴師父的教導，一步一步更往前邁進？我們是否延續及弘揚聖嚴師父的悲願，使社會更祥和，人間更安定？

聖嚴師父禪法在西方社會的影響

　　聖嚴師父的一生，奉獻給佛教，奉獻給眾生。在弘法利生的人間行腳中，與東西方社會無數的人，結下深厚的法緣，所產生的影響力，廣大深遠，尤其透過禪法的教導，將漢傳佛教傳播至全世界。

　　今年的信眾論壇，特別邀請到聖嚴師父的海、內外資深禪修弟子：繼程法師、果暉法師、果元法師、俞永峯、賽門·查爾得與查可·安德烈塞維克，透過兩天的時間，分享承先啟後的中華禪法鼓宗；其中由修學歷程觀點，講演聖嚴師父禪風的演變，或就學術與修行的觀點，講演法鼓宗的傳承與時代意義；以及諸位西方法子也分享聖嚴師父的禪法對他們自身與西方世界的影響，這是非常難能可貴且殊勝的因緣。

聖嚴師父的教導：奉獻與修正

　　聖嚴師父在東西方社會弘揚佛法，雖以禪師身分為國際人士所推崇，然而聖嚴師父由始至終，均以「弘揚佛陀教義為宗旨的比丘」身分自居。師父曾指出，帶領禪修的目的，並不是要求人人都能開悟，而是對於有志學佛的人及有緣接觸佛法的人，提供佛教修行的觀念與方法。並且從佛教的修行，提出可從以下兩個要領來掌握。藉這個因緣，果東邀請大家一起來重溫，彼此互相勉勵。

　　第一是以奉獻的觀念來修行，第二是運用方法來修正身、口、意三種行為。換句話說，在觀念上是奉獻，在方法上是修正；觀念與方法，應當相

互配合運用。「以奉獻的觀念來修行，就是不自私。若以自私的心態來修行，不僅會傷害他人，也為自己徒增許多煩惱。以自私的觀念來修行，無論如何追求，只能以煩惱作為結果。」因此，禪的修行，是捨去自私自利，才能消融自我中心的煩惱。

此外，平時當以五戒十善及八正道，來修正自己的身、口、意三種行為。身、口、意三業行為的表現，構成了我們每個人的生命與生活。其中，最微細、也最不容易修正的是意業行為，就是我們的起心動念。因此，首先應當建立正知見，再以正念、正定、正精進來修正行為。如此，日復一日，時時檢點，念念覺照念頭的起滅、正或不正，並且持之以恆，就能經常保持正念分明了。

至於守心、攝心的方法，在平常生活中，可從「身在哪裡，心在哪裡；清楚放鬆，全身放鬆」做起。如此身、口、意三業相應不相離，這就是禪修的落實。

這幾年，我經常以聖嚴師父的兩句話：「奉獻即是修行，安心即是成就。」與大眾共勉。佛法的修行，不離因果因緣觀和戒、定、慧三學。有了正確的因果因緣觀，能使我們心理平衡、人格穩定，透過努力，充滿希望與光明；深入戒、定、慧三學，則能隨緣消舊業，惜緣修福慧，一方面成長自己，更重要的是奉獻利他。這也就是聖嚴師父講的不自私，而用奉獻的心態成就修行，也就是提昇自己的人品，並且用奉獻的心態，來建設人間淨土。

以團體的力量奉獻社會

法鼓山是個關懷與教育同時兼顧的團體，我們是透過整體的力量，奉獻給人間社會。法鼓山舉辦的任何一項活動，全都凝聚著僧俗四眾共同的關心與祝福，有的是直接參與，有的是從旁協助，有的則在事後表達隨喜與祝福，這也是參與。

就如同信眾論壇這個活動，實際到場參與的仍是少數，而有更多的人默默予以關心祝福；也如同今明兩天即將發表的各場論壇，實際執行者雖是少數法師或居士菩薩，但在諸位努力的背後，也都匯聚了許多人的一分關心。請大家不要覺得孤單，因為我們是生命共同體。

最後，我要代表法鼓山僧團，感謝聖嚴教育基金會持續舉辦信眾論壇活動，使我們了解法鼓山僧俗四眾在海內外各地的耕耘與奉獻，同時藉由議題的討論，使我們省思還有哪些有待成長的空間，需要加強努力。預祝大會圓滿成功，也祈願有更多的人，發長遠心實踐佛法、禪法，真正回歸佛陀的本懷，推動世界淨化。

● 06.29～30

第五屆「聖嚴思想國際學術研討會」集思會議中心展開
多元探討聖嚴思想與當代漢傳佛教的傳承與實踐

聖基會舉辦「第五屆聖嚴思想國際學術研討會」，6月29至30日於臺灣大學集思會議中心展開，本屆主題是「聖嚴思想與當代漢傳佛教的傳承與實踐」，共有臺灣、美國、英國、加拿大、中國大陸等地近百位學者與會，發表五十九篇論文，並有四百多位聽眾參與，人數為歷年之最。

方丈和尚果東法師於開幕中致詞，期許每一屆研討會，都能透過研究聖嚴法師的思想、理念及弘化方式，為當代佛教提供新的創見，為人間佛法注入源源不絕的活水，帶動時代前進。

研討會分有六個子題：「聖嚴法師與法鼓山研究」、「聖嚴法師人間佛教之思想與實踐」、「聖嚴法師與佛教經濟學研究」、「聖嚴法師與漢傳禪佛學研究」、「漢傳佛教與聖嚴研究的國際化」，以及新增的「漢傳佛教與心理治療論壇」，由於上屆心理學和佛學的跨界研究漸受矚目，本屆特別獨立出來，帶動研究風氣。

學者發表的論文題目涉及聖嚴思想許多面向，包括：〈聖嚴法師所教的數數念佛禪法研究〉、〈聖嚴教育思想與修辭分析〉、〈聖嚴法師的文學人間行〉、〈《遊心禪悅》書法藝術研析〉、〈聖嚴法師「以禪攝淨」的詮釋與運用〉、〈心六倫的時代意義〉等。

由臺灣心理治療學會常務理事王浩威主持的心理治療論壇，共有中國大陸榮格（Carl Gustav Jung）分析心理學家申荷永、政治大學心理系教授許文耀、實踐大學社會工作學系副教授楊蓓、蘇州西園戒幢律寺成峰法師等四位學者提出論文，開啟佛學與心理學的交流和對話。

與會法師、聽眾都具有世學專業學識，學者、法師、聽眾互相討論，熱烈提問。第二次與會的中國大陸廣州中山大學哲學系教授龔雋讚歎，參加過不少佛學研討會，但是教界與學界很難同時對話，聖嚴思想學術研討會值得觀摩與學習。

「第五屆聖嚴思想國際學術研討會」會場座無虛席，學者、法師、聽眾專注聆聽每一場論文發表。

薪火傳承　願願相續

6月29日講於臺灣大學集思會議中心
「第五屆聖嚴思想國際學術研討會」

◎果東法師

誠如恩師聖嚴師父在2006年首屆「聖嚴思想國際學術研討會」致詞指出：「我不是學問家，不要把我當成一名學問僧，不一定只研究我的學術成果；應從更多元性、實用性、需要性的角度，來研究我聖嚴這一生最終的目標是什麼。」

恩師擁有日本立正大學文學博士學位，終生勤於著作，以《法鼓全集》來講，即多達百本以上，其中尚不包括海、內外其他諸家出版社所發行的書目。因此，各界所賦予

方丈和尚期待透過聖嚴師父思想、理念及弘化的研究，為當代佛教提供新的創見。

的學問僧、禪師、作家、教育家等身分，都是恩師為了弘揚佛法，所扮演的種種角色，而貫通各種身分與角色的核心目標，則是為了「提昇人的品質，建設人間淨土」，也就是法鼓山的理念。

恩師曾說，即使自己具有學者的身分，也絕不是為了研究而研究，而是為了使漢傳佛教，能在今天的社會，共同為各階層人士所接受、所分享；即使自己寫了百本以上的著作，也不以作家自居，而是希望把佛法分享給各個領域、層次的人，即使是中學生也都能看懂，而恩師最關切的，永遠是佛教薪火的傳承，使佛法的慧命，代代相傳，願願相續。

法鼓山的使命是：「以心靈環保為核心，弘揚漢傳禪佛教，透過三大教育，達到世界淨化。」因此，對於恩師的貢獻，如果要提出一個身分角色來定位的話，那便是宗教思想家，一個帶動思想的人，一個帶動時代往前走的人，這是恩師對於自己一生弘法的身分定位。

今天諸位專家學者聚集於此，可說是海會祥雲來集，將學術研究的成果，分享給法鼓山，奉獻給當代社會，是諸位的一大布施。除了分享諸位智慧的奉獻，也期待見到有更多的專家學者，透過研究聖嚴師父的思想、理念及弘化方式，為當代佛教提供新的創見，為人間佛法注入源源不絕的活水，為人間社會的光明遠大，成就願願相續的活路。　　　　（摘錄）

開啓跨界對話
分享法鼓禪跡
第五屆聖嚴思想國際學術研討會

　　由聖嚴教育基金會與法鼓山僧團聯合舉辦的「第五屆聖嚴思想國際學術研討會暨第三屆法鼓山信眾論壇」，於6月底圓滿落幕，本屆研討會著重於聖嚴思想與漢傳佛教的傳承與當代實踐，學者們從佛學、禪修、心理學、經濟學、社會學、文學等研究角度切入，展現漢傳佛教入世關懷的多元風貌；信眾論壇邀請東西方弟子分享追隨聖嚴師父修學禪法的歷程，及就東西方弘化的實務經驗進行對談，帶領僧俗四眾領略全球發展的法鼓禪跡，思索禪宗的時代意義及展望。

跨界省思　帶領研究新思潮

　　「第五屆聖嚴思想國際學術研討會」延續歷屆成果，與會學者持續探討聖嚴師父的思想結晶，包括：法鼓山法脈源流、聖嚴師父教導的禪觀、戒律學、念佛法門、人間淨土思想等，也有從旅遊文學、書法藝術與學術研究著手，其中以禪觀研究最多，例如：聖嚴法師對默照禪、四念處、俱解脫與公案詮解對照等。

　　有鑑於在上屆研討會中經濟學、心理學與佛學的跨界研究備受矚目，本屆新增設「漢傳佛教與心理治療論壇」，由臺灣心理治療學會常務理事王浩威擔任主持人，四位發表人於心理學與佛學上均有深厚涵養，深刻的反思與跨領域的創新主題，不只開啟兩者的對話，也帶領研究新思潮。

　　實踐大學社會工作學系副教授楊蓓探討正念療法的優缺點，並提出省思：藉用佛教的「技術」助人固然可喜，但去宗教化後的技術，如何保持正知、正見？終極關懷為何？這些都是未來發展的疑慮。政治大學心理學系教授許文耀也在論壇中指出，心理治療的過程，是治療者與案主各自的解讀，前者需要如佛慈悲關懷眾生，並且老實面對自己，放下成見與執著、提昇見地，才有機會協助案主解決問題，相宗的八識與心所是很好的觀察架構。

多元關懷　契合時代需求的聖嚴思想

　　而以佛法觀點改善社會問題的研究主題，在領域與題材方面更加多元，包含高齡化、植存、自殺防治、修行型組織、性別平等、禪修與教師成長、

心六倫的時代意義、自我提昇日課表等創新嘗試。銘傳大學助理教授江靜儀更將「四種環保」、「心五四」、「心六倫」，融入貧富差距、氣候變遷、糧食安全等經濟問題中應用；成功大學副教授許永河表示，臺灣已步入高齡化社會，使得所得分配不均加劇，佛教的因果、因緣觀，與聖嚴師父提出的「四福」，

學者、法師、聽眾之間討論頻繁，在宗教實修與學術研究間激盪精彩火花。

都可以為這些現象帶來教導和啟示。

另外，西方學者與海外留學生等生力軍的加入，研究橫跨中古與近代，展現漢傳佛教不同時代的面貌，有針對五至六世紀《付法藏因緣傳》、八世紀《歷代法寶記》等歷史文本研究；也有禪宗史、民初佛教等主題。哥倫比亞大學榮譽退休教授于君方肯定指出：「年輕學者帶來西方學界關注的題目，從中可以看到漢傳佛教研究的傳承與未來發展。」

法鼓禪跡 弘傳東西帶動時代

另一方面，聚集聖嚴師父海外法子——馬來西亞的繼程法師、英國的賽門‧查爾德、克羅埃西亞的查可‧安德列塞維奇，與禪堂堂主果元法師、僧團副住持果暉法師的信眾論壇，除就東西方弘化的實務經驗展開座談，曾任師父侍者的美國佛羅里達州立大學宗教學系副教授俞永峯也發表了中華禪法鼓宗的脈絡研究。法子們現身說法，引導大眾了解聖嚴師父弘化的軌跡以及漢傳禪法在西方的推廣現況。看到法子們繼起聖嚴師父的腳步，以大乘佛法為基底，順應在地文化的善巧接引，讓與會人士深受感動與啟發。

如同聖嚴師父自我定位為「一個帶動思想的人」，「聖嚴思想國際學術研討會」透過學術的交流互動，與社會各領域的對話，深入探討結合佛教思想與時代的議題，不僅為當代佛教提供創見，注入活水，也彰顯漢傳佛教的多元實踐，帶動這個時代向前走。

2014 第三屆法鼓山信眾論壇議程

日期	主題	與談人
6月27日	開幕式：方丈和尚果東法師致詞	
	＜承先啟後＞的中華禪法鼓宗 1. 聖嚴師父禪風的演變——由我的修學歷程出發	主持人：釋果鏡（中華佛學研究所所長） 發表人：釋繼程（聖嚴師父法子） 俞永峯（美國佛羅里達州立大學宗教學系副教授）
	＜承先啟後＞的中華禪法鼓宗 2.「法鼓宗」的傳承與時代意義	
	主題論壇一：聖嚴法師禪法在西方（一）	主持人：俞永峯（美國佛羅里達州立大學宗教學系副教授） 與談人：釋果元法師（禪堂堂主） 賽門・查爾德（Simon Child）（聖嚴師父法子） 查可・安德列塞維奇（Žarko Andričević）（聖嚴師父法子）
	主題論壇一：聖嚴法師禪法在西方（二）	
	對談與回應	
6月28日	主題論壇二：聖嚴法師禪法特色與傳承	主持人：釋果品（僧團副住持） 與談人：釋繼程（聖嚴師父法子） 釋果元（禪堂堂主） 釋果暉（僧團副住持）
	對談與回應	
	綜合座談（一）	主持人：釋果光（僧團都監） 俞永峯（美國佛羅里達州立大學宗教學系副教授） 與談人：釋繼程（聖嚴師父法子） 釋果元（禪堂堂主） 釋果暉（僧團副住持） 賽門・查爾德（Simon Child）（聖嚴師父法子） 查可・安德列塞維奇（Žarko Andričević）（聖嚴師父法子）
	綜合座談（二）	
	閉幕式：聖基會董事長蔡清彥致詞	

2014 第五屆聖嚴思想國際學術研討會議程

6 月 29 日

地點	論文主題暨發表人	主持人／回應人
國際會議廳	開幕式：方丈和尚果東法師致詞	
	聖基會董事長蔡清彥致詞	
	專題演講 主講人：羅伯・夏夫（Rober H. Sharf）（美國加州大學柏克萊分校東亞研究所教授）	主持人：于君方（美國哥倫比亞大學宗教系榮譽退休教授）
	回應與綜合討論	回應人：任博克（Brook A. Ziporyn）（美國芝加哥大學教授）
	1.反一元論的二分法——論聖嚴批判耶穌人格特徵及教義之重要性 　發表人：任博克（Brook A. Ziporyn）（美國芝加哥大學教授） 2.聖嚴法師中華禪法鼓宗的教理基礎 　發表人：俞永峯（美國佛羅里達州立大學宗教學系副教授） 分組討論	主持人：釋惠敏（法鼓佛教學院校長） 回應人： 1.羅梅如（Miriam Levering）（美國田納西大學宗教研究學系榮譽退休教授） 2.于君方（美國哥倫比亞大學宗教系榮譽退休教授）

地點	論文主題暨發表人	主持人／回應人
國際會議廳	漢傳佛教與心理治療論壇 1.轉識成智，治癒與轉化 　發表人：申荷永（華南師範大學心理學院教授） 2.以基礎佛法作為心理治療的轉化機制之芻議 　發表人：釋成峰（中國蘇州西園戒幢律寺戒幢佛學研究所 　　教務部主任） 分組討論	主持人：王浩威（臺灣心理治療學會常務 　理事）
	漢傳佛教與心理治療論壇 1.佛法與心理治療典範轉移可能性之探討——從MBSR的發 　展經驗省思 　發表人：楊蓓（實踐大學社會工作學系副教授） 2.「相宗」對心理治療的啟示 　發表人：許文耀（政治大學心理學系教授） 分組討論	主持人：王浩威（臺灣心理治療學會常務 　理事）
柏拉圖廳	1.漢傳禪佛教之起源與開展——中華禪法鼓宗禪修體系之建構 　發表人：釋果暉（法鼓佛教學院學士班主任） 2.探索聖嚴法師對居士傳法的「演派名號」——從臨濟宗鼓 山派的法脈傳承談起 　發表人：釋果興（法鼓山僧團法師） 　　林其賢（屏東商業技術學院副教授） 分組討論	主持人：釋昭慧 　　（玄奘大學宗教學系教授） 回應人： 1.龔雋（中國中山大學哲學系教授） 2.張志強（中國社會科學院哲學研究所研 　究員）
	1.以付法藏因緣傳，法華經的救世思想——禪宗之前法脈的 　嬗遞 　發表人：史都特・楊（Stuart H. Young）（美國班克諾大學 　　東亞宗教研究所助理教授） 2.農村在家佛教徒誦經會 　發表人：趙昕毅（美國羅徹斯特大學副教授） 分組討論	主持人：羅伯・夏夫（Rober H. Sharf） 　　（美國加州大學柏克萊分校東亞 　　研究所教授） 回應人： 1.羅梅如（Miriam Levering）（美國田納 　西大學宗教研究學系榮譽退休教授） 2.李察・麥德森（Richard Madsen）（美 　國加州大學聖地牙哥分校社會學系特聘 　教授）
	1.佛教與經濟：中國當代政經風貌之推動策略 　發表人：科特妮・布魯茲（Courtney Bruntz）（美國柏克萊 　　大學聯合神學院佛教研究博士） 2.漢傳佛教籌集資金：大陸上市首次公開募股與臺灣捐贈的 　經濟 　發表人：張健（美國天普大學宗教學系博士候選人） 分組討論	主持人：羅梅如（Miriam Levering）（美 　國田納西大學宗教研究學系榮譽 　退休教授） 回應人： 1.俞永峯（美國佛羅里達州立大學宗教 　系副教授） 2.周亞當（Adam Y. Chau）（英國劍橋大 　學亞洲與中東研究學院高級講師）
蘇格拉底廳	1.數數念佛禪法之研究——以聖嚴法師的教學為主 　發表人：釋果鏡（法鼓佛教學院助理教授） 2.聖嚴法師的淨土念佛法門 　發表人：黃國清（南華大學宗教學所副教授） 分組討論	主持人：林榮春（實踐大學企業管理學系 　助理教授） 回應人： 1.陳劍鍠 　（屏東教育大學中國語文學系教授） 2.陳劍鍠 　（屏東教育大學中國語文學系教授）
	1.禪修與教師自我成長 　發表人： 　陳淑瓊（東華大學諮商與臨床心理學系副教授） 　陳昱君（東華大學諮商與臨床心理學系碩士生） 　高金成（東華大學課程設計與潛能開發學系助理教授） 　翁樹澍（慈濟大學兒童發展與家庭教育學系副教授）	主持人：陳伯璋 　　（臺南大學教育學系教授） 回應人： 1.林安梧 　（慈濟大學宗教與人文研究所所長） 2.越建東（中山大學通識教育中心暨哲學 　所副教授）

地點	論文主題暨發表人	主持人／回應人
蘇格拉底廳	2.《自我提昇日課表》與人間淨土之實踐——由倫理道德的實踐走向成佛之路 發表人：吳芬錦（政治大學宗教研究所博士候選人） 分組討論	
	1.漢晉佛教寫經與官方組織的建立 發表人：崔中慧（香港大學佛學研究中心講師） 2.啟迪的字：聖嚴教育思想與修辭分析 發表人：谷永誠（Seth D. Clippard）（弘光科技大學應英系助理教授） 分組討論	主持人：胡健財（華梵大學中國文學系副教授） 回應人： 1.林朝成（成功大學中國文學系教授） 2.越建東（中山大學通識教育中心暨哲學所副教授）
洛克廳	1.破邪顯正論「默照」——默照禪法的安心學理 發表人：陳平坤（臺灣大學哲學系助理教授） 2.論「五停心」與「四念處」在聖嚴禪學中的意義 發表人：涂艷秋（政治大學中國文學系教授） 分組討論	主持人：謝世維（政治大學宗教研究所副教授） 回應人： 1.林建德（慈濟大學宗教與人文研究所副教授） 2.釋果光（法鼓山僧團都監）
	1.聖嚴法師人間淨土之建設——以「三大教育」為中心 發表人：周柔含（慈濟大學宗教與人文研究所副教授） 2.聖嚴法師人間佛教之思想與實踐——以大陸寺院對人間佛教的繼承與發展為例 發表人：吳小麗（中國中央民族大學哲學與宗教學院博士候選人） 分組討論	主持人：林其賢（屏東商業技術學院副教授） 回應人： 1.蔡源林（政治大學宗教研究所副教授） 2.林建德（慈濟大學宗教與人文研究所副教授）
	1.聖嚴法師的遊記研究 發表人：吳光正（中國武漢大學中國宗教文學與宗教文獻研究中心主任） 2.多情乃佛心——聖嚴法師的文學人間行 發表人：蔡淑慧（中國文化大學中國文學系博士） 分組討論	主持人：周柔含（慈濟大學宗教與人文研究所副教授） 回應人： 1.蕭麗華（臺灣大學中國文學系教授） 2.蕭麗華（臺灣大學中國文學系教授）
阿基米德廳	1.論淨影慧遠的佛身思想——兼論與《大乘起信論》思想的關聯 發表人：張凱（中國人民大學哲學院博士候選人） 2.心六倫的時代意義——從職場倫理看資訊倫理的實踐 發表人：釋演德（美國德州大學教育科技學系博士） 分組討論	主持人：馬海燕（中國閩南師範大學閩南文化研究院助理教授） 回應人： 1.李玉珍（政治大學宗教研究所副教授） 2.胡健財（華梵大學中國文學系副教授）
	1.以心為筆，翰墨說法——聖嚴法師《遊心禪悅》書法藝術研析 發表人：陳靜琪（嘉義大學中國文學系副教授） 2.聖嚴法師旅行書寫中的禪學與禪修 發表人：王美秀（臺灣師範大學東亞學系助理教授） 分組討論	主持人：羅凡晸（臺灣師範大學國文系副教授） 回應人： 1.杜忠誥（臺灣師範大學國文系兼任副教授） 2.吳光正（中國武漢大學中國宗教文學與宗教文獻研究中心主任）
	1.聖嚴法師「以禪攝淨」的詮釋及其運用 發表人：陳劍鍠（屏東教育大學中國語文學系教授） 2.聖嚴法師談「禪宗對俱解脫之看法」 發表人：張文（輔仁大學英國語文學系副教授） 分組討論	主持人：游祥洲（佛光大學通識教育委員會兼任教授） 回應人： 1.林安梧（慈濟大學宗教與人文研究所所長） 2.涂艷秋（政治大學中國文學系教授）

6 月 30 日

地點	論文主題暨發表人	主持人／回應人
國際會議廳	專題演講 主講人：李察・麥德森（Richard Madsen）（美國加州大學聖地牙哥分校社會學系特聘教授） 林鎮國（政治大學哲學系教授）	主持人：俞永峯（美國佛羅里達州立大學宗教學系副教授）
	1.禪宗語錄的形成：青原行思和南嶽懷讓的記錄 發表人：魏雅博（Albert Welter）（美國亞歷桑那大學教授） 2.文人眼中的宏智正覺禪師 發表人：釋果幸（美國加州大學洛杉磯分校博士候選人） 分組討論	主持人：羅伯・夏夫（Rober H. Sharf）（美國加州大學柏克萊分校東亞研究所教授） 回應人： 1.于君方（美國哥倫比亞大學宗教系榮譽退休教授） 2.俞永峯（美國佛羅里達州立大學宗教學系副教授）
	1.略論佛教近代化改造中的教義系統化建設 發表人：張志強（中國中國社會科學院哲學研究所研究員） 2.傳承與創新——聖嚴法師所建構之漢傳禪佛教中的天臺思想 發表人：鄧偉仁（法鼓佛教學院助理教授） 分組討論	主持人：吳光正（中國武漢大學中國宗教文學與宗教文獻研究中心主任） 回應人： 1.鄧偉仁（法鼓佛教學院助理教授） 2.黃國清（南華大學宗教學所副教授）
	1.聖嚴法師的佛教通史著述與近代佛教史學 發表人：龔雋（中國中山大學哲學系教授） 2.聖嚴法師與印順導師之思想比較：以人間淨土和人間佛教為例 發表人：越建東（中山大學通識教育中心暨哲學所副教授） 分組討論	主持人：林其賢（屏東商業技術學院副教授） 回應人： 1.林義正（臺灣大學哲學系兼任教授） 2.黃國清（南華大學宗教學所副教授）
柏拉圖廳	1.「心靈環保」組織——二十一世紀之「修行型組織」 發表人：釋果光（法鼓山僧伽大學女眾副院長） 2.新／心經濟倫理：經濟學與佛法的相會 發表人：江靜儀（銘傳大學經濟系助理教授） 分組討論	主持人：許永河（成功大學經濟學系副教授） 回應人： 1.楊蓓（實踐大學社會工作學系副教授） 2.高長（東華大學公共行政學系教授兼系主任）
	1.歷代法寶記作者再探 發表人：文帝・亞達梅克（Wendi L. Adamek）（加拿大卡加利大學宗教研究系副教授） 2.民國時期的佛教教育和身分認同 發表人：釋融道（美國南加州大學助理教授） 分組討論	主持人：蔡耀明（臺灣大學哲學系教授） 回應人： 1.羅伯・夏夫（Rober H. Sharf）（美國加州大學柏克萊分校東亞研究所教授） 2.周亞當（Adam Y. Chau）（英國劍橋大學亞洲與中東研究學院高級講師）
	1.如何之謂和尚，兒童文學裡對僧團的描述，視覺線索及人格特質 發表人：賀耐嫻（Natasha Heller）（美國加州大學洛杉磯分校助理教授） 2.近代中國第一次生產的大藏，頻伽精舍校刊大藏經 發表人：史瑞戈（Gregory Adam Scott）（英國愛丁堡大學博士後研究員） 分組討論	主持人：李察・麥德森（Richard Madsen）（美國加州大學聖地牙哥分校社會學系特聘教授） 回應人： 1.羅梅如（Miriam Levering）（美國田納西大學宗教研究學系榮譽退休教授） 2.周亞當（Adam Y. Chau）（英國劍橋大學亞洲與中東研究學院高級講師）
蘇格拉底廳	1.語境傳承——聖嚴法師的文字化禪修 發表人：李玉珍（政治大學宗教研究所教授） 2.在研究中體現的教學理路：從聖嚴法師的學位論文與著作談起 發表人：張梅雅（臺灣大學哲學系漢傳佛教研究室博士後研究員） 分組討論	主持人：越建東（中山大學通識教育中心暨哲學所副教授） 回應人： 1.釋果暉（法鼓佛教學院學士班主任） 2.回應人：杜正民（法鼓佛教學院教授）

地點	論文主題暨發表人	主持人／回應人
蘇格拉底廳	1.從佛法觀點探討高齡化社會的所得分配問題 　發表人：許永河（成功大學經濟學系副教授） 2.聖嚴「老人」談「老人」 　發表人：陳美華（南華大學宗教學所副教授兼所長） 分組討論	主持人：許仁壽（臺灣師範大學EMBA兼任教授） 回應人： 1.徐美（臺北大學經濟學系教授） 2.王美秀 　（臺灣師範大學東亞學系助理教授）
	1.明末時期佛教的孝道研究——以蕅益智旭為中心 　發表人：林林（香港大學佛學研究中心博士候選人） 2.六至八世紀中國的末法思想與初期禪宗的興起 　發表人：林佩瑩（以色列希伯萊大學東亞研究中心研究員） 分組討論	主持人：俞永峯（美國佛羅里達州立大學宗教學系副教授） 回應人： 1.鄧偉仁（法鼓佛教學院助理教授） 2.釋融道（美國南加州大學助理教授）
洛克廳	1.最後的抉擇：選擇植存影響因素的先驅研究 　發表人：江弘基（法鼓山社會福利慈善基金會顧問） 2.佛法對自殺防治應用之探索——以聖嚴思想為起點 　發表人：蔡源林（政治大學宗教研究所副教授） 分組討論	主持人：張志強（中國社會科學院哲學研究所研究員） 回應人： 1.釋澈定（元亨佛學研究所所長） 2.江弘基 　（法鼓山社會福利慈善基金會顧問）
	1.論聖嚴法師菩薩戒思想之佛教文化哲學義蘊 　發表人：郭朝順（華梵大學哲學系副教授） 2.聖嚴法師菩薩戒思想之研究——基於菩薩戒傳承思想之對照與詮釋觀點之理解 　發表人：王惠雯（華梵大學哲學系副教授） 分組討論	主持人：杜正民（法鼓佛教學院教授） 回應人 1.釋果暉（法鼓佛教學院學士班主任） 2.林其賢（屏東商業技術學院副教授）
	1.明清以來佛教的授戒法系、儀軌與革新——兼論聖嚴法師的戒律學研究 　發表人：馬海燕（中國閩南師範大學閩南文化研究院助理教授） 2.聖嚴法師戒律思想之倫理學義蘊 　發表人：嚴瑋泓（東海大學哲學系助理教授） 分組討論	主持人：蔡源林 　（政治大學宗教研究所副教授） 回應人： 1.蔡耀明（臺灣大學哲學系教授） 2.林建德（慈濟大學宗教與人文研究所副教授）
阿基米德廳	1.聖嚴法師《修行在紅塵——維摩經六講》之禪觀義涵 　發表人：王晴薇（臺灣師範大學華語文教學系副教授） 2.性別與般若的對話——當代禪女性對「大丈夫」的新詮釋與修行實踐 　發表人：釋常諗（中華佛學研究所助理研究員） 分組討論	主持人：釋果鏡 　（法鼓佛教學院助理教授） 回應人： 1.釋果鏡（法鼓佛教學院助理教授） 2.王美秀（臺灣師範大學東亞學系助理教授）
	1.從《公案一〇〇》探討聖嚴法師對「公案」的詮釋特色——比對巴壺天對「禪公案」的詮釋觀點 　發表人：陳平坤（臺灣大學哲學系助理教授） 2.從「海底泥牛銜月走」探索禪法的精神徑路 　發表人：劉興松（政治大學宗教研究所博士候選人） 分組討論	主持人：釋果鏡 　（法鼓佛教學院助理教授） 回應人： 1.高麗卿（法鼓佛教學院佛教學系博士候選人） 2.陳平坤（臺灣大學哲學系助理教授）
	1.逆流而行——聖嚴法師漢傳佛教之主張與其時代背景 　發表人：陸柯（Luke Gibson）（法鼓佛教學院碩士生） 2.人間淨土與他方淨土的融會——以太虛與聖嚴為例 　發表人：林益丞（臺灣大學中國文學研究所碩士生） 分組討論	主持人：陳美華（南華大學宗教學研究所副教授兼所長） 回應人 1.谷永誠（Seth D. Clippard）（弘光科技大學應英系助理教授） 2.陳美華（南華大學宗教學研究所副教授兼所長）
綜合討論 與談人： 釋果暉（法鼓佛教學院學士班主任） 于君方（美國哥倫比亞大學宗教系榮譽退休教授） 龔雋（中國中山大學哲學系教授）		主持人：楊蓓（實踐大學社會工作學系副教授）
閉幕式：聖嚴教育基金會董事長蔡清彥致詞		

● 07.01

企業家許光揚捐助法鼓大學「揚生館」
規畫為培養健康身心的基地

　　法鼓大學於 7 月 1 日在園區海會廳舉辦簽署儀式，由方丈和尚果東法師、佛教學院校長惠敏法師，與揚生實業董事長許光揚共同簽訂法鼓大學「揚生館」捐助約定書。許董事長與夫人盧秀珍表達心中的歡喜，感恩法鼓山的成就，以具體行動表達對聖嚴師父的感佩，為法鼓山大學院教育盡一分心力。

　　方丈和尚致贈聖嚴師父墨迹「勝福德幢」，感謝許董事長伉儷成就大願興學的福德，並讚歎指出，「揚生」二字，具有的意涵，既表達對生命意義的發揚，也透過內在價值的開發，回應學校核心精神「心靈環保」當中的慈悲和智慧。

方丈和尚果東法師（左一）、佛教學院校長惠敏法師（右二），與企業家許光揚伉儷（左二、左三）簽訂法鼓大學「揚生館」捐助約定書。右一為法鼓山人基會董事許薰瑩。

　　惠敏法師肯定許光揚董事長伉儷的行誼，是企業家的典範，希望以後培養出來的學生有同樣修為，則是學校對社會的貢獻。

　　「揚生館」將規畫為校區內培養健康身心的基地，提供禪修、瑜伽、健身、球類活動、學生社團、水陸法會等空間設施，並與生命教育碩士學位學程中，有關高齡化社會、健康老化等議題結合，也將連結臺大醫院金山分院的社區關懷，是揚起生命活力、安頓身心的重要場域。

● 07.05～06

惠敏法師出席日本佛教論壇
演說推展四無量心禪修的效果和利益

　　法鼓佛教學院校長惠敏法師於 7 月 5 至 6 日，應邀出席日本龍谷大學舉辦的「日本佛教的未來──其可能性」國際佛教論壇，並以「從生命到環境之基於四無量心的發展──日本佛教之無限可能性」為題，介紹佛教慈悲喜捨四無量心的禪修，可以向四面八方擴展效果和利益。

　　針對論壇「亞洲中的日本佛教應如何發展？」、「向日本佛教的建議──超越宗派、從日本、亞洲走向世界」二項議題，惠敏法師說明，立基於佛學研究和修行，培養學生「慈悲喜捨」的能力與態度，以教育促進「提昇人的品質，建設人間淨土」的目標，即是實踐「四無量心」擴展出的教育效益。

惠敏法師表示，近代日本佛教在文獻研究方面，有許多顯著成果，若能將文獻「翻譯」的研究成果，「轉譯」到生命、社區社群、社會與環境，佛法將是促進人類健康福祉的重要資源。法師以美國威斯康辛大學「健康心智研究中心」為例，提到該中心致力研究人類心智，如何生起慈悲、寧靜、和藹、利他、愛等人性品質，並將研究成果設計成各種正念和慈悲課程，推廣至學前教育及小學，這樣的「轉譯計畫」，或許是日本佛教未來可能發展的方向之一。

惠敏法師於日本佛教論壇上，分享「從生命到環境之基於四無量心的發展」。

● 07.28

法鼓文理學院正式啟航
以博雅教育培養淨化人心的發酵種籽

7月28日，教育部舉行「法鼓人文社會學院」與「法鼓佛教學院」合併審議會，經由法鼓學校法人代表簡報、審議委員提問答詢，審議會議決：通過兩校合併，校名為「法鼓文理學院」。方丈和尚果東法師代表法鼓山，向長期協助的教育部致謝，並對一路支持「大願興學」的護法信眾和社會大眾，表達由衷感恩。

法鼓文理學院校長惠敏法師說明，基於現有的法規和慣例，私立「大學」的成立程序，須經過「學院」階段，要具備辦學成效良好、具體績效證明，以及校務行政運作制度正常等條件，才能提出成立「大學」的申請。至於校名，則礙於「私立學校法」第五條：「私立學校之名稱，應明確表示學校之類別、等級及所屬學校法人」的法規，因此最後決定以「法鼓文理學院」（Dharma Drum Institute of Liberal Arts，簡稱 DILA）為校名。

惠敏法師指出，參考北美高等教育中的「文理學院教育」（Liberal Arts Education，或稱「博雅教育」），具備「小而美」的法鼓文理學院以「博雅教育」為辦學方針，完成創辦人聖嚴師父的創校期許：是一處善良動能的發源地，可為我們的社會培育出更多淨化人心的發酵種籽。

未來的「法鼓文理學院」，校園將猶如「大家庭」的氛圍，並從中建構自主且融和的學習環境，培養跨領域學科素養、關懷生命、奉獻社會的各級領導人才。正式成立後，原來的佛教學院繼續以「法鼓文理學院佛教學系博士、碩士、學士班」的名稱招生；而「法鼓文理學院人文社會學群」預定於 2015 年春季招收生命教育、社區社群再造、社會企業與創新、環境與發展等四個碩士學位學程的學生，於秋季正式入學。

以博雅和實踐爲方向

法鼓文理學院啟航

◎惠敏法師（法鼓文理學院校長）

1993 年 9 月，「法鼓人文社會學院」籌備處成立，是由於當時政府之私立「人文社會學院」的法規開放，讓法鼓山的大學院教育可以開展。但是，鑑於當前臺灣高等教育的困境面臨：一、少子化的社會趨勢，造成學生來源逐年減少；二、大學數量已經飽和，辦學資源競爭日益激烈。為因應此「生源減少」、「資源競爭」的情勢，法鼓山體系決定將「法鼓人文社會學院」及「法鼓佛教學院」兩校整合，以達到「集中資源」、「發展特色」的效益。

為使兩校合併後，跳脫一般「人文社會學院」必須發展為五千人以上規模，才能維持與發展的困境，也為完成創辦人聖嚴師父的創校期許：「是一處善良動能的發源地，可為我們的社會培育出更多淨化人心的發酵種籽」，且具備「小而美」特色，將參考北美高等教育之「文理學院教育」（或稱「博雅教育」）的辦學方針，故以「法鼓文理學院」（Dharma Drum Institute of Liberal Arts，簡稱 DILA）做為中、英文校名，發展規畫方向：學生約數百人，可以實施「全住宿、小班制」，校園猶如「大家庭」氛圍，建構自主且融和的學習環境，培養跨領域學科素養、關懷生命、奉獻社會的各級領導人才。

英文校名特別採用「Institute of Liberal Art」，主要是有別於以「大學部學士班」為主的「Liberal Arts College」，而是以「研究所碩士班、博士班」為主的「Institute of Liberal Art」，依此實踐學院宗旨：以「心靈環保」為核心價值，立基原「法鼓佛教學院」之佛教學系博碩學士班，與原「法鼓人文社會學院」之「生命教育、社區社群再造、社會企業與創新、環境與發展」等碩士學位學程，建構佛法與世學兼備的多元教學環境，培養「悲智和敬」的能力與態度，以及因應全球化地球村公民之素養與能力的各級領導人才，好比在美國，許多文理學院的學術聲譽與傑出校友並不亞於哈佛、耶魯等常春藤盟校，例如：蔣宋美齡、希拉蕊・柯林頓、新加坡前總理吳作棟、王力宏等。

目前臺灣還沒有以「Institute of Liberal Arts」（博雅教育研究與實踐型學院）為名稱與發展方向的大學，值得我們一起來努力。最後，博君一「喜」，我們的校名英文簡稱為「DILA」，與英文「delight」（歡喜）的發音類似，所以我們也期待它是一所讓大家法喜充滿的學園。

（摘錄）

為兩岸教師身心充電

法鼓文理學院首辦「大專校院教師心靈環保成長營」

　　法鼓文理學院於 8 月 9 至 12 日，首度為兩岸大學教師舉辦「大專校院教師心靈環保成長營」，來自中國大陸北京交通大學、南京大學、廣州中山大學、天津廣播電視大學，與臺灣大學等二十三位教師及研究生，齊聚法鼓山園區，體驗法鼓山大學院教育特有的行門課程，學習簡單、實用的修行觀念與方法。

　　在文理學院教師們共同帶領下，學員體驗了包括早課、禪坐、動禪、經行、禪柔瑜伽等課程；也在「生命教育工作坊」、「正念工作坊」、「哲學家咖啡館」等課程中，進行體驗與討論並行的學習方式。

　　最後一天的交流分享中，許多學員不約而同表示，法鼓山寧靜、安詳、友善的氣氛，是心靈環保的最佳體現；任教於廣州中山大學的學員，對於小班制的體驗式課程深有體會，表示樂意將這份幸福感與安心感帶回去，分享給學生和同僚。

　　成長營也促成兩岸教師難得的互動交流，臺灣大學管理學院助理執行長陳彥豪表示，法鼓山的學院教育，是一處學風開放、包容不同觀點的學術場域，運用多元化的教學方式，幫助大眾學習實用的佛法，尤其教學者的用心奉獻，讓人感動，他發願自己也能做出同樣的奉獻。

成長營的學員，與法鼓文理學院校長惠敏法師（前排左六）及老師們歡喜合影。

● 08.12

僧大舉辦暑期實習心得分享會
學僧成長的最佳歷練

僧大於 8 月 12 日舉辦兩場暑期實習心得分享會,由學僧分享暑期至各分支道場的學習收穫,共有二十多位學僧參加。

五年級學僧演捨法師、演真法師,分享第一次跨海到中國大陸四川實習的心得,除了新奇有趣的風土民情,在一次次家訪行程中,法師見到殘磚破瓦下的人性光輝,從當地居民身上,感受到希望與力量。

其他各年級學僧,也各自分享豐富的實習收穫。其中到各地分院實習的學僧,共同的心得是:一定要練習好梵唄,因為在實習中,連續參與各種法會,無論法器是否練熟,都須要上場支援,有時還必須同時執掌數種法器,或是擔任悅眾。

學僧分享暑期實習心得,表示是成長的最佳歷練。

實習過程中,帶領法師的用心、義工的奉獻投入,都讓學僧們深深感動。在北投農禪寺實習的學僧,從法會中感受信眾懇切求法的心,以及法師們的執事態度,不僅為之動容,更發自內心深省;支援兒童營的學僧,面對一群群活蹦亂跳的孩童,則感受到法師與義工培育幼苗的用心,也是鼓舞學僧往前進的動力。

● 08.27

惠敏法師獲頒北藝大名譽教授
國史館出版《六十感恩紀》記錄法師學思歷程

法鼓文理學院校長惠敏法師獲頒臺北藝術大學首位名譽教授,該校校長楊其文、副校長張中煖等教職同仁,並於 8 月 27 日前來文理學院舉行頒贈儀式,表彰對前任代理校長惠敏法師的敬愛。文理學院全校師生也出席觀禮,分享這份殊榮。

頒贈聘書前,楊其文校長幽默介紹惠敏法師在北藝大的奉獻過程,表示法師是一位「另類」的教授,上課方式與眾不同,使用工具、思想和行為都很不一樣,深受全校師生歡迎,是北藝大不可缺少的人物;校方期望,藉著敦聘名譽教授的機緣,邀請退休後的惠敏法師,繼續回北藝大帶動教學與研究風氣。

惠敏法師在回應感言中,強調在北藝大任教是他人生的重要階段,也感恩歷

年累積的行政經驗，正可運用於法鼓山的辦學工作。法師今年二月從北藝大退休，便以全副心力，推動法鼓佛教學院、法鼓人文社會學院兩校合併，七月底已通過教育部審議，合併為法鼓文理學院。

今年也是惠敏法師邁入人生第六十年，國史館從 2007 年開始，由口述歷史專家侯坤宏、卓遵宏，歷時五年半採訪，記錄法師從出生、求學到學佛、出家的人生行旅，呈現法師珍貴的學思歷程，並在 8 月出版《六十感恩紀——惠敏法師訪談錄》一書。在頒聘現場，惠敏法師也將這份人生記錄，致贈予北藝大結緣，感恩該校師生的愛護與祝福。

惠敏法師（左）獲頒北藝大名譽教授，也將國史館出版的《六十感恩紀》贈予北藝大校長楊其文（右）。

惠敏法師於 1992 年取得東京大學文學博士學位後，即應聘到國立藝術學院任教，歷任學務長、教務長、代理校長等行政職務，於北藝大服務教學二十二年。

● 09.26　09.27

惠敏法師出席《少年吉美》首映及座談
透過影片思考人生的可能性

9 月 26 日，法鼓文理學院校長惠敏法師受邀出席國際華人紀錄片《少年吉美》於臺北光點華山電影館舉行的全球首映會及座談。

紀錄片導演劉翠蘭於 2007 年在中國大陸安多藏區研究藏族佛教音樂期間遇見了十七歲的少年吉美，開始記錄吉美在寺院的活動，以及與其他僧人的互動，呈現人生真實的喜悅、挑戰和徬徨，藉此探討「人生的選擇」。紀錄片結尾，吉美面臨下山受戒或還俗的抉擇，也留給觀眾討論的空間。

惠敏法師觀後分享，看到片中寺院僧人，在物質條件不充足下，仍然很快樂，讓人思考快樂的真義；人類可以用很少的資源，過著不同形態的生活，正說明人生有太多不同的可能性。

劉翠蘭導演也請教惠敏法師，如果回到像吉美一樣的年紀，是否仍會選擇「出家」。惠敏法師表示，雖然出家的因緣不同，自己出家的年紀也比吉美大，但「出家」是人生很有「價值」的選擇，是個人真正想走的路，也是值得走的路。

27 日，劉翠蘭導演也受邀前來文理學院演講，分享創作的心路歷程，與師生交流。

● 10.01

法鼓文理學院新校刊出版、新網站建置
報導學院脈動 搭起交流橋樑

法鼓文理學院新版網站建置完成，大眾可以了解
法鼓文理學院各項發展與脈動。

《法鼓文理學院校刊》第一期於 10 月 1 日出版。
由全校師生參與編製，發行於校內及各大學院校
的校刊，除了是師生表達與發表的園地，也是與
國內外學術界的交流橋樑。

採季刊發行的《法鼓文理學院校刊》，共四版，
每期以不同主題記錄學校發展點滴，包括重要記
事、訊息看板、校長 Tea Time 專欄、學術出版品
介紹、數位專案成果、研討會及演講回顧、國際
學人蒞校交流記行、學生暑期海外遊學心得等；
第四版為英文版，擷取前三版報導精華，做為國
際人士了解學校的媒介。

法鼓文理學院新版網站也於 10 月完成建置，整合佛教學系原有網站內容，
以及人文社會學群、圖書資訊館、終身教育、資訊服務入口等訊息資源，便於
綜覽法鼓文理學院各項發展與脈動，兼具瀏覽、檢索、搜尋、社群、行政操作
等功能，提供一般人士、校友、學生、教職員使用。

法鼓文理學院新網站：http://www.dila.edu.tw

● 10.01

僧大《法鼓文苑》第六期出版
「新手上路」分享在學出家的成長

僧大《法鼓文苑》第六期，
分享學僧在學出家的成長。

僧大學僧刊物《法鼓文苑》第六期於 10 月 1 日出
版，本期以「新手上路」為主題，學僧們分享在學
做出家人的過程中，各面向的適應與成長。

新世代學僧善用圖像思考，將從俗轉僧的歷程，以
易懂生動的方式呈現。專題部分，更將學僧父母親納
入「新手」範圍，探討布施子女出家的父母，從反對、
不捨，到運用佛法、歡喜成就的心路歷程。

本期《文苑》除了學僧回歸自心的修行體會，並具備多元的視角，例如從觀
察日本佛教的現況惕勵自己；從社會學的理性研究，回到慈心利他的關懷；從

與義工共同出坡過程中，學習奉獻的熱忱。各專欄呈現出學僧的活力，以及落實佛法的行動力。

該刊物由學僧企畫、採訪、編輯、撰稿、攝影、手繪插圖等，呈現出法鼓山僧教育理念的落實。

● 10.03～04

法鼓文理學院、北京清大合辦研討會
「人文關懷與社會實踐」系列活動展開

由法鼓文理學院、中國大陸北京清華大學共同舉辦的「人文關懷與社會實踐」研討會，10月3至4日，分別於國家圖書館、法鼓山園區進行，有近兩百位來自臺灣、中國大陸的學者、專家、政府部門、第三部門人士參與。

方丈和尚果東法師開幕致詞時，表達法鼓山自 1999 年起，就由聖嚴師父提出以「人文關懷」、「社會實踐」為主題，展開一系

匯集兩岸學者專家參與討論的「人文關懷與社會實踐」研討會於國家圖書館舉行，探討社會企業與公益創新議題。

列學術研討會，提出種種前瞻理念；2015 年法鼓文理學院社會企業與創新碩士學位學程招生前，先舉辦研討會，即再次提醒重回法鼓山辦學的初發心。

研討會共發表十二篇論文、兩場主題演講、一場綜合座談、兩場工作坊，從「社會企業」、「社會創新」、「跨域治理」三方向切入，探討全球新興議題「社會企業」的發展與創新趨勢。

「臺灣管理教育之父」許士軍教授在主題演講中，提出由投資者支持社會企業、由創新化解企業與社會責任間的衝突，解決企業與社會間的矛盾，期盼法鼓文理學院持續做教育先驅，培養社企人才，開創新機制。

北京大學公民社會研究中心教授袁瑞軍則表示，社會企業在中國大陸的發展腳步，雖晚於臺灣與香港，從大量湧現的服務需求來看，可知應著力於培育符合需求的組織與人才，預見未來將有更多創新與發展空間。

4日下午於園區展開「宗教與慈善事業工作坊」、「社會企業與創新工作坊」，由法鼓山慈基會祕書長果器法師、法鼓山人基會主任張麗君、慈濟基金會發言人何日生、至善基金會執行長洪智杰等，交換宗教團體慈善工作的內容與心得。

感恩、感動與歡喜

10 月 3 日講於國家圖書館「人文關懷與社會實踐」研討會

◎果東法師

　　諸位貴賓、諸位學者、諸位法師、諸位護法居士大德，阿彌陀佛。今天這場活動，是法鼓文理學院正式更名後，首次舉辦的學術研討會，我的內心只有用感恩、感動、歡喜來形容。

更名法鼓文理學院後，首次主辦學術研討會

　　法鼓文理學院的前身，也就是法鼓人文社會學院籌備處，自 1993 年設置以來，雖經歷正式立案、與法鼓佛教學院合併等過程，尚未正式招生，然而期間由籌備處主辦的「人文關懷與社會實踐」研討會從未間斷，並且掌握了社會脈動，與時俱進，從學術研究的角度，提供另一種社會關懷。

聖嚴師父為系列研討會定題：「人文關懷與社會實踐」

　　法鼓山創辦人聖嚴師父一向期許，法鼓山的大學院教育與法鼓山理念推廣之間，彼此是互相支援、互相合作，朝著同一個方向邁進。法鼓人文社會學院籌備處自 1999 年首度主辦學術會議以來，聖嚴師父即開宗明義提出兩個關鍵詞：一個是「人文關懷」，一個是「社會實踐」。從此，「人文關懷與社會實踐」成為這一系列學術研討會永恆的命題。

　　在此，我要稍微簡介「人文關懷與社會實踐」研討會一路走來的歷程，與大家分享。

　　1999 年首次舉辦的第一屆「人文關懷與社會實踐」研討會，主題是「人的素質」。這個議題，在當時非常創新，更直接揭示了法鼓山理念的核心關懷：也就是人的素質是如何形成的？如何能夠提昇？當時邀請到的學者，如同今天與會的學者一樣，都是來自大陸、香港和臺灣一流的學者專家，發表的研究成果極為豐富，引起媒體廣泛報導，直到今天，仍使我們記憶深刻。

　　第二屆主題是「新時代的家庭倫理，尊重與關懷」（2000 年），把人的素質的關懷，延伸至社會組成的最基本單位「家庭」，也是最基礎的人際關係。之後法鼓山於 2007 年正式提出「心六倫運動」，也以家庭倫理為首要倫理。由此可見，「人文關懷與社會實踐」學術研討會，不僅掌握社會

的脈動，對於法鼓山理念的推動，也提供前瞻性的作為。

第三屆主題是「科技發展與人文關懷」（2001 年），科技發展改變了我們的生活方式與生活環境，但是科技發展對於人心的影響，究竟是便利，或是制約？它是幫助人際溝通更順暢了，還是讓我們的內心世界因此更封閉了？直到今天，這個議題仍為社會各界所關切，而在當時，與會的學者們也都提供了非常寶貴的見解。

掌握時代脈動：社會企業與創新

第四屆研討會，即本屆研討會的主題是「社會企業與創新」。社會企業的概念，從歐美引進臺灣，不過七、八年，仍屬於推廣階段，但在政府與民間，都有相當熱烈的回應，多數認為這股趨勢，可帶動社會、企業、非營利組織，甚至與政府公共政策的重新組合，達成互惠互利且永續經營的企業經營模式。

我個人對社會企業的理念，還在了解學習中，但是學院籌備處的腳步很快，自 2010 年起，便積極以社會企業為主軸，規畫籌設「社會企業與創新」碩士學位學程，希望藉由跨領域資源的整合，回應社會議題，改善生活環境品質，進而達到提昇人的品質，落實對社會整體的關懷。

另一方面，行政院江宜樺院長在今年八月宣布：2014 年是「社會企業元年」。這也表示，法鼓文理學院再次掌握了社會脈動，然而在回應社會脈動與需求時，我們必須做最好的準備。

因緣說法，感恩、感動與歡喜

佛法講因緣，所謂因，是指我們具備的基礎條件；所謂緣，是外在環境的配合條件。經過二十多年的努力，法鼓文理學院即將招生，這是因緣具足，應機說法，非常感恩。

而在招生前舉辦這場學術研討會，等於再次提醒我們重回辦學的初發心：人文關懷與社會實踐，兩者缺一不可，必須並行，這也是因緣說法的另一種教育意義，非常感動。

在今、明兩天舉行的「社會企業與創新」研討會，能有諸位學者專家共聚一堂，提供寶貴的智慧建言，幫助大眾對社會企業的永續經營，以及整體社會生命共同體的永續發展，有更進一步的認識，果東對此感到非常歡喜。

再次感謝諸位出席本屆研討會，預祝大會順利圓滿，諸位學者專家身心平安、健康。

● 10.25～26

法鼓文理學院舉辦「佛教禪修傳統」研討會
「比較與對話」啟發佛教研究新思維

「佛教禪修傳統」研討會，啟發佛教研究與當代社會弘化的新思惟。

法鼓文理學院於 10 月 25 至 26 日，在園區國際會議廳舉辦「佛教禪修傳統——比較與對話國際研討會」，共有一百多位來自德、義、比、日、英、美、中國大陸及臺灣等地學者，透過十四篇論文，探討佛教禪修傳統的理論與實踐。

研討會主題是「比較與對話」，探討並比較不同禪修傳統的交流，以及與其他宗教、跨學科的對話，促進各界對佛教禪修與禪修研究方法的了解；每篇論文不設特定回應人，讓與會者有更充分的互動時間，進行思辨與討論。

其中，德國漢堡大學（Universität Hamburg）教授無著比丘（Bhikkhu Anālayo）引用佛教早期經典，探討二禪的觀、聽與身體覺受等問題，有助釐清大眾對二禪的誤解；印度普納大學（University of Pune）教授迪歐卡（Mahesh Deokar）以《清淨道論》等經論為文本，提出禪修者可先從認識、了解自我開始，再針對個性適性選擇禪修方法；日本東京農業大學教授山部能宜，將兩幅敦煌文物「觀經變相」以科技技術凸顯原色，比較不同畫者對禪觀與經典的詮解，引領大眾微觀佛教藝術。

法鼓文理學院助理研究員辜琮瑜發表〈中國禪宗詩偈於生命教育之應用初探〉，反思臺灣生命教育課程；助理教授溫宗堃從當代上座部五個內觀禪修傳統，發現各有偏於止或觀的禪修技巧，因而排列成光譜，帶來新的研究觀點。

佛教學系學士班主任果暉法師表示，十多篇論文涵蓋早期佛教、部派佛教及大乘佛教，多篇論文更銜接禪修與實際生活，討論西方社會關注的禪修主題，有助啟發佛教研究與當代社會弘化的新思惟。

● 10.26

法鼓文理學院舉辦專題講座
考古學家維拉底談佛教藝術

法鼓文理學院於 10 月 26 日舉辦專題講座，邀請義大利籍維拉底（Giovanni Verardi）教授主講「凝視圖像——從政治觀點看禪坐、成道、弘法」（Before the Image: Meditation, Awakening, Teaching in Political Perspective），解讀佛陀當時在宗教與社會的地位表徵。

演講中，維拉底教授帶領與會者走入二世紀印度秣菟羅（Mathurā）、犍陀羅（Gandhāra）的時空背景，從浮雕上的造型、紋飾、手印、姿勢，解讀佛陀在當時的影響力。演講前，維拉底教授已於 10 月 9 至 20 日期間，在文理學院進行一系列演說，從印度佛教藝術考古學觀點，主講「阿育王的以『法』治國」（Asoka and the Establishment of the Kingdom of Dharma）、「佛教於古印度之吉凶禍福」（Fortunes and Misfortunes of Buddhism in Early India，2nd Century BC-3rd Century AD）、「玄奘所見之印度佛教」（Xuanzang and the State of Buddhism in India）、「健馱邏與大健馱邏──從佛教勝地走向佛法之滅絕」（Gandhara and Greater Gandhara: From a Buddhist Heaven to the Collapse of the Religion of Dharma）、「三個佛教朝聖地──菩提迦葉、鹿野苑、那爛陀」（Three Buddhist Sites: Bodhgaya, Sarnath, Nalanda）等，分享畢生研究精華。

2007 年，維拉底教授從拿波里東方大學（University of Naples "L'Orientale"）退休，除教學外，還致力考古研究，先後擔任阿富汗、尼泊爾和洛陽龍門石窟等考古團主持人，並受邀評估與修復遭受戰火破壞的阿富汗巴米揚大佛。2014 年初，文理學院圖書資訊館完整取得維拉底教授藏書三千多冊、三十四種期刊，主題涵蓋他的早期著作、印度考古學、圖像學、中國及日本佛教藝術等，多是珍貴的絕版藏書，這批藏書使得圖資館佛教藝術資源更為豐富。

來自義大利的維拉底教授，於專題演講中分享佛教藝術。

● 11.01～12.31

中華佛研所啟動研究新計畫
「漢傳佛教青年學者論壇」徵集研究小組

11 月 1 日至 12 月 31 日，中華佛研所展開「漢傳佛教青年學者論壇」研究小組徵集報名活動，廣邀國內外年輕研究者，以三至四位發表人為一組，自訂研究主題組隊參加，接續聖嚴師父提昇漢傳佛教研究的願心。

「漢傳佛教青年學者論壇」計畫為期三年，由中華佛研所整合漢傳佛教的研究力量，提供有志於相關領域研究的青年學者交換學習心得，建立跨世代

對話的平台，以「漢傳佛教研究的新文獻、新視野、新方法」為主軸，推動新型態的青年學者論壇。

論壇研討子題包括：漢傳佛教中經典流傳過程中的翻譯問題；漢傳佛教中的教派、教理與教義；漢傳佛教經論的新時代詮釋；漢傳佛教藝術；漢傳佛教當中的性別議題；漢傳佛教的空間研究（寺院佛剎）；漢傳佛教的跨文化交流；漢傳佛教與當代社會等八個面向。

佛研所表示，藉由徵集活動，除了關懷研究漢傳佛教的青年學者，也希望建立長久往來的學術社群，帶動漢傳佛教研究的趨勢，引領國內學子與國際學術潮流接軌。

● 11.06～07

卡巴金博士訪法鼓文理學院分享「正念減壓」
結合禪修與心理治療、諮商、輔導的多元面貌

卡巴金博士於法鼓文理學院與師生交流「正念減壓」運用於醫療的成果。

「正念減壓」（Mindfulness-Based Stress Reduction,MBSR）創辦人卡巴金（Jon Kabat-Zinn）於 11 月 6 日參訪法鼓山園區，並與僧團副住持果品法師、都監果光法師、法鼓文理學院校長惠敏法師、法樂法師等展開對談；7 日於文理學院帶領「正念減壓」工作坊課程，有近百位師生參加。

卡巴金說明，在醫院教導病患運用佛教基本的禪修方法，初衷源於介紹佛法，但不能說是佛教滅苦的門診，只能說是減壓門診；MBSR 是一項工具，將源於佛教的成果提供給不同領域的眾生共享。

交流中，學生提出如何將病人浮動的情緒，引導到如禪修般較平靜的狀態？如何確定學員完成八週正念減壓課程後，仍能保持正念的習慣？卡巴金舉出數個教學經驗來回應。有學生分享，卡巴金的來訪，鼓舞學校開啟結合禪修與心理治療、諮商、教育輔導、臨終關懷等的研究，並提供另一種實踐佛法的可能性。

首度到臺灣的卡巴金博士，二十六歲接觸佛教禪修，1979 在美國麻省大學（University of Massachusetts）醫學中心開辦減壓門診，成立「正念醫療中心」，透過種子師資的推動，在醫院、學校、企業、監獄等，推廣正念課程。

● 11.08

鄧偉仁老師出席「朝聖的跨宗教探究座談會」
跨宗教交流「朝聖」的意義

　　法鼓文理學院助理教授鄧偉仁於 11 月 8 日，出席由輔仁大學宗教學系舉辦的「朝聖的跨宗教探究座談會」，與政治大學阿拉伯語文學系副教授林長寬、臺灣基督正教會神父李亮，交流佛教、伊斯蘭教、東正教的朝聖傳統。

　　鄧偉仁老師表示，依《大般涅槃經》記載，佛陀告訴弟子在佛入滅後，可發心前往佛出生、成道、轉法輪與涅槃處憶念，這四處被後世佛教徒視為聖地；《華嚴經》善財童子五十三參，則是修證的朝聖。隨著佛法東傳，在中國形成五臺山佛教聖地，或與道教互融的南嶽衡山。

　　座談會中，鄧偉仁老師並提出東、西方對「神聖」與「朝聖」異同的思考，在伊斯蘭教與基督教，神聖是超越世俗經驗的體驗；在東方，聖不離俗，到宗教古蹟旅行，便是宗教行為的一種展現。

● 11.12～13

臺大 EMBA 大陸學員於法鼓山體驗禪修
學習禪宗、禪學及禪修指引

　　二十七位中國大陸寧波市新生代企業家，透過臺灣大學管理學院碩士在職專班（Executive Master of Business Administration, EMBA）課程的安排，11 月 12 至 13 日於法鼓山園區進行參學，並由法鼓文理學院禪文化研修中心主任果鏡法師、助理教授鄧偉仁、禪堂常護法師，為學員密集授課，依序進行禪宗簡介、禪學、禪修指引、叩鐘擊鼓、學佛行儀，以及心靈環保等課程。

　　臺大 EMBA 執行長謝明慧教授表示，中國大陸學員對臺灣文化一向景仰，參學之前，已在臺大、清華二所大學上過管理與哲學課程，屬於宏觀學習，在法鼓山體驗禪修，則屬於向內觀照的學習。

　　一位首次至臺灣的學員表示，了解聖嚴師父建設法鼓山理念後，體會到寺院不僅為禮佛敬佛而建，更為以佛法化世、提昇人的品質而建，此行帶來內在沉澱的喜悅，找到內心寧靜的方向。

臺大 EMBA 大陸學員於園區進行向內觀照的學習。

● 11.28

法鼓文理學院舉辦專題演講
恒實法師主講「在高科技世界中維護人性的價值」

法鼓文理學院於 11 月 28 日舉辦專題演講，邀請美國法界佛教大學教授恒實法師（Rev. Heng Sure）以「在高科技世界中維護人性的價值」（Preserving human value in the hi-tech world）為題，與近八十位學院師生、僧大學僧，分享數位時代的心靈改革之道。

法師以暢銷書《愛爾蘭如何拯救世界文明──影響深遠的英雄傳奇故事》（*How the Irish Saved Civilization: the Untold Story of Ireland's Heroic Role from the Fall of Rome to the Rise of Medieval Euro*）破題，提出人類歷經農業、工業、科學革命到今日的數位革命，不知不覺就「上了科技的鉤」，包括自己也深受影響，從抗拒到接受，並藉由網路成立佛法詢問臺、發行電子報、籌組社群等，充分感受科技帶來的便利性，也開始反思，在全球願景之下，如何運用個人的心識與智慧，從網際網路（Internet）走向內在網路（Inner-Net）。

恒實法師透過自己在南非貧民窟體驗到的傳統文化「ubuntu」（人性，人與人的聯繫）指出，高科技終究只是手段，而非目的，心才能通往無限。講座最後，法師也提出數則心靈改革方案，包括每週訂定「科技安息日」（data sabbath），讓自己完全抽離 3C 產品，和家人散步、做義工等，練習回到「中道」的生活。

兩小時的演講，恒實法師以一貫幽默的口吻分享所知所學，甚至拿起吉他即興演唱佛曲，不僅帶動現場的交流、互動，也讓與會大眾直接體認到法師所闡述的人性價值──「ubuntu」。

恒實法師與學院師生、僧大學僧，分享數位時代的心靈改革之道。

● 12.04

楊蓓談禪修與心理治療
盼建立「東方心理學」

12 月 4 日，法鼓文理學院舉辦專題演講，邀請實踐大學社會工作學系副教授楊蓓，以「禪修對心理治療的啟示」為題，與該校七十位師生、僧大師長，

分享禪修與心理治療相互為用的體悟。

透過實例，楊蓓老師簡介西方心理治療學派發展的來龍去脈，並自問漢傳禪法是否有進入專業心理治療範疇的必要性？由於心理治療在方法語言上貼近現代社會，楊老師提醒在不失佛法正知見的根本下，值得借鏡與融入。

楊蓓老師提出心理治療與佛教禪修的對話可能，期待更多心理工作者親自體驗禪法。

楊蓓老師表示，中年親近佛法、學佛後，就已啟動禪修與心理治療結合的「進行式」，在助人工作的視框中加入佛法與禪修，更確知助人工作的真諦，而心理治療的核心，就是「四它」。

講座中，楊蓓老師並提出心理治療與佛教禪修的幾個對話可能，如精神分析與業感緣起、認知行為與轉識成智、人本存在與法住法位，期待更多專業心理工作者親自體驗佛法、禪法，投入探討與研究，共同建立「東方心理學」，重新找回華人的生命觀。

● 12.12

法鼓文理學院參加僑大博覽會招生
提供入學諮詢服務

12月12日，法鼓文理學院佛教學系參加於臺灣師範大學林口校區舉行的僑生大學博覽會，與八十八所大學院校，為即將在臺灣就讀大學的僑生提供入學諮詢服務。

現場一千三百多位僑生，熱烈詢問適合自己就讀的校系，佛教學系由學士班專職與學生組成服務團隊，提供「課程地圖」解說，協助僑生了解文理學院的辦學特色與學習重點。

法鼓文理學院參加大學僑生博覽會招生，為僑生提供諮詢服務。

法鼓文理學院表示，依104學年度學生比例，佛教學系學士班預備招收兩名僑生，參加大學博覽會，也是為更名後的法鼓文理學院拓展知名度，向各大學介紹一所以心靈環保為核心，培養跨領域學科素養、關懷生命、奉獻社會的各級領導人才的學校。

●12.15

佛研所舉辦「叢書出版計畫成果發表」
《敦煌漢文佛教寫卷點校本》數位化的階段性展望

中華佛研所與大英圖書館（British Library）共同合作《敦煌漢文佛教寫卷點校本》叢書出版計畫，12月15日由計畫主持人、美國天普大學（Temple University）馬德偉教授（Marcus Bingenheimer），於法鼓山園區海會廳發表第一年成果，並介紹 Voyant Tools 電子文件線上分析工具，用在敦煌文獻數位化的可能性。

這項計畫在2014年1月啟動，邀請國際敦煌學者太史文（Stephen Teiser）教授擔任顧問，由文理學院圖書資訊館執行。初期由大英圖書館提供敦煌寫卷數位影像檔與轉錄文字檔，經由專案小組標記，提供影像與全文對照版本，將敦煌寫卷中與禪宗、觀音相關的漢文佛教文獻，進行文本校勘並數位化，最後以線上數位及印刷版本發行面世，期提供研究者較佳的文本，更有助於敦煌寫卷的保存。而數位化的《敦煌漢文佛教寫卷點校本》，將提供大英圖書館國際敦煌項目（International Dunhuang Project）收藏。

整體專案完成之後，第三、四年預計陸續出版《敦煌中國佛教文獻》二卷。專案小組表示，先後發行數位與印刷版本，在於數位版本仍有介面技術難以永續的風險，而人文學者也難以使用未經處理的數位文獻，出版紙本不僅能紹承學術傳統，亦具流傳與保存性。

●12.17

法鼓文理學院社團師生歲末送暖
關懷仁愛之家獨居長者

法鼓文理學院社團師生關懷行動不便獨居長者。

法鼓文理學院行願社、澄心禪學社、書法社等四十多位社團師生，於12月17日前往新北市萬里區仁愛之家，關懷三十位行動不便獨居長者。

法鼓文理學院各社團的師生們，多年來和仁愛之家的獨居長者，互以「菩薩」稱

呼,成為相互學習和鼓勵的忘年之友。行願社社長圓絜法師說明,社團成員六年來堅持初衷,這次同學更自製天然護手霜,幫老菩薩按摩,希望用掌心產生熱能,適時送上溫暖。

有學生分享,三年來參與社團服務他人,拓展人際視野,真正體會到聖嚴師父所言:「何謂菩提心,利他為第一。」

● 12.22～31

法鼓文理學院「2014 圖館週」
聚焦數位館藏的介紹與分享

2014 年法鼓文理學院圖館週活動,自 12 月 22 至 31 日,於法鼓山園區展開。本年主題是「圖書館,翻轉吧!」透過多項活動,廣泛介紹電子館藏的使用方式。

22 日起,開辦五堂資料庫暨電子書運用課程,包括 EBSCOhos、JSTOR

洪振洲館長在數位專案發表會上,介紹佛學數位工具的使用方法與特色。

資料庫,以及 HyRead ebook、airitiBooks 與 Cambridge University Press、Library & Book 電子書、鼓勵大眾善用電子館藏,輔助學習,開拓視野。

24 日舉行「尋寶奇航──中西參大賽」,二十多道題目讓參加者雙管齊下,利用紙本藏書與電子資料庫,迅速找出正確答案,現場笑聲與鼓掌聲此起彼落,讓向來寧靜的圖書資訊館,頓時增添活潑歡喜的氣氛。

於 30 日進行的數位專案發表會上,洪振洲館長整合三十多項數位專案成果,以趣味方式提出十招「使用密技」,導覽佛學數位工具的使用方法與特色,種類涵蓋經典全文、佛教書目、圖片、聲音檔等,並整合在圖資館網站 http://lic.dila.edu.tw,開放各界使用。

深受歡迎的「五分鐘說書活動」於 31 日舉辦,擴大邀請法鼓山園區專職參加,多位參學室導覽員報名,與大學院師生以書會友,分享閱讀之樂。校長惠敏法師開場致詞時,分享近期引發大眾討論的「語言癌」議題,提醒學生勿養成充滿贅詞的表達習慣,藉著說書活動,訓練思考與表達,學習說出適當的言語。

●12.24

法鼓文理學院舉辦「法鼓講座」
邀請吳順令館長暢談「藝術即修行」

12 月 24 日，法鼓文理學院於園區國際會議廳舉辦「法鼓講座」，邀請朱銘美術館館長吳順令，以「藝術即修行」為題，分享雕塑大師朱銘的藝術體悟人生，有近一百人參加。

吳順令館長以雕塑作品的影像為經緯，鋪展朱銘伴隨創作歷程不斷深化的思想內涵，說明朱銘早期成名作「鄉土系列」，透露出「一起來精神」，是日後作品一貫的基調；其後學習太極拳，體驗天人合一思想，創作「太極系列」，傳達生命之可貴在於交流而非對立；1980 年代初，前往美國，適逢普普藝術（Pop Art）潮流，突破規範的精神啟發朱銘欲掙脫束縛的心境，於是有了不限主題、至今不見終點的「人間系列」。

吳順令館長表示，朱銘未受太多正規教育、不愛讀書而愛看電視，鮮少涉獵高深理論，卻透過藝術創作轉化自身經驗，落實道在生命中的實踐。

●12.25　2015.01.01

僧大學僧關懷榮總病友
分享簡易安心之道

12 月 25 日及 2015 年 1 月 1 日，僧大學僧由關懷院監院常健法師帶領，前往臺北榮民總醫院病房，與事先登記需要宗教師關懷的患者和家屬，分享簡單實用的安心之法。

由於患病臥床，有些病患覺得自己沒有用處，負面的思緒，讓親友也無從安慰。僧大法師分享聖嚴師父面對病痛的故事，引導病患念佛安定身心，並將念佛功德迴向給醫院所有病患，祝福他們平安出院，透過善念提起信心，讓自己「病得很健康」。

來自澎湖的家屬分享，原本念佛是為先生祈福，後來發現自己也因此獲得安定力量；有首次拿佛珠的病友表示，佛號讓人心平靜。學僧於慰訪後表示，自己是和病患一起學習如何面對老病死，發現原來陪伴、傾聽、單純分享念佛，就能傳遞關懷，打開病患和家屬的心。

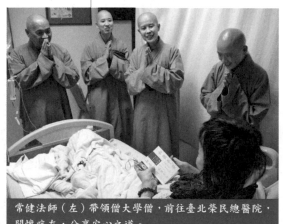

常健法師（左）帶領僧大學僧，前往臺北榮民總醫院，關懷病友，分享安心之道。

實踐

肆【國際弘化】

為落實對全世界、全人類的整體關懷，

透過多元、包容、宏觀的弘化活動，

經由禪修推廣、國際會議、宗教交流……

消融世間的藩籬及人我的對立與衝突，

成就普世淨化、心靈重建的鉅大工程。

步步皆踏實
成就人間淨土願景

2014年，國際弘化以多元活動的參與，讓漢傳禪法在國際發聲；
接力不斷的禪修推廣，繼起聖嚴師父在全球廣傳禪法的腳步；
同時落實「走入社區、走向人群」的弘化方向，
積極接引西方民眾體認佛法的慈悲與智慧；
取得聯合國「特別諮詢地位」的肯定，
更代表法鼓山以心靈環保的實踐，
成就無分國族、宗教、清淨、祥和的人間淨土願景，
正在步步踏實地履踐中。

　　法鼓山推動國際弘化工作，本年跨出了重要步伐。繼 2000 年創辦人聖嚴師父於聯合國總部發表演說後，聯合國經濟及社會理事會（United Nations Economic and Social Council, ECOSOC）於 7 月底，正式通過美國法鼓山佛教協會（DDMBA）取得「特別諮詢地位」，這對長年參與跨宗教交流、致力促進人類和平的法鼓山來說，不啻是一大肯定。

　　2014 年在國際弘化的推動上，除透過多元的跨宗教對話、活動參與，影響力日見深遠；僧俗四眾也齊心在全球推廣禪修活動，讓漢傳禪法在國際間萌芽茁壯。

　　另一方面，歷經二、三十餘年的辛勤耕耘，北美地區多處道場會所及亞洲香港道場，紛紛展開擴建、搬遷及啟用；全球各地道場、護法會弘化活動的蓬勃推展，在西方社會生根開展漢傳佛教。

多元互動　全球傳遞慈悲智慧

　　在宗教對話方面，禪堂堂主果元法師、美國紐約象岡道場監院常聞法師，於 3 月參加天主教普世博愛運動（Focolare Movement）於羅馬舉行的「國際宗教交流暨盧嘉勒紀念研討會」（Chiara and Religions: On a Pilgrimage towards the Truth），並於會中分享聖嚴師父、盧嘉勒（Chiara Lubich）女士，以及雙方團體的互動連結。

　　6 月，北美護法會輔導法師常華法師於紐約與伊斯蘭教代表莎拉‧賽義

德（Sarah Sayeed）博士進行「佛教徒和穆斯林對話」（Buddhist-Muslim Dialogue）；北美護法會加州舊金山分會則於9月舉辦的跨宗教對話活動中，邀請奈爾斯發現教會主任牧師（The Senior Pastor at Niles Discovery Church）傑夫・史賓塞（Jeff Spencer），與常華法師，探討佛教和基督教的生死觀，不僅有助於消弭隔閡與誤解，也促進彼此的尊重與包容。

7至12月，馬來西亞監院常藻法師則受邀出席由當地佛教團體舉辦的三場座談，與各界人士探討佛教在不同時空、文化中形成的多元面貌，讓大眾對漢傳佛法有更多認識。

於國際活動參與上，首先是東初禪寺住持果醒法師於1月受邀至加拿大環境部（Environment Canada）及漁業海洋部（Fisheries and Oceans Canada）演講「有二無二的專注」（Attention with and without Duality）；3月，方丈和尚果東法師出席泰國僧王荼毘大典；5月，中華佛研所所長果鏡法師也參加國際佛教大會（The International Buddhist Conference）於越南舉辦的聯合國衛塞節（The United Nations Day of Vesak Celebrations），並在「佛教教育與高等教學內容」研討會中，介紹法鼓山大學院教育理念與現況。

接引各國青年方面，7月與扶輪社合辦「國際青少年宗教體驗營」、10月太平洋島國青年領袖至法鼓山參學、11月美國長島大學於法鼓山園區、農

禪寺進行宗教文化課程。全球五大洲的青年透過參訪和體驗，了解漢傳佛教的現代內涵。

推廣禪法　僧俗弟子同承師願

而繼起過去聖嚴師父在國際間主持禪期和禪修講座的腳步，僧眾弟子和西方法子同樣持續於全球各地努力，步步踏實邁向新里程。

果元法師於3月至10月間，先後前往英國、盧森堡、德國、比利時、墨西哥、印尼等地，主持禪修活動和禪法講座，其中墨西哥的弘法行，首度至瓜達拉哈拉（Guadalajara）、聖米格爾・阿雁德（San Miguel de Allende），以及墨西哥市（Ciudad de México）三大城，在中美洲播下更多漢傳禪法的種子。

聖嚴師父法子繼程法師則於7月偕同象岡道場監院常聞法師、常襄法師前往歐洲，分別於波蘭、瑞士、英國主持禪十、禪五、禪七，這已是繼程法師連續七年在歐洲帶領禪修；9月分別在北美新澤西州分會、洛杉磯道場，主持四場講座及默照禪三、精進禪七。

另有舊金山分會於1月邀請師父西方法子賽門・查爾得（Simon Child）帶領禪修講座與默照禪二；11月，加拿大溫哥華道場舉辦默照禪七，亦由西方法子查可・安德烈塞維克（ arko Andričević）帶領。

此外，針對分眾而規畫的禪修活動在今年度也更加落實，包括，舊金山分

會推廣「親子法鼓八式動禪」；香港道場與香港中文大學合辦「香港青年五日禪修營」；馬來西亞道場「2014心靈環保青年營」和「心靈環保兒童營」，以及洛杉磯道場舉辦接引專業人士的「360度禪修營」等，藉由各種禪修活動，讓不同年齡和階層，都能體驗漢傳禪法的妙用。

洛杉磯道場9月舉辦禪七，由聖嚴師父法子繼程法師（第二排中）、道場監院果見法師（第二排右二）、果明法師（第二排右一）共同帶領。

無論在沒有固定弘法據點的歐洲、中美洲，還是有固定道場的亞洲、北美洲，透過僧團法師、聖嚴師父法子以及護法信眾齊心努力，漢傳禪佛教一步一腳印，於全球四大洲不斷深耕擴展。

西方學界　推廣漢傳佛教研究

除了深入全球各地弘揚漢傳禪法，研究漢傳佛教的工作，也持續在西方學術界推展。本年5月，加拿大英屬哥倫比亞大學亞洲研究所主辦「佛教與社會關懷座談會」，常悟法師出席講說「法鼓山慈善救濟與社會關懷工作」，與加拿大學界分享法鼓山以心靈環保為核心，用教育來落實關懷的方法和事例，使西方學者對漢傳佛教和現代社會的連結，產生了深刻印象。

美國哥倫比亞大學出版社「聖嚴漢傳佛教學術出版永久基金」，8、9月間出版三本學術專書，主題包含：追溯佛教密宗儀式的沿革、探討蕅益智旭的宗教實踐，以及研究中世紀漢傳佛教的符咒和儀式想像。這些專書的出版，不但提昇漢傳佛教在西方學術界的能見度，也展現漢傳佛教的研究潛力。

美國哥大宗教系設置的「聖嚴漢傳佛教講座教授」，首位講座教授于君方於本年榮退，11月由該系助理教授楊朝華接任。于君方擔任講座教授期間，哥大學生對漢傳佛教的興趣增長，每學期課程選修多達三百位，該系因而成立「佛教與東亞宗教研究中心」。接任講座教授的楊朝華表示「將以在西方弘揚漢傳佛學為己任」，接力扎根漢傳佛教研究，未來成果令人期待。

傳薪溯源　弘傳交流無國界

本年各地道場建設，無論是成立十年的舊金山分會、十六年的安省多倫多分會、二十年的香港道場，或是邁

向三十五年的東初禪寺，相繼搬遷新會所、灑淨整建、落成啟用。其中，聖嚴師父在西方的弘法起點東初禪寺，歷經多年努力，11月正式動土擴建，適足以說明中華禪法鼓宗的弘傳，逐步於西方社會開展新里程。

至於海外法務的弘化推廣，因應不同宗教、文化和社會背景，各有其特色。在北美地區，落實 2013 年北美年會提出「走入社區、走向人群」的國際弘化方向，加拿大、美國各道場和分會，本年除了固定舉辦法會、禪修、佛學講座等，並積極接引西方民眾，參與當地活動。1 月，洛杉磯道場為長者首度開辦的長青班結業；5 月，舊金山分會舉辦「Open House」說明會，向社區居民介紹法鼓山；6 月，休士頓聯絡處為民眾舉辦第一場禪修活動；溫哥華道場 4 月在當地幼稚園推廣法鼓八式動禪、8 月接待社區中心長者來訪、9 月法鼓隊於臺灣文化節演出，11 月融合加拿大感恩節傳統，舉辦親子生活園。

在南半球的澳洲，墨爾本分會長期以「心靈環保」理念與居民互動，被當地推薦為「公益團體」，10 月於當地市政大廳接受表揚，說明法鼓山推廣提昇人品、淨化人心活動，為家庭與社會帶來正面影響，深受肯定。

另一方面，馬來西亞道場信眾組成的「菩薩戒暨禪修體驗、寺院巡禮團」，在監院常藻法師帶領下，於 2 月來臺參加菩薩戒會，並尋根溯源參訪總本山、北投農禪寺等，體驗早晚課誦、禪修、朝山等修行法門，也體會聖嚴師父創建道場的願心。7 月，二十九位涵蓋老、中、青三代，來自美國、加拿大、瑞士等地的西方禪眾，抵臺展開巡禮尋根之旅，深入法鼓山的理念及發展脈絡，並討論如何就不同族群，將漢傳禪法推廣至西方。

6 月和 10 月，臺北和紐約二地，分別舉行東初歷史口述座談，早年追隨聖嚴師父的東、西方弟子，齊聚分享東初禪寺的發展歷程，以及親近師父學佛後的成長和轉變。

結語

法鼓山的國際弘化，在聖嚴師父捨報圓寂後，海內外僧俗弟子仍秉持悲願，持續將理念廣傳至全球。國際社會對法鼓山的肯定，除了聯合國經濟及社會理事會，5 月泰國朱拉隆功佛教僧伽大學（Mahachulalongkornrajavidyalaya University）將榮譽博士學位，頒予方丈和尚果東法師，是繼聖嚴師父之後，第二位法鼓山教團領袖獲頒殊榮，對法鼓山發揮安定人心、淨化世界的力量，表達讚佩。

這除了彰顯聖嚴師父以漢傳禪佛教利益全體人類的悲願，在國際間備受肯定，也代表法鼓山更向前跨出一大步，步步落實以心靈環保的實踐，成就無分國族、宗教、清淨、祥和的人間淨土。

● 01.04～26

果醒法師溫哥華弘法關懷
主持佛學講座、禪修活動

果醒法師於溫哥華道場主持念佛禪二,引導念佛禪的方法。

美國紐約東初禪寺住持果醒法師於1月4至26日,前往加拿大溫哥華道場弘法關懷,內容包括主持佛學講座,帶領禪修、法會等活動。

禪修活動方面,包括4至5日的都市念佛禪二,果醒法師將六根比喻成六種動物,無時無刻都想往外跑,六根可以拴在一處,繩子就是方法,而念佛禪練習的方法,就是收攝身心,以禪修方式念佛,如果能念到一心不亂,所有外境、聲音、景象、人,就都是佛號。

18日的生活禪中,則藉由「美女與猩猩接吻」影片的播放,帶領大眾一步步體會感官對現前境界的反應,微調心的頻率,感受分分秒秒,如實體驗心在不同的狀態,所呈現出不同的世界,也指導運用「身九眼一」或「身九耳一」的方法,把注意力拉回到身體上,放鬆身心、體驗呼吸。兩場禪修活動,共有兩百三十多人次參加。

8至26日期間的佛學講座,主題是「神會禪師的悟境」,共六堂。法師透過多年實修的體驗,深入淺出地解說神會禪師的悟道心法,提點學員於生活中常常觀照自己的身心狀態,並學習聖嚴師父的行儀,以平等心對待所有人,並練習心與外境不對立,才能不被善惡所拘、不被靜亂所攝。

果醒法師此行,並於23日受邀至加拿大環境部(Environment Canada)及漁業海洋部(Fisheries and Oceans Canada)演講,主題是「有二無二的專注」(Attention with and without duality),法師以科學及邏輯的方法,說明所有的現象,包括我們的思想,都僅是心所生的影像;而對外境、人、事、物的反應,皆是反應心所住的影像。多數人以對立心看待事物,只有少數人能超越對立看待事物,憤怒、失望、挫折來自對立,滿足、和諧、喜悅等離不開對立的消除,而多練習不執著形相,即能避免迷失在現象界中。

●01.05～09.07期間

馬來西亞道場開辦工作坊
百餘位學員共學心靈環保

馬來西亞道場於 1 月 5
日至 9 月 7 日期間，週日
開辦「心靈環保工作坊」，
共七堂課，由監院常藻法
師帶領，在多元、活潑的
課程中，學習心靈環保的
理念與生活實用，老、中、
青三代，共有一百二十多
人參加。

馬來西亞道場舉辦「心靈環保工作坊」，學員在多元、活潑的課程活動中，學習淨化心靈的生活化佛法。

課程以「心五四」為內
容核心，希望從淨化心靈開始，進而改變人與環境的種種問題。第一堂課「煩
惱，請走！」，安排學員在「相見歡」中介紹個人特質，如急躁、好動、內向
等；接著再透過不同情境，扮演特質相反的角色，從中體會改變自己的可能性，
反省自己是否常以慣用的思考和回應模式，限制解決問題的能力。

常藻法師也運用插畫家幾米的作品，引導學員思考：面對大大小小不如意的
事，第一個念頭是正向，還是負向？法師以循環圖形，說明每個人的習性和命
運，都是由當下的念頭所累積和決定，如果以感恩與珍惜的善念去面對諸多不
順，煩惱就會減少。

有從未參加佛法課程的學員表示，在創新、多元、活潑的課程中，學習淨化
心靈的生活化佛法，進而提昇人品。

●01.08

洛杉磯道場長青第一班結業
快樂學習成就難忘生命回憶

北美地區首次開辦的法鼓長青班，1 月 8 日於美國加州洛杉磯道場快樂結業，
北美護法會輔導法師常華法師、紐約東初禪寺果明法師、常文法師，都到場與
學員及義工共度溫馨與歡笑的「同樂會」結業活動。

結業「同樂會」上，學員們也精心準備節目，首先是以「請你跟我這樣做」
開場，接著合唱〈老菩薩之歌〉、〈我為你祝福〉，還有趣味的「我比你猜」、

長青班結業典禮上，常華法師（右）頒發全勤獎給七位全勤長者。

短劇表演，以及聯合排舞表演，在輕快音樂聲中，舞出令人讚歎的活力。

洛杉磯長青班於 2013 年 9 月開課，課程內容豐富多元，有果明法師「早安佛陀」，帶領誦念《心經》、《阿彌陀經》；果乘法師「美好的晚年」，分享調適心態、享受充滿活力的晚年生活；並安排法鼓八式動禪、排舞指導、新鮮蔬菜動手栽、健康按摩等生活課程。點點滴滴的上課過程，組合成了精彩影片，學員在結業當天一起回顧，成為美好難忘的生命回憶。

● 01.19

馬來西亞道場成立「學佛五講同學會」
學員齊聚回顧分享、反思價值觀

延續過去四屆學員的學佛因緣，馬來西亞道場成立「學佛五講同學會」，並於 1 月 19 日舉辦首次同學會，共有三十多位歷屆學員參加。

活動首先展開「溫故知新」，播放先前上課的照片和影片；2014 年第五屆「學佛五講」講師監院常藻法師，則透過影片帶領學員反思長久以來的想法和價值觀，法師提醒，跳脫理所當然的想法，學習打開視野，才能讓生命更豐富。

同學會中，也安排五位學員分享到佛教發源地──印度的體驗之旅。旅行途中，自我觀照，互相配合，也帶著禮物到當地孤兒院慰訪，與孩子度過溫馨的時光。一趟旅行的收穫，不只是感受印度豐富的文化，更有珍貴的內心發現與成長。有學員表示，印度之旅讓自己體會到，學佛不只局限書本上的道理，人生的體驗同樣重要。

馬來西亞道場成立「學佛五講同學會」，共有三十多位歷屆學員參加。

● 01.24～26

舊金山分會舉辦弘法活動
邀請賽門・查爾得帶領禪修

1月24至26日，北美護法會加州
舊金山分會舉辦弘法活動，邀請聖嚴
師父西方法子賽門・查爾得（Simon
Child）帶領，內容包括一場禪修講座
與默照禪二，共有一百多人次參加。

在24日的「默照禪」禪修講座中，
查爾得首先介紹禪修的基本觀念與放
鬆技巧，並說明默照禪法的要義和方
法，為接續進行的精進禪修作引導與
準備。查爾得講析「默」，是不受自

舊金山分會邀請查爾得主講「默照禪」。

己內心以及環境的影響而動，心保持安定的狀態；「照」，則是清清楚楚知道
所有的狀況，在觀念上明白之後，進而從放鬆身心，體驗身心到練習放下身心。

帶領禪二時，查爾得首先以法鼓八式動禪放鬆身心，接著開示禪修方法，並
指導禪眾從身體的放鬆到清楚的覺知，一步步地深入；也為有需要的學員進行
小參，解答個人在修習過程中所遇到的困難及疑惑。

兩天的禪期，除了靜坐練習，也配合戶外經行和瑜伽伸展運動。查爾得提
醒學員，不僅僅在打坐時保持全然的覺知，走路、運動、吃飯等，日常生活中
的一舉一動中都可以清楚地關注當下、運用方法；也進一步對於可能會遭遇到
的障礙及境界做說明與處理，並指導如何在現有的禪修基礎上，運用默照的方
法，更深入用功。

許多禪眾表示，藉由查爾得的指導，對於默照禪有更深刻的體驗，希望能將
這次體會學習到的默照禪法，持續地運用在生活中。

● 01.30～02.15

海外各道場舉辦共修迎新春
普佛拜懺同精進

1月30日除夕至2月15日新春期間，除了全臺各分支道場規畫系列慶祝活
動外，海外包括美國紐約東初禪寺、加拿大溫哥華道場、馬來西亞道場，以及
北美、亞洲各護法會，也同步舉辦迎馬年新春活動，以祈福法會、拜懺精進，

舊金山分會安排搓湯圓、立體春字吊飾 DIY、手繪燈籠，摺紙
駿馬等活動，信眾共度法喜充滿的新年。

廣邀信眾度過一個充滿法
味的好年。

美洲地區，美國紐約
東初禪寺於初一至初三，
分別舉辦新春慈悲三昧水
懺、普佛法會。初一的法
會後，由住持果醒法師主
講「馬年‧馬上‧開悟」
新春講座，法師表示，眾
生都具有開悟潛能，不過
開悟後，仍要繼續精進、
馬不停蹄；當天還有道場擴建義賣、祥獅獻瑞，及東初合唱團演唱〈水月頌〉、
〈廟會〉等歌曲，法師鼓勵眾人一起護持道場擴建，結無量善緣，共同成就眾
生的修行。

美國西岸加州洛杉磯道場，自初一起一連三天舉辦觀音、普佛、大悲懺法會，
由東初禪寺果明法師、常諦法師等帶領；此外，還有「點燈迎春」、「許願祈
福」、「心靈處方籤」等禪味活動，處處充滿著「我為你祝福」的溫馨與和樂。
加拿大溫哥華道場於初一至初三，分別舉行普佛、大悲懺、藥師法會，法會圓
滿後，並安排茶禪、親子表演活動，在歡喜過年氣氛中，感受放鬆身心的禪修
法味。

北美護法會加州舊金山分會於初二舉辦新春祈福法會、觀看聖嚴師父開示
「新年拜佛拜懺的意義」影片，了解新春拜佛除了懺悔，也要發願和迴向；禪
堂外並規畫搓湯圓、手繪燈籠，折紙駿馬等活動，還有禪藝插花班作品展。新
澤西州分會則於初三舉行祈福法會，東初禪寺果乘法師分享達摩祖師的「二入
四行觀」，勉眾在日常生活中運用報冤行、隨緣行、無所求行、稱法行等觀念，
自然與佛法相應。

亞洲地區，馬來西亞道場於 1 月 30 日舉辦除夕拜懺共修，由監院常藻法師
帶領；31 日的新春普佛法會，由僧團賢首果燦法師帶領，法師勉勵眾人，在
一年之初，虛心恭敬地祈求佛菩薩給予我們勇氣、力量與智慧，守住自己心猿
意馬的心，同時叮嚀遠離貪、瞋、癡，切莫讓不勞而獲的念頭所左右。

泰國護法會於 1 月 31 日舉辦新春普佛法會，由常雲法師、常昭法師及常實
法師自臺灣前往帶領，共有七十多人虔心唱誦，在八十八佛聖號與虔心拜願
中，祈求懺悔消除罪業，氣氛莊嚴；香港護法會也於 2 月 2 日舉辦新春普佛暨
祈福法會，由僧團副住持果品法師主法，共有五百多人參加。

2014 海外分支道場新春主要活動一覽

區域	地點	日期	活動內容
美洲	美國紐約東初禪寺	1月31日	新春慈悲三昧水懺法會
		2月2日	新春普佛法會、新春講座
	美國加州洛杉磯道場	1月31日	新春觀音法會
		2月1日	新春普佛法會
		2月2日	新春大悲懺法會
	北美護法會加州舊金山分會	2月1～2日	新春祈福法會
	北美護法會新澤西州分會	2月2日	新春祈福法會
	加拿大溫哥華道場	1月31日	新春普佛法會
		2月1日	新春大悲懺法會
		2月2日	新春藥師法會
		2月14日	元宵燃燈供佛法會
	北美護法會安省多倫多分會	2月9日	新春祈福大悲懺法會
亞洲	馬來西亞道場	1月30日	除夕拜懺法會
		1月31日	新春普佛法會
		2月3日	怡保共修處新春普佛法會
		2月15日	元宵燃燈供佛法會
	泰國護法會	1月31日	新春普佛法會
	香港護法會	2月2日	新春普佛暨祈福法會

● 02.02～14

果徹法師西雅圖弘法關懷
主講聖嚴師父著作《三十七道品講記》

西雅圖分會舉辦法鼓傳燈日活動，由果徹法師帶領禪一。

2月2至14日，僧大助理副教授果徹法師於北美護法會華盛頓州西雅圖分會弘法關懷，內容包括舉辦佛學講座，帶領法會、禪修等。

果徹法師首先於2日主持新春大悲懺法會，說明新春是讓自己的「心」除舊布新的好機會，透過懺

悔法門，懺除以往之非、修持未來之善；而新年訂下新的目標，或更加積極的繼續朝未完成的目標努力，就是「發願」。法師叮嚀大眾，不是只在拜懺時才需要懺悔和發願，而是時時持守正法，生生世世奉行菩薩道。

3 至 14 日期間，法師於分會導讀聖嚴師父著作《三十七道品講記》，法師利用五堂課的時間，講析「四念處」與「四正勤」，說明「四念處」的精神在如實的觀照，就是按照實際的面貌來認知身、受、心、法的當下，才可以當下看見真相，也才會真正放下內心的執取，解除苦惱和不安；「四正勤」就是斷惡生善。果徹法師提醒，在修四念處時，沒有四正勤，就會有懈怠心，有了懈怠心，障礙就會出現；而所謂修行，就是以善來對治不善，以善來糾正不善，才能夠使我們的心真正清淨，獲得真正的安定。

8 日，分會舉辦「法鼓傳燈日」活動，由果徹法師帶領禪一及傳燈儀式，在一盞盞相傳的燭燈中，眾人緬懷聖嚴師父的教化恩澤，發願讓佛法明燈不滅。

● 02.08～16期間

海外分支道場舉辦緬懷師恩活動
以傳燈、禪修傳承聖嚴師父教法

東初禪寺住持果醒法師（左）帶領東、西方信眾以禪一、傳燈發願，承續聖嚴師父弘法悲願。

聖嚴師父圓寂五週年，法鼓山海外分支道場、分會於 2 月 8 至 16 日期間，舉辦傳燈及禪修活動，承繼聖嚴師父國際弘化、建設人間淨土的悲願。

美國紐約東初禪寺於 8 日法鼓傳燈日當天，由住持果醒法師帶領四十位東、西方信眾，以禪一、傳燈發願等實際行動，並藉由聆聽聖嚴師父介紹默照禪修行法門、四念住的影片開示，從漢傳禪佛教的立場，與世界各宗教、文化接軌對話，接續聖嚴師父國際弘化、促進世界和平的願心。

加州洛杉磯道場 9 日以中、英雙語進行傳燈日活動，四十位信眾分組圍坐，由東初禪寺常諦法師以及聖嚴師父西方法子吉伯‧古帝亞茲（Gilbert Gutierrez）、林博文、毛靖、江秀鳳四位資深悅眾分享聖嚴師父的教導；加拿大溫哥華道場的傳燈法會於 16 日舉辦，由監院常悟法師主持，大眾將手中燃亮的燈排列成法鼓山山徽，象徵法鼓山點亮眾人心燈，也以傳燈續慧的願心，照亮法鼓山，照亮世間。

北美護法會華盛頓州西雅圖分會、新州分會於 8 日、9 日舉辦禪一，分別由僧大助理教授果徹法師、東初禪寺監院常華法師帶領；伊利諾州芝加哥分會於 8 至 9 日，舉辦大悲懺法會、半日禪等活動緬懷師恩。安省多倫多分會 8 日也於整修完成的新會所舉行傳燈日禪一，由東初禪寺常齋法師帶領，傳燈儀式則由果解法師主持，眾人祈願用佛法之燈，照亮世間每個角落；加州舊金山分會於 16 日舉辦中、英雙語禪一，由東初禪寺果乘法師、果解法師代表傳燈，法師並以《禪與內在和平》（*Zen and Inner Peace*）英文書與眾人結緣，祝福大眾菩薩道上永不退轉。

亞洲馬來西亞道場則於 8 日舉辦「緬懷師恩」活動，除了播放《大哉斯鼓》影片，悅眾林孝雲、陳淑玲、黃良明等並分享親近法鼓山的心路歷程，依循聖嚴師父教誨，種種經歷都化成了成就大眾的願力。

● 02.25～03.03

馬來西亞信眾來臺受戒巡禮
七十七位信眾共發菩提心

馬來西亞道場七十七位信眾組成的「菩薩戒暨禪修體驗、寺院巡禮團」，在監院常藻法師、常妙法師帶領下，於 2 月 25 日至 3 月 3 日來臺參加菩薩戒會，並參訪總本山、北投農禪寺、桃園齋明寺及三峽天南寺，體驗早晚課誦、禪修、朝山等修行法門。

2 月 25 日，團員首先抵達齋明寺，在櫻花雨中巡禮齋明古蹟與新禪堂；26 日前往園區，並於 27 日二步一拜體驗朝山。3 月 2 日圓滿正受菩薩戒後，接續前往農禪寺，回到法鼓山的源頭，親身體會聖嚴師父創建道場的願心。最後一站則前往天南寺，領受經行的動中禪法。

有成員表示，感恩每到一處，都受到法師、義工無微不至的服

馬來西亞信眾在監院常藻法師、常妙法師帶領下，組團回總本山受菩薩戒。受戒圓滿後，成員參訪農禪寺，體會聖嚴師父創建法鼓山的歷程。

務關懷，期望能有機會回饋，讓善的循環無限延續；也有團員分享，受戒期間，聖嚴師父的說戒開示，以及講解〈四弘誓願〉、嬰兒行菩薩等觀念，給自己很大的信心、力量及方向，學佛的路會更踏實。

受戒巡禮團的成行，緣於 2013 年底，馬來西亞道場舉辦菩薩戒講座，2014年 2 月又展開兩場菩薩戒課程。許多信眾原本認為「受戒」很高深、很嚴格，也有許多誤解；透過講座與課程，了解學佛是走向自利利人的道路，要解決「心沒有力量」的問題，就需要受菩薩戒，因而組團來臺參加戒會。

● 03.09

方丈和尚出席泰國僧王荼毘典禮
獻花表達最崇高的敬意

方丈和尚果東法師於 3 月 9 日前往泰國曼谷，出席僧王蘇瓦塔那摩訶長老（Somdet Phra Nyanasamvara Suvaddhana Mahathera）的荼毘典禮。

荼毘典禮於曼谷貼詩琳佛寺（Wat Debsirindrawas）舉行，方丈和尚與來自世界各國的佛教領袖代表，一同於典禮上獻花，向僧王表達最崇高的敬意。

僧王是泰國佛教界最高精神領袖，於 1933 年出家，是任期最久的僧王，2013 年 10 月 24 日以百歲高齡圓寂，舉國哀悼一個月，泰國民眾並穿上黑衣，感念僧王照顧貧童、成立醫院、奉獻佛教等諸多善行。

● 03.09

果明法師舊金山弘講《佛遺教經》
分享調伏瞋念、消融自我的歷程

北美護法會加州舊金山分會於 3 月 9 日舉辦佛學講座，由美國紐約東初禪寺果明法師弘講《佛遺教經》，有近五十人參加。

果明法師首先說明佛陀在世時為四眾弟子說法，《佛遺教經》是最後的叮嚀，期勉弟子如法修學「戒、定、慧」，解脫煩惱生死；而「戒」是維護眾生安定的規範，此乃佛陀制戒的緣起，藉

果明法師為舊金山學員弘講《佛遺教經》，分享調伏瞋念、消融自我的歷程。

由戒法，心可以慢慢調伏，持五戒者，身心比較安定、平安。法師表示「止惡行善」是一種習慣，只要慢慢將習慣養成，就能有正確的思惟與行為。

法師強調，調伏起伏不定的心，是修行一大考驗；並引用聖嚴師父著作《佛遺教經講記》中的「如果沒有調好自己的心，就很容易產生瞋念，所謂嫉惡如仇，遇到看不慣的人事物，馬上會起瞋恨心，口出惡言，指責批評。」與大眾共勉。

講座中，果明法師也分享自己調伏瞋念的歷程，當年帶領年輕法師時，曾因起了瞋心，讓雙方都產生不好的結果，懺悔反省後，終於化解不愉快。法師表示，修行要消融自我，「我」的確需要表達，但必須心平氣和，表達了之後，則隨順因緣，如果帶進煩惱，奉獻的力量就會削減；讓「我」變小，讓一切恩怨歸於平靜，不起分別心，就是慈悲的修行。

● 03.14～25

果元法師歐洲弘法行
於英國、盧森堡、德國、比利時分享漢傳禪法

禪修中心副都監果元法師於 3 月 14 至 25 日，前往歐洲弘法，除了出席在義大利羅馬舉辦的「國際宗教交流暨盧嘉勒紀念研討會」（Chiara and Religions: On a Pilgrimage towards the Truth），並於英國、盧森堡、德國、比利時等國，進行禪法講座、指導禪修，與歐洲人士分享活潑妙用的漢傳禪法。

法師首先於 15 日在英國「倫敦佛學社」（the Buddhist Society London）主

英國倫敦聯絡處於「倫敦佛學社」舉辦首場講座，由果元法師講解禪修的核心精神。

持禪法講座，以英文為八十位東、西方聽眾，講解禪修的核心精神、禪與現代社會的連結，以及如何將修行融入日常生活。講座結束後，不少聽眾持續向法師請益。

圓滿跨宗教研討會後，果元法師 22 日轉赴盧森堡，與盧森堡聯絡人林麗娟帶領的讀書會成員交流；23 日上午，於當地一處修道院，為三十多位華僑演講「禪心——平安喜樂之源」，為移民生活帶來佛法潤澤；下午前往德國古老城市特里爾（Trier）主講「禪與日常生活」。

24 日中午，法師於盧森堡一處律師事務所，帶領十多位律師體驗禪修，果

元法師以「吃飯禪」引導眾人從咀嚼飯菜中,細細領受禪法滋味,隨後到事務所外經行,短短一小時內,透過吃飯、走路,律師們深刻感受生活中的禪味;下午與華僑分享「禪心──平安喜樂之源」;晚間,於盧森堡的修道院中主講「禪與日常生活」,帶領八十位聽眾領略「不執著」的禪法精神,並分享把握當下、用心生活的「現在觀」。25日,則於比利時主持一場香道分享,圓滿此行。

果元法師表示,漢傳佛教界應該更積極、更主動在國際間發聲;此次前往歐洲弘法交流,除了感恩難得的學習機會,也看到歐洲人士對佛法的需求,期許漢傳佛教努力走向國際化,推廣到西方世界。

●03.17～20
法鼓山應邀出席羅馬跨宗教對談
果元法師分享雙方團體的互動連結

果元法師(右二)於羅馬瑪利亞波利斯中心,分享法鼓山在世界各地用心關懷他人、真誠交流的故事。

法鼓山受邀出席天主教普世博愛運動(Focolare Movement)為紀念創辦人盧嘉勒(Chiara Lubich),而於羅馬岡道夫堡(Castel Gandolfo)瑪利亞波利斯中心(Mariapolis Center)舉辦的「國際宗教交流暨盧嘉勒紀念研討會」,由禪修中心副都監果元法師、美國紐約象岡道場監院常聞法師代表參加,並於會中分享聖嚴師父、盧嘉勒女士,以及雙方團體的互動連結。

研討會於3月17至20日展開,共有三十多個國家,包括基督教、伊斯蘭教、猶太教、印度教、錫克教、佛教等二百五十位宗教代表,一同向盧嘉勒女士以及她透過「跨宗教對談」(dialogue)所建立的和平理念致意。

會議期間,果元法師代表法鼓山分享盧嘉勒女士、聖嚴師父,以及雙方團體的互動連結。法師表示,兩位創辦人未曾見過彼此,但所到之處,曾與他們接觸過的人都留下深刻印象。法鼓山和普世博愛運動在世界各地推展的工作,都是用心關懷他人、真誠交流,最終建立起深厚情誼。

會議結束後,與會者均期許未來再辦一場跨宗教會議,提供更多元的對話管道,例如小組討論、團體活動、集體藝術創作、散步等,讓「跨宗教對談」超越語言文字,落實在人人能做的簡單行動中,透過分享日常生活的點滴,開展

真誠而深刻的對話。

「跨宗教對談」被盧嘉勒形容為一種奠基於真愛的溝通，沒有自我中心的分別，並且體現和平。這種對談尊重差異、珍惜彼此共通的點，同時保有自我認同與信仰價值，與創辦人聖嚴師父提出的「求同存異」，有異曲同工之妙。

● 03.17　12.17～18

香港護法會舉辦佛學講座
果醒法師講「楞嚴空義」

3月17日及12月17至18日，香港護法會舉辦佛學講座，由美國紐約東初禪寺住持果醒法師主講「楞嚴空義」，有近一千人次參加。

果醒法師於香港護法會講「楞嚴空義」，剖析真心與妄心的區別。

講座中，果醒法師以真身與投影畫面比喻真心與妄心，運用現代語言與形象比喻，深入淺出地剖析與引導，讓學員了解其中的區別。法師說明，因為各人過去的體驗不同，本來就很難完全了解對方所表達的內容，更遑論他人的心，所以人與人之間無須去猜度及否定他人的所思所想，如此不僅有助自己放下傲慢，也可防止生起不必要的煩惱。

法師提醒，不要把沒有生命的物質當成「真心」，也不要離開物質去尋找「真心」，並用波浪和海水作比喻，波浪不等於海水，當波浪消失海水仍在；藉此勉勵學員，不為妄心所迷，不為萬相所惑，不執著於世間，沒有分別心，沒有對立，「心」就無限寬廣，既看到包羅萬象的「相」，也看到圓融無我的「心性」。

● 03.21～23

加州舊金山分會舉辦弘法活動
果醒法師主持講座、法會與禪一

北美護法會加州舊金山分會於3月21至23日，舉辦系列弘法活動，由紐約東初禪寺住持果醒法師帶領，內容包括佛法講座、法會及禪一等。

21日晚間，果醒法師以「有我與無我」為題，與七十多位灣區聽眾分享「能

果醒法師教導學員觀呼吸,以及默照方法的運用。

所」、「性相」的觀念,以及一切眾生皆無差別、本自具有的「無我」智慧。

22日舉行「清明地藏法會」,法師帶領七十多位信眾誦念《地藏經》,並從地藏菩薩的大願、〈四弘誓願〉的「眾生無邊誓願度」,說明救度眾生悲願的偉大和艱難,行菩薩道的佛弟子,是以度眾生來成就佛道。法師以聖嚴師父「提昇人的品質」理念,期勉眾人在度化眾生時,以平等心及同理心化解對立,實現「人成即佛成」的目標。

禪一則於23日進行,法師教導近五十位學員觀呼吸,並提醒妄念多時,可先用數呼吸的方法調心;妄念較少時,可以運用默照方法。果醒法師說明默照是清楚地知道,但「心」不住在某個局部上,法師也提醒,如果心住在沒有念頭的狀態上,即所謂「冷水泡石頭」,那也是不對的。此外,法師還以燒水做比方,鼓勵學員隨時隨地都要用功,就像燒水時,不要中途把插頭拔掉,這樣水才能燒開。

不少學員表示,期盼法師再來灣區弘法,分享禪修的方法與智慧。

● 03.24

聖多美普林西比民主共和國大使訪法鼓山
透過宗教互動、經驗分享 深化邦誼

聖多美普林西比民主共和國駐華大使金達斯(António Quintas do Espírito Santo)於3月24日參訪法鼓山園區,並與方丈和尚果東法師、國際發展處監院果見法師進行茶敘,就宗教、教育、文化等面向,進行交流,期望未來能透過良好的宗教互動、經驗分享,深化兩國深厚邦誼。

金達斯大使說明,兩國邦誼除了政府官方,還有人民、心靈、和平、心智的交流,並讚歎園區充滿寧靜和智慧的環境氛圍。

金達斯大使參訪園區,方丈和尚(右)致贈聖嚴師父「心靈環保」墨跡。

　　方丈和尚則肯定金大使推動深化雙邊邦誼的用心，也介紹法鼓山大學院教育發展面向，包括僧伽大學、佛教學院以及法鼓大學，歡迎聖國人民來就讀、觀摩，促進學生國際交流與合作。

　　聖多美普林西比民主共和國位於西部非洲幾內亞灣內，由兩個小島組成，金大使感受到臺灣人民的慷慨和善良，肯定宗教和文化的影響力，因此特別前來參訪。

● 03.24～30

洛杉磯道場舉辦禪修教理研習營
果醒法師講授無我、緣起性空的要義

　　美國加州洛杉磯道場於3月24至30日，舉辦禪修教理研習營，由紐約東初禪寺住持果醒法師帶領，講授無我、緣起性空的要義，以及在生活中的運用，共近七十人參加。

　　研習營中，法師除介紹《楞嚴經》中有關覺性、空性、三細六粗的要旨，

果醒法師於洛杉磯道場講授楞嚴要義。

也解說我與無我、性與相、攀緣心與無能所的真心之間的分別。果醒法師以波浪與海水為喻，波浪來來去去代表了現象的生滅，自性就如同海水，不因外相而改變它的本質；而鏡子會映照出各種外相，但外相消失後鏡子還是鏡子，不會有所增減。

　　法師以善巧譬喻、直指人心的開示，讓學員了解具有見聞覺知功能的心，本質永遠在定的狀態，是無所住、照而不動，無形無相、不生不滅，是凡夫的妄想把客塵煩惱當做是「我」，不斷地認物為我，以致產生種種無明痛苦。果醒法師提醒，用平等心對待萬物，沒有好惡，沒有執著，是「無念」，沒有妄念，沒有煩惱心，就是「心無所住」。

　　研習營期間，法師也指導默照禪與話頭禪的練習，引領學員藉由禪修體驗心念的生滅。

　　許多學員表示，果醒法師分享了許多禪修義理與生活運用，希望活用學習到的禪修智慧，幫助化解煩惱，進而心安平安。

● 03.29　03.31　04.06

法鼓山為馬航失聯人員祈福
聚集正面力量　傳遞關懷

馬來西亞道場舉辦彌陀法會，方丈和尚與大眾一同為馬航失聯人員祈福。

馬來西亞航空MH370號班機於3月7日發生失聯事件，馬來西亞道場首先於3月29日舉辦彌陀法會，由監院常藻法師帶領上百位信眾，一同誦念《阿彌陀經》和佛號，為受難者祝福迴向，並祈願乘客家屬身心平安。方丈和尚果東法師到場關懷時，籲請眾人以慈悲和智慧面對馬航事件，從生命共同體的角度，獻上關懷祝福。

除了舉行彌陀法會，31日晚間，常藻法師也代表法鼓山，出席於當地十五碑錫蘭佛寺舉辦的「跨宗教祝禱會」，與六大宗教的宗教師及領袖，進行祝禱儀式。常藻法師與其他佛教團體代表，共同帶領與會者念佛迴向，祈願大眾念念都在清淨的淨土中；大會還安排「我們祈願、我們關懷」祈願文，邀請各宗教代表和出席者獻燈，燃亮每個人心中的光明、希望和愛。

4月6日上午，常藻法師再率同四位法師、五十位義工，參與由馬來西亞華人公會、華僑總會及各大佛教團體聯合舉辦的「MH370牽動全世界人心念誦大會」，聚集正面力量，共同為失聯的馬航客機乘客和機組人員祈福。

● 04.06

舊金山分會推廣「親子法鼓八式動禪」
親子一起體驗清楚、放鬆的禪法

北美護法會加州舊金山分會4月6日在當地庫比提諾（Cupertino）紀念公園，首次舉辦「親子法鼓八式動禪」體驗活動，共有三十多位大、小朋友一起體驗清楚、放鬆的感覺，學習安定身心的動禪。

除了動禪動作解說、示範及體驗，還有最受小朋友歡迎的「托水

舊金山分會舉辦「親子八式動禪」，大、小朋友托著水缽專注前行，親子同樂的幸福，就在當下。

鉢闖關」，一組組的親子托著水鉢，心念專注地前行，親子同樂的幸福，就在當下。有些小朋友參與闖關四次，不受外在影響體驗專注，也體驗放鬆。

活動中，眾人也由示範義工帶領，大手牽小手一起環繞水塘，體驗腳踩大地的感覺，簡單的自然經行，幸福也油然從心生起。

● 04.10～12

新加坡護法會舉行清明報恩佛三
果舟法師開示念佛法門

新加坡護法會於 4 月 10 至 12 日，在當地大悲佛教中心舉辦清明報恩佛三，由桃園齋明寺監院果舟法師、常浩法師、常灝法師自臺灣前往帶領，每日有近兩百人參加。

三天的活動，包括經行繞佛、坐念、止靜等，果舟法師並講說大勢至菩薩的念佛圓通法門，以及聖嚴師父開示的《無量壽經》，引導大眾在修持念佛法門時，也能深入理解義理，增長正念及

新加坡護法會舉辦清明報恩佛三，每日有近兩百位民眾精進念佛，表達慎終追遠的孝思。

智慧；此外，每天早晨也特別鼓勵內外護義工，以感恩心來奉獻，以笑容面對大眾，成就法會圓滿，利益一切眾生。

有信眾表示，佛三期間，眾人同心同願讚佛、拜佛、拜懺，佛號聲相續不斷，氣氛莊嚴攝受，也提醒自己在日常生活中時時提起佛號，累積往生西方淨土的資糧。

● 04.11

溫哥華道場受邀推廣法鼓八式動禪
常悟法師指導幼稚園老師練習要點

4 月 11 日，加拿大溫哥華道場監院常悟法師受邀至當地高貴林（Coquitlam）的一所幼稚園，教導老師們練習法鼓八式動禪，共有二十多位老師參加。

由於所有的老師都是首次接觸禪法，因此，常悟法師首先講解禪的涵義、生活上的運用，以及對於個人、他人乃至整個世界的影響。在建立初步概念後，法師帶領眾人體驗法鼓八式動禪，並不時提醒放鬆、清楚、用最少的力量來做

常悟法師帶領幼稚園老師練習法鼓八式動禪。

每個動作。

在心得交流時，有老師表示練習第一式扭腰甩手時，卻只能將手「放」上肩膀、「放」到背後，無法輕鬆享受甩手的舒暢。常悟法師則鼓勵隨時、隨地都可以練習放鬆，即使是坐姿的頸部運動，也是對治現代生活壓力和情緒的一劑良藥。

● 04.16～27

西雅圖分會舉辦弘法活動
果明法師弘講《六祖壇經》、帶領禪五

4月16至27日，北美護法會華盛頓州西雅圖分會舉辦系列弘法活動，由美國紐約東初禪寺果明法師帶領，內容包括佛學講座、禪修等。

果明法師首先於16至24日期間，講授四堂《六祖壇經》，介紹《六祖壇經》的要義、結構及在中國佛教思想史上的影響；並分析《壇經》的中心思想如何與聖嚴師父提倡的心靈環保相契合，提醒學員修行是在糾正錯誤的知見與修正錯誤的行為等兩個面向，精進不輟。

18至22日，分會舉辦默照禪五，法師說明「默」是不受自己內心以及環境的影響而動，心保持安定的狀態；「照」則是清清楚楚知道所有的狀況。在觀念上明白之後，進而從放鬆身心，體驗身心到練習放下身心。禪期中，果明法師引導禪眾學習專注方法、體會當下。

此行弘法，果明法師也指導分會的禪坐與念佛共修，勉眾時時把心安住在方法上，讓心更安定。

● 04.17～22

果元法師香港弘揚禪法
主持精進禪五 弘講〈默照銘〉

4月17至22日，禪修中心副都監果元法師前往香港弘法關懷，內容包括禪五、禪修講座等，共有五百多人參加。

果元法師首先於 17 至 21 日在新界將軍澳獅子會青年營主持精進禪五,僧團常展法師、常興法師也協助帶領禪坐、法鼓八式動禪、早晚課及瑜伽運動。果元法師除了介紹禪修的觀念及方法,並從「肯定自我、成長自我、消融自我」,引導學員了解並改善習氣;還分享聖嚴師父提到小時候的家鄉,有個人很會挖井,別人只挖一百公尺就放棄,他卻挖了二百公尺,直到有水為止,說明這是堅持的結果,修行也是如此,只要繼續努力必有所成。

果元法師弘講〈默照銘〉,並介紹聖嚴師父融合「只管打坐」、宏智禪師教法而成的默照禪。

22 日,果元法師於香港護法會弘講〈默照銘〉,逾四百人參加。法師介紹〈默照銘〉作者宏智正覺禪師的生平事蹟、參學過程,說明默照禪於興盛時期傳到日本,也稱曹洞宗,日本人稱「只管打坐」,聖嚴師父留日期間接觸到「只管打坐」的禪法,以此為參考,並融合宏智禪師教法,將默照禪傳授至今。講座中,法師並指導大眾,體會身心鬆和緊的感覺,以及如何調整的方法。

許多學員表示,會在生活中運用法師教導的默照禪法,讓自心超越煩惱憂慮,活出真正快樂的人生。

● 05.02～07

方丈和尚香港弘法關懷行
主持浴佛法會、皈依典禮

方丈和尚果東法師於 5 月 2 至 7 日,前往香港弘法關懷,除了出席浴佛法會、主持皈依典禮,並關懷當地的法鼓山榮譽董事、護法悅眾以及地方人士。

香港信眾井然有序地至浴佛台前,藉由浴佛儀式來淨化自己的身、口、意。

4 日,香港分會於佛教孔仙洲紀念中學,舉行浴佛法會暨皈依典禮。浴佛法會由僧團副住持果品法師主法,在「南無本師釋迦牟尼佛」聖號聲中,獻供的信眾手執香、燈,緩步上台供佛。

方丈和尚開示浴佛時,說明內心要虔誠,藉著儀式來淨化自己的身、口、意,祛除貪、瞋、癡,以佛法洗滌我們的心靈,而浴佛浴心,就是要將無明煩惱消

除，讓我們與佛清淨的法身智慧一樣。

下午的皈依典禮，由方丈和尚為一百零五位信眾授三皈依；方丈和尚以輕鬆幽默的方式，與大眾分享生活佛法，也用不甚流利的廣東話念〈信願行十力〉金句，親切勉勵眾人的心意，讓現場充滿歡喜與祝福。

● 05.03

舊金山分會歡喜遷新家
舉辦喬遷灑淨儀式暨大悲懺法會

北美護法會加州舊金山分會於 5 月 3 日，在新會所舉辦喬遷灑淨儀式暨大悲懺法會，祈願藉由三寶慈悲加護，以及大眾懺悔、發願的清淨功德，與所有眾生結善緣，並能在新會所接引更多人親近佛法、認識法鼓山，有近六十人參加。

法會圓滿後，接待組義工為大眾進行新家導覽，新會所位於舊金山灣區東灣的佛利蒙市（Fremont）奈爾區（Nile），往北可至舊金山、柏克萊，往南是矽谷高科技區，往西則是加州省會及新興都市；室內處處有寬敞空間，室外依著青山，傍著公園綠地及湖泊，安靜祥和，適合禪修、念佛與共修，可以放鬆，也可以凝神專注。

新會所原是一處具有八十年歷史的教堂，5 月 1 日起，已正式對外開放，禪修、法會等共修活動都恢復舉辦，接引大眾培福修慧，提供世界更多和平安樂的力量。

舊金山新會所傍著青山、公園綠地及湖泊，草木扶疏。

● 05.07　05.21　05.23

馬來西亞道場舉辦專題講座
僧團法師分享生活佛法與禪法

馬來西亞道場於 5 月舉辦三場專題講座，分別由經規處監院常續法師、僧團副住持果品法師、男眾副都監果祺法師分享佛法與禪法的生活運用，共有四百多人次參加。

7 日的講座，由常續法師主講，主題是「生命轉彎處」，法師分享經歷越戰、

解放運動的成長經驗、親近佛法與出家的因緣，法師表示，每個人的生命都是有限的，期勉大眾學習在奉獻中，豐富生命的廣度與深度。

果品法師於 21 日的「從今生到來世──從不動產談起」講座中，首先播放日本短片《來世不動產》，片中述說一個人生前作為決定來世的故事，引領學員反思如何累積「人生不動產」；也從佛教的觀點指出，決定來世的關鍵因素，包括：業力、習性、意念和發願，只要努力培福、種福和積福，就能儲備良好的福德因緣。

果祺法師於馬來西亞道場，講說禪法的生活運用。

藉由對《來世不動產》的討論，果品法師提醒，若能深信因果、明識因緣，明白過程即是結果，懂得感恩、知足、利他，便能不枉此生，來生也能無憂。

在 23 日「敲醒夢中人」講座中，果祺法師以石頭和鑽石的譬喻，說明夢中人只有知道自己在夢中，才會清醒；並講說開悟只是修行過程，修行是學習放下執著，切莫因尋求開悟而愈執著，煩惱也愈來愈多而不自知。

● 05.08～09

法鼓山出席 2014 聯合國衛塞節
中華佛研所所長果鏡法師代表參加

法鼓山於 5 月 8 日受邀出席國際佛教大會（The International Buddhist Conference）於越南寧平省（Ninh Binh）拜頂寺（Bai Dinh）舉行的聯合國衛塞節（The United Nations Day of Vesak Celebrations）開幕式，由中華佛研所所長果鏡法師代表出席，共有近千位各國佛教領袖與代表與會。

2014 年聯合國衛塞節由越南佛教協會主辦，活動以「佛教為實現聯合國千年發展目標作出貢獻」為主題，9 日並就「佛教對可持續發展和社會變化的回應」、「佛教對全球暖化和環保的回應」、「佛教為健康生活方式的貢獻」、「佛教對建設和平及衝突後恢復和平的貢獻」、「佛教教育與高等教學內容」等五大子題，展開學術研討會。聯合國衛塞節中，不同佛教組織間的互動交流，也展現世界佛教的融合現況。

果鏡法師在「佛教教育與高等教學內容」研討會中，介紹法鼓山大學院教育的理念與現況，說明以研究、教學、弘法、服務為標的，解行並重，培育出慈悲與智慧兼具的佛學人才，為淨化人心盡一份力量。

● 05.09

加拿大英屬哥大「佛教與社會關懷」座談會
常悟法師分享法鼓山大關懷教育

溫哥華道場監院常悟法師（左一）受邀出席「佛教與社會
關懷」座談會，分享法鼓山的大關懷教育。

　　5月9日，溫哥華道場監院常悟法師前往加拿大英屬哥倫比亞大學（University of British Columbia），出席該校亞洲研究所主辦的「佛教與社會關懷座談會」，與加拿大學界相關學者分享「法鼓山慈善救濟與社會關懷工作」。

　　常悟法師首先說明，法鼓山是一個國際性的佛教教育團體，以「提昇人的品質，建設人間淨土」為核心理念，並用大學院、大普化、大關懷三大教育，做為落實整體關懷的方法。在臺灣，自1959年東初老人舉辦「冬令救濟」延續至今，1999年九二一大地震，聖嚴師父於災區設立安心站，並成立慈基會，法鼓山的急難救助與社會關懷工作，自此展開新頁。

　　在國際間，無論南亞海嘯、緬甸風災、海地地震與中國大陸四川地震等，法鼓山都加入救災行列。常悟法師以川震援助為例，說明法鼓山以「四安」精神，長期在災區做深入關懷，協助居民心靈重建，除了學校、衛生院等硬體援建，也舉辦生命教育、心靈環保暑期營隊，並為教師、心理諮商人員舉行心理座談會，都是以教育來落實整體關懷。

　　與會人士表示，法師具體介紹法鼓山的慈善救濟工作，對法鼓山以心靈環保理念為核心的社會關懷，有進一步的認識。

● 05.15～17

方丈和尚泰國弘法關懷行
期勉推廣法鼓山理念　隨時修行

　　5月15至20日，方丈和尚果東法師前往泰國弘法關懷，內容包括接受摩訶朱拉隆功佛教僧伽大學（Mahachulalongkornrajavidyalaya University）所頒發的「佛教管理榮譽博士學位」證書、主持浴佛法會與皈依典禮等。

　　16日，方丈和尚參訪僧王寺、皇家寺院，進行交流，並於僧王寺憑弔於2013年圓寂之泰國第十九位僧王，表達追思與敬意。

　　泰國護法會於 17 日舉辦浴佛法會暨皈依典禮，方丈和尚親臨關懷並主持，包括駐泰國臺北經濟文化辦事處處長陳銘政伉儷、泰國臺商聯合總會總會長張冠昌伉儷、資深僑界領袖林施紅霞等來賓，共有一百多人參加。

　　浴佛法會由馬來西亞道場監院常藻法師帶領，在莊嚴的梵唄聲中，大眾依序供燈、浴佛、拜願、迴向。方丈和尚以「心安就有平安」祝福大眾，

方丈和尚與泰國各界來賓、信眾齊聚護法會會所大殿，在莊嚴梵唄聲中，進行浴佛法會。

只要以佛陀的教法為依歸，以法鼓山的理念為指引，那麼每天都在浴佛；人人在各行各業奉獻心力，一個人就可以影響很多人，若能以法鼓山的理念來影響他人，則生活中隨時都在共修。

　　陳銘政代表致詞表示，目前東亞、南亞各國皆處於混亂局勢，更需要以佛法的慈悲心、智慧心來面對處理；張冠昌總會長分享，參加浴佛法會，聆聽方丈和尚的開示，心裡感到十分受用，也感受學佛洗滌人心的好處。

　　下午的皈依典禮由方丈和尚親授三皈五戒，共有四十六位民眾成為三寶弟子，其中二十位是泰國人，因此現場特別將方丈和尚的開示即席翻譯成泰文，幫助泰國弟子理解皈依的意義，種下學佛的菩提種子。

● 05.18

方丈和尚獲頒朱拉隆功大學榮譽博士
法鼓山教團領袖再獲殊榮肯定

　　方丈和尚果東法師泰國弘法關懷期間，5 月 18 日於泰國摩訶朱拉隆功佛教僧伽大學畢業典禮上，接受泰國代理僧王摩訶迦門長老（Somdet Phra Maharajamangalaraya）頒發「佛教管理榮譽博士學位」證書。這是繼創辦人聖嚴師父於 2005 年獲頒後，第二位法鼓山教團領袖獲此殊榮。

　　2014 年獲朱拉隆功佛教大學頒發學位的榮譽博士，分別來自泰國、緬甸、

方丈和尚果東法師（右）從泰國代理僧王手中，接受朱拉隆功佛教大學頒發佛教管理榮譽博士學位。

斯里蘭卡、臺灣。方丈和尚表示，個人的能力有限，這份榮譽是法鼓山僧俗四眾共同成就的，代表國際間對於法鼓山承繼聖嚴師父「提昇人的品質，建設人間淨土」理念，及持續以佛教的觀念與方法，發揮安定社會、淨化世界力量的肯定。

方丈和尚也說明，對個人和團體而言，還有許多學習成長的空間，未來仍將以身作則，掌握社會脈動，以「心靈環保」為核心，實踐「心五四」、「心六倫」，使法鼓山能夠承先啟後、繼往開來，帶給世人更多的平安、健康、快樂、幸福。

朱拉隆功佛教大學表彰方丈和尚，接任法鼓山方丈以來，帶領僧俗四眾透過三大教育，持續推動淨化人心、淨化社會的工作，經常以簡單、幽默淺顯的語言，為信眾開示佛法的慈悲與智慧；持戒嚴謹並致力於推動僧伽教育，因此特頒予榮譽博士學位。

● 05.18

舊金山分會舉辦「Open House 說明會」
與社區居民分享漢傳禪法

北美護法會加州舊金山分會於 5 月 18 日舉辦「Open House 說明會」，邀請社區民眾認識法鼓山，並由義工帶領進行坐禪、經行及托水缽等禪修體驗，共有一百二十多人參加。

「Open House 說明會」中，首先播放英文版《大哉斯鼓》影片，向居民介紹法鼓山的理念，說明法鼓山的由來、現況及未來目標。接著安排了吃飯禪、茶禪、坐禪、走路禪、托水缽等體驗，分享禪法中的放鬆、專注、清楚。許多西方眾皆是首次學習安全、正確的打坐觀念和方法。

「Q&A 時間」的提問，互動熱烈，有民眾不了解「法鼓」二字，擔心會經常聽到打鼓聲，義工也說明「法鼓」二字的出處與佛法典故；居民還踴躍詢問分會各項共修活動、索取英文行事曆，除了學習禪修，也希望參加瑜伽、太極拳、插花等禪藝課程。

「Open House 說明會」串起東方佛教和西方基督信仰的交流與友善互動，開啟新階段的舊金山分會，傳承聖嚴師父西方弘法的願心，廣結善緣，接續在北加州努力推廣。

舊金山分會邀請社區民眾走進法鼓山，分享放鬆、專注、清楚的漢傳禪法。

● 05.24～25

方丈和尚北美弘法關懷——洛杉磯道場
鼓勵大眾將負面情緒轉為正向力量

5月24日至6月3日，方丈和尚果東法師、行政中心副執行長常續法師、國際發展處監院果見法師等，前往北美弘法關懷，內容包括舉辦佛學講座、主持皈依典禮、關懷信眾等。

方丈和尚一行首先抵達美國洛杉磯，今年是洛杉磯道場邁入第三年，5月24日，三十多位各組悅眾向方丈和尚、法師們簡報，分享兩年來的成長，其中讀書會，知客、文宣三組，聯合準備了一段相聲，透過逗趣俏皮的相聲，生動描述了道場有趣的人、事、物。方丈和尚讚歎眾人創意十足，更有「和樂無諍，是非要溫柔」的精神，期許每個人以慈悲心為力量，接引更多人來共修。

25日，方丈和尚為二十九位信眾親授三皈五戒後，接著與近一百位信眾分享「抱願，不抱怨」的心法，期勉大眾凡事正面解讀、逆向思考，尤其遇到逆境，更要運用慈悲智慧，將負面情緒轉為正向力量，讓「煩惱死了」轉為「煩惱，死了」，轉個念頭，希望無窮。

下午，方丈和尚接受《今日洛城》（La Living）專訪，分享「心靈環保」的理念，表示社會環境的問題，總離不開人為，而人為離不開人心，因此法鼓山倡導「心靈環保」，期能導正價值觀，讓心不受外在環境的衝擊，社會更和諧。

方丈和尚勉勵洛杉磯信眾遇到逆境，更要運用慈悲智慧，轉個念頭，希望無窮。

● 05.25

馬來西亞道場舉辦義工成長營
監院常藻法師帶領行禪

馬來西亞道場於5月25日在當地莎業南農業公園（Taman Botani Negara Shah Alam）舉辦義工成長營，由監院常藻法師、常妙法師帶領行禪，共有七十三人參加。

上午九點，全體義工帶著雨衣和乾糧，在兩位法師帶領下，緩緩步行在綠樹成蔭的公園中；午齋後休息片刻，繼續行禪，此時大地像蒸籠一樣，熱得汗流

馬來西亞道場義工成長營中，由常藻法師帶領行禪。

浹背。有的人專注佛號上，有的則用禪修方法，把心專注在腳步上，不管外境的干擾和考驗，踏實走好每一步。

行禪圓滿，常藻法師期勉眾人，今天只做一件事，用最小的力量往前走，用禪心走一趟禪行，體驗在大自然中，身心種種變化，練習收攝身心，把心安住當下。許多義工表示，走了約四個小時，身體雖疲累，行腳的體驗，卻是難得和感動。

● 05.29～06.03

方丈和尚北美弘法關懷──溫哥華道場
護法會成立二十週年　帶領信眾感恩朝山

圓滿美國洛杉磯的弘法關懷，方丈和尚果東法師、行政中心副執行長常續法師、國際發展處監院果見法師等，5月29至30日轉至加拿大，於溫哥華（Vancouver）、列治文（Richmond）、菲沙河谷（Fraser Valley）、本拿比（Burnaby）地區，關懷信眾，並應機分享生活佛法。

2014年適逢溫哥華護法會屆滿二十年，溫哥華道場於6月3日舉辦慶祝活動，方丈和尚一行及道場監院常悟法師共同帶領二百多位信眾，展開感恩朝山行。信眾們步伐一致，口誦「觀世音菩薩」聖號，專注當下，三步一拜，環繞道場一周，透過四十分鐘的朝山，洗滌身心，再回到大殿靜坐。

在方丈和尚帶領迴向後，眾人觀看護法會成立二十週年紀念影片，多位資深悅眾也以輕鬆有趣的對話，現場分享二十年發展的「三部曲」。方丈和尚叮囑眾人，法鼓山真正的建設，不是硬體建設，而是心中的軟體建設，期勉大眾淨化自己的心靈、落實法鼓

溫哥華護法會成立二十週年，方丈和尚帶領信眾，環繞道場進行感恩朝山。

山精神；相處互動中，不忘學習體諒和包容，用智慧處理自己的問題，用慈悲解決他人的問題，將所有煩惱化為菩提。

● 05.31

果見法師講《華嚴經・華藏世界品》
講說「一即一切」修行要旨

加拿大溫哥華道場於 5 月 31 日舉辦佛學講座，由國際發展處監院果見法師主講「《華嚴經・華藏世界品》略解」，引領走進華嚴世界，共有八十多位學員參加。

果見法師從介紹《華嚴經》的背景、特色及主要漢譯本開始，並以《八十華嚴》為主，由經名入手，闡釋經典義理。講說〈華藏世界品〉時，法師運用現代科學已發現的銀河系等圖片，

果見法師於溫哥華道場講說《華嚴經》的修行要旨。

比照說明「世界」、「世界種」、「世界海」和「法界海」的概念，展示由此構成無邊無際的世界網。

「法界之大，何來我慢？」法師表示，在光明遍照的法身佛，以及神聖清淨的佛土面前，「我」是何其渺小，「我執」又何其可憐。果見法師進一步說明華嚴「一即一切」的修行要旨，一一皆須學普賢菩薩廣大願行，鼓勵大眾發菩提心、禮一切佛、度十方法界眾生，成就不可思議功德。

《華嚴經》全名《大方廣佛華嚴經》，是佛陀成道後宣說的第一部經，中國佛教的華嚴宗即以此立宗。經中述及有關成佛的殊勝功德、莊嚴境界，以能成就萬德圓滿的因位萬行，來嚴飾無上的佛果。

● 06.01

方丈和尚溫哥華道場弘講「禪與人生」
千餘位東、西方人士體驗禪的精神與智慧

加拿大溫哥華道場於 6 月 1 日在加拿大英屬哥倫比亞大學（University of British Columbia）陳氏劇院中心舉辦佛學講座，由方丈和尚果東法師弘講「禪與人生──和樂自在好生活」，以深入淺出、幽默的語彙，闡釋「禪」的精神

和實踐，包括駐溫哥華臺北經濟文化辦事處處長莊恒盛伉儷等，共有一千多位中、西方人士參加。

方丈和尚表示，「禪」無法用語言文字來表達描述，必須親身去體驗，雖然禪宗祖師留下大量典籍，但都只是「以手指月」，我們必須依照禪的

一千多位東、西方民眾於聽講前，跟隨法師與義工引導，體驗全身的清楚放鬆。

觀念和方法，實地修行，才能體驗到禪；並說明「禪」可以開啟我們的智慧，當心念不受汙染，保持清淨，放下了自我、傲慢，將自私自利的心，轉為利他奉獻的心，就是「禪」的修行。方丈和尚勉勵眾人用「禪」的智慧對待家人，以此來安心、安身、安家、安業，和樂自在過生活。

整場演講活動，也是一場難得的禪修體驗。演講開始前，由溫哥華道場親子生活園的兒童和少年，為大眾示範法鼓八式動禪，接著由禪坐組成員示範坐姿八式動禪；演講後，安排方丈和尚為六十八位民眾親授三皈五戒，在「觀世音菩薩」聖號聲中，全場聽眾祝福下，當天的「與法相會」，歡喜圓滿。

● 06.12～16

果舫法師、常華法師至舊金山弘法
引領法器悅眾和信眾以法相會

果舫法師（前排右三）、常華法師（前排右四）於舊金山分會帶領大悲懺法會，與法器悅眾一同圓滿法會。

僧團果舫法師、北美護法會輔導法師常華法師於 12 至 16 日至舊金山灣區弘法關懷，此行主要參與分會例行共修，應機開示佛學與禪修疑問。

15 日下午，舊金山分會舉辦大悲懺法會，由果舫法師擔任維那，引領法器悅眾和近九十位信眾以法相會。法會不同於以往播放錄音的方式，由法器悅眾首度於法會中執掌法器，歷經幾個月的努力，悅眾加強練習，培養彼此默契，在果舫法師帶領下，順利

圓滿法會，也建立了很大信心，利益更多參加法會的信眾；另一方面，觀音殿內的信眾也透過螢幕轉播，由常華法師執掌引磬帶領拜懺。

法會圓滿後，果舫法師鼓勵眾人，當發願往生西方淨土，待學成之後，要還入娑婆、廣度眾生。常華法師也提點禪淨雙修、禪淨不二的意義，勉勵大眾多拜懺，藉由懺悔洗滌自己身心，才會更有力量往前走。

許多信眾表示，即使新會所環境尚在施工，大眾專注至誠投入的畫面，大殿內外莊嚴攝心的氛圍，令人感受到聖嚴師父所說的「共修的力量大」，也因此獲得更大的修行利益。

● 06.14

美國德州休士頓第一場禪修活動
東初禪寺果明法師主持「禪的體驗」

美國紐約東初禪寺果明法師於 6 月 14 日在德州休士頓主持「禪的體驗」，近五十位民眾、三十位義工，共同成就法鼓山在休士頓第一場禪修活動，不僅九十多歲長者全程參與，許多留學生也一同參加。

法師除了教導禪坐，並帶領民眾體驗吃飯禪、臥禪及經行；此外還鼓勵眾人修持「戒、

果明法師主持法鼓山在德州休士頓的第一場禪修活動。

定、慧」，練習觀照自己心念，不隨外境起伏，進而在修定過程中產生智慧。

果明法師深入淺出的說明、漸進式的引導，搭配輕鬆活潑的互動，讓不少人對禪坐產生興趣。許多民眾表示，原來禪修一點也不神祕，是很活潑、自然、生活化的，而且隨時隨地都可以運用。

● 06.25

常華法師出席美國紐約跨宗教對話
分享宗教和修行經驗、信仰教義

美國紐約東初禪寺監院常華法師，於 6 月 25 日應邀至紐約內觀禪修中心（New York Insight Meditation Center），與伊斯蘭教代表莎拉・賽義德（Sarah Sayeed）

常華法師（右）與莎拉‧賽義德（中）進行佛教徒和穆斯林對話。左為主持人賽班‧席拉斯。

博士進行一場「佛教徒和穆斯林對話」（Buddhist-Muslim Dialogue）。

活動由內觀禪修中心負責人賽班‧席拉斯（Sebene Selassie）主持。席拉斯首先請與談人分享自己的宗教和修行經驗、信仰教義。科學背景出身的常華法師說明，禪修是自己接觸佛教的入門，禪坐讓他體驗到內在和平，從而延伸到外在世界；也介紹佛教主張眾生平等、沒有主客觀二元分別、存在世界為心識所造等觀念。賽義德博士則從學思歷程談起，分享伊斯蘭信仰的修行法門──發自內心向真主禱告，讓自己有深刻體驗。

針對如何消弭佛教地區產生的宗教衝突的問題，賽義德博士表示，多增加彼此的了解，是避免誤解的重要方法。常華法師分享，聖嚴師父曾在出席國際會議時，提到若衝突根源來自宗教，應回頭省思信仰的教義，是否違反了和平精神，或是人們修持的方法偏離了教義，以致產生衝突。

透過與談人的分享，在場人士對佛教、伊斯蘭教，都有了更深一層的認識和了解。

● 06.27

東初禪寺口述歷史座談
果元法師、于君方、俞永峯分享見聞與經歷

6月27日，文化中心於臺灣大學集思會議中心舉辦「美國紐約東初禪寺口述歷史座談」，由僧團都監果光法師、文化中心副都監果賢法師主持，三位與談人分別是在東初禪寺常住最久的禪修中心副都監果元法師、從大覺寺時代追隨聖嚴師父學禪的美國哥倫比亞大學宗教學系教授于君方、

齊聚臺北的四眾弟子參加「東初禪寺口述歷史座談」，回憶早年跟隨聖嚴師父在東初禪寺習禪的見聞。

青少年時期在東初禪寺成長的美國佛羅里達州立大學宗教學系副教授俞永峯，一起回顧早年在紐約皇后區，從零開始建設、弘法的點滴。

果元法師從 1983 年第一次到東初禪寺打七，就再也沒有離開。法師分享，當年東初禪寺空間有限，打七時人很多，平日訪客卻很少，所以始終感覺東初「空間很大」。在美國，寺院大門平時都緊閉著，而聖嚴師父只要駐錫東初禪寺，有時會親自當知客應門，很多信眾就是因為聖嚴師父親自開門接引，走進東初。

于君方教授是在 1976 年帶著佛學課程的學生，從課堂走向禪堂，參加聖嚴師父在紐約大覺寺開辦的初級禪訓班。東初禪寺成立後，也經常前往請法，于教授表示，聖嚴師父週日講經的開示深入淺出，獲益良多。

俞永峯老師說明東初禪寺是聖嚴師父立宗的原點，分享早期東初禪寺常來眾的照片，也感恩在聖嚴師父的鼓勵下，完成碩、博士學位，在學術界弘揚佛法。

三位與會者皆期許東初禪寺，回到創立時的宗旨，讓聖嚴師父的教法在西方開展，將漢傳禪佛教弘揚到西方社會，以信心和願心開創新局面。

● 06.29～07.05

紐約東初禪寺啟建梁皇寶懺法會
祈願擴建工程順利

為了護持擴建工程，美國紐約東初禪寺於 6 月 29 日至 7 月 5 日，首次啟建梁皇寶懺法會，並於圓滿日下午舉行三時繫念法會。除了紐約地區當地信眾，其他各州信眾也專程前來共修，共有八百多人次參加。

法會由住持果醒法師主法，並每天開示說法。法師說明《梁皇寶懺》是一部懺悔法門，眾生因一念無明妄動，生起千百煩惱，因此要透過懺悔、拜佛、發願、為一切眾生禮佛、

東初禪寺首次啟建梁皇寶懺法會，信眾共同祈願擴建工程早日圓滿完成。

發菩提心等，以自度度人方式除煩惱、證菩提。而「三時繫念」是念佛超度法門，用念佛、懺悔的方式，念到一心不亂，即可回到清淨本性。果醒法師強調，兩種法門切入點不同，但是殊途同歸，都要行解相應、不斷精進，才能斷盡煩惱，成就佛道。

許多信眾首次參加連續七天的法會，每天隨著法師的梵唄，唱誦禮拜；透過聆聽開示，了解懺文的意義及修行法門，內心法喜充滿；也有西方眾雖語言不同，無法跟隨唱誦，依然虔誠行禮如儀。

法會期間天氣酷熱，眾人心中卻是清淨祥和，不僅為自身、家人、眾生懺悔祈福，也祈願東初禪寺順利完成擴建，承續聖嚴師父讓佛法弘傳到西方的悲願。

● 07.02～12

歐美禪眾巡禮尋根
在禪七、參訪中探索法鼓山的理念

西方禪眾繞行生命園區，感念聖嚴師父到西方弘傳佛法，將漢傳禪法的清涼帶給西方社會。

7月2至12日，二十九位來自美國、加拿大、瑞士等地的西方禪眾，在聖嚴師父資深禪修弟子、美國佛羅里達州立大學宗教學系副教授俞永峯帶領下，抵臺展開巡禮尋根之旅。

首站於2至8日，在法鼓山禪堂參加英文禪七；9至11日則依序參訪北投雲來寺、農禪寺及三峽天南寺，分別從行政組織、法脈源流、禪修推廣等多個面向，深入法鼓山的理念及發展脈絡。

10日，一行人參訪農禪寺新建水月道場，在參學員解說下，大眾巡禮農禪寺各點及開山農舍。曾擔任聖嚴師父侍者的俞永峯，也分享許多發生在開山農舍裡的師徒故事；透過人的連結，搭配文物與照片，西方禪眾對法鼓山的歷史傳承，有更深入的認識。

團員也在水月池畔進行觀水禪，有學員表示，以往參訪宗教聖地，如西斯汀大教堂，談的是建築結構與建材，水月道場則是將佛法巧妙融入建築，讓人在參訪中直接體驗「空中花，水中月」的意涵，深具巧思。

這次團員涵蓋老、中、青三代，有來自北美各分會及共修處的資深悅眾，也有不少青年學子。目前就讀大學四年級的基督徒禪眾表示，對於法鼓山的靜謐、生命園區不落痕跡的質樸，感到相當震撼；認為禪宗的涵容讓自己找到一個依靠，自然而然生起菩提心，願意參與法鼓山一起推廣禪法。

資深信眾塔城聯絡處召集人法蘭（Frances Berry）說明，每次回總本山、和僧眾互動，都有不同的學習與成長，例如 11 日在天南寺與常應法師、常源法師茶敘，分享彼此的修行體會，討論如何針對不同族群設計課程，將漢傳禪法推廣應用於歐美地區，交心互動讓人感動。

● 07.03～10　07.30～09.01　09.10～16

洛杉磯道場三場禪修活動
果徹法師、繼程法師帶領精進共修

7 月 3 日至 9 月 16 日期間，美國加州洛杉磯道場舉辦了三場禪修活動，7 月 3 至 10 日的默照禪七、8 月 30 日至 9 月 1 日的念佛禪三，由僧大副教授果徹法師帶領；9 月 10 至 16 日的精進禪七，則邀請聖嚴師父法子繼程法師帶領。

默照禪七是洛杉磯道場成立以來，首度對外開放報名的禪修活動，共有三十八位學員參加，每天除了聆聽聖嚴師父影片開示，果徹法師更不時提點禪修的心態、如何用默照的方法，禪修期間雖正值美國國慶，煙火聲此起彼落，但眾人安住大殿藉境鍊心，體會禪法的受用。

念佛禪三禪期中，果徹法師說明修行的基本原則是修心，也就是調心、鍊心，把雜亂的妄想心，鍛鍊成清淨心，而念佛則是修行調心的方法之一，用佛號安定當下的心，也對眾生起大悲心，與阿彌陀佛的慈悲願力相應。

參與 9 月精進禪七的三十五位禪眾，在繼程法師帶領下，從調身、調息、調心的方法，依入靜、止靜、出靜的次序入門。法師並分享，遊於畢竟空的自在，與生起不住畢竟空的悲心，才是大乘漢傳禪法的精神所在。

有禪眾分享，在精進禪七中，繼程法師循序引導，體會到不執著五蘊身心的重要性，也淺嘗到清涼與安定。

另有資深禪眾表示，參加學員可透過三次禪期，體驗與自己相應的法門，領略不同層次的法喜禪味。

念佛禪三禪期中，禪眾精進念佛，收攝身心。

● 07.05

馬來西亞道場出席馬佛青總會座談會
常藻法師探討佛教的多元面貌

馬來西亞道場監院常藻法師，於 7 月 5 日出席馬佛青總會於吉隆坡蕉賴孝恩館舉辦的「佛教的變異──是契應了時代，還是被時代俗化了」座談會，與新馬佛光山總住持覺誠法師、馬來西亞佛教青年總會諮詢委員拿督洪祖豐，探討佛教在不同時空、文化中形成的多元面貌，以及其中的衝擊與隱憂等議題。

座談的主題，包括：從佛教的發展史看佛教的形式、戒律和教育的變化；佛教在變異中潛在的隱憂；佛教如何面對時代的衝擊；佛教如何契合時代並有效地弘揚佛法？常藻法師指出，雖然佛教每到一個地方，都會因當地的文化而有些改變，但不論形式如何改變，重要的是能否真正達到弘揚佛法的功能。法師認為，接引眾生可以淡化宗教色彩，卻要充實佛法精神；扎根要穩，才不會隨波逐流。

覺誠法師認為，只要佛法的真理沒有改變，順應時空的因緣，契理契機、因地制宜地弘揚佛法，就不會被世俗化；道場可以舉辦適合不同年齡層人士參加的「佛化」活動，進而「度化」大眾來學佛。

洪祖豐拿督則表示，今日的佛教肯定會受到時代的影響，面對文明的衝擊時，佛教必須知道如何適應、克服與面對，進而對現代人產生貢獻。

● 07.11～15

香港護法會舉辦「青年五日禪修營」
引領青年學禪安住身心

香港青年學員在禪修營中，學禪安住身心。

香港護法會於 7 月 11 至 15 日，在香港中文大學邵逸夫堂舉辦「香港青年五日禪修營」，由青年院常啟法師、香港道場常展法師與常禪法師等十位法師帶領，共有一百三十九位學員參加。

禪修營課程包括了初級禪訓班的課程，輔以心靈成長活動。學員學習禪修的基礎觀念和方法，包括法鼓八式動禪、打坐、托水缽、書法禪等，體驗禪法在生活中的活潑與實用；心靈活動則

引導學員自我認知，探索內在深沉的自我，並學習團體生活。

有學員表示，禪修營運用多元的禪修與團康活動，引人調整身心、檢視自我；也藉由禪修體驗以及人際互動，反思個人的生活方向和生命目標。另有香港法青表示，印象最深刻的是觀看聖嚴師父《點燈》影片，沈家楨居士資助聖嚴師父在日本求學，直至三十年後才承認這件事；沈老居士無私奉獻、聖嚴師父銘記感恩，讓人感動，也讓自己學習以感恩心對待生命中每一段因緣。

● 07.11～23

舊金山分會舉辦弘法活動
果醒法師帶領禪修、主持佛學講座

北美護法會加州舊金山分會於 7 月 11 至 23 日舉辦系列弘法活動，內容包括佛學講座、禪修活動等，由美國紐約東初禪寺住持果醒法師帶領，共有四百多人次參加。

果醒法師首先於 11 至 22 日期間，主持三場梵唄與誦經教學，除了說明梵唄傳承的源流、功能、意義與重要性，也講授誦經的方法，清淨梵音抑揚頓挫，不以斷句為句，不以換氣

舊金山分會舉辦英文半日禪，由果醒法師帶領。

為句，綿長不絕，口誦且心專注；並於 18 日帶領共修《地藏經》，勉勵大眾學習諸佛菩薩發廣大菩提心，祈願眾生幸福安樂。

三場佛學講座，於 18 至 23 日期間進行，主題是「『無我』的人生觀」，法師以幽默的巧喻，生動解說佛法教理中無我和緣起性空的觀念，深入闡述性與相的分別以及真心和現象的關係，並從觀念的解析落實到實際生活上的操作運用，帶領學員探索體驗全新的無我人生觀。

禪修活動，包括 14 日的英文半日禪、19 日的法鼓八式動禪體驗營，以及 20 日的禪一。在法鼓八式動禪體驗營中，法師除了開示立姿、坐姿動禪的心法，也一一為學員調整動作，結合理論與方法運用的授課方式，領眾體會動禪的妙用。另一方面，也於 14 日及 16 日，主持動禪師資培訓課程，期能接引更多人體驗動禪放鬆與安定的覺受。

近一個月的弘法關懷，果醒法師也參與分會的例行共修活動，解答有關修行或佛學的問題，帶給信眾佛法的關懷，以及法門的諄諄提醒。

● 07.11～09.12

常延法師美、加弘法
主持佛學講座並帶領禪修

7月11日至9月12日，僧大講師常延法師至美、加弘法關懷，主要於加拿大溫哥華道場、北美護法會華盛頓州西雅圖分會，弘講十堂《金剛經》及「佛教生死觀」佛學課程，並帶領禪修活動。

在《金剛經》課程上，法師講析《金剛經》要

常延法師於西雅圖分享佛教生死觀，讓大眾對中陰身有正確的認識。

分兩個層次來理解，一是「世俗諦」，從凡夫所認識的一切現象及因果道理來看，一切都是有；二是「聖義諦」，就已了悟空性的解脫者而言，一切皆是因緣所生，「此生故彼生，此滅故彼滅」。有了這個觀念，再看經文中「所言一切法者，即非一切法，是故名一切法」，第一個「一切法」當以世俗諦來理解，後面則以聖義諦來理解，就不會產生矛盾。

「佛教生死觀——從中陰身談起」講座，常延法師釐清中陰身的概念，引用三則故事，說明中陰身不僅可以轉變形類，更可以修證成道。法師表示，「隨重」、「隨習」、「隨念」三種力量決定了中陰身的去向；提醒學員，在生之時即有正信修行方法，時時警惕平日的起心動念，念念中便會積累往生佛國的資糧。

另外，常延法師於西雅圖分會，8月16至17日帶領初級禪訓密集班，詳盡解說姿勢、方法、按摩、法鼓八式動禪心法等，以及聖嚴師父教導的「散亂心、集中心、統一心、無心」，帶領眾人體會放鬆專注的感覺；9月8至12日，主持三場佛法座談，分享如何對治修行上各種問題，提醒並鼓勵眾人修行持戒、布施、禪定，建立正確的知見，解行並重。

有學員分享，感恩法師帶領認識《金剛經》修證地圖，掌握了讀經訣竅；也有學員表示，透過佛法對中陰身和輪迴的觀點，明了一切其實掌握在自己手中，唯有精進修行，今生結束時方能坦然面對，甚至能把握死亡契機，進入圓滿解脫。

2014 常延法師美、加弘法行程一覽

時間	地點	弘法內容
7月11至30日	加拿大溫哥華道場	• 弘講十堂《金剛經》佛學課程 • 弘講「佛教生死觀——從中陰身談起」
8月6日至 9月12日	北美護法會華盛頓州西雅圖分會	• 弘講十堂《金剛經》佛學課程 • 帶領初級禪訓密集班 • 主持三場佛法座談
8月9日	美國華盛頓州西雅圖華僑文教服務中心	• 弘講「佛教生死觀——從中陰身談起」

● 07.12～14

果元法師美國三場禪修講座
分享禪法心要與精髓

7月12至14日，禪修中心副都監果元法師於美國進行三場禪修講座，分享禪法心要與精髓，共有兩百多人參加。

法師首先於12日應美國漢傳佛教文化協會（Chinese Buddhist Cultural Association,U.S.A）之邀，在紐約法拉盛喜來登飯店（Sheraton LaGuardia East Hote）主講「快樂自在來學禪」，介紹禪修的方法與精神。13日，在紐約東初禪寺舉辦的週日講座，果元法師以「禪話家常」為題，分享生活經驗，說明以利他助人的心面對事物，對於外界的批評，體驗呼吸、保持心平氣和，衝突就會降低；提醒大眾以不同視野，看到不同的狀態，再艱苦的情況，在大海中都只是一個小泡泡，任何問題都可以如此觀想。

14日，果元法師於北美護法會新澤西州分會，同樣以「禪話家常」為題，援引永明延壽禪師「牛胎生象子，碧海起紅塵」、憨山德清大師「死生晝夜，水流花謝，今日乃知，鼻孔向下」等歷代祖師公案詩偈，分享如何運用生活禪法。

法師分享在英國鄉下指導禪修時，透過掛單處的長排落地窗，看到窗外景物因天色亮起，顯現出幽遠遼闊的景象，深受震撼，「美好景象一直都在，只是自己被很小的範圍框住了。」法師說當時只看到開燈、關燈的需求，卻從窗外之景體會到，只要將自我減少，或沒有自我，視野就會開闊起來。

果元法師於新州分會，分享聽似平淡，卻蘊涵深刻體證的生活禪法。

● 07.14～08.17

果傳法師東南亞弘法關懷
推廣法鼓山理念

　　僧團果傳法師於 7 月 14 日至 8 月 17 日，於新加坡、馬來西亞、泰國等地，展開弘法關懷行程，推廣法鼓山的理念，內容包括舉辦專題講座、帶領法會等。

　　首場活動為 7 月 14 至 26 日期間，於新加坡護法會弘講四堂「法鼓山的理念」。講座上，法師說明「提昇人的品質，建設人間淨土」是法鼓山的理念，更是聖嚴師父的弘願，「提昇人的品質」是指及時覺察自心的起心動念，時時把心安住當下，讓「境隨心轉」；而「淨土」在經書上雖意謂佛國淨土，然而「一念清淨，一念見淨土」，人間的淨土其實就在自心裡，如果每個人都能自心清淨，則處處都是人間淨土。

　　果傳法師於 8 月 2 日轉往馬來西亞怡保共修處，弘講「心靈環保與生命安頓」，講析心靈環保在生活中的運用；3 日主持地藏法會，共有七十多人參加。

　　時值教孝月期間，9 日法師再返新加坡，帶領信眾共修地藏法會；17 日則於泰國護法會主持地藏法會。法師於法會上講說《地藏經》的要義，勸請大眾學習地藏菩薩的慈悲與智慧，發大菩提心「上求佛道、下化眾生」，實踐「孝道、度生、拔苦、報恩」的地藏精神。

果傳法師於新加坡弘講「法鼓山的理念」，鼓勵眾人共同建設人間淨土。

● 07.16～22

香港護法會參加「2014 香港書展」
展出聖嚴師父著作與法鼓山出版品

　　香港護法會於 7 月 16 至 22 日，參加於香港會議展覽中心舉行的「2014 香港書展」，以「心靈環保」為主題，展出聖嚴師父著作與法鼓山出版品，推廣心靈環保理念，獲得熱烈的回響。

　　16 日的開幕儀式，在莊嚴鼓聲中，由僧團副住持果品法師、各界來賓，共同為書展攤位剪綵；活動期間，方丈和尚果東法師也到場關懷義工。

書展期間，護法會並舉辦多場講座，包括：果興法師主講「面向快樂的方位」、資深悅眾郭永安推介《叛逆中年》。文化中心副都監果賢法師也從臺灣前來，向讀者介紹聖嚴師父著作《禪在哪裡》，法師將《心在哪裡》、《禪在哪裡》二書封面做對比，藉以說明「禪」的清淨與安定。

書展開幕儀式，由果品法師、各界來賓，共同為書展攤位剪綵。

● 07.19～08.10

果元法師七度前往墨西哥弘法
學員體驗清楚放鬆的漢傳禪法

禪堂堂主果元法師於 7 月 19 日至 8 月 10 日，第七度前往墨西哥弘法，同行包括信眾服務處監院常續法師、護法悅眾游政雄。法師此行於鄰近太平洋的玉堂海灣禪修中心（Mar de Jade Holistic Center）帶領禪七，並首度至中部大城瓜達拉哈拉（Guadalajara）、歷史古城聖米格爾‧阿雁德（San Miguel de Allende）、首都墨西哥市（Mexico City）等城市，教導學員練習基礎禪修，體驗清楚放鬆、活在當下的漢傳禪法。

果元法師（中）首度在墨西哥瓜達拉哈拉，帶領二十多位年輕學員體驗漢傳禪法。

首場禪七於 7 月 19 至 25 日在玉堂海灣禪修中心展開，該禪修中心負責人蘿拉（Laura Del Valle）擔任西班牙文翻譯，包括記者、藝術家等專業人士，有近三十位學員參加。果元法師以英文開示禪修觀念和方法，並講說「四聖諦」等佛法。除了早晚課、八式動禪、瑜伽運動、禪坐和小參，並帶領學員到

海邊經行、觀落日禪。最後一天分享時，學員表示法師教導的放鬆方法非常受
用，近二十位學員並由法師親授三皈依，成為三寶弟子。

26 日至 27 日，果元法師在瓜達拉哈拉帶領禪修，有二十多位學員參加；8
月 2 至 3 日，則於聖米格爾‧阿雁德的仙人掌植物園，進行別具熱帶風味的兩
天禪修；9 至 10 日，法師前往墨西哥市，以切合當地學員需求為考量，安排
了結合初級禪訓班和禪一的禪修活動，帶領學員有架構地完整學習禪修的觀念
與方法。

● 07.21

美國法鼓山佛教協會成為聯合國 NGO 組織
以「特別諮詢地位」參與重要事務與計畫

美國法鼓山佛教協會（Dharma Drum Mountain Buddhist Association,DDMBA）
於 7 月 21 日正式取得「聯合國經濟及社會理事會」（United Nations Economic
and Social Council,ECOSOC）的「特別諮詢地位」（Special Consultative
status），未來將可參與聯合國經濟及社會理事會及附屬機構的重要事務與計畫
會議。

「這不僅是聖嚴師父的遺願，也是聖嚴師父留下的寶貴資產。」負責此事並
深入參與的聯合國 NGO 專案小組常濟法師和果禪法師表示，2000 年，聖嚴師
父以漢傳禪佛教代表的身分，出席紐約聯合國總部舉行的「千禧年世界宗教暨
精神領袖和平高峰會」，並發表主題演說，當時聖嚴師父深感作為「世界公民」
的一分子，抱持「走到哪裡，就奉獻到哪裡」的悲願，認知到，DDMBA 與聯
合國建立正式的友誼關係是很重要的關鍵。

在兩位國際顧問迪娜‧梅瑞恩（Dena Merriam）與克莉絲‧梅歐（Kris
Mayo）女士的協助下，DDMBA 從開始籌備到申請送件，期間出席和贊助衝
突地區的青年領袖，如蘇丹、伊拉克、阿富汗、柬埔寨等的各項活動，並主辦
青年和平論壇、女性慈悲論壇等活動，與來自不同宗教、信仰、文化背景，有
志於追求精神和心靈覺醒的人士交流互動，以實際行動支持聯合國所推展的多
項運動。

專案小組指出，在全球人類心靈不知何去何從的關鍵時刻，在攸關人類存亡
與後代子孫福祉的重要議題上，不能沒有宗教界的參與和關切，法鼓山持續秉
持聖嚴師父以漢傳禪佛教利益全體人類的悲願，以心靈環保為核心主軸，在青
年、跨宗教、環保與推動和平這四個領域中，帶動人類精神層面的覺醒和精神
價值的追求，來造福國際社會。

● 07.21～22

「國際青少年宗教體驗營」於園區展開
歐美青少年法鼓山尋禪趣

國際發展處與國際扶輪社 3520 地區於 7 月 21 至 22 日，在法鼓山園區共同舉辦「國際青少年宗教體驗營」，共有三十四位來自歐州、美國及南非的青少年體驗漢傳禪佛教的日常活用。

心靈工作坊中，歐美青少年畫下心中煩惱，法師提供佛法觀念的化解之道。

兩天的體驗營課程，內容包括認識佛門禮儀、禪修、書法、心靈環保工作坊等，在基督教環境長大的學員們，對各項活動都樂於嘗試，對禪修更是感到興趣。常鐘法師從禪修的坐姿、準備動作開始，逐步引導學員專注身體的動作、放鬆身心，最後做全身按摩，短短的體驗後，許多人都感到舒暢安定。

由常玄法師主持的心靈環保工作坊，學員先畫下心中的煩惱，包括悶熱的天氣、使用筷子、沒有網路、不懂中文、歧視、戰爭等，接著分享自己的解決之道，如忽視、運動、聽音樂、與人討論等。常玄法師指導學員運用禪修方法放鬆，並說明從「了解無常」、「接受當下的情況」、「珍惜所有」等觀念進行改變，更可以從根本化解；也送給每人一個僧侶娃娃桌飾，鼓勵大家放在書桌，一見到娃娃就練習放鬆。

來自義大利的學員分享，以前對佛教的認識不多，此行透過禪修了解佛教，感到很放鬆；德國學員則表示在法鼓山領受了不一樣的心靈之旅，感謝法師與義工的付出。

● 07.22

馬來西亞道場參與「追悼 MH17 跨宗教禱告會」
常藻法師帶領義工為受難者祈福祝禱

馬來西亞道場於 7 月 22 日，受邀和當地多個宗教團體、非營利組織，共同參與馬來西亞首相署國民團結局舉辦的「追悼 MH17 跨宗教禱告會」，由監院常藻法師帶領義工，除了祝禱，也協助當晚的接待和報到作業。

在禱告會上，馬國全體民眾，不分宗教、種族共聚一堂，齊心為不幸罹難者

法鼓山的法師與義工參加「追悼 MH17 跨宗教禱告會」，為受難者祈福祝禱。

及其家屬祝福；包括首相署部長佐瑟古律（Joseph Kurup）、以及五大宗教諮詢理事會（The Malaysian Consultative Council of Buddhism, Christianity, Hinduism, Sikhism and Taoism，MCCBCHST）主席賈基爾星、罹難者家屬都出席禱告會；會中，馬來西亞七大宗教代表，包括：伊斯蘭教、天主教、印度教（興都教）、道教、佛教、錫克教等，都上台帶領大眾祝福迴向。

馬航 MH17 班機於 17 日在烏克蘭發生墜毀空難甫傳出，法鼓山隨即於海內外各分支道場，設立超薦、消災牌位，由法師及信眾為罹難者及其眷屬迴向祝禱；並於全球資訊網、臉書設置「持咒祈福專區」，大眾齊心祈願，讓人心安定。

● 07.24～29　08.30～09.01

馬來西亞道場舉行初階禪修活動
引導大眾以禪修練習擁抱活在當下的美好

馬來西亞道場於 7、8 月，共舉辦兩場禪修活動，包括初階禪五與禪三，引導當地人士學習正確的禪修觀念與方法，有近一百人次參加。

初階禪五於 7 月 24 至 29 日在梳邦再也佛教會舉辦，由僧團常源法師帶領。五天的活動包括法鼓八式動禪、坐香、法師開示、拜佛、經行、跑香、立禪等，法師引導眾人以放鬆的態度沉澱心靈，把世俗的包袱、罣礙和煩惱，放在禪堂外；過程中，也不斷提醒學員「不管妄念，回到方法」，不要被以往的經驗或觀念影響，無論正面或負面狀況，一概放下，不執著、不比較、不期待、不追求，坦然面對與接受，心即自在。

8 月 30 日至 9 月 1 日於金馬崙三寶萬佛寺進行禪三，監院常藻法師帶領近六十人精進修行。禪三期間並安排觀看聖嚴師父開示影片，啟發學員提起初發心、菩提心、信心、大精進心，以及建立正確的禪修態度等，內容豐富而多元。

禪期圓滿前，常藻法師建議禪眾，在參加密集禪修課程之前，做好五調的準備：調飲食、調睡眠、調身、調息、調心，進入禪堂時能更快適應；也鼓勵學員多回道場擔任義工，在奉獻的過程中培福修慧。

● 07.26～08.03

馬來西亞道場參與「第九屆海外華文書市」
透過對談分享「心靈環保」理念

馬來西亞道場於 7 月 26 日至 8 月 3 日，參加在吉隆坡舉行的「第九屆海外華文書市」，以「心靈環保」為主題，展出法鼓文化出版書籍，與當地民眾分享佛法智慧。

法鼓山書展攤位設在「佛教與心靈區」，開幕前一天，監院常藻法師帶領同區參展的四個佛教團體，進行簡單莊嚴的灑淨儀式，祈願佛法智慧遍灑人間，讓人心淨化、社會安定。

常藻法師（中）、辜琮瑜老師（右），於書展會場上進行座談，分享聖嚴師父提倡的「心靈環保」理念。

31 日並於會議中心舉辦對談，由常藻法師與佛教學院助理研究員辜琮瑜針對「活著、活著，就笑了」的主題，展開對話，分享「心靈環保」理念。辜琮瑜老師勉勵聽眾，運用聖嚴師父的「四它」，處理生活上種種難題，便能從容面對生命的苦難，隨時自在微笑。

● 07.29～30

馬來西亞道場兩場專題講座
辜琮瑜老師分享生活佛法與禪思

7 月 29 至 30 日，馬來西亞道場舉辦兩場佛學講座，由佛教學院助理研究員辜琮瑜老師分享生活佛法與禪思，共有一百多人次參加。

29 日講座的主題是「別讓煩惱綁架您！」，辜老師分析如何覺察自己的起心動念來與煩惱相處；也說明如何為情緒把脈，學習由六根、六塵和六識的過程理解分別心、執取好惡，清楚心與煩惱的親密關係，進而轉煩惱為清涼菩提。

在 30 日「讀禪宗師偈・體生命智慧」講座上，辜老師介紹禪宗詩偈是祖師大德透過他們的修行和體會，留下來的生命智慧，透過閱讀詩偈，便能與祖師們產生連結，得以滋養、觸動並開啟自己的智慧。

在「別讓煩惱綁架您！」講座上，辜琮瑜老師講說如何將煩惱轉化為菩提。

講座最後，辜老師分享，我們應該隨時與生命中的每一件人、事、物，有一個「四道」的告別儀式：「道歉」、「道謝」、「道愛」、「道別」，生命才會清安與自在。

● 07.31～08.30

繼程法師、常聞法師歐洲弘法
於波蘭、瑞士、英國主持禪修

瑞士禪五圓滿後，禪眾與繼程法師（前左三）、常聞法師（前右三）、常襄法師（前右二）歡喜合影。

7月29日至8月30日，聖嚴師父法子繼程法師前往歐洲弘法，分別於波蘭、瑞士、英國主持禪修，美國紐約象岡道場監院常聞法師、常襄法師也隨同前往。

首站於7月31日至8月10日，在波蘭德露潔芙（Dluzew），距華沙市區約四十英哩的科耳比爾鎮（Kolbiel），展開為期十天的禪期，由繼程法師主七，常聞法師協助翻譯、小參，常襄法師為總護，參加人員多是波蘭人。這已是繼程法師連續七年在波蘭帶領禪修，推廣聖嚴師父的教法。

16至21日，一行人於瑞士沃夫哈登（Wolfhalden）山區的道樓（Haus Tao）帶領禪五，參加禪眾多有深厚的禪修基礎，對於繼程法師系統式的指導反應良好，皆把握機緣向法師請教更多修行問題。

23至30日繼程法師在英國帶領禪七，共有二十四位禪眾，一半是亞裔女性，其他為西方眾，有鑑於多數為初學佛法者，因此法師的教法著重在禪修的基礎上，包括坐姿及方法，適時回應禪眾的需求。

● 08.05　08.26　09.09

美國哥大出版漢傳佛教專書
西方學界發揮影響力

為在西方推廣漢傳佛教，由中華佛學研究所、聖基會捐贈美國哥倫比亞大學出版社（Columbia University Press）設立的「聖嚴

美國哥大出版漢傳佛教專書，提昇漢傳佛教在西方學術界的能見度與實力。

漢傳佛教學術出版永久基金」，分別於 8 月 5 日、8 月 26 日，以及 9 月 9 日出版《符咒，圖像及曼陀羅——追溯佛教密宗儀式的沿革》（*Spells, Images, and Mandalas:Tracing the Evolution of Esoteric Buddhist Rituals*）、《活轉的業力——蕅益智旭的宗教實踐》（*Living Karma:The Religious Practices of Ouyi Zhixu*）及《禱告的身體——中世紀漢傳佛教的符咒和儀式想像》（*The Body Incantatory: Spells And The Ritual Imagination In Medieval Chinese Buddhism*）。

該基金由中華佛研所、聖基會於2009年成立，邀請哥倫比亞大學宗教學系于君方教授擔任出版推薦與審核，2010年3月首先出版《宗教經濟》（*Sacred Economies*），目前已出版四本漢傳佛教專書，提昇漢傳佛教在西方學術界的能見度與實力。

● 08.05

社區長者參訪溫哥華道場
認識心靈環保

加拿大溫哥華道場於 8 月 5 日接待來自當地馬波社區中心（Marpole Community Center）十四位長者的參訪，這群五十五歲到九十歲、來自不同族裔的長者，第一次造訪佛教寺院，由監院常悟法師介紹佛教，以及法鼓山心靈環保的理念。

老菩薩開心分享自己利用樹葉、花瓣創作出的獨一無二作品。

從圖書館的佛學書籍，到大殿的佛像、法器，長者都認真地探詢學習；也親身體驗法鼓八式動禪和經行，了解幫助自己放鬆身心、安定身心的方法。

參觀果園和有機農場栽種時，長者也提問與種植蔬菜相關的問題，並享用以農場蔬果烹調出的美味午齋。下午，由法青和義工帶領手工美勞創作，長者將色紙剪貼成樹幹，並利用果園中各形各色的樹葉、掉落的花瓣，創作出獨一無二的作品，彼此欣賞作品的同時，也重新看到自我的潛能。

● 08.09

常藻法師與馬國佛教發展基金會副主席對談
分享心靈環保的財富觀

8 月 9 日，馬來西亞道場監院常藻法師應邀至沙登那爛陀（Nalanda）佛學會，與該國佛教發展基金會副主席拿督洪祖豐對談「佛教財富觀」，佛學會主席陳

常藻法師（左）與洪祖豐拿督（右）對談「佛教財富觀」，中為主持人陳永淨主席。

永淨擔任主持人，共有一百多人參加。

座談會上，常藻法師表示佛教徒應時刻保持覺照，避免自己為了獲得錢財，落入「貪」的陷阱，並引用聖嚴師父法語「需要的不多，想要的太多」，期勉在家居士以能力與需求為考量，不需一味執著、與他人比較。

談到錢的運用方式，法師建議眾人以「提昇人的品質，建設人間淨土」為目的，佛教徒應把錢視為善法的工具，讓財富發揮最大的正面效益。

● 08.15～24

果徹法師舊金山弘法關懷
帶領禪修、佛法講座

僧大副教授果徹法師於 8 月 15 至 24 日，在北美護法會加州舊金山分會弘法關懷，內容包括帶領禪修、舉辦佛法講座等。

15 至 17 日，果徹法師於分會弘講「四念處」，法師說明四念處是修禪定，產生智慧的修行方法，也能了知一切事物的真實相，並能體證自性本空；法師解析大乘的四念處觀是以四念處修空觀，透過觀身受心法是空，證得智慧，當清楚一切存在都是無常，都是因緣和合產生時，就會明白所有的事物都沒有恆常的自性，智慧因此增長。

法師勉勵學員，將四念處觀運用到日常生活中，時時處處照顧好自己的身心，身在哪裡，心在哪裡，則行住坐臥無一時不是修行，無一處不是用功辦道的場合。

23 日，果徹法師於分會帶領禪一，提點禪眾活用四念處的觀念與方法，並教導禪眾慢動作拜佛的方式，清楚地察覺禮佛時身體的每一個動作細節，有近五十人參加。

另一方面，兩場佛法講座分別於 19 日及 24 日舉行。19 日的主題是「創造和諧的人際

果徹法師於舊金山分會帶領禪一，提點將四念處的觀念運用於禪修中。

關係——贏得好人緣」，法師分享生活中廣結善緣之道；在 24 日的「幸福美滿的人生」講座中，果徹法師提醒大眾，佛法與禪法的觀念與方法，可以引領我們體悟生命的真相，進而獲得圓滿的幸福。

● 08.18

果光法師馬來西亞講「修行人的領導祕方」
以「行事六要領」助己助團體

馬來西亞道場與馬來西亞佛教青年總會、《星洲日報》，聯合於 8 月 18 日在八打靈《星洲日報》禮堂舉辦佛法講座，由僧團都監果光法師主講「修行人的領導祕方」，包括道場監院常藻法師、常炬法師，修成林會涵法師等，有近一百二十人出席聆聽。

身兼法鼓山僧團都監與行政中心副執行長，該如何兼顧佛法修行與管理事務？果光法師分享聖嚴師父開示的

果光法師於馬來西亞主講「修行人的領導祕方」，分享行事六要領。

「行事六要領」：堅守原則、充分授權、尊重他人、關懷對方、主動溝通、隨時檢討，是修行兼顧領導的祕方。法師表示，無論是道場或企業領導人，都必須清楚領導團體的理念，才能幫助這個團體、幫助他人。

果光法師分享在領導學習過程中，運用禪修方法的經驗，參話頭時，不只發現自己的問題，也發現他人的問題；察覺問題後，開始練習觀音法門，誦《普門品》，念觀音、學觀音、做觀音。

法師表示，領導者以利他為先，為大眾服務；放下自我，為團體的利益著想，裡面已經結合了不同的禪修方法；也勉勵大眾，如果可以把方法用在生活或領導上，一定受用無窮，因為修行與生活是息息相關的。

● 08.21

惠敏法師馬來西亞弘講「心的祕密」
慈悲心能包容怨恨、放捨愛著

8 月 21 日，馬來西亞道場與馬來西亞佛教青年總會於當地鶴鳴禪寺舉辦佛法講座，由法鼓文理學院校長惠敏法師主講「心的祕密——慈悲禪修之宏觀與

微觀」，僧團都監果光法師、鶴鳴禪寺住持傳聞法師等也出席聆聽，共有一百多人參加。

惠敏法師將愛因斯坦著名的公式「e=mc²」，套用在心的方程式裡，成為「心＝腦 × 眾生²」，並引用《華嚴經》中「心佛眾生，三無差別」，說明不要忽視微小的「腦」量，因為加上「眾生」量的累積，可以產生巨大「心」力。

法師表示，慈悲非常重要，戰爭就是人類缺乏慈悲的結果，其後果令人心驚，例如烏克蘭內戰，原以為只涉及周邊國家，然而馬航客機卻也因此遭殃。化解的良方，莫過以慈悲之心化敵為友；所謂慈悲，對應「三法印」，是體會無常而知足常樂（解脫道）、直觀無我而助人快樂（菩薩道），以及悟入涅槃寂靜的寂滅最樂（涅槃道）。

講座最後，惠敏法師勉勵眾人，凡事以無我歡喜心包容怨恨，以無常警覺心放捨愛著，慈悲心便能油然而生。

● 08.23

馬來西亞道場參與大馬國慶誦經祈福
帶領大眾誦念《心經》、阿彌陀佛聖號

馬來西亞道場監院常藻法師、常鑑法師於 8 月 23 日受邀出席該國佛教諮詢理事會於吉隆坡斯里蘭卡佛寺（Sri Lanka Buddhist Temple）舉辦的馬來西亞「國慶日誦經和祈福法會」，包括漢傳、藏傳和南傳佛教團體代表，共有兩百多人參加。

法會上，兩位法師代表漢傳佛教團體，帶領大眾誦念《心經》、阿彌陀佛聖號，並與大眾參與點燈儀式，在念佛聲中，祈求三寶加被，社會和諧安樂。

馬國接連發生馬航 MH370 和 MH17 空難，加上國內宗教、種族與政治糾紛不斷，民心不安，藉著大馬國慶的因緣，舉辦誦經祈福法會，祝願國家安定。

● 08.27～09.15

果元法師六度前往印尼弘法
帶領禪修活動並進行兩場演講

禪堂堂主果元法師於 8 月 27 日至 9 月 15 日，帶領僧大學僧常耀法師，前往印尼弘法，共帶領了一場禪二、兩場禪七，並受邀進行兩場演講，足跡橫跨蘇門答臘、爪哇兩島。

法師首先於 27 日在印尼第四大城棉蘭圓覺精舍，主講「漢傳禪法」，果元

果元法師於雅加達弘講漢傳禪法，帶領聽眾領略禪修的活潑實用。

法師解說漢傳禪法與印度禪法的異同，進而開展出話頭、默照禪法；演講中並穿插各種公案故事，讓聽者會心而笑，對漢傳禪佛教也有了基本認識。

29 至 30 日，法師於西寶蘭吉特（Sibolangit）山區帶領禪二，課程安排有法鼓八式動禪、瑜伽運動、經行，及介紹行、住、坐、臥的禪修方式，不僅讓禪眾耳目一新，更體驗漢傳禪法的活潑。

8 月 31 日至 9 月 6 日，果元法師在中爪哇島的三寶瓏（Semarang）帶領高階默照禪七；接著於 7 至 13 日在茂物（Bogor）主持初階禪七。兩場禪七中，法師將身心放鬆的方法，鉅細靡遺介紹給印尼禪眾。

14 日，應印尼佛教會卡彌達法師（Kheminda）邀請，果元法師於雅加達為近四百位民眾介紹漢傳禪法。卡彌達法師是印尼佛教會體正法師的弟子，2014 年 2 月來臺參訪法鼓山，促成這次佛法交流的因緣。卡彌達法師藉此機緣，邀請果元法師下次再來帶領精進禪三。

果元法師此行，是第六度前往印尼弘法，在推廣法鼓山漢傳禪法的同時，更與當地民眾結了許多深厚法緣。

● 09.01

溫哥華法鼓隊加拿大臺灣文化節演出
分享動禪的放鬆與專注

9 月 1 日，加拿大溫哥華道場法鼓隊應當地臺灣文化節的邀請，於溫哥華美術館廣場演出，分享動禪的專注與放鬆。

當天，少年鼓隊一開場，即引來人潮；中場休息時間，道場

溫哥華法鼓隊受邀在溫哥華美術館廣場演出，震天鑼鼓展現豐沛生命力。

義工並帶領民眾學習「法鼓八式動禪」。下半場由成人鼓隊表演新曲〈迎春〉，少年鼓隊接著演出〈鼓韻〉、〈歡欣鼓舞〉，充滿活力的鼓聲，獲得滿場掌聲。

表演前，少年鼓隊、成人鼓隊成員全力以赴，除了每週固定加緊練習，並安排兩天全心投入彩排，為最佳演出做準備。

● 09.06～20

果慨法師東南亞弘法關懷
主持佛學講座、懺法研習營

9月6至20日，弘化發展專案召集人果慨法師前往新加坡、馬來西亞弘法關懷，內容包括佛學講座、懺法研習營等。

法師此行弘法，首先於6至10日在新、馬分別主講三場「佛教徒的生死觀」佛學講座，藉由《金剛經》、《阿彌陀經》、《地藏經》說明臨終前後的身心狀態、應對方式，叮嚀學員精進誦經、拜懺、持咒，克服自身累世業力，在生活中「時時勤拂拭，莫使惹塵埃」，並發利益眾生的菩提心，行菩薩道，才能過著生死皆自在的人生。

13至20日，馬來西亞道場於當地萬達鎮佛學會（Bandar Utama Buddhist Society）舉辦大悲懺法研習營，由果慨法師帶領，監院常藻法師擔任總護，四十三位學員深入懺悔法門，洗滌內外煩惱，讓內心更有力量、更加清淨。

研習營內容包括：法鼓八式動禪、早晚課、法師授課及禮懺。果慨法師講解《大悲懺》乃依據《千手千眼大悲心咒行法》，由「空」、「假」、「中」貫串整部懺法。法師深入淺出，以個人親身經歷、祖師大德的實例，令學員對空、假、中有進一步認識，也對《大悲懺》所統攝的戒、定、慧，有全面性的了解。

在禮懺部分，果慨法師帶領學員依據儀軌，每日依序先修供養、禮請三寶諸天、作禮、發願持咒、懺悔，最後作觀行。

有學員表示，研習營課程循序漸進，也在拜懺過程中，身心漸漸收攝專注，對修習懺悔法門的信心更為堅定。

馬來西亞道場舉辦懺法研習營，學員深入懺悔法門，內心更加清淨。

● 09.14

舊金山分會舉辦跨宗教對話「面對死亡」
常華法師、史賓塞牧師探討生死觀

北美護法會舊金山分會於 9 月 14 日舉辦
跨宗教對話活動，邀請奈爾斯發現教會主
任牧師（The Senior Pastor at Niles Discovery
Church）傑夫‧史賓塞（Jeff Spencer），與
美國紐約東初禪寺監院常華法師，就「面對
死亡」為題，探討佛教和基督教的生死觀，
有近百人參加。

常華法師（左）與史賓塞牧師（右）對談佛教和基督教的生死觀。中為主持人勞爾曼。

對談議題包括對死亡的看法、人死後的去
處、喪禮的儀式及如何面對悲慟等，由教會
助理牧師布蘭達‧勞爾曼（Brenda Loreman）擔任主持人。史賓塞牧師首先介
紹基督教的觀點，認為死亡是生命的自然過程，亡者是蒙主寵召，在天國重生；
也說明基督徒的喪儀是一種感恩儀式，感謝上帝派亡者來到世間，感謝亡者為
家人、社區做出貢獻，如今亡者責任已了，感謝上帝再把他（她）接回去。

常華法師則就佛教觀點，說明人在臨終前，形體及意識二方面的不同變化，
人體由地、水、火、風四大元素構成，四大崩壞、分離後，形體也就壽終正寢，
然而，往生者的神識並未隨之消失，因此人死後八個小時，佛教徒會繼續為往
生者助念，引導其放下執著，往生極樂世界。而感念往生親友最好的方法，就
是助念、誦經、拜佛，誠心幫助亡者往生淨土，也要懺悔自己對往生者說過、
做過的事，並感恩往生者對我們的種種照顧，再將懺悔、感恩及念經拜佛迴向
往生者得生淨土，進而提昇至更高層次，祈願所有眾生皆能離苦得樂。

這場跨宗教對話，讓大眾體認，無論是佛教、基督教，都將死亡看成是生命
的一部分，無須恐懼，也無從逃避，以健康、積極、正面的態度過生活，踏實
活在每一個當下，便是面對死亡最好的方式。

● 09.14～19

常華法師舊金山分會弘法關懷
主持心靈茶會、法器教學、佛法講座

美國紐約東初禪寺監院常華法師於 9 月 14 至 19 日，至北美護法會舊金山分
會弘法關懷，除 14 日參與分會舉辦的跨宗教對談外，並展開包括心靈茶會、

法器教學、佛法講座等系列活動。

16日,常華法師以「生死學中學生死」為主題,主持心靈茶會,透過影片《走路人生》、繪本《獾的禮物》,帶領與會信眾感受生離死別的過程,並觀看《大法鼓——如何超越生老病死》,體會聖嚴師父所提醒的,不

常華法師主講「穿越生命終極屏障」,強調隨時懺悔、感恩、發願,以及日常恆課的重要。

要把生死當作可怕的事,死本身不可怕,因為死後還有一個前途可去,功德、慈悲心、智慧心可以帶走,準備好這件事後,把功德帶到極樂淨土。

在19日的「穿越生命終極屏障」佛法講座中,法師以經歷母親、父親先後往生的心路歷程,分享如何幫助自己及家屬過一個優雅的老年,臨終時無有障礙。常華法師提醒隨時懺悔、隨時感恩所有人、隨時發願利益眾生和往生淨土,以及日常恆課的重要;表示死亡是人生最重要的大事,要放在第一優先,隨時做好準備。

許多信眾表示,常華法師對生死問題的探討廣泛深遠,也對生死建立了健康光明的心態,獲益匪淺。

● 09.18～24

新州分會系列弘法
繼程法師主持佛法講座、帶領禪修

繼程法師新州分會講「禪心悅意」,說明真正的快樂,要從內心而來。

北美護法會新澤西州分會於9月18至24日,舉辦系列弘法活動,邀請聖嚴師父法子繼程法師帶領,包括四場佛法講座,以及禪修等。

18日,以「禪心悅意」為主題進行首場演講,法師指出,普通人感受的快樂,是靠外在刺激而來,這種快樂很難持久,而苦苦求來的事物,往往給我們帶來更多煩惱,真正的快樂,要從內心而來;19日主

講「道心不退，離苦得樂」，強調學佛要具足信、願、行，僅有信還不夠，還需要有成佛度眾生的願力，在遭遇業障逆境時，才能以願力來堅定自己，不致退心，只有信念而無願力的人，很容易退失道心。

繼程法師於 20 至 22 日帶領默照禪三，提醒學員打坐時用方法是練習，經由禪坐過程來認識自我，捨去我見執著；練習隨時默照，從而開發智慧，以安定的態度和智慧來面對所有人與事，並以喜樂的心來分享。

23、24 日的佛法講座，主題是「佛教中的禪關」、「如何依佛性修行」，法師表示，中國禪宗的智慧，不強調深定，而主張生活中，時時都在定的狀態，佛法說的四禪八定，雖能幫助我們開悟，但如果修行者執著於深定的境界，反而會變成障礙。

● 09.18～25

果醒法師溫哥華弘法關懷
帶領禪修、主持佛法講座

9 月 18 至 25 日，紐約東初禪寺住持果醒法師於加拿大溫哥華道場弘法關懷，內容包括帶領禪修、主持佛法講座等。

果醒法師此行，主要於 18 至 25 日期間，舉辦五堂《六祖壇經》佛學講座，有近一百人參加。講座中，除了簡要介紹《六祖壇經》的大意、結構及在中國佛教史上的影響，並選錄〈行由品〉進行深入講解：「行」，就是這一生

默照禪二禪期中，果醒法師領眾於戶外慢步經行。

乃至於過去生的修行；「由」，就是來由、因緣，如釋迦牟尼佛以一大事因緣出世，一切菩薩、祖師也有其來去之緣由。眾生的行由是隨業受報、流轉生死，由於過去生造了善業、惡業，所以今生必須領受苦樂等果報；菩薩是乘願再來，由於過去的心願、修證，今生再來度眾生、弘揚佛法。

禪修活動方面，法師於 19 日帶領念佛禪一，提醒大眾念佛不僅是嘴巴念，當下每個念頭都是佛號；在 20 至 21 日的默照禪二中，說明進入默照的三個步驟：放鬆身心、體驗呼吸、觀照全身，如果能依法修行，就能看清事務的本質，得到真正的自在。

● 09.20～10.01

常健法師北美推廣大事關懷
帶領大眾探索、圓滿人生最後功課

9月20日至10月1日，關懷院監院常健法師巡迴美國紐約東初禪寺、加拿大溫哥華道場，以及北美護法會加州舊金山、華盛頓州西雅圖、新澤西州等五處道場及分會，講授「生死兩相安──大事關懷課程」，分享莊嚴佛事的觀念。

在介紹關懷院的服務項目時，法師特別說明「助念」是佛事中很重要的一環，也是法鼓山最重要的關懷工作之一，藉由至誠的念佛，幫

溫哥華學員一邊跟著法師唱誦、一邊練習打法器，專注投入大事關懷的學習。

助臨終的人保持正念，生起正信、正知、正見，發願往生西方極樂世界，迎向光明未來。

課程中，常健法師藉用影片解說法鼓山推動心靈環保，倡導簡化節約，並以信（相信）、願（發願）、行（勤念佛）的精神進行莊嚴佛事，讓學員更加清楚法鼓山的理念及具體作法；也以繪本《一片葉子落下來》，藉由葉子經歷的春夏秋冬，探討生命的無常，以及《豬奶奶說再見》，引導大眾思考如何為往生做準備，與家人、朋友共同創造美好的回憶。

除了入門的「大事關懷課程」，在舊金山、西雅圖、溫哥華三地，常健法師還進一步帶領「大事關懷培訓」，教導如何執掌法器、辨識板眼記號、演練六字與四字佛號的唱誦法，並實地引導學員一邊跟著唱誦、一邊練習打法器。

常健法師表示，由於文化背景的緣故，東方人面對死亡，心中往往充滿恐懼和不安、忌諱談死亡，「大事關懷課程」在臺灣已推廣多年，這次在北美地區授課，希望能提供法鼓山具體的觀念和作法，讓全球各地每個人都能幫助親友和自己，心安平安面對人生終將到來的時刻。

2014 年「大事關懷」課程北美巡迴一覽

時間	地點	課程內容
9月20至21日	北美護法會加州舊金山分會	・生死兩相安──大事關懷課程 ・大事關懷培訓
9月23至24日	北美護法會華盛頓州西雅圖分會	・生死兩相安──大事關懷課程 ・大事關懷培訓
9月27日	美國紐約東初禪寺	・生死兩相安──大事關懷課程
9月28日	北美護法會新澤西州分會	・生死兩相安──大事關懷課程
9月30至10月1日	加拿大溫哥華道場	・生死兩相安──大事關懷課程 ・大事關懷培訓

● 10.04～13

新加坡護法會舉辦弘法活動
常願法師、常護法師帶領禪七

10月4至13日，新加坡護法會舉辦系列弘法活動，由傳燈院常願法師、常護法師自臺灣前往帶領，內容包括禪七、禪修講座等，共有兩百多人次參加。

4日進行首場講座，主題是「正見與正念」，常願法師講析「諸行無常、諸法無我、涅槃寂靜」的概念，分享如何將佛法、禪法的觀念實踐於日常生活中，進一步學習「放鬆」與「專注」，讓生活更快樂自在；於13日的「簡單禪」講座中，常護法師帶領大眾省思許多人一生汲汲營營、忙忙碌碌，卻不知道為何忙碌，也不知生命的意義，期勉眾人運用禪修的方法，開啟內心豐富的寶藏。

初階禪七於6至12日在光明山普覺禪寺舉行，法師提醒，先做好入靜運動，調好七支坐法，完成全身從頭至腿放鬆的步驟，真正放鬆了，再開始數息，不論何時何地，都要把方法用上，還要用得「綿密細膩」。

有學員表示，禪七裡，嚴謹的規矩不會造身、口惡業，但起心動念，往往還是被業習牽引，隨境起了種種妄想、分別和執著，會將習得的觀念與方法，運用在日常生活中，時時用方法，保持正念。

新加坡護法會舉辦初階禪七，禪眾體驗真正的放鬆。

● 10.05

美國紐約東初禪寺創建三十五週年
啟動擴建工程 繼起師父西方弘化悲願

感恩社會各界持續協助護持道場擴建，美國紐約東初禪寺於10月5日，在法拉盛飛躍皇后大樓舉辦創建三十五週年「滿一個願」感恩餐會，文學耆老王鼎鈞、漢傳佛教學者于君方、鋼琴家張勝量（牛牛）等出席與會，共有來自北美各地善施，逾四百人參加。

現場大眾透過聖嚴師父開示影片，更加認識東初禪寺的定位；而由僧俗三十七人組成的傳心燈隊伍，以接力方式完成「35」數字燈框，則見證護法傳承，代代繼起。

東初禪寺是聖嚴師父生平首建的道場，1979年聖嚴師父於紐約皇后區租下

東初禪寺「滿一個願」感恩餐會中，住持果醒法師（前排左六）與作家王鼎鈞（前排左五）等人，與「35」週年數字燈框合影。

一層公寓二樓，成立「禪中心」；同年10月，遷址可樂那大道一棟二樓公寓，中文正式命名「東初禪寺」；1987年10月，再遷址對街現址。

道場成立後，各國禪眾慕名而來，間接促發日後聖嚴師父前往歐美各地主持禪修因緣，包括英國、比利時、捷克、俄羅斯、德國、墨西哥、瑞士等；另一方面，法鼓山理念及三大教育的構想，以及如菩薩戒、默照與話頭專修法門等，常是聖嚴師父先於東初試行，之後再帶回臺灣推廣。

三十五年來，東初禪寺在北美弘揚法鼓山理念和漢傳禪法不輟，在僧俗四眾努力之下，2014年更見突破。7月以「美國法鼓山佛教協會」（DDMBA）名義加入聯合國NGO組織；東初禪寺擴建工程，也於11月動工。在硬體設備更見充實後，持續推動東初禪寺成為法鼓山全球弘化中心，以漢傳佛教為基礎，推廣世界佛教。

● 10.07　10.11

「東初禪寺口述歷史座談」展開
東西方弟子分享聖嚴師父開發生命潛能

美國紐約東初禪寺於10月7及11日舉辦「東初禪寺口述歷史座談」，由資深東、西方悅眾分享早期東初禪寺發展歷程，以及親近聖嚴師父學佛護法的生命轉變。

7日舉行的華語座談，出席者皆為「五五讀書會」成員，1997年參與創會的

華人資深悅眾分享東初禪寺一景一物，都是聖嚴師父勸發菩提心的道場。

華人悅眾，平均年齡五十五歲，故因此得名。包括開拓紐約護法會的吳淑芳、孫喜蓉，東初禪寺首任義工團長陳麗貞及長期協助聖嚴師父謄稿、錄稿的姚世莊及李青苑等近二十人，晚近加入的華人新移民，也於座中見學熏習。

悅眾分享東初禪寺的一桌一椅、一景一物，甚至轉角，都是聖嚴師父勸發菩提心的道場，從不覺得殘破、狹小，反而很殊勝；雖然內部從未裝修，然而牆壁、地板始終潔淨，即使樓梯嘎嘎作響，也是動人場景。姚世莊認為東初禪寺像「家」和樂溫馨，聖嚴師父平易近人，完全沒有距離，經常替信眾開門；孫喜蓉分享聖嚴師父善於關懷、發掘信眾潛質，因材施教，也感念在擔任護法會執事中，受益匪淺。

英語座談會則於 11 日進行，由紐約大學（New York University）物理治療學系教授凌汶主持，包括聖嚴師父早期的西方禪修弟子保羅‧甘迺迪（Paul Kennedy）、比爾‧賴特（Bill Wright）、南茜‧波納迪（Nancy Bonardi）、李祺‧阿謝爾（Rikki Asher），以及東初禪寺監院常華法師、果乘法師、紐約象岡道場監院常聞法師等，有近二十人參加。

安賽瑪‧羅德理格茲（Anselma Rodriguez）讚歎第一次禪七見聞，禪眾的菩提道場，不僅在蒲

「東初禪寺口述歷史座談」英語場，左起依序為凌汶教授、比爾‧賴特、保羅‧甘迺迪、南茜‧波納迪、哈利‧米勒。

團上，出坡、過堂、走路、睡覺，樣樣是禪，不論分配到什麼工作，但求用心，從不抱怨。曾是聖嚴師父的英語老師，如今是禪修師資的南茜則建言，禪中心的未來繫於四眾弟子身上，除了空間擴增，尚須發展合適的弘法特質，才能契機接引不同時代的眾生。

曾任《禪》雜誌（Chan Magazine）創刊美術編輯的李祺回憶，禪中心從林邊租屋開始，經二度遷址，始終緊臨交通要道，種種環境聲響，著實考驗修行人的工夫，「聖嚴師父開示要回到方法，外在環境與你無關。」李祺表示聖嚴師父當年的教導迄今受用，無論環境如何嘈雜，總不忘回到當下。

常華法師表示，擴建後的東初禪寺，將提供多元活動與課程，期使不同語言、文化背景的求法者，皆能因佛法而得身心平安、健康，回歸心靈的家；出家前曾擔任紐約護法會首屆召集人的果乘法師感恩表示，僧團法師忠實秉持聖嚴師父的理念與教導，資深悅眾與新信眾共同承擔與護持，將承繼聖嚴師父於西方弘傳漢傳佛法的悲心大願。

● 10.10～18

果元法師墨爾本弘法
帶領禪三、主持三場佛法講座

果元法師於墨爾本分會帶領禪三，教導禪眾放鬆、隨息，體會小我、大我、現在觀。

10月10至18日，禪堂堂主果元法師於澳洲墨爾本弘法，包括帶領禪三、主持三場佛法講座，共有一百多人次參加。

10日開始的禪三，於墨爾本分會展開，法師於每天早、晚開示，內容以禪修基本觀念為主，也引導禪眾從練習坐姿動禪過程中，體會身心放鬆，提醒禪修必須從鍊心和淨心做起，從認識自我，進一步提昇自我，最後將自我執著放下。

戶外經行時，禪眾跟隨法師步伐，專注腳步，體驗放鬆走路，法師並教導直觀方法，引導禪眾面對外境時，不給名字、不給形容，不做比較，練習將外在相對的境，與自己合而為一。

11日起一連三天，分會舉辦佛法講座，由果元法師主講「禪的基本觀念」、「觀佛像」、「因緣因果」，法師表示佛法教導大眾離苦得樂；禪修不是要改變別人，而是修正自己的身、口、意三業；18日於分會關懷信眾時，果元法師特別介紹並指導「香道」，透過鼻根辨香，從心感受喜悅與滿足。

墨爾本分會長期以來融入社區，以法鼓山「心靈環保」理念，與米徹姆（Mitcham）居民積極互動，深受肯定，今年首度被白馬市（City of Whitehorse）推薦為「公益團體」。17日晚上，果元法師和分會會長鞠立賢一行十人，前往市政大廳出席表揚活動，擔任主持人的市議員鐘富嘉，讚歎法鼓山推廣提昇人品、淨化人心的活動，為家庭與社會帶來正面影響力。

● 10.10～24期間

溫哥華道場舉辦親子生活園活動
引導小學員學習感恩惜福

為引導學童學習感恩惜福，並融入當地文化習俗，加拿大溫哥華道場於10月10至24日期間，每週日舉辦親子生活園相關活動，由法青會學員帶領，每

場皆有三十多位小學員參加。

10 日進行首場,法青會大哥哥、大姊姊分享了加拿大感恩節的由來,從十六世紀探險家馬汀・弗羅比舍(Martin Frobisher)感恩慶祝,到十七世紀新移民慶祝豐收,讓學員了解生活的艱辛與不易,更懂得感恩與珍惜現有的一切。

17 日進行刻南瓜活動,除了

小學員在親子生活園活動中,學習刻南瓜,發揮創意。

讓學童展現巧手和創意,法青會員還編製一齣戲,藉由兩個刻南瓜的小孩,從爭奪到彼此包容,帶出聖嚴師父法語「慈悲沒有敵人,智慧不起煩惱」的意義;24 日舉行萬聖節變裝秀,將平日學到的環保概念,運用在創意裝扮上,獲得親子們熱烈回響。

● 10.11

香港道場港島會址啟用
為港島區信眾提供心靈新淨土

香港道場於 10 月 11 日舉辦港島會址正式啟用灑淨開光典禮,由方丈和尚果東法師主持,典禮中也為新任榮譽董事頒發聘書;下午並舉行皈依及勸募會員授證典禮。

當天正值觀音出家日前夕,方丈和尚勉勵大眾學習觀音菩薩,扮演度化眾生的角色,期許大眾在多元變化、緊張壓力的生活中,透過佛法、心法、禪法,獲得正確的觀念,擁有健康的人生。

典禮中,資深悅眾也分享香港護法會的成長歷程,有悅眾表示,二十年前從寥寥可數的共修人數,到現在不斷增加的信眾;從狹窄的空間,到開闊的場地,如今更從九龍延伸到香港島,一如方丈和尚〈開光偈〉所言:「法鼓法音,弘法

方丈和尚主持香港道場港島會址開光,勉勵大眾學習觀音利益眾生。

利生。港島道場，應機延伸。」

香港是繁華的國際都會，一直以來，護法會透過舉辦各種禪修、法會和課程活動，幫助民眾平衡身心、除了原本位於九龍的道場，新會址的正式啟用，為港島區信眾提供共修成長的心靈新淨土，也為香港的弘化再添新據點。

● 10.11～17

常慧法師舊金山弘法關懷
講授「心的鍛鍊」

10 月 11 至 17 日，美國紐約東初禪寺常慧法師於北美護法會加州舊金山分會弘法關懷，並主持禪學講座、參與分會共修等。

法師首先於 11 日主講「聖嚴書院福田班」第九次課程，講授義工的心態與行儀，說明義工正確的心態，從建立正確知見出發，從謙卑、調柔開始，工作沒有大小、職務沒有高低，抱持著「需要人做就我來吧！」的心態，則人人都是萬行菩薩。

13 至 17 日舉辦禪學講座，主題是「心的鍛鍊——禪師對弟子的磨練」，共三堂。法師透過六祖慧能和五祖弘忍、趙州從諗禪師和南泉普願禪師的故事，帶領學員深入了解禪門鍛鍊的條件和歷程，講析鍊心就是把歪曲心鍛鍊為正直心，用修行的方法，把散心亂心鍛鍊為統一心，平時訓練心的專注、清楚、收攝，參加精進修行才可以層層突破，最後用禪的方法把集中統一的心粉碎，把堅固的我執消滅、消散，當「我」不存在了，才是大解脫，大落實；強調真正的修行人，不是靠外在的學問，而是靠內在的心行，感恩一切成就的所有因緣，包括挫折和打擊。

為期一週的弘法，常慧法師也參與分會的英文禪坐共修，為西方眾指點修行

常慧法師（左圖）於舊金山分會講授「心的鍛鍊」，勉眾以禪修的方法破除我執。

上的疑問；並帶領禪修助理監香培訓課程，為信眾在當地漢傳禪法的弘揚，增添信心與願心。

● 10.18

馬來西亞道場舉辦新聞寫作培訓
提昇義工寫作能力 以文字弘法

馬來西亞道場於 10 月 18 日舉辦「法鼓新聞寫作培訓」課程，邀請當地資深新聞工作從業人員黃秀儀帶領，有近二十人參加。除了講解採訪寫作必須具有的觀念和心態，也說明活動報導的撰寫方式，讓學員輕鬆掌握寫稿技巧。

黃秀儀分享，法鼓山的活動報導包括法會、佛學研討會、人物對談、講座、禪修等各類活動，首先需整理活動重點，再以精簡的文字書寫；並強調，「聆聽」是採

馬來西亞道場舉辦新聞寫作培訓課程，提昇義工以文字弘法能力。

訪過程最重要的一環，用心聆聽受訪者表達的訊息，寫稿時，便能明確扼要，輕鬆完成。

最後，黃老師鼓勵學員多練習書寫，便能了解自己的內心世界，同時也能提昇自己與自己、自己和別人的溝通能力。

● 10.23～26

馬來西亞道場心靈環保青年營
學員提起覺照的心 體驗放鬆自在

馬來西亞道場於 10 月 23 至 26 日，在當地金馬崙三寶萬佛寺舉辦「2014 心靈環保青年營」，由青年院常元法師、常義法師、常灃法師自臺灣前往帶領，有近六十人參加。

營隊主要安排禪修及心靈成長課程，讓學員從行住坐臥中，體驗身心的放鬆與安定，過程中，法師不時提醒「身在哪裡，心就在哪裡」，並透過法鼓八式動禪、瑜伽運動、戶外經行、托水缽等活動，帶領學員練習禪修方法，培養專注力。

在心靈活動中，法師引導學員從眼、耳、鼻、舌、身、意，學習觀照自己的

在「探索心視界」活動中，同樣語言經過各自解讀，畫出來的圖案全不相同。

心；「虛擬人生」單元，藉由體驗另一個人生故事，省思平時所看、所聽、所感，是否用心體會，並看出事情的完整性；「心靈茶禪」讓學員更珍惜與人相聚的因緣，感恩身邊的人成就自己。

學員分享，最後一晚「感恩之夜」，跟隨法師唱誦〈叩鐘偈〉，內心油然生起感恩心，感恩能聽聞佛法，也體驗到真心祝福的感動。法師也勉勵大眾要像太陽散發正能量，發揮生命活力。

● 10.25

太平洋島國青年領袖參學法鼓山
認識現代化的漢傳佛教文化

由外交部辦理的「太平洋島國青年領袖訓練計畫」，於 10 月 25 日安排三十一位太平洋島國青年領袖、外交部代表參訪法鼓山園區，十二位法青會學員隨行交流。

一行人首先在簡介館觀看影片，了解法鼓山推動的心靈環保，以及如何以現代的語言詮釋佛法，為漢傳佛教文化賦予現代化面貌；隨後由導覽義工帶領參觀祈願觀音殿、開山紀念館，並到大殿、齋堂學習禮佛與寺院用餐禮儀。

過程中，團員對獨特而現代的法鼓禪風，留下深刻印象。來自帛琉的青年，肯定參訪法鼓山是難得的體驗，除了學習佛教相關的知識，也有機會和法師、義工們互動，對臺灣的人文內涵有更進一步的了解，表示會把這次的經驗帶回帛琉與朋友分享。

● 10.26

多倫多分會新會所落成啟用
見證加拿大國際弘化新里程

北美護法會安省多倫多分會於 10 月 26 日舉辦新會所落成啟用暨佛像安座典禮，由美國紐約東初禪寺住持果醒法師主法，方丈和尚果東法師、桃園齋明寺監院果舟法師、美國加州洛杉磯道場監院果見法師、加拿大溫哥華道場監院常悟法師、北美護法會輔導法師常華法師、護法總會副總會長黃楚琪等，自各

地前來關懷與會，包括臺北經濟文化辦事處處長吳榮泉、副主任歐陽群，有近一百人參加。

果醒法師分享佛像安座的意義，是希望大眾藉由外在的佛像，激發對佛的恭敬，觀看佛像有「見佛如面佛」的心境，使人生起清淨心、感恩心，憶念佛的種種教誨方法，進而啟發內在本具的佛性。

當天也舉行會所開放參觀（Open House）、心靈環保園遊會，透過心靈處方籤、環保義賣、禪心遊藝、托水缽等活動，接引多倫多地區民眾認識法鼓山；

活動最後，方丈和尚並與多倫多分會合唱團合唱〈我為你祝福〉、〈四眾佛子共勉語〉與〈歡樂滿行囊〉等佛曲，祝福新會所落成啟用。

多倫多分會新會所落成啟用，見證加拿大國際弘化新里程，將提供更充實的佛法教育，接引大眾學習佛陀的慈悲智慧，安頓身心，建構平安幸福的福慧人生。

多倫多分會新會所在方丈和尚果東法師、僧團法師以及各界信眾祝福下，正式落成啟用。

● 11.01

方丈和尚北美弘法關懷──新州分會
主持新會所灑淨、動土儀式

風雨中，方丈和尚（前排右三）、果醒法師（前排左二）等一同為新會所整建動土儀式執鏟。

方丈和尚果東法師北美巡迴關懷行，11 月 1 日抵達北美護法會新澤西州分會，為位於愛迪生市的新會所整建工程，舉行灑淨及動土儀式。

儀式由方丈和尚果東法師、美國紐約東初禪寺住持果醒法師、護法總會副總會長黃楚琪、北美護法會副會長暨新州召委郭嘉蜀、北美

護法會東南區轄召王九令等，代表執鏟動土，祝福新會所工程順利。

方丈和尚關懷表示，整建工程不只是整建外在的道場，也是整建我們內在的身心道場；身心的整建，就是「轉化個性，淡化習性，淨化心性，回歸自性」，勉勵大眾效法聖嚴師父從零開始，建設法鼓山的精神，共同成就一個莊嚴的道場。

儀式圓滿後，大眾返回原會所聽取工程小組簡報，說明陸續進行的內、外工程進度，全部工程預計於 2015 年 4 月完成。

● 11.02

方丈和尚北美弘法關懷——東初禪寺
主持動土擴建　繼起聖嚴師父西方弘化悲願

方丈和尚果東法師北美巡迴關懷，11 月 2 日於美國紐約東初禪寺，與住持果醒法師、護法總會副總會長黃楚琪、北美護法會東北區轄召陳麗貞、美國法鼓山佛教協會董事吳淑芳、東初禪寺董事南西・波那迪等，共同在新購的連棟樓房後院，進行灑淨及擴建動土儀式。

儀式圓滿後，方丈和尚以「菩提心十隨」為題，進行週日講座。方丈和尚提到三十五年前，聖嚴師父隻身到美國，從零開始，把禪法帶到西方社會，建立東初禪寺；今日因實際需要，東初禪寺展開擴建，希望接引更多人學佛參禪。雖然寺院擴建，但方丈和尚提醒眾人，外在的建築仍會成、住、壞、空，開發智慧、去除煩惱的正知見，才是法鼓山代代相傳的不滅法寶。

講座中，方丈和尚分享「隨時發心、隨念清淨、隨緣迎接、隨力奉獻、隨遇心安、隨喜自在、隨佛修行、隨願所成」等「菩提心十隨」，期勉眾人藉發願堅定道心，在人事中隨緣隨力，時時檢視自己的菩提心，學習觀音精神，在利他中完成自利。

下午舉行心靈茶會，方丈和尚並為二十一位護持擴建的信眾，頒發榮譽董事聘書，鼓勵大眾不分東西遠近，共同為提昇人的品質，建設人間淨土而努力。

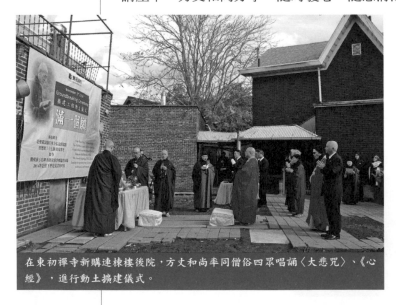

在東初禪寺新購連棟樓後院，方丈和尚率同僧俗四眾唱誦〈大悲咒〉、《心經》，進行動土擴建式。

● 11.02　11.03

楊朝華接任「哥大聖嚴漢傳佛教講座教授」
持續提昇國際學術視野

聖基會於美國哥倫比亞大學宗教
學系設置的「聖嚴漢傳佛教講座教
授」，首位講座教授于君方教授於
2014年榮退，9月經哥大遴選，由宗
教系助理教授楊朝華博士續任講座
教席，接力在西方學術界扎根漢傳佛
教研究。

11月2日，于君方教授、楊朝華
教授，與該校宗教系研究生主任暨東
亞語言文化系教授魯光台（Michael

方丈和尚（右三）、果醒法師（右二）及黃楚琪（右一）訪問
哥大，致贈聖嚴師父書迹「人間淨土」，並與魯光台（左三）、
于君方（左二）、楊朝華教授（左一）合影。

Como），前往美國紐約東初禪寺拜會方丈和尚果東法師，說明近年哥大推展
漢傳佛教學術研究成果，並感恩法鼓山與聖基會對漢傳佛教學術研究的支持。

方丈和尚、東初禪寺住持果醒法師、聖基會董事黃楚琪則於3日回訪哥大，
與宗教系教授與研究生茶敘座談，魯光台教授分享，中國佛教是宗教系最熱門
的領域，每學期選修課程多達三百人。于君方教授指出，哥大學生對包括漢傳
佛教在內的東亞宗教，學習興趣持續增長，因此於兩年前成立「佛教與東亞宗
教研究中心」（CBEAR），藉此推廣及增進師生對佛教的研究與了解，迄今
已舉辦過三場國際會議。楊朝華教授則表示，接任講座教授後，將以在西方弘
揚漢傳佛學為己任，以報聖嚴師父與法鼓山之恩。

方丈和尚則關心研究生們在研究與修行之間的融會，也鼓勵研究生到紐約東
初禪寺、象岡道場以及臺灣法鼓山園區，體驗禪修與宗教生活。

聖基會於2007年在哥大宗教學系設置「聖嚴漢傳佛教講座教授」，於該系
永久保留一席漢傳佛教師資授課、指導研究生，並進行漢傳佛教學術研究。

● 11.08～09

方丈和尚北美弘法關懷──舊金山分會
秋福會關懷悅眾和樂行

方丈和尚果東法師北美弘法行，11月8日前往美國西岸加州舊金山分會展
開關懷。8日，舊金山分會舉辦福田班課程結業典禮，方丈和尚出席關懷，祝

方丈和尚以「法鼓悅眾和樂行」勉勵舊金山信眾，善用佛法觀照內心。

福八十多位學員在奉獻的過程中修福修慧；9日並出席分會舉辦的「秋福會——與方丈和尚有約」，與近一百五十位來自北加州各地信眾，藉由祈福儀式和茶敘，共度以法相會的和樂時光。

祈福儀式由紐約東初禪寺住持果醒法師、監院常華法師帶領，大眾齊心誦念〈大悲咒〉、觀世音菩薩聖號，為自己、親友和所有眾生獻上誠摯祝福。圓滿後，播放分會成立十週年影片，從初創因緣、成立後數次搬遷，到義工菩薩無私奉獻及心路歷程；召委施志龍也分享5月搬入新會所後的活動點滴，包括敦親睦鄰的Open House、開辦兒童心靈環保課程、舉行跨宗教對談，以及固定舉辦的英文禪修、走入社區的二手環保義賣等，祈願眾人在新會所凝聚向心力，繼續推動法鼓山理念。

方丈和尚則以「法鼓悅眾和樂行」，勉勵眾人善用外境來觀察自己的起心動念，洞悉煩惱正是展現智慧的契機，只要正面解讀、逆向思考，所有順逆境都能開啟原有的佛性，而奉獻是修行菩薩道的基礎，在利益眾生的過程中，更能學習安定自在。

● 11.08～10

西雅圖分會十三週年系列活動
常諦法師弘法關懷

北美護法會華盛頓州西雅圖分會於11月8至10日，舉辦慶祝十三週年系列活動，由紐約東初禪寺常諦法師前來弘法關懷，並帶領法會、禪修、佛法講座等。

8日，由常諦法師帶領觀照半日禪，學員就平時的修行法門分為拜佛、念佛、鈔經與禪坐四組，法師提醒大眾不論採用何種方式，都要放鬆身心，有妄念時，回到當下，四種修行方法雖然不同，但都是禪修；並以聖嚴師父〈生命中的年三十夜〉一文勉勵眾人，把握每個當下，不是向生命爭取時間，而是不讓生活的每分每秒「空過」。

9日上午舉行藥師法會，是每年分會的週年共修。下午進行聯誼活動，眾人

分享一年來修行路上的心得，召集人王衍易感恩大眾持續的奉獻及護持；活動中並觀賞影片《他的身影》，緬懷聖嚴師父2002年至西雅圖弘法的情景，也讓眾人更加感恩彼此的共修因緣。

常諦法師於藥師法會上，期勉眾人發菩提心，幫助受苦眾生。

10日舉辦生活佛法講座，由常諦法師帶領賞析影片《中道》（*Midway: a Story from Our Time*）及《來世不動產》片中的佛法意涵，引發眾人對於「善業惡業」、「無明」和「因緣、因果」的熱烈討論，法師表示，觀看影片是「由相觀性」，生活中也可用這樣的方式思考。法師並以《金剛經》中的「三心」不可得，勉勵眾人用「真心」過日子，生活中時時禪修，期勉大眾不執著佛法與禪修的名相，把握每個當下，紮實修行。

● 11.14～16

洛杉磯道場首辦360度禪修營
引導學員以禪修開啟人生另一扇窗

11月14至16日，美國加州洛杉磯道場首辦「360度禪修營」，由紐約東初禪寺住持果醒法師帶領，包括電腦工程師、會計師、財務專家、大學教授、建築師、作曲家等，共有二十三位來自各專業領域的學員參加，在禪期專心體驗禪修，透過聖嚴師父開示影片及法師指導，開啟學佛大門，為日後修行跨出第一步。

洛杉磯道場首辦360度禪修營，學員跨出修行第一步。

除了基本的禪坐方法，果醒法師也介紹默照禪及話頭禪的修行要義。由於學員多是西方眾、以英語為母語的華裔第二代，因此道場提供同步口譯，讓學員聞法無礙，修行更得力。

最後一日心得分享時，一位第一次參與禪修活動的

西方男眾學員表示，非常感恩法師的教導及義工們的護持，未來會持續練習學到的觀念，並運用在生活中，讓自己更具覺照力；有禪修經驗的學員則分享，經過三天的學習，發現即使是重溫基本禪修工夫，但依然獲益良多，以後要以更謙卑的態度學習，也希望能有擔任義工服務他人的機會。

為能圓滿禪修營活動，洛杉磯的義工們半年前便開始籌備，從報到、安單、飲食，到寮房的收整，處處用心。還有遠自佛羅里達州、拉斯維加斯的資深義工前來襄助，讓學員得以在沒有任何罣礙的環境中攝心修行。

● 11.15～22

溫哥華道場舉辦默照禪七
邀請查可・安德烈塞維克帶領

溫哥華道場舉辦默照禪七，邀請聖嚴師父西方法子查可・安德烈塞維克（前排右六）帶領放鬆身心、清楚覺知。

11 月 15 至 22 日，加拿大溫哥華道場舉辦默照禪七，邀請聖嚴師父的西方法子查可・安德烈塞維克（Žarko Andričević）帶領，有近六十人參加。

查可提醒禪眾，「照」是以無我的態度，不動思惟、不做分析、不去比較，只是單純清楚地知道全身坐在那兒；「默」是對所有身、受、心、法的現象，不必回應、不受影響、不被干擾，七天的禪期只要放鬆身心、清楚覺知。

查可進一步說明，疼痛是敵人，抑或是良師益友，端在一念間。覺照全身打坐的同時，還要體會痛乃身體一部分，無法排除在外；若選擇排斥對立，忽略了痛是幻有無常，一味當真執取，愈想甩開，苦愈生起。將不同方法處理疼痛的體會，擴及面對所有順逆現象，學習以無我的智慧來處理，然後不斷練習再練習、堅持再堅持，只專注當下的因，無求於未來的果，每炷香放捨諸相，都全新來過。

許多禪眾表示，配合無相與感恩禮拜、猶如踩在蓮花瓣上的慢步經行、不和內心對話的禁語、融入行住坐臥的生活禪，七天的修行過程，讓身心逐日攝受清淨，感恩查可老師、法師和義工的共同成就。

● 11.20～23

方丈和尚一行新加坡弘法關懷
期勉大眾時時心繫佛號

11 月 20 至 23 日，方丈和尚果東法師、慈基會祕書長果器法師、護法總會副總會長周文進等於新加坡弘法關懷，除受邀於當地德明中學進行生活佛法講座外，並關懷信眾，感恩多年的護持與奉獻。

新加坡護法會首先於 20 日舉辦專題講座，由果器法師主講「念佛法門」，說明念佛法門最重要的是信願行三資糧，除了心繫佛號，還要修淨業三福；而念佛也與禪修相關，念佛念到念念分明、

方丈和尚期勉新加坡信眾，無論何時、何地、做任何事，都能實踐法鼓山的理念和精神。

不為外境所影響是默照，念到念佛的是誰是參話頭。法師以聖嚴師父所說「勤念保平安，命終生淨土」，勉勵大眾，任何時間、地點都要提起佛號，就算無常到來，因為心繫佛號，就能往生西方淨土。

21 日，方丈和尚於護法會關懷信眾，並引用〈菩薩行〉的句子說明，推廣佛法的目的是廣度無量眾生，指引每個人建立正確的人生觀念，期勉眾人運用佛法「自利利人」的觀念，以及「身在哪裡，心在哪裡，清楚放鬆，全身放鬆」的禪修心法，時時以佛法、禪法、心法，修正身、語、意三業行為的偏差，學習成就慈悲與智慧。當晚，龍泉寺住持永南長老尼也出席與會，方丈和尚特別感恩長老尼提供會所，護持法鼓山。

方丈和尚一行，23 日出席聖嚴師父法子果峻法師新道場「菩提閣」開幕典禮暨菩提心藝展，圓滿此行。

● 11.21～22

長島大學宗教營於法鼓山展開
體驗念佛、法器練習與梵唄

美國紐約長島大學（Long Island University）環球學院比較宗教及文化學程師生一行十五人，11 月 21 至 22 日於法鼓山園區、北投農禪寺展開宗教文化課程，進行宗教體驗，內容包括佛門禮儀、禪修觀念與方法、梵唄等，了解漢傳

佛教的內涵及作為。

師生於 21 日抵達園區,先學習佛門禮儀及修行方法,22 日巡禮農禪寺水月道場認識法脈源流,並安排工作坊、念佛禪體驗,多方學習漢傳佛教的精神與內涵。

系主任米契爾(Kerry Mitchell)讚歎課程活潑、解行並重,特別是將禪法融入佛號的修行,感受到前所未有的宗教體驗,並肯定任何事物愈簡單,體會愈深、力量愈大,就像禪修一樣。

學員們最感興趣的是法器練習與梵唄,表示在農禪寺大殿,與四百多位信眾一起念佛共修,體驗到共修的力量,實在是不可思議;也有學生分享,法鼓山的建築前衛新穎,卻流露佛教傳統內涵,兼容並蓄的特質,讓人印象深刻。

負責安排課程與接待的常玄法師表示,讓西方學子認識並體驗淨土法門,是首次創舉;每年有數百位來自世界各地的學子、青年前來法鼓山參學,希望藉由這次的嘗試,引領年輕人將佛法帶入生活,也帶往全世界。

紐約長島大學學生參加農禪寺念佛共修,體驗漢傳佛教的淨土法門。

● 11.22

方丈和尚新加坡分享「轉念,世界跟著改變」
善用佛法的正向能量

新加坡護法會於 11 月 22 日在當地德明中學舉辦佛學講座,由方丈和尚果東法師分享「轉念,世界跟著改變」,包括新加坡前總理吳作棟夫人陳子玲、文化部長莊日昆等來賓,有近八百人參加。

方丈和尚說明,宇宙整體的現象,都是出自「心」的力量,心受到環境誘惑或刺激,而有了貪、瞋、癡等煩惱;因此,法鼓山以「心靈環保」為核心理念,運用佛法、禪法來保持心靈的純淨與安定,平衡心理及人格的發展,也就是《維摩詰經》所說:「若菩薩欲得淨土,當淨其心。隨其心淨,則佛土淨。」

方丈和尚指出,真正的快樂,不是來自名利的大小、多少,而是來自內心的知足少欲。遇到逆境的時候,少一些無意義的情緒,便能少製造一些不必要的

煩惱，減少內心的苦難，同時也增長智慧和福報。

「開發佛性，提起覺性，轉化個性，淡化習性，淨化心性，回歸自性。」方丈和尚以〈調心轉化光明語〉與大眾共勉，並表示人的「態度」決定了「高度」，有好的個性，才會有好的命運，凡事正面解讀、逆向思考，坦然面對、

方丈和尚於新加坡德明中學，分享「轉念，世界跟著改變」，表示凡事正面解讀、逆向思考，自然煩惱減少、智慧增長。

接受各種順逆境，自然煩惱減少、智慧增長。

許多民眾表示，方丈和尚的演講幽默有智慧，充滿了正向能量，也對佛法與人生，有更進一步的體會。

● 11.22～23

馬來西亞道場心靈環保兒童營
學習珍惜、感恩大自然及家人

11月22至23日，馬來西亞道場舉辦心靈環保兒童營，主題是「家庭倫理」和「自然倫理」，由監院常藻法師帶領，共有四十位七至十歲的小學員，透過欣賞自然、了解家庭觀念及價值，學習珍惜、感恩大自然及家人。

活動首日在道場禪堂進行，透過「動物的育幼」，了解動物的哺育及成長，也培養團隊精神、信心與膽量；繪本《朱家故事》引導小學員學習及時感恩、

小學員向父母奉茶，說出最想說的話，父母內心滿是感動。

分擔家務，並進行手語帶動唱〈孝順不能等〉。「茶禪」則由老師說明奉茶的意義、分組練習奉茶，「小家事達人」由小菩薩們練習收拾茶具、清理現場，學習做家務，分擔父母的辛勞。

第二天，於武吉加里爾公園（Bukit Jalil Park）學習落實自然環保的意涵，在「環保尋寶

隊」遊戲中,老師利用圖片說明垃圾對生態的影響,再分組做「好地球、壞地球」兩種不同拼圖,小朋友展現創意,用簡單布置呈現心中的好地球和壞地球,並運用尋寶撿來的葉子,製作「葉拓桌巾」,從中看見大自然的美。

最後是由親子共同參與的「奉茶」活動,小學員雙手捧茶,並說出一句最想對父母說的話,父母看到孩子的成長,內心滿是感動。

馬來西亞道場希望藉由兒童營的舉辦,引導小學員學習感恩父母、珍惜大地,也實踐兒童生命教育的目標。

● 12.07～13

海外八分支道場展開水陸法會網路共修
全球信眾共同精進成長

參與分處共修的洛杉磯道場,由法師帶領當地信眾精進共修。

「2014 大悲心水陸法會」啟建期間,除了全臺二十四處各分院、護法會辦事處與共修處舉辦網路共修外,12 月 7 至 13 日,海外地區包括美國、加拿大,以及馬來西亞、香港、新加坡等八地分支道場,也「同步」舉辦網路共修,讓海外信眾也能一起精進用功,共同成長。

美國紐約東初禪寺,透過分處共修,啟建長達一週的梁皇寶懺法會、瑜伽焰口法會、送聖法儀,期間歷經暴雨、濕雪、寒冰、暖陽,天氣彷彿也在為眾生說法。領眾共修的果樞法師提醒大眾全程禁語,使每天法會更加攝心、殊勝。

加拿大溫哥華道場,在監院常悟法師帶領下,參與大壇梁皇寶懺法會網路共修,六天共超過四百人次參與。其中,三大士及五大士焰口法會兩場佛事,持續超過十二個小時,讓全體法師、義工、信眾法喜充滿。

北美護法會新澤西州分會在每天瑜伽焰口法會後,將贊普的飲食分送遊民和公益團體,小小舉動將水陸法會「上供諸佛,下施眾生」的精神,內化為生命養分,從而回到生活中,關懷身邊的人,具體落實人間淨土的理念。

在香港道場共修「瑜伽焰口壇」的信眾表示,許多民眾下班後來參加瑜伽焰口法會,能同時兼顧工作和修行,內心充滿法喜。

2014 大悲心水陸法會全球網路共修一覽

地區	分區	共修地點	壇別
海外	北美	美國紐約東初禪寺	大壇、瑜伽燄口壇、幽冥戒、送聖
		美國洛杉磯道場	
		加拿大溫哥華道場	
		美國舊金山分會	
		美國新澤西州分會	
	亞洲	馬來西亞道場	大壇、瑜伽燄口壇、幽冥戒、送聖
		香港道場	瑜伽燄口壇
		新加坡護法會	地藏壇、瑜伽燄口壇、幽冥戒、送聖

● 12.13

常藻法師對談「佛陀和生命教育」
以緣起法引導年輕人成長

馬來西亞道場監院常藻法師應馬來西亞佛教青年總會之邀，於 12 月 13 日在當地八打靈觀音亭，與馬來西亞佛光山青年指導法師如音法師，就「佛陀教育和生命教育並行的重要性」議題，進行座談，探索生命教育和佛陀教育的互補和結合。

常藻法師表示，佛陀因為體會人們的苦、身心的煩惱，為了幫助眾生解脫而說法，所以佛陀教育本來就是一種生命教育，可以因應每個人不同身心狀況，給予適當協助。

法師提到，幫助年輕人應善用緣起法，試著用心眼去感受，不要以世俗價值觀和標準套在他們身上，唯有同理對待，才能真正給予幫助，當生命翻轉，孩子也有機會成為助人者。

如音法師則分享，要將佛法帶入時下青年的世界，先要了解年輕人需要什麼，所謂「佛說一切法，為度一切心，我無一切心，何用一切

常藻法師、如音法師對談分享生命教育和佛陀教育的互補和結合。

法」，佛法隨著時代需求而改變傳法之道，法師指出，因應時代潮流與青年互動，方能與其好好地溝通，帶入佛法理念。

● 12.25～28

新加坡護法會「心‧生活」fun 鬆體驗營
引導青年學員開啟正向能量

透過點燈活動，學員期許自己成為一盞燈，傳送溫暖與關懷。

新加坡護法會於 12 月 25 至 28 日，在當地的酪農探索中心（Dairy Farm Adventure Centre）舉辦「心‧生活」fun 鬆體驗營，由青年院常元、常義、常啟、常禮等四位法師自臺灣前往帶領，有近七十位新加坡、馬來西亞青年學員參加。

體驗營活動分為「fun 鬆時間」、「心靈課程」、「小組分享」等三單元。「fun 鬆時間」由法師及小隊輔帶領學員進行靜態、動態的身心放鬆法，如法鼓八式動禪、瑜伽、茶禪；「心靈課程」藉由不同主題的戲劇課程及團康遊戲，引導學員探索自我各種情緒，進而紓解；「小組分享」鼓勵學員分享學習心得，提昇溝通技巧，拉近人與人之間的距離。

最後一晚進行點燈活動，學員期許自己成為他人生命裡的一盞燈，將溫暖傳送出去。

有學員表示，營隊內容活潑多元，啟發對聽聞佛法、修習佛法的信心，希望能像泡過熱水的茶葉一般，慢慢地綻開，散發本有的芬芳。

● 12.25～29

方丈和尚馬來西亞弘法
演講、關懷救災人員　為世界祈福祝禱

12 月 25 日，方丈和尚果東法師啟程前往馬來西亞，展開為期五天的弘法行，除了應邀進行兩場公開弘講、出席檳城極樂寺方丈陞座典禮，並關懷當地護法信眾。

方丈和尚首先於 26 日，前往檳城三慧講堂，由住持繼傳法師、當家顯行法師陪同，參訪講堂和竺摩長老紀念館，當晚並於講堂內，與一百六十多位聽眾分享「轉境，轉出心光明」。方丈和尚表示，要能心不隨境轉，調心、安心的工夫非常重要；多數人的心都是散亂的，透過禪修練習、持誦佛菩薩聖號，可慢慢地收心、攝心；生氣時，更可用「阿彌陀佛」取代可能脫口而出的話，從而轉化自己的心境，降低人我衝突。

方丈和尚（中）一行參訪竺摩長老紀念館，與繼傳法師（右三）、顯行法師（左三）合影。

29 日，方丈和尚於八打靈《星洲日報》總社禮堂主講「禪與纏——當數位時代遇上心靈環保」，與大眾分享如何應用佛法的智慧，以及禪法與心靈環保理念，在緊張忙碌的現代生活中安住自己的「心」，找到生命的價值與人生的意義，共有三百多人參加。晚間，並關懷協助馬國水患救災的中華民國搜救總隊人員以及義工團體，對其無私奉獻的慈悲胸懷表達感佩之意，並期望大眾共同發揮「心靈環保」的精神，齊心齊力幫助大眾「安心、安身、安家、安業」，以佛法的力量為意外事件的傷亡者祈福。

方丈和尚此行弘法關懷，也於 27 日與馬來西亞交通部長拿督斯里廖中萊、世界佛教華僧會會長淨心法師、新加坡佛教總會主席廣品法師等，共同出席極樂寺新任方丈賢觀法師的陞座典禮。28 日在馬來西亞道場關懷護法信眾，表示由於世界和社會的紛爭日益增加，人們更應保持謙卑，當起煩惱心、瞋恨心，可運用佛法關懷體諒、包容轉化，更應堅持修行，將煩惱化為菩提。

在馬來西亞道場，方丈和尚勉勵護法信眾時時讓心沉澱，一念安定，一念心安；一念沒有煩惱，則一念智慧生。

● 12.27～28

香港道場舉辦慈悲三昧水懺法會
大眾精進拜懺　淨化身心

12月27至28日，香港道場於當地佛教中學舉辦慈悲三昧水懺法會暨皈依典禮，由僧團副主持果品法師主法，有近千人次參與。

果品法師開示，現代人重視身體健康，卻忽視心的健康，心不健康會傷害身體，而懺悔就是對症下藥，像刷牙、洗澡

慈悲三昧水懺法會中，果品法師勉眾隨時檢視內心有沒有與他人、與自我對立

一樣，是經常要做的功課；並說明拜懺是以懺悔的法水來清淨內心，來感化和感動。懺悔時可以有情感，但不要有情緒，要更積極地去利益眾生。法師勉勵大眾用聖嚴師父法語「慈悲沒有敵人」來練習，隨時檢視內心有沒有與他人、與自我對立，就是慈悲三昧水懺的修行境界。

監香果興法師進一步說明，水懺主要是希望懺除貪、瞋、癡的煩惱障、業障和果報障；學習捨得和分享，多行布施、樂於助人、少結惡緣，才能有真正的快樂和富有。少了煩惱障，就能減少身心製造的業障，改善承受的果報障，而拜水懺可以淨化身心，轉化個性，讓身心更健康。

參與水懺法會的香港信眾，透過拜懺淨化內心、減少煩惱，讓身心更健康。

籌備法會過程中，道場義工們全力投入，場布組、花藝組義工將主場佛堂、功德堂和第二佛堂，布置得莊嚴又具禪風；香積組隨時掌握餐點供應；交通、環保、音響、引禮、接待等組義工隨處奉獻，而法青義工也投入皈依引禮，展現新世代年輕人的承擔力，也感恩培福種福的因緣。

大事記

1月 JANUARY

01.01

◆《人生》雜誌第365期出刊。

◆《法鼓》雜誌第289期出刊。

◆法鼓文化出版新書：《安心禪——上班族40則安心指引》（禪修follow me系列，聖嚴法師著，法鼓文化編輯部選編）；《和樂無諍——心平氣和，是非要溫柔；和樂平安，我為你祝福》（人間淨土系列，聖嚴法師著，法鼓文化編輯部選編）；《〈分別功德論〉與〈增一阿含經〉譯經史考》（*An Early Chinese Commentary on the Ekottarika-āgama*）（法鼓佛教學院論叢系列英文書，安東尼羅·普洛伯 Antonello Palumbo著）；《農禪水月——農禪寺新建水月道場落成啟用紀念專輯》 DVD（影音系列，法鼓文化製作）。

◆《金山有情》季刊第47期出刊。

◆《法鼓佛教院訊》第26期出刊。

◆法鼓山網路電視台每月「主題影片」單元，1月播出「和樂無諍——氣和人和事事和」，精選聖嚴師父相關的開示影片，引領大眾重溫師父的智慧法語。

◆加拿大溫哥華道場舉辦新年大悲懺法會，由監院常悟法師帶領，藉由拜懺清淨身心，迎接2014年，共有一百四十多人參加。

01.03

◆3至5日，三峽天南寺舉辦禪二，由常應法師帶領，有近一百一十人參加。

01.04

◆4至5日，北投農禪寺舉辦初階英文導覽培訓課程，內容包括法鼓山的理念、心靈環保的內涵，以及農禪寺發展歷史等，有近四十人參加。

◆傳燈院於北投雲來寺舉辦Fun鬆一日禪，由常啟法師帶領，共有七十人參加。

◆4至25日，美國紐約東初禪寺住持果醒法師於加拿大溫哥華弘法關懷，內容包括舉辦佛學講座、帶領禪修活動等。4至5日，法師於道場帶領念佛禪二，共有一百六十多人次參加。

01.05

◆臺北中山精舍舉辦 Fun鬆一日禪，由常嘉法師帶領，共有六十多人參加。

◆1月5日、3月16日，桃園齋明寺舉辦供果教學課程，由資深悅眾黃麗月分享供果擺設的技巧與方法，共有七十多人次參加。

◆高雄紫雲寺舉辦《我的師父──聖嚴法師智慧小故事》新書分享會，由作者果祥法師分享在聖嚴師父座下親炙教誨的點滴，共有兩百多人參加。

◆1月5日至12月28日，人基會與教育廣播電台合作製播《幸福密碼》節目，邀請各界知名人士及專家學者，分享生命故事及人生經歷，每季由媒體工作者胡麗桂、音樂家陳郁秀、趨勢科技文化長陳怡蓁與聲樂家張杏月擔任主持人，節目於每週日下午該台各地頻道播出。

◆5至19日，美國紐約東初禪寺每週日舉辦週日講座，由常諦法師主講三堂「尋找善知識」，有近六十人參加。

◆1月5日至9月7日，馬來西亞道場週日舉辦「心靈環保工作坊」，共七堂課，由監院常藻法師帶領，課程以「心五四」為核心，在多元、活潑的課程中，學習心靈環保的生活實用，有近一百三十人參加。

01.08

◆1月8日至8月13日，普化中心週三晚上於北投農禪寺舉辦「法鼓講堂2014隨師行願《法鼓全集》導讀」系列課程。1月由普化中心副都監果毅法師主講三堂「總論」，帶領大眾深入聖嚴師父著述的智慧與脈絡；課程同時在「法鼓山心靈環保學習網」線上直播，提供全球學員上網聽講，並參與課程討論。

◆美國加州洛杉磯道場舉辦首梯法鼓長青班結業同學會，北美護法會輔導法師常華法師、紐約東初禪寺果明法師、常文法師等到場祝福，共有六十多人參加。

◆美國紐約東初禪寺住持果醒法師加拿大溫哥華弘法關懷，8至26日期間，於道場弘講「神會禪師的悟境」，共六堂，有近七十人參加。

◆8至22日，香港護法會每週三舉辦佛學專題課程，由果興法師導讀《佛遺教經》，有近一百人參加。

01.11

◆法鼓山於園區舉辦「第十九屆佛化聯合婚禮」，邀請伯仲基金會董事長吳伯雄擔任證婚人、商業發展研究院董事長徐重仁伉儷擔任主婚人、富邦證券董事長許仁壽伉儷擔任祝福人，並由方丈和尚果東法師為新人授三皈依，共有六十四對新人參加，近一千六百位親友到場祝福。

◆北投農禪寺舉辦禪一，由常鐘法師帶領，共有一百多人參加。

◆三峽天南寺舉辦念佛禪一，由常應法師帶領，共有七十五人參加。

◆臺南分院上午舉辦《我的師父──聖嚴法師智慧小故事》新書分享會，由作者果祥法師分享在聖嚴師父座下親炙教誨的點滴，有近一百人參加。

◆臺南雲集寺下午舉辦《我的師父──聖嚴法師智慧小故事》新書分享會，由作者果祥法師分享在聖嚴師父座下親炙教誨的點滴，共有四十多人參加。

◆1月11日至5月24日，臺南雲集寺週六或日舉辦佛學課程，由監院果謙法師主講《學佛五講》，有近八十人參加。

◆11至12日，傳燈院於北投雲來寺舉辦舒活二日營，由常啟法師帶領，有近五十人參加。

◆佛教學院於法鼓山園區舉辦考生輔導說明會，進行學士、碩士及博士班入學報考說明，說明會由學士、碩士、博士班一年級學生策畫執行，並擔任服務接待，共有五十位有志報考學子參加。

01.12

◆護法會嘉義辦事處舉辦《我的師父──聖嚴法師智慧小故事》新書分享會，由作者果祥法師分享在聖嚴師父座下親炙教誨的點滴，共有八十多人參加。

◆法行會法鼓隊慶祝成立十五週年，於臺北教育大學舉辦「鼓動心靜」成果發表會，方丈和尚果東法師、佛教學院校長惠敏法師、中華佛研所所長果鏡法師、法行會會長許仁壽，以及歷年隊員、親友、法鼓山各地鼓隊隊員等，近兩百六十位來賓到場祝福，分享法鼓隊成長的喜悅。

◆香港護法會於當地鶴藪水塘舉辦戶外禪，由常禪法師帶領，有近八十人參加。

01.14

◆方丈和尚果東法師於北投雲來寺大殿，對僧團法師、全體專職精神講話，主題是「是非要溫柔」，全臺各分院道場同步視訊連線聆聽開示，有近三百人參加。

◆馬來西亞道場舉辦Fun鬆一日禪，由常妙法師帶領，共有六十多人參加。

◆14、18日，香港護法會舉辦讀書會帶領人基礎培訓課程，由果興法師帶領，有近四十人參加。

01.18

◆護法總會及各地分院聯合舉辦「2013年歲末感恩分享會」，於法鼓山園區、北投農禪寺、三峽天南寺、桃園齋明寺、臺中分院、臺南分院、臺南雲集寺、高雄紫雲寺、臺東信行寺以及護法會花蓮辦事處，與海外馬來西亞道場，共十一個地點同步展開，方丈和尚果東法師於主場地齋明寺，透過視訊連線對參與信眾表達關懷與祝福，有近五千八百位信眾參加。

◆美國加州洛杉磯道場舉辦義工歲末感恩聯誼會，北美護法會輔導法師常華法師出席關懷，感恩義工的護持與奉獻，有近六十人參加。

◆美國紐約東初禪寺住持果醒法師加拿大溫哥華弘法關懷，18日於道場帶領生活禪，共有七十多人參加。

◆馬來西亞道場舉辦歲末感恩分享會，監院常藻法師出席關懷，感恩義工的護持與奉獻，有近兩百人參加。

01.19

◆基隆精舍於外木山沙灘舉辦戶外禪，由副寺果啟法師帶領，共有三十多人參加。

◆桃園齋明寺舉辦《我的師父──聖嚴法師智慧小故事》新書分享會，由作者果祥法師分享在聖嚴師父座下親炙教誨的點滴，共有一百五十多人參加。

◆臺南分院舉辦禪一，由監院果謙法師帶領，有近一百二十人參加。

◆聖基會於德貴學苑舉辦「2013年兒童生活教育寫畫創作活動」頒獎典禮，在上千件
投稿作品中，共有四百零七件作品脫穎而出，分別由關懷中心副都監果器法師、聖
基會董事長蔡清彥、董事許仁壽、傅佩芳、教聯會會長陳美金等頒獎，鼓勵學童學
習自我反省、提昇人品。

◆美國紐約東初禪寺舉辦電影禪，邀請心理學家林晉城（Peter Lin）帶領賞析《那些
年，我們一起追的女孩》影片中的佛法意涵，有近二十人參加。

◆美國加州洛杉磯道場舉辦佛學講座，由紐約東初禪寺果明法師主講《維摩詰經》，
共有三十多人參加。

◆馬來西亞道場成立「學佛五講同學會」，19日舉辦首次同學會，監院常藻法師出席
關懷，並藉由影片觀賞，帶領反思生命的意義與價值，共有三十多人參加。

01.20

◆僧團與中華佛研所、佛教學院、文化中心等單位於法鼓山園區舉辦「聖嚴法師文物
史料數位典藏與理念推廣研究」專案成果發表會，由佛研所所長果鏡法師、佛教學
院教授杜正民、圖書資訊館館長洪振洲擔任發表人，分享第一期史料數位典藏與介
面技術建置成果。

◆僧團中午於法鼓山園區舉辦歲末圍爐，共有兩百多位僧眾參加；下午於開山紀念館
辭歲禮祖，除了觀看聖嚴師父開示影片，也接受方丈和尚的祝福及鼓勵，方丈和尚
並在流芳堂菩提祈福區，寫下2014年第一張菩提葉祈願卡「和樂無諍大好年」，作
為對世界的祝福。

◆20至21日，青年院於三義DIY心靈環保教育中心舉辦「2014冬季青年卓越禪修營」
隊輔培訓，由常耀法師擔任總護，共有五十多位學員參加。

01.21

◆21至27日，禪堂舉辦初階禪七，由常品法師帶領，有近一百一十人參加。

◆21至27日，教聯會於三峽天南寺舉辦寒假教師禪七，由中華佛研所所長果鏡法師擔
任總護，有近一百四十位教師參加。

01.22

◆22至24日，臺北中山精舍舉辦冬季兒童營，以「微笑種福田」為主題，由教聯會師
資帶領六十二位學童，練習以微笑放鬆身心，並建立與家人良好互動的溝通方式。

◆22至28日，青年院於三義DIY心靈環保教育中心舉辦「2014冬季青年卓越禪修
營」，主題是「給自己一個機會，用心旅行」，由常耀法師擔任總護，共有一百三十
多位學員參加。

01.23

◆1月23日至12月21日,桃園齋明別苑週四舉辦心靈環保講座,全年共十四場。23日進行首場,邀請《聽見西藏》作者邱常梵主講「那一年我在西藏的日子」,分享在西藏旅遊的體驗,有近一百一十人參加。

◆美國紐約東初禪寺住持果醒法師加拿大溫哥華弘法關懷,23日受邀至加拿大環境部(Environment Canada)及漁業海洋部(Fisheries and Oceans Canada)演講,主題是「有二無二的專注」(Attention with and without Duality),共有三十六位部門主管及職員參加。

01.24

◆北美護法會加州舊金山分會舉辦禪修講座,邀請聖嚴師父西方法子賽門·查爾得(Simon Child)主講「默照禪」,共有四十多人參加。

01.25

◆1月25日至12月27日,國際禪坐會(International Meditation Group, IMG)於週六分別在法鼓山園區、北投農禪寺、雲來寺,以及桃園齋明別苑舉辦英文禪一,全年共九場,共有兩百多人次參加。

◆1月25日至12月20日,由佛教學院教職師生發起的「淨心淨土,金山環保」社團於每月第三週或第四週週六在金山磺溪出海口、萬里加投下寮等北海岸海灘舉辦淨灘活動,清理海洋生態環境。

◆美國紐約東初禪寺舉辦禪一,邀請聖嚴師父西方弟子李世娟(Rebecca Li)帶領,有近二十人參加。

◆美國加州洛杉磯道場舉辦禪一,由常文法師帶領,有近三十人參加。

◆美國紐約東初禪寺住持果醒法師加拿大溫哥華弘法關懷,25日於道場帶領歲末祈福法會,有近一百人參加。

◆25至26日,北美護法會加州舊金山分會舉辦默照禪二,邀請聖嚴師父西方法子賽門·查爾得帶領,有近三十人參加。

01.26

◆1月26日至6月22日、7月20日至12月14日,傳燈院每月週日於德貴學苑舉辦「遇見心自己」課程,每梯次六堂,由常願法師帶領,引導學員學習如何覺察情緒,保持專注力、決斷力,將禪修心法運用於日常生活中,均有近四十位青年學員參加。

◆1月26日及3月23日,美國紐約東初禪寺舉辦週日講座,邀請聖嚴師父西方弟子李世娟主講「快樂與修行」,有近五十人參加。

◆美國加州洛杉磯道場舉辦佛學講座,由紐約東初禪寺果明法師主講「心淨則國土淨」,共有三十多人參加。

01.30

◆ 法鼓山園區舉辦「除夕祈福撞鐘」活動,先於晚間在大殿舉辦彌陀普佛法會,再於法華鐘樓舉辦撞鐘祈福法會,方丈和尚果東法師、首座和尚惠敏法師、總統馬英九、副總統吳敦義、內政部長李鴻源、新北市長朱立倫等共同圓滿第一百零八響法華鐘聲,並揭開法鼓山2014年度主題「和樂無諍」布幔,為社會祈福,祈願世界和樂平安。

◆ 臺中分院於寶雲別苑舉辦除夕彌陀普佛法會,由監院果理法師帶領,共有七十多人參加。

◆ 馬來西亞道場舉辦除夕拜懺共修,由監院常藻法師帶領,共有四十多人參加。

01.31

◆ 1月31日至2月4日,法鼓山園區舉辦「和樂無諍年」新春系列活動,包括祈福法會、方丈和尚新春祝福、手帕拓染、版畫製作、燈籠彩繪、定心鈔經等,共有三萬多人次參加。

◆ 1月31日至11月2日,法鼓山園區於開山紀念館舉辦「來法鼓山觀音道場──觀音菩薩特展」,四個展區分別以四項主題引導參訪者深入了解觀音信仰,感受觀音道場的氛圍。

◆ 1月31日至2月2日,北投農禪寺舉辦新春慈悲三昧水懺法會,由果南法師帶領,有近兩千九百人次參加。

◆ 1月31日至9月30日,北投農禪寺於開山農舍展開「老農禪‧新水月」特展,透過多媒體文物展示,帶領參訪者巡禮農禪寺的發展歷史。

◆ 1月31日至2月2日,北投文化館舉辦新春千佛懺法會,由監院果諦法師帶領以臺語誦經,每日有近一百人參加。

◆ 臺北安和分院舉辦新春普佛法會,由文化中心副都監果賢法師主法,有近五百人參加。

◆ 1月31日至2月2日,三峽天南寺舉辦「遊心禪悅喜迎春」新春系列活動,內容包括祈福法會、點燈供花、禪修體驗等,以及聖嚴法師書法展,共有一千多人次參加。

◆ 1月31日至2月2日,桃園齋明寺舉辦新春慈悲三昧水懺法會,由監院果舟法師帶領,有近七百人次參加。

◆ 1月31日至2月1日,桃園齋明別苑舉辦新春大悲懺法會,由常參法師帶領,有近兩百人次參加。

◆ 臺中分院於寶雲別苑舉辦新春普佛法會,由僧團常持法師主法,共有三百多人參加。

◆ 南投德華寺舉辦新春普佛法會,由副寺果弘法師帶領,有近八十人參加。

◆ 臺南分院舉辦新春普佛法會,由關懷中心副都監果器法師主法,共有四百五十多人參加。

◆ 臺南雲集寺舉辦新春普佛法會,由監院果謙法師帶領,有近一百人參加。

◆ 1月31日至2月2日,高雄紫雲寺舉辦新春千佛懺法會,由常甯法師主法,共有三千多人次參加。

◆ 臺東信行寺舉辦新春普佛法會,由常緣法師主法,共有一百多人參加。

◆ 1月31日至2月1日,美國紐約東初禪寺舉辦新春慈悲三昧水懺法會,由果乘法師帶領,共有兩百多人次參加。

◆美國加州洛杉磯道場舉辦新春觀音法會，由紐約東初禪寺果明法師、常諦法師等帶領，共有六十多人參加。

◆加拿大溫哥華道場舉辦新春普佛法會暨心靈茶會，由監院常悟法師帶領，共有一百六十多人參加。

◆馬來西亞道場舉辦新春普佛法會，由僧團賢首果懺法師帶領，有近八十人參加。

◆泰國護法會舉辦新春普佛法會，由僧團常雲法師、常昭法師及常實法師自臺灣前往帶領，共有七十多人參加。

2月 FEBRUARY

02.01

◆《人生》雜誌第366期出刊。

◆《法鼓》雜誌第290期出刊。

◆法鼓文化出版新書：《心靈環保經濟學》（般若方程式系列，釋果光著）；《禪與悟》（*Chan and Enlightenment*）（法鼓全集英譯禪修系列英文書，聖嚴法師著）；《法鼓山之美3──環保之美、禪悅境教》DVD（影音系列，法鼓文化製作）。

◆1日，以及3至7日，臺北安和分院舉辦新春《藥師經》共修，由常嘉法師帶領，共有八百多人次參加。

◆臺中分院於寶雲別苑舉辦新春大悲懺法會，由僧團常持法師帶領，共有兩百多人參加。

◆臺東信行寺舉辦新春觀音法會，由常緣法師主法，共有一百多人參加。

◆法鼓山網路電視台每月「主題影片」單元，2月播出「觀音法門──學觀音‧做觀音」，精選聖嚴師父相關的開示影片，引領大眾重溫師父的智慧法語。

◆由聖基會推廣流通的法鼓山智慧隨身書，首批安卓（Android）手機版Apps於Google Play上架，共有「無盡身教」、「學佛入門」、「生活佛教」、「臨終關懷」四系列書籍，可供免費下載；並於4月1日起，全系列繁、簡體版共二十三支Apps全數上架，大眾可隨時隨地閱讀聖嚴師父的智慧法語。

◆美國紐約象岡道場舉辦禪一，由監院常聞法師帶領，有近二十人參加。

◆美國加州洛杉磯道場舉辦新春普佛法會，由紐約東初禪寺果明法師、常諦法師等帶領，共有六十多人參加。

◆加拿大溫哥華道場舉辦新春大悲懺法會，由監院常悟法師帶領，共有一百三十多人參加。

◆北美護法會加州舊金山分會舉辦新春祈福法會，共有一百二十多人參加。

◆北美護法會安省多倫多分會舉辦新春祈福法會，共有四十多人參加。

02.02

◆臺北安和分院舉辦新春大悲懺法會，由文化中心副都監果賢法師主法，共有四百五十多人參加。

◆臺中分院於寶雲別苑舉辦新春慈悲三昧水懺法會，由僧團常持法師帶領，共有兩百多人參加。

◆南投德華寺舉辦新春大悲懺法會，由副寺果弘法師帶領，共有六十多人參加。

◆臺南分院舉辦新春觀音法會，由監院果謙法師帶領，法師祝福大眾發七聖法財，共有三百多人參加。

◆臺南雲集寺舉辦新春觀音法會，由監院果謙法師帶領，有近一百人參加。

◆臺東信行寺舉辦新春大悲懺法會，由常緣法師主法，共有一百多人參加。

◆2至7日，禪堂舉辦新春禪五，由常正法師帶領，有近一百三十人參加。

◆美國紐約東初禪寺舉辦新春普佛法會，由住持果醒法師主法，法師以「馬年・馬上・開悟」為主題，勉勵大眾開悟是因為具備正知見及正精進，只要精進不懈，就可以成就戒、定、慧，共有兩百五十多人參加。

◆美國加州洛杉磯道場舉辦新春大悲懺法會，由紐約東初禪寺果明法師、常諦法師等帶領，共有六十多人參加。

◆加拿大溫哥華道場舉辦新春藥師法會，由監院常悟法師帶領，共有一百五十多人參加。

◆北美護法會新澤西州分會舉辦新春祈福法會，由紐約東初道場果乘法師帶領，共有六十多人參加。

◆2至14日，僧大副教授果徹法師於北美護法會華盛頓州西雅圖分會弘法關懷，內容包括舉辦佛學講座、帶領法會等。2日於分會帶領新春大悲懺法會，共有六十多人參加。

◆新加坡護法會舉辦新春祈福法會，由僧團常雲法師、常昭法師、常實法師自臺灣前往帶領，有近一百人參加。

◆香港護法會舉辦新春普佛暨祈福法會，由僧團副住持果品法師主法，共有五百多人參加。

02.03

◆3至4日，桃園齋明寺舉辦「禪的體驗迎新春」系列活動，內容包括法鼓八式動禪、托水缽、慢步經行、觀身受法與茶禪等體驗，帶領大眾感受放鬆、專注、自在與安定，有近三千人次參加。

◆高雄三民精舍舉辦新春普佛法會，由常獻法師帶領，有近一百八十人參加。

◆護法會屏東辦事處舉辦新春普佛法會，有近八十人參加。

◆馬來西亞怡保共修處舉辦新春普佛法會，由僧團賢首果懺法師帶領，共有一百多人參加。

◆僧大副教授果徹法師北美護法會華盛頓州西雅圖分會弘法關懷，於3至14日主講「三十七道品講記」，共五堂，有近五十人參加。

02.04

◆臺北安和分院舉辦新春長者祈福法會，由財會處監院常炬法師主法，有近五百位長者及親友參加。

◆護法會潮州辦事處舉辦新春普佛法會，有近七十人參加。

02.08

◆法鼓山於園區舉辦「法鼓傳燈日」傳燈法會，近六千名信眾以念佛共修、傳燈、發願的方式，感念聖嚴師父開啟慧命的法乳深恩，也互勉接續師願，實踐菩薩行。

◆8至16日，僧大於法鼓山園區舉辦「第十一屆生命自覺營」，共有一百八十位來自臺灣、美國、澳洲、加拿大、馬來西亞、新加坡、越南、中國大陸等地的學員，體驗出家生活的自在快樂。

◆緬懷聖嚴師父師恩與教誨，美國紐約東初禪寺舉辦「法鼓傳燈日」活動，內容包括禪一、傳燈發願等，由住持果醒法師帶領，共有四十多位東、西方信眾參加。

◆美國加州洛杉磯道場舉辦弘法活動，包括上午舉辦半日禪，共有四十多人參加；下午舉辦佛學講座，由紐約東初禪寺常諦法師主講「幸福的滋味──成佛的願力」，有近五十人參加。

◆緬懷聖嚴師父師恩與教誨，加拿大溫哥華道場舉辦「法鼓傳燈日」活動，由監院常悟法師主持傳燈法會，共有五十多人參加。

◆緬懷聖嚴師父師恩與教誨，馬來西亞道場舉辦「緬懷師恩」活動，除了播放《大哉斯鼓》影片，資深悅眾林孝雲、陳淑玲、黃良明等也分享親近法鼓山的心路歷程，有近一百人參加。

◆北美護法會新澤西州分會舉辦念佛禪一，由美國紐約東初禪寺果樞法師帶領，共有六十多人參加。

◆緬懷聖嚴師父師恩與教誨，8至9日，北美護法會伊利諾州芝加哥分會舉辦「法鼓傳燈日」活動，內容包括大悲懺法會、半日禪等，共有一百一十多人次參加。

◆緬懷聖嚴師父師恩與教誨，北美護法會華盛頓州西雅圖分會舉辦「法鼓傳燈日」活動，由僧大副教授果徹法師帶領禪一，共有三十多人參加。

◆緬懷聖嚴師父師恩與教誨，北美護法會安省多倫多分會舉辦「法鼓傳燈日」活動，內容包括禪一及傳燈儀式，分別由美國紐約東初禪寺常齋法師、果解法師帶領，有近四十人參加。

02.09

◆臺北安和分院舉辦新春地藏法會，由監院果旭法師帶領，共有三百多人參加。

◆法行會於北投農禪寺舉辦第一五四次例會，進行新春祈福法會，方丈和尚果東法師、僧團副住持果品法師等到場關懷，有近兩百四十人參加。

◆美國紐約東初禪寺舉辦週日講座，由住持果醒法師主講「楞嚴、默照與十二因緣」，共有一百多人參加。

◆緬懷聖嚴師父師恩與教誨，美國加州洛杉磯道場舉辦「法鼓傳燈日」活動，由紐約東初禪寺常諦法師帶領，並由師父西方法子吉伯・古帝亞茲（Gilbert Gutierrez）與

資深悅眾林博文、毛靖、江秀鳳等,分享「師父的身影」,共有四十多人參加。
◆馬來西亞道場舉辦電影禪,由常律法師帶領賞析《人在囧途》影片中的佛法意涵,
有近四十人參加。
◆緬懷聖嚴師父師恩與教誨,北美護法會新澤西州分會舉辦「法鼓傳燈日」活動,由
美國紐約東初禪寺監院常華法師帶領禪一,共有三十多人參加。
◆北美護法會安省多倫多分會舉辦新春大悲懺法會,由美國紐約東初禪寺果解法師、
常齋法師帶領,共有三十多人參加。

02.11

◆2月11日至5月20日,普化中心週二於臺南分院開辦「法鼓長青班」,以聖嚴師父的
人生哲學為核心,為六十歲以上的長者設計八堂專屬課程,有近八十人參加。

02.12

◆普化中心「法鼓講堂2014隨師行願《法鼓全集》導讀」系列課程,2月主題是「悠
悠八十載——風雪行腳細說從頭」,12日由僧大副院長常寬法師主講「認識聖嚴師
父」;課程同時在「法鼓山心靈環保學習網」線上直播,提供全球學員上網聽講,
並參與課程討論。

02.13

◆桃園齋明別苑心靈環保講座,13日邀請國宴主廚鄭衍基(阿基師)主講「美味心關
係」,分享在料理中體驗到的人生處世哲學,有近三百人參加。
◆臺南分院舉辦元宵燃燈供佛法會,由監院果謙法師帶領,共有一百一十多人參加。
◆臺東信行寺舉辦元宵燃燈供佛法會,由監院果增法師帶領,有近五十人參加。
◆13至27日,法青會每週四晚間於德貴學苑展開「新春彩頭三堂課」,由美國紐約東
初禪寺住持果醒法師帶領,以人際交流大暢通、自我成長大躍進、發現心中大寶藏
為主題,幽默生動地詮解佛法觀念如何在生活中落實,有近六十人參加。

02.14

◆北投農禪寺舉辦元宵燃燈祈福法會,由監院果毅法師帶領,有近一千人參加。
◆2月14日至3月7日,臺北安和分院每週五舉辦佛學講座,由美國紐約東初禪寺住持果
醒法師主講〈信心銘〉,有近一百四十人參加。
◆基隆精舍舉辦元宵燃燈供佛法會,由副寺果啟法師帶領,有近一百人參加。
◆14至16日,三峽天南寺舉辦禪二,由常學法師帶領,有近一百一十人參加。
◆桃園齋明寺舉辦元宵燃燈供佛法會,由監院果舟法師帶領,有近一百九十人參加。
◆臺中分院舉辦新春元宵燃燈供佛法會,由監院果理法師帶領,共有一百多人參加。
◆臺南雲集寺舉辦元宵燃燈供佛法會,由監院果謙法師帶領,有近八十人參加。
◆高雄紫雲寺舉辦元宵燃燈供佛法會,由監院果迦法師帶領,共有兩百多人參加。

◆14至16日，美國紐約象岡道場舉辦禪三，由監院常聞法師帶領，有近二十人參加。

◆加拿大溫哥華道場舉辦元宵燃燈供佛法會，由監院常悟法師帶領，共有六十多人參加。

02.15

◆北投農禪寺舉辦禪一，由常鐘法師帶領，共有一百多人參加。

◆桃園齋明別苑舉辦禪一，由常參法師帶領，有近七十人參加。

◆傳燈院於北投雲來寺舉辦Fun鬆一日禪，由常啟法師帶領，有近八十人參加。

◆2月15日至11月8日，普化中心週六於北美護法會加州舊金山分會開辦聖嚴書院福田班課程，共十堂課，有近一百人參加。

◆2月15日至3月2日，聖嚴師父法子繼程法師於北投鳳甲美術館舉行「佛心禪緣書畫展」，展出百餘幅書畫創作，護持師父興學願心。

◆2月15日至3月8日，聖基會每週六舉辦「聖嚴法師經典講座」，由美國紐約東初禪寺住持果醒法師導讀聖嚴師父著作《寶鏡無境──石頭希遷〈參同契〉、洞山良价〈寶鏡三昧歌〉新詮》，有近七十人參加。

◆護法會桃園辦事處於桃園齋明寺舉辦新春團聚，內容包括親近法鼓山因緣、學佛與勸募心得分享等，齋明寺監院果舟法師、常皓法師到場關懷，共有一百多人參加。

◆馬來西亞道場舉辦元宵燃燈供佛法會，由常妙法師帶領，共有六十多人參加。

02.16

◆臺北安和分院舉辦禪一，由監院果旭法師帶領，共有九十多人參加。

◆桃園齋明寺舉辦禪一，由果澔法師帶領，共有六十多人參加。。

◆臺中分院舉辦《我的師父──聖嚴法師智慧小故事》新書分享會，由作者果祥法師分享在聖嚴師父座下親炙教誨的點滴，監院果理法師、常朗法師亦回憶聖嚴師父日常教導與生活的點滴，有近兩百人參加。

◆南投德華寺舉辦元宵燃燈供佛法會，由副寺果弘法師帶領，共有四十多人參加。

◆臺東信行寺舉辦禪一，由常越法師帶領，有近二十人參加。

◆為接引大眾認識佛法及法鼓山理念，2月16日至3月23日，普化中心週日於高雄紫雲寺開辦「快樂學佛人」系列課程，共三堂，有近九十人參加。

◆美國紐約東初禪寺舉辦週日講座，邀請聖嚴師父西方弟子大衛‧史烈梅克（David Slaymaker）主講「用佛法過生活」，有近四十人參加。

◆2月16日至4月5日，美國紐約東初禪寺舉辦《地藏經》持誦共修，祈願東初禪寺擴建順利，每日有近三十人參加。

◆緬懷聖嚴師父師恩與教誨，北美護法會加州舊金山分會舉辦「法鼓傳燈日」活動，由紐約東初禪寺果乘法師、果解法師帶領禪一，共有五十多人參加。

◆香港護法會舉辦禪一，由常禪法師帶領，共有五十多人參加。

02.17

◆位於高雄市建國一路的「新三民精舍」舉行灑淨啟用儀式，由關懷中心副都監果器法師主法；儀式圓滿後，隨即展開一連七天的《地藏經》共修，各項法務也陸續推動。

02.18

◆2月18日至6月17日，臺北中山精舍每週二舉辦佛學講座，邀請華梵大學中文系副教授胡健財主講《楞嚴經》，有近五十人參加。

◆桃園齋明別苑心靈環保講座，18日邀請電影工作者蔡明亮主講「慢步電影」，分享生命體驗，有近三百人參加。

02.19

◆2月19日至6月18日，臺北中山精舍每週三舉辦佛學講座，由普化中心佛學課程講師謝水庸主講「成佛之道——菩薩道的深觀廣行」，有近六十人參加。

◆普化中心「法鼓講堂2014隨師行願《法鼓全集》導讀」系列課程，2月主題是「悠悠八十載——風雪行腳細說從頭」，19及26日由財會室監院常炬法師主講「遊記系列介紹」，引領大眾跟隨師父一生弘化東西兩半球的行履，領略師父事事以眾生的苦樂為著眼的悲心大願；課程同時在「法鼓山心靈環保學習網」進行線上直播，提供全球學員上網聽講，並參與課程討論。

02.20

◆20至23日，法鼓山於園區舉辦「第十九屆在家菩薩戒」第一梯次，由方丈和尚果東法師、首座和尚惠敏法師、副住持果暉法師擔任菩薩法師，共有五百八十人受戒。

◆2月20日至6月19日，臺北中山精舍每週四舉辦佛學講座，由普化中心佛學課程講師朱秀容主講《普賢菩薩行願讚》，有近四十人參加。

◆20至23日，臺東信行寺舉辦禪悅四日營，由常越法師帶領，有近三十人參加。

◆2月20日至5月29日，普化中心週四於基隆精舍開辦「法鼓長青班」，以聖嚴師父的人生哲學為核心，為六十歲以上的長者設計八堂專屬課程，共有八十多人參加。

◆2月20日至6月14日、9月11日至12月20日，法青會週四或六於桃園齋明別苑舉辦藝術與心的對話系列課程，邀請藝術工作者徐曉萍、李香盈帶領，藉由繪畫，音樂，圖卡等藝術媒介，探索與了解自我，有近三十位學員參加。

02.21

◆2月21日至6月20日，臺北中山精舍每週五舉辦佛教藝術講座，邀請鹿野苑藝文學會講師鄭念雪主講，有近四十人參加。

◆2月21日至6月20日，高雄紫雲寺週五舉辦佛學講座，邀請成功大學經濟系副教授許永河分享《金剛經》的生活智慧，有近一百一十人參加。

◆21至23日，加拿大溫哥華道場舉辦禪二，由監院常悟法師帶領，有近四十人參加。

◆馬來西亞道場監院常藻法師受邀於當地沙登佛教會主講「《普門品》與心靈環保的實踐」，講說心靈環保的內涵，有近六十人參加。

02.22

◆聖嚴師父法子繼程法師「佛心禪緣書畫展」系列活動，於臺北安和分院展開「古木禪心──琴師遇見禪師」對談，由繼程法師與國寶級斲琴師林立正、林法父子，分享如何在日用器物的操作過程中，顯現定慧一體的禪味。

◆22至23日，臺中分院於三義DIY心靈環保教育中心舉辦舒活二日營，由果雲法師帶領，有近九十人參加。

◆為接引大眾認識佛法及法鼓山理念，2月22日至3月15日，普化中心週日於臺北中山精舍開辦「快樂學佛人」系列課程，共三堂，有近九十人參加。

◆2月22日至11月15日，普化中心週日於北美護法會安省多倫多分會開辦聖嚴書院福田班課程，共十堂課，有近八十人參加。

◆國際扶輪三四八〇地區第十二分區的三十多位社友與親眷，參訪園區法鼓大學校區預定地，並為響應自然環保，捐贈數十株四公尺高的臺灣原生楓香，為校園美景增添無限風采。

◆助念團於北投雲來寺舉辦「北區助念團新任悅眾成長營」，由團長顏金貞、副團長黃欣逸帶領，內容包括法鼓山大關懷教育的內涵、佛事的意義等，關懷中心副都監果器法師、關懷院監院常健法師全程參與，共有三百多位北一至北七轄區的正副召委、助念悅眾、勸募組長參加。

◆美國紐約東初禪寺舉辦英文禪一，邀請聖嚴師父西方弟子哈利‧米勒（Harry Miller）帶領，共有十多人參加。

◆美國加州洛杉磯道場舉辦禪一，由常文法師帶領，共有二十多人參加。

◆北美護法會新澤西州分會舉辦禪一，由美國紐約東初禪寺果解法師帶領，共有三十多人參加。

02.23

◆聖嚴師父法子繼程法師「佛心禪緣書畫展」系列活動，於北投農禪寺展開「禪心遊藝海──禪藝生活」專題講座，法師分享各項藝術在禪的智慧與方法引領下，如何得以從世俗層面提昇境界，轉化為修行的道器。

◆臺南分院舉辦佛一暨八關戒齋法會，由監院果謙法師帶領，共有一百三十多人參加。

◆為接引大眾認識佛法及法鼓山理念，2月23日至3月23日，普化中心週日於臺北市文山區行政中心開辦「快樂學佛人」系列課程，共三堂，有近一百六十人參加。

◆2月23日至5月25日，普化中心週四於臺北中山精舍開辦「法鼓長青班」，以聖嚴師父的人生哲學為核心，為六十歲以上的長者設計八堂專屬課程，共有八十多人參加。

◆聖嚴師父法子繼程法師於北投鳳甲美術館舉行「佛心禪緣書畫展」開幕儀式「揮毫琴會」，包括方丈和尚果東法師、佛教學院校長惠敏法師、鳳甲美術館董事長邱再興、演藝工作者李心潔等，共有一百多人參加。

02.24

◆2月24日至6月23日，臺北安和分院每週一舉辦佛學課程，邀請心理諮商專家鄭石岩
主講《法華經》，有近三百人參加。

02.25

◆2月25日至6月24日，臺北安和分院每週二舉辦佛學課程，由果高法師主講《阿彌陀
經》，有近兩百人參加。

◆2月25日至3月3日，馬來西亞道場七十七位信眾組成的「菩薩戒暨禪修體驗、寺院巡
禮團」，在監院常藻法師、常妙法師帶領下，來臺參加菩薩戒會，並參訪總本山、
北投農禪寺、桃園齋明寺及三峽天南寺，體驗早晚課誦、禪修、朝山等修行法門。

◆2月25日至4月15日、7月8日至8月26日，新加坡護法會每週二舉辦心靈環保課程，
每期八堂課，有近三十人參加。

02.26

◆2月26日至6月25日，臺北安和分院每週三舉辦佛學課程，由佛教學院助理研究員辜
琼瑜主講《金剛經》，有近九十人參加。

◆臺中分院於寶雲別苑舉辦Fun鬆一日禪，邀請聖嚴師父法子繼程法師帶領，法師並
開示如何在生活中運用禪法，讓身心安定，共有一百多人參加。

◆2月26日至5月28日，普化中心週三於北投農禪寺開辦「法鼓長青班」，以聖嚴師父的
人生哲學為核心，為六十歲以上的長者設計八堂專屬課程，有近一百四十人參加。

◆美國紐約東初禪寺舉辦週日講座，由象岡道場監院常聞法師主講「慈心相向——有
智慧的行動主義」，有近七十人參加。

02.27

◆2月27日至3月2日，法鼓山於園區舉辦「第十九屆在家菩薩戒」第二梯次，由方丈和
尚果東法師、首座和尚惠敏法師、副住持果暉法師擔任菩薩法師，共有五百八十二
人受戒。

◆聖嚴師父法子繼程法師「佛心禪緣書畫展」系列活動，於臺中市政府展開「禪心遊
藝海——禪藝生活」專題講座，法師分享禪宗與藝術結合的巧妙，及佛法修行的深
度與廣度。

◆2月27日至5月22日，普化中心週四於臺東信行寺開辦「法鼓長青班」，以聖嚴師父
的人生哲學為核心，為六十歲以上的長者設計八堂專屬課程，有近五十人參加。

◆2月27日至12月25日，法鼓山人基會每月最後一週週四於德貴學苑舉辦「2014和樂
無諍心靈講座」。27日進行首場，邀請前國軍松山醫院副院長潘文中主講「頭好壯
壯真幸福」，共有八十多人參加。

◆聖基會執行長楊蓓受中國大陸湖北省心理衛生協會之邀，於武漢主持「禪與心理輔
導」工作坊，與心理從業人員分享禪修方法。

02.28

◆聖嚴師父法子繼程法師「佛心禪緣書畫展」系列活動，於臺北德貴學苑展開「鼻根留香、心中悟禪——香禪之道」對談，由法師與香學專家劉靜敏分享生活中的遊藝禪趣。

◆2月28日至3月1日，普化中心於北投農禪寺舉辦「普化教育悅眾充電營」，主題是「探尋與追隨」，由僧大副院長果光法師、普化中心副都監果毅法師、佛教學院教授杜正民講解三堂「解門」課程，並安排禪修、朝山、行腳至北投文化館禮祖的「行門」課程，共有一百六十位學員參加。

◆中國大陸國務院臺灣事務辦公室副主任葉克冬，率領交流局、新聞局、祕書局成員八人，參訪北投農禪寺，由方丈和尚果東法師、副住持果品法師等代表接待，進行交流。

3月 MARCH

03.01

◆《人生》雜誌第367期出刊。

◆《法鼓》雜誌第291期出刊。

◆法鼓文化出版新書：《佛教文化之重新》（智慧海系列，東初老和尚著）；《親子快樂禪》（琉璃文學系列，曉亞著）。

◆聖嚴師父法子繼程法師「佛心禪緣書畫展」系列活動，於北投雲來寺展開「茶有道、禪無門——茶與禪的對話」講座，由法師與佛光大學生命與宗教學系副教授游祥洲對談，分享運用六根，聽音、觀畫、聞香、品茶、會意的禪藝。

◆高雄紫雲寺舉辦專題講座，由僧團果祥法師主講「吃對食物，保衛地球，救護自他」，共有一百二十多人參加。

◆3月1日至5月24日，高雄紫雲寺週六舉辦佛學講座，由僧大講師常延法師主講《維摩詰經》，有近一百三十人參加。

◆3月1日至5月31日，高雄三民精舍週六舉辦佛學講座，由僧大講師常延法師主講「學佛十課」，有近一百二十人參加。

◆為接引大眾認識佛法及法鼓山理念，1至29日，普化中心週六於臺北安和分院開辦「快樂學佛人」系列課程，共三堂，有近一百四十人參加。

◆法鼓山網路電視台每月「主題影片」單元，3月播出「心的經典——《心經》的智慧與運用」，精選聖嚴師父相關的開示影片，引領大眾重溫師父的智慧法語。

◆1至2日，聖基會執行長楊蓓應中國大陸湖北省心理衛生協會之邀，出席在武漢舉行的學術年會，並發表主題演講「在親密關係中修行」，探討修行與家庭生活的平衡之道。

◆護法總會「行動報師恩──小沙彌回法鼓山」網站正式上線，內容包括「創辦人聖嚴師父的叮嚀」、「行動報師恩」、「勉勵與分享」、「好願在人間」等，並不定期更新方丈和尚果東法師、僧團法師的關懷開示，還可從網站傳送電子邀請卡，廣邀朋友參與護持法鼓山。

◆美國紐約象岡道場舉辦禪一，由監院常聞法師帶領，有近二十人參加。

◆北美護法會安省多倫多分會舉辦禪一，共有十多人參加。

03.02

◆3月2日至4月27日，臺北安和分院週日舉辦佛學講座，由三學院監院果慨法師主講「佛教徒的生死觀」，講說《金剛經》、《阿彌陀經》、《地藏經》與《心經》等經典中生命的實相，共八堂，每堂有逾六百人參加。

◆臺北中山精舍舉辦 Fun鬆一日禪，由常嘉法師帶領，有近六十人參加。

◆臺南雲集寺上午舉辦專題講座，由僧團果祥法師主講「健康飲食」，有近一百人參加。

◆臺南分院下午舉辦專題講座，由僧團果祥法師主講「健康飲食」，有近八十人參加。

◆2至9日，禪堂舉辦「禪修教理研習營──中觀」，由僧大副教授果徹法師帶領，有近六十人參加。

◆為接引大眾認識佛法及法鼓山理念，2至30日，普化中心週日於基隆精舍開辦「快樂學佛人」系列課程，共三堂，有近六十人參加。

◆護法會虎尾共修處舉辦專題講座，邀請布袋戲編導大師黃逢時主講「布袋戲中之傳統文化與倫理」，並分享親近法鼓山的因緣，共有六十多人參加。

◆美國紐約東初禪寺舉辦週日講座，邀請心理學家林晉城主講「捫心自問──以禪『問』心的心理療法」，有近五十人參加。

◆北美護法會加州舊金山分會舉辦義工培訓課程，內容包括義工心態與行儀、團隊分工與合作，由北美護法會會長張允雄帶領，共有三十多人參加。

◆香港護法會舉辦佛一，由常禪法師帶領，共有六十多人參加。

03.03

◆3月3日至6月16日，人基會每週一於德貴學苑開辦「關懷生命專線」義工培訓課程，3月3日進行首堂課程並舉辦開訓典禮，祕書長李伸一、副祕書長陳錦宗等到場關懷，有近八十位學員參加。

03.04

◆3月4日至5月27日，普化中心週二於臺北安和分院開辦「法鼓長青班」，以聖嚴師父的人生哲學為核心，為六十歲以上的長者設計八堂專屬課程，有近九十人參加。

◆佛教學院舉辦專題講座，邀請日本京都大學人文科學研究所教授維習安（Christian Wittern）主講「佛典的過去、現在與未來」，共有五十多人參加。

◆3月4日至12月23日，法青會週二於德貴學苑舉辦「身心SPA」活動，由青年院常元法師、常義法師帶領，內容包括瑜伽伸展、禪坐體驗、遊戲動中禪等，全年舉辦四梯次，每梯次八堂，皆有三十多人參加。

03.05

◆普化中心「法鼓講堂2014隨師行願《法鼓全集》導讀」系列課程，延續2月主題「悠悠八十載——風雪行腳細說從頭」，5日由僧團都監果光法師主講「建僧、僧教育」；課程同時在「法鼓山心靈環保學習網」線上直播，提供全球學員上網聽講，並參與課程討論。

03.06

◆3月6日至12月4日，普化中心週四於北投農禪寺開辦聖嚴書院福田班課程，共十堂課，有近兩百人參加。

◆法鼓佛教學院、美國欽哲基金會，於臺北安和分院簽署「藏傳佛典漢譯暨翻譯人才培訓計畫」，由校長惠敏法師、宗薩欽哲仁波切代表雙方簽約，三百多位教界、學界來賓，到場觀禮，表達祝福。

◆法行會於臺北國賓飯店舉辦第一五五次例會，由僧大講師常延法師主講「《學佛五講》導讀五講之二〈佛法的正見〉」，有近兩百人參加。

◆6至20日，法青會每週四於德貴學苑舉辦「法青哈佛夜」，由青年院常灃法師帶領，內容包括認識法鼓山的理念與境教、認識法鼓山創辦人、學習正確的價值觀等，並於30日參訪法鼓山園區，有三十人參加。

◆3月6日至5月29日、7月31日至11月13日，馬來西亞道場每週四舉辦「學佛五講」佛學課程，由監院常藻法師主講，有近八十人參加。

03.07

◆3月7日至5月30日，普化中心週五於臺北安和分院開辦「法鼓長青班」，以聖嚴師父的人生哲學為核心，為六十歲以上的長者設計八堂專屬課程，有近一百四十人參加。

03.08

◆三峽天南寺舉辦念佛禪一，由常應法師帶領，共有八十人參加。

◆桃園齋明別苑上午舉辦落成啟用大典，包括桃園縣長吳志揚、桃園市長蘇家明等各界來賓，與方丈和尚果東法師、僧團法師、護法信眾等，共有一千六百多人參加；下午舉辦祈福皈依大典，由方丈和尚果東法師授三皈依，近九百位民眾成為三寶弟子。

◆臺東信行寺舉辦《我的師父——聖嚴法師智慧小故事》新書分享會，由作者果祥法師分享在聖嚴師父座下親炙教誨的點滴，共有一百多人參加。

03.09

◆法鼓山於北投農禪寺舉辦「社會菁英禪修營第七十九次共修會」，由僧團副住持果品法師帶領，常隨法師主講「風起與話頭」，有近一百三十人參加。

◆南投德華寺舉辦戶外禪，由副寺果弘法師帶領，共有四十多人參加。

◆臺南分院舉辦禪一，由監院果謙法師帶領，共有四十多人參加。

◆3月8日馬來西亞航空MH370班機發生失聯意外；法鼓山9日於全球資訊網首頁設置「持咒祈福」專區，懇請民眾齊心祈願為所有乘客及家屬祈福。

◆美國紐約東初禪寺舉辦週日講座，邀請聖嚴師父西方弟子哈利‧米勒（Harry Miller）主講「緣起法」，有近四十人參加。

◆北美護法會加州舊金山分會舉辦佛學講座，由美國紐約東初禪寺果明法師弘講《佛遺教經》，有近五十人參加。

◆方丈和尚果東法師啟程前往泰國曼谷，出席僧王蘇瓦塔那‧摩訶長老（Somdet Phra Nyanasamvara Suvaddhana Mahathera）的荼毘典禮，並與來自世界各國的佛教領袖代表，一同於典禮上獻花，向僧王表達最崇高的敬意。

03.11

◆3月11日至6月17日，普化中心週二於護法會新莊辦事處開辦「法鼓長青班」，以聖嚴師父的人生哲學為核心，為六十歲以上的長者設計八堂專屬課程，有近六十人參加。

03.12

◆12至17日，方丈和尚果東法師率同僧團副住持果品法師、護法總會副總會長黃楚琪等人，前往中國大陸上海、江蘇、湖北等地，探訪法源焦山定慧寺、南通廣教寺，以及參訪鎮江金山寺、蘇州寒山寺、五祖寺、老祖寺等千年古剎。

◆普化中心「法鼓講堂2014隨師行願《法鼓全集》導讀」系列課程，延續2月主題「悠悠八十載——風雪行腳細說從頭」，12日由文化中心副都監果賢法師主講「法鼓山歷史、教團發展」，分享法鼓山創建及僧團發展的過程；課程同時在「法鼓山心靈環保學習網」進行線上直播，提供全球學員上網聽講，並參與課程討論。

◆行政院農委會以法鼓大學預定地為示範場地，舉辦中樞紀念植樹活動，邀請總統馬英九、立法院長王金平、司法院長賴浩敏、監察院長王建煊，與方丈和尚果東法師、首座和尚惠敏法師等，共同植下十八棵蘭嶼羅漢松，法鼓山各會團悅眾、現場民眾約二百人，也種下苦楝、烏心石、臺灣椿、無患子、厚葉石斑木等樹種，一同響應「植樹造林，呵護臺灣」。

◆3月12日至5月14日，香港護法會每週三舉辦佛學專題課程，由果興法師導讀《四十二章經》，有近一百人參加。

03.14

◆方丈和尚果東法師中國大陸法源探訪行，14日前往江蘇省焦山定慧寺，拜會該寺方丈心澄法師，進行交流。

- ◆14至16日,三峽天南寺舉辦禪二,由常遠法師帶領,有近一百一十人參加。
- ◆14至23日,禪堂舉辦默照禪十,由常地法師帶領,有近一百人參加。
- ◆14至16日,傳燈院於三義DIY心靈環保教育中心舉辦坐姿動禪學長培訓課程,由常願法師帶領,有近四十人參加。
- ◆慈基會高雄地區慰訪義工前往當地葉厝社區,帶領念佛與練習法鼓八式動禪、茶禪等,引領民眾安定身心。
- ◆14至25日,禪修中心副都監果元法師前往歐洲弘法,除了出席於義大利羅馬舉辦的「國際宗教交流暨盧嘉勒紀念研討會」,並於英國倫敦、盧森堡、德國、比利時等國,進行禪法講座、指導禪修,與歐洲人士分享活潑妙用的漢傳禪法。
- ◆新加坡護法會舉辦生活佛法講座,由馬來西亞道場監院常藻法師主講「煩惱,請走!心靈環保的實踐」,共有八十多人參加。

03.15

- ◆方丈和尚果東法師中國大陸法源探訪行,15日前往江蘇省南通廣教寺,拜會該寺方丈俊才法師,進行交流。
- ◆15至16日,北投農禪寺舉辦初階中文導覽培訓課程,內容包括法鼓山的理念、心靈環保的內涵,以及農禪寺發展歷史等,由果寰法師、常麓法師等帶領,監院果毅法師到場關懷,有近六十人參加。
- ◆15至22日,禪堂於臺東信行寺舉辦初階禪七,由常正法師帶領,有近一百三十人參加。
- ◆為接引大眾認識佛法及法鼓山理念,3月15日至4月12日,普化中心週六於桃園齋明別苑開辦「快樂學佛人」系列課程,共三堂,共有六十多人參加。
- ◆教聯會於北投雲來寺舉辦教師心靈環保一日營,並邀請羅東高中校長游文聰分享「從心靈環保看見生命教育」,以心靈環保及生命教育為主題,分享教學方法,共有四十多位各級學校教師參加。
- ◆禪修中心副都監果元法師歐洲弘法行,15日於英國「倫敦佛學社」(The Buddhist Society London)主持英文禪法講座,講說禪修的核心精神、禪與現代社會的連結,以及如何將修行融入日常生活,有近八十位東、西方人士參加。
- ◆香港護法會於當地鹿頸鳳凰坑舉辦戶外禪,由果興法師帶領,有近七十人參加。
- ◆15至16日,香港護法會舉辦義工禪二,由美國紐約東初禪寺住持果醒法師帶領,有近八十人參加。

03.16

- ◆南投德華寺舉辦佛一暨八關戒齋法會,由副寺果弘法師帶領,有近三十人參加。
- ◆高雄紫雲寺舉辦禪一,由常潤法師帶領,共近八十人參加。
- ◆3月16日至4月13日,法青會週日舉辦「覺茶臺灣」系列講座,邀請臺灣大學農藝學系教授劉麗飛主講,內容包括「找茶──世界茶史 & 認識茶樹」、「覺茶──臺灣茶的不同特色」、「賞茶──茶文化 & 喝對的茶」等三堂課程;並於5月24日在新北市坪林有機茶園進行實地採茶與製茶,有近四十人參加。

◆關懷院於臺南分院舉辦大事關懷課程，內容包括認識法鼓山大關懷教育、佛事的意義、梵唄與法器練習等，由監院常健法師、助念團副團長李純如帶領，有近一百三十位來自臺南地區助念組成員及信眾參加。

◆3月16及30日、4月13及27日、12月21日，美國紐約東初禪寺舉辦週日講座，由監院常華法師主講「探索識界」，有近六十人參加。

◆美國紐約東初禪寺舉辦電影禪，邀請心理學家林晉城帶領賞析《不老騎士》影片中的佛法意涵，有近二十人參加。

◆北美護法會安省多倫多分會舉辦新會所灑淨儀式，由美國紐約東初禪寺果樞法師帶領，共有二十多人參加。

03.17

◆17至20日，法鼓山受邀出席天主教普世博愛運動（Focolare Movement）為紀念創辦人盧嘉勒（Chiara Lubich），而於義大利羅馬岡道夫堡（Castel Gandolfo）瑪利亞波利斯中心（Mariapolis Center）舉辦的「國際宗教交流暨盧嘉勒紀念研討會」，由禪修中心副都監果元法師、美國紐約象岡道場監院常聞法師代表參加，並於會中分享聖嚴師父、盧嘉勒女士，以及雙方團體的互動連結。

◆方丈和尚果東法師中國大陸法源探訪行，17日應湖北省黃梅四祖寺之邀，出席該寺新任方丈陞座典禮。

◆香港護法會舉辦佛學講座，由美國紐約東初禪寺住持果醒法師主講「楞嚴空義」，共有四百多人參加。

03.18

◆3月18日至5月18日，北投中華佛教文化館舉辦清明報恩《地藏經》共修，由監院果諦法師帶領，每日均有五十多人參加。

◆基隆精舍舉辦《我的師父——聖嚴法師智慧小故事》新書分享會，由作者果祥法師分享在聖嚴師父座下親炙教誨的點滴，共有一百多人參加。

03.19

◆普化中心「法鼓講堂2014隨師行願《法鼓全集》導讀」系列課程，19日主題是「建立正信」，由僧團常啟法師主講，介紹聖嚴師父的三本「學佛入門書」——《正信的佛教》、《學佛群疑》、《學佛知津》，引領大眾修學正知、正見的佛法，做一名正信的三寶弟子；課程同時在「法鼓山心靈環保學習網」進行線上直播，提供全球學員上網聽講，並參與課程討論。

03.20

◆禪坐會於新竹縣峨眉湖舉辦北五轄區聯合戶外禪，由常哲法師帶領，共有一百零四位桃園、新竹、中壢地區禪眾參加。

03.21

◆21至23日，傳燈院於法鼓山園區舉辦禪二，由常願法師帶領，有近九十人參加。

◆慈基會受邀參與新北市政府於五股區二重疏洪道陽光運河和泰山區堅實營區憲訓中心展開的新北市103年度災害防救演習，並支援提供熱食，共有三十八位新莊地區緊急救援義工參加。

◆北美護法會加州舊金山分會舉辦佛學講座，由美國紐約東初禪寺住持果醒法師主講「有我與無我」，講說「能所」、「性相」的觀念，以及一切眾生皆無差別、本自具有的「無我」智慧，共有七十多人參加。

03.22

◆方丈和尚果東法師受邀出席臺北市銀髮族協會於典華飯店舉行的103年全國銀髮族福利宣導暨年度大會，並以「抱願不抱怨的生活智慧」為題進行演講，與近千位長者分享佛法。

◆3月22至30日、8月30日至9月7日，百丈院進行清洗園區祈願觀音池，包括洗石、曬石、刷池壁、擦池底，鋪石等作業，每日有六十多位民眾及義工參與。

◆北投農禪寺舉辦禪一，由常修法師帶領，共有一百四十多人參加。

◆22至23日，傳燈院於北投雲來寺舉辦舒活二日營，由常啟法師帶領，有近六十人參加。

◆禪修中心副都監果元法師歐洲弘法行，22日於盧森堡參與盧森堡聯絡人林麗娟帶領的讀書會，並與成員分享心靈環保的理念。

◆美國加州洛杉磯道場於當地卡本峽谷地區公園（Carbon Canyon Regional Park）舉辦戶外禪，由紐約東初禪寺果明法師帶領，共有三十多人參加。

◆北美護法會新澤西州分會舉辦慈悲三昧水懺法會，由美國紐約東初禪寺果解法師帶領，共有五十多人參加。

◆北美護法會加州舊金山分會舉辦清明報恩地藏法會，由美國紐約東初禪寺住持果醒法師帶領，共有七十多人參加。

03.23

◆23至29日，臺南分院舉辦清明報恩地藏法會，由監院果謙法師帶領，有近一千五百人次參加。

◆法青會於新北市淡水幸福農莊舉辦戶外禪，由青年院常元法師帶領，共有七十多人參加。

◆僧大於法鼓山園區舉辦招生說明會，副院長常寬法師、果光法師等師長出席介紹僧大的學制與教育理念，院長果東法師到場關懷，共有三十六位青年參加。

◆護法總會「行動報師恩──小沙彌回法鼓山」系列活動，23日有三十多位宜蘭地區信眾帶著小沙彌撲滿，於法鼓山園區進行朝山活動，並捐出善款，接續聖嚴師父興學願心。

◆禪坐會於新竹縣峨眉湖舉辦戶外禪，由常哲法師帶領，有近一百一十位北五轄區桃園、新竹、苗栗地區禪眾參加。

◆禪修中心副都監果元法師歐洲弘法行，23日上午於盧森堡一處修道院，主講「禪心

──平安喜樂之源」，共有三十多人參加；下午前往德國特里爾（Trier）主講「禪
與日常生活」。

◆馬來西亞道場舉辦禪一，由常妙法師帶領，共有四十七人參加。

◆北美護法會加州舊金山分會舉辦禪一，由美國紐約東初禪寺住持果醒法師帶領，教
導學員如何觀呼吸、數呼吸及運用默照的方法，有近五十人參加。

◆參加「國際生命線協會103年全國年會」的近八百位會員，參訪法鼓山園區，方丈和
尚果東法師到場關懷，對該協會長期以來關懷生命、拯救生命的無私奉獻，表達肯
定與感佩之意。

03.24

◆禪修中心副都監果元法師歐洲弘法行，24日中午於盧森堡帶領十多位律師體驗禪
修；下午與當地華僑分享「禪心──平安喜樂之源」；晚間於當地一處修道中心主
講「禪與日常生活」，講析「不執著」的禪法精神，並分享把握當下、用心生活的
「現在觀」，有近八十人參加。

◆24至30日，美國加州洛杉磯道場舉辦禪修教理研習營，由紐約東初禪寺住持果醒法
師帶領，講授無我、緣起性空的要義，以及在生活中的運用，有近七十人參加。

◆聖多美普林西比民主共和國駐華大使金達斯（António Quintas do Espírito Santo）參
訪法鼓山園區，並與方丈和尚果東法師、國際發展處監院果見法師進行茶敘，就宗
教、教育、文化、國際等面向，進行交流。

03.25

◆禪修中心副都監果元法師歐洲弘法行，25日於比利時介紹簡易的禪修方法。

03.26

◆普化中心「法鼓講堂2014隨師行願《法鼓全集》導讀」系列課程，26日主題是「三
學精進──戒學」，由雲來寺監院果會法師導讀聖嚴師父兩本有關戒律的著作──
《戒律學綱要》、《菩薩戒指要》，引導大眾對戒律、持戒有正確的觀念，進而能
清淨身、口、意三業，發菩提心，自利利人；課程同時在「法鼓山心靈環保學習
網」線上直播，提供全球學員上網聽講，並參與課程討論。

03.27

◆27至30日，法鼓山於三峽天南寺舉辦第十屆自我超越禪修營，由僧團副住持果品法
師、傳燈院監院常乘法師帶領，有近一百二十位學員參加。

◆桃園齋明別苑心靈環保講座，27日由文化中心副都監果賢法師主講「好心，好世界」，
分享轉變心念跳脫各種困境與障礙，開啟新的生活可能，有近一百五十人參加。

◆人基會「2014和樂無諍心靈講座」，27日邀請國泰慈善基金會董事長錢復夫人田玲
玲主講「優雅的生活美學」，共有八十多人參加。

03.28

◆法鼓山中臺灣教育弘化中心——寶雲寺，預定於2015年3月28日正式啟用，落成倒數前三百六十五天，臺中分院舉辦「點亮寶雲」護持祈福活動，包括監院果理法師、僧團法師、護法信眾等共七十八人，於28日為活動舉行揭幕儀式，邀請大眾以持聖號、送祝福的方式，接力護持寶雲寺的建設。

◆28至30日，臺東信行寺舉辦清明報恩地藏法會，由監院果增法師帶領，有近一百五十人次參加。

◆28至30日，美國紐約象岡道場舉辦禪三，邀請聖嚴師父西方弟子李祺・阿謝爾（Rikki Asher）、南茜・波那迪（Nancy Bondari）帶領，有近二十人參加。

03.29

◆3月29日至4月4日，北投農禪寺舉辦清明報恩佛七，由北投雲來寺監院果會法師帶領，監院果毅法師並於每晚講說佛法的基本觀念，勉勵大眾精進不懈怠，共有兩千七百人次參加。

◆3月29日至4月6日，臺北中山精舍舉辦清明報恩地藏法會，由常嘉法師帶領，每日有近六十人參加。

◆3月29日至4月3日，高雄紫雲寺舉辦清明報恩《地藏經》共修，由監院果迦法師帶領，每日有近兩百人參加。

◆禪坐會於陽明山二子坪舉辦北二轄區聯合戶外禪，由常順法師、常興法師等帶領，有近兩百位臺北市士林、社子、大同、松山等地區禪眾參加。

◆馬來西亞道場舉辦彌陀法會，為馬航MH370班機受難者祝福迴向，並祈願乘客家屬身心平安，由監院常藻法師帶領，方丈和尚果東法師到場關懷，有近一百一十人參加。

◆香港護法會於當地石澳海灘舉辦戶外禪，由常展法師帶領，共有五十多人參加。

03.30

◆3月30日至4月13日，臺北安和分院舉辦清明報恩地藏法會，由監院果旭法師帶領，共有四千多人次參加。

◆桃園齋明別苑舉辦佛一暨八關戒齋法會，由常參法師帶領，有近一百三十人參加。

◆3月30日至4月5日，臺中分院於逢甲大學體育館啟建清明報恩梁皇寶懺法會，由僧團常持法師主法，方丈和尚果東法師、副住持果暉法師分別在法會期間親臨壇場關懷，共有六千多人次參加。

◆臺南分院舉辦清明慈悲三昧水懺法會，由監院果謙法師帶領，共有三百多人參加。

◆為接引大眾認識佛法及法鼓山理念，3月30日至4月27日，普化中心週日於新北市新莊區牡丹心活動中心開辦「快樂學佛人」系列課程，共三堂，有近八十人參加。

◆為接引大眾認識佛法及法鼓山理念，3月30日至4月27日，普化中心週日於護法會新店辦事處開辦「快樂學佛人」系列課程，共三堂，有近六十人參加。

◆護法總會於北投雲來寺舉辦「新勸募會員成長營」，資深勸募會員葛金雲、周秀玲與護法總會講師王志強，為北區一百五十位新勸募會員，帶來豐富的課程與經驗分享，護法總會輔導法師果器法師、副總會長黃楚琪也到場勉勵。

◆加拿大溫哥華道場舉辦禪一,由監院常悟法師帶領,有近七十人參加。

◆馬來西亞道場於吉隆坡自然保護公園舉辦戶外禪,由常律法師帶領,共有三十多人
參加。

03.31

◆3月31日至4月6日,臺南雲集寺舉辦清明報恩地藏法會,由監院果謙法師帶領,共有
七百多人次參加。

◆馬來西亞道場監院常藻法師出席馬來西亞政府為馬航MH370班機受難者於十五碑錫
蘭佛寺舉辦的「跨宗教祝禱會」,與六大宗教的宗教師及領袖,進行祝禱儀式;並
與其他佛教團體代表,共同帶領念佛迴向。

4月 APRIL

04.01

◆《人生》雜誌第368期出刊。

◆《法鼓》雜誌第292期出刊。

◆法鼓文化出版新書:《放下禪——上班族40則放下指引》(禪修follow me系列,聖嚴
法師著,法鼓文化編輯部選編);《靈源夢話》(智慧海系列,靈源老和尚著)。

◆《金山有情》季刊第48期出刊。

◆《法鼓佛教院訊》第27期出刊。

◆法鼓山網路電視台每月「主題影片」單元,4月播出「緣起性空——佛法基本概
要」,精選聖嚴師父相關的開示影片,引領大眾重溫師父的智慧法語。

◆聖基會出版結緣新書《共修力量大》,書中收錄聖嚴師父開示法會修行的方法、意
義,以及共修的觀念等,引導大眾透過共修,讓修行更得力。

◆4月1日至11月14日,行政中心人力資源處於雲來寺舉辦職能訓練課程,全年共八場。
1日進行首場,邀請鎧瑞國際股份有限公司策略管理顧問莊振家主講「專案管理」,
講說專案管理不同階段的重要組成元素、管理程序及技巧,有近五十人參加。

04.02

◆佛教學院舉辦專題講座,邀請挪威奧斯陸大學(University of Oslo)文化研究與東
方語言學系教授艾皓德(Halvor Eifring)、挪威科技大學(Norwegian University
of Science and Technology)行為醫學教授賀倫(Are Holen),分別以「靜坐在歐
美與亞洲的現代化過程」、「靜坐的心理學方法」(A psychological approach to

meditation）為題，分享靜坐的類型與發展、靜坐對身心的影響，為學院師生帶來最新的國際研究成果。

04.03

◆法行會於臺北國賓飯店舉辦第一五六次例會，由僧大講師常延法師主講「《學佛五講》，導讀五講之三〈人間的佛教〉」，有近兩百人參加。

04.04

◆4至6日，桃園齋明寺舉辦清明報恩佛三暨八關戒齋法會，由監院果舟法師帶領，有近四百人次參加。
◆高雄紫雲寺舉辦清明報恩地藏法會，由監院果迦法師帶領，共有四百八十多人參加。
◆4至13日，禪堂舉辦初階禪十，由常地法師帶領，有近一百三十人參加。
◆北美護法會伊利諾州芝加哥分會舉辦專題講座，由美國紐約東初禪寺果明法師主講「生命可以過得更健康！更快樂！更平安！」，有近四十人參加。

04.05

◆法鼓山為園區所在的新北市金山區主辦春季彌陀法會，由僧團副住持果暉法師主法，金山區區長李偉人與當地居民，跟隨唱誦《阿彌陀經》、〈往生咒〉及「阿彌陀佛」聖號，為先亡超薦，為生者祈福。
◆美國紐約東初禪寺舉辦清明報恩地藏暨三時繫念法會，由住持果醒法師主法，共有一百五十多人參加。
◆美國紐約象岡道場舉辦禪一，由監院常聞法師帶領，有近二十人參加。
◆美國加州洛杉磯道場舉辦清明報恩地藏法會，由紐約東初禪寺常諦法師帶領，共有八十多人參加。
◆5至6日，加拿大溫哥華道場舉辦清明報恩地藏法會，由監院常悟法師帶領，共有兩百五十多人次參加。
◆北美護法會伊利諾州芝加哥分會舉辦念佛禪一，由美國紐約東初禪寺果明法師帶領，有近四十人參加。
◆香港護法會舉辦清明報恩佛一，由果興法師帶領，有近一百八十人參加。

04.06

◆南投德華寺舉辦清明報恩地藏法會，由副寺果弘法師帶領，共有六十多人參加。
◆為接引社會大眾認識佛法及法鼓山理念，6至27日，普化中心週日於香港護法會開辦「快樂學佛人」系列課程，共三堂，有近七十人參加。
◆護法會虎尾共修處舉辦專題講座，由僧團果舫法師導讀聖嚴師父著作《念佛生淨土——聖嚴法師教淨土法門》，有近八十人參加。
◆4月6日、5月4及11日、6月1及8日、7月6及27日、8月24日、9月28日，美國紐約東初禪寺舉辦週日講座，由住持果醒法師主講「神會禪師的悟境」，有近七十人參加。

◆馬來西亞道場監院常藻法師率同四位法師、五十位義工，參與由馬來西亞華人公會、中華大會堂總會及各大佛教團體聯合舉辦的「MH370牽動全世界人心念誦大會」，共同為失聯的馬航客機乘客和機組人員祈福。

◆北美護法會伊利諾州芝加哥分會舉辦清明報恩地藏法會，由美國紐約東初禪寺果明法師帶領，有近七十人參加。

◆北美護法會加州舊金山分會於當地庫比提諾（Cupertino）紀念公園舉辦「親子法鼓八式動禪」體驗活動，共有三十多位大、小朋友體驗清楚、放鬆的感覺，學習安定身心的動禪。

04.07

◆本日出版的臺灣第三部門（非政府組織、非營利組織）首本專書《書寫臺灣第三部門史I》，法鼓山是全書十四個組織中唯一的佛教團體，編纂者中央研究院社會研究所所長蕭新煌肯定法鼓山對社會風氣改革與社會公益推動的貢獻。

◆7至11日，佛教學院以「跨界與轉型」為主題，於臺大醫院金山分院舉辦校慶週活動，包括國畫聯展、說書、海報展等活動，為創校七週年展現和樂、歡慶的學習活力。

04.08

◆慈基會高雄地區慰訪義工前往當地義保社區慰訪長者，帶領念佛與練習法鼓八式動禪、茶禪等，引領長者安定身心。

◆佛教學院舉辦創校六週年校慶典禮，方丈和尚果東法師、朱銘美術館館長吳順令、中央警察大學前教務長李貞吉、法鼓學校財團法人董事莊南田、黃楚琪等，出席典禮，與全院師生共同祝福大學院教育轉型順利。

04.09

◆普化中心「法鼓講堂2014隨師行願《法鼓全集》導讀」系列課程，9及16日主題是「三學精進——慧學」，由僧大講師常延法師導讀聖嚴師父「經典系列」著作內容、釋經風格，以及特色、綱要等；課程同時在「法鼓山心靈環保學習網」線上直播，提供全球學員上網聽講，並參與課程討論。

04.10

◆10至12日，新加坡護法會於當地大悲佛教中心舉辦清明報恩佛三，由桃園齋明寺監院果舟法師、常浩法師自臺灣前往帶領，每日有近兩百人參加。

04.11

◆11至13日，臺南雲集寺舉辦禪二，由監院果謙法師帶領，有近九十人參加。

◆11至13日，傳燈院於三義DIY心靈環保教育中心舉辦中級1禪訓班學長培訓課程，由

常願法師帶領，有近五十人參加。

◆11至13日，美國紐約象岡道場舉辦禪三，由監院常聞法師帶領，有近二十人參加。

◆加拿大溫哥華道場監院常悟法師受邀至當地高貴林（Coquitlam）的一所幼稚園，指導練習法鼓八式動禪，共有二十多位老師參加。

04.12

◆三峽天南寺舉辦念佛禪一，由常應法師帶領，共有九十多人參加。

◆桃園齋明寺舉辦禪一，由果澔法師帶領，有近一百二十人參加。

◆國際發展處舉辦「國際禮儀‧歐洲篇」培訓課程，邀請外交部禮賓處大使級代表謝俊得主講，分享國際禮儀與跨文化溝通、歐洲各國文化習俗，以及國際接待禮儀，包括僧團法師、專職和義工，共有一百八十三人參加。

◆聖基會舉辦「聖嚴法師經典講座」，由傳燈院常願法師主講「逆境、順境，心安平安」，共有六十多人參加。

◆北美護法會加州舊金山分會舉辦新會所喬遷灑淨儀式，有美國紐約東初禪寺果乘法師帶領，共有二十多人參加。

◆北美護法會安省多倫多分會舉辦禪一，有近二十人參加。

04.13

◆北投文化館舉辦浴佛法會，由監院果諦法師帶領，共有兩百多人參加。

◆臺東信行寺舉辦專題講座，由三學院監院果慨法師主講「地藏菩薩的大願法門」，分享正向的佛教生死觀，共有一百多人參加。

◆法青會於臺北金面山步道舉辦戶外禪，由青年院常元法師帶領，有近八十人參加。

◆為接引大眾認識佛法及法鼓山理念，4月13日至5月4日，普化中心週日於臺中分院開辦「快樂學佛人」系列課程，共三堂，有近一百二十人參加。

◆護法總會於北投雲來寺舉辦「2014悅眾聯席會議」，方丈和尚果東法師、關懷中心副都監果器法師到場關懷，僧團都監果光法師出席分享「心靈環保勸募學」，會中並進行榮譽董事會會長交接，由護法總會副總會長黃楚琪接任，共有一百三十六位正、副會團長、轄召、召委參加。

◆護法會虎尾共修處舉辦專題講座，由僧團果祥法師主講「健康飲食——吃對食物，保衛地球」，共有七十多人參加。

◆北美護法會加州舊金山分會舉辦禪坐共修助理監香培訓，由紐約東初道場果乘法師帶領，共有二十多人參加。

◆北美護法會華盛頓州西雅圖分會舉辦專題演講，由護法會會長張允雄主講「如何建立一個快樂的義工團隊」，分享學習自我肯定、自我提昇與自我消融，在團體中快樂成長，歡喜付出，共有四十多人參加。

04.15

◆方丈和尚果東法師於北投雲來寺大殿，對僧團法師、全體專職精神講話，主題是「我是誰？」，全臺各分院道場同步視訊連線聆聽開示，有近三百人參加。

04.16

◆佛教學院舉辦專題講座，邀請臺灣圍棋教育推廣協會理事長張昭焚主講「圍棋與佛教淵源」，有近六十人參加。

◆16至27日，美國紐約東初禪寺果明法師於北美護法會華盛頓州西雅圖分會弘法關懷，內容包括舉辦佛學講座、帶領禪修等。16至24日弘講《六祖壇經》，共四堂，有近五十人參加。

04.17

◆17至21日，香港護法會於當地將軍澳獅子會青年營舉辦禪五，由禪修中心副都監果元法師帶領，共有六十多人參加。

04.18

◆18至27日，禪堂舉辦話頭禪十，由常護法師帶領，共有六十一人參加。

◆18至20日，傳燈院於三義DIY心靈環保教育中心舉辦禪二，由常願法師帶領，有近八十人參加。

◆18至20日，法青會於三峽天南寺舉辦「悟吧！靠過來」二日營，由悟寶熊、心潮鼓手、梵唄班、山水禪以及心潮茶等團隊規畫課程，透過莊嚴攝心的梵唄聲、撼動人心的鼓樂，帶領青年學員領略安定身心的法門，有近兩百人參加。

◆香港實業家李家昶因認同聖嚴師父興學大願，於七年前將其夫人李吳麗英身後財產，部分捐助籌建中的法鼓大學，為感念捐贈者善願，禪悅書苑圖書館特別命名為「麗英館」，並於18日舉行揭幕典禮，方丈和尚果東法師、佛教學院校長惠敏法師、捐贈人代表與家屬，及近百位大學院師生、護法義工共同出席觀禮。

◆人基會與法務部合作推動「生命教育暨技藝扎根實施計畫——心六倫運動」，18日於桃園少年輔育院舉辦音樂會，邀請音樂工作者齊豫演唱，以歌聲關懷收容人。

◆18至25日，加拿大溫哥華道場舉辦禪七，由監院常悟法師帶領，有近三十人參加。

◆美國紐約東初禪寺果明法師北美護法會華盛頓州西雅圖分會弘法關懷，18至22日帶領默照禪五，有近三十人參加。

◆北美護法會賓州州立大學城聯絡處舉辦禪修講座，由紐約象岡道場監院常聞法師主講「中華禪法鼓宗」，有近三十人參加。

04.19

◆19至26日，禪堂於臺東信行寺舉辦初階禪七，由常願法師帶領，共有七十三人參加。

◆4月19日至5月25日，慈基會於全臺各地舉辦「第二十四期百年樹人獎助學金」頒發活動，有近一千八百位學子受獎。

◆聖基會舉辦「聖嚴法師經典講座」，由傳燈院監院常乘法師主講「生命的覺醒與超越」，共有五十多人參加。

◆榮譽董事會於北投雲來寺舉辦北區榮譽董事聘書頒發暨聯誼會，方丈和尚果東法師出席關懷，有近四百人參加。

◆ 19至20日,馬來西亞道場舉辦清明慈悲三昧水懺法會,由經營規畫處監院常續法師主法,每日有近兩百人參加。

◆ 北美護法會賓州州立大學城聯絡處舉辦禪一,由紐約象岡道場監院常聞法師帶領,共有二十多人參加。

04.20

◆ 法鼓山於北投農禪寺舉辦祈福皈依大典,由方丈和尚果東法師授三皈依,共有一千二百五十三位民眾成為三寶弟子。

◆ 基隆精舍於萬里國中舉辦戶外禪,由副寺果啟法師帶領,共有四十多人參加。

◆ 桃園齋明別苑舉辦禪一,由常參法師帶領,共有一百二十多人參加。

◆ 4月20日至6月21日,臺南分院、臺南雲集寺週六或日聯合舉辦「教育暨關懷系列講座」,共三場。4月20日於雲集寺進行首場,邀請台糖長榮酒店總經理鄭東波主講「從佛法中體認經營管理的思維及對生命意義的重視」,共有六十多人參加。

◆ 傳燈院於北投雲來寺舉辦Fun鬆一日禪,由常甯法師帶領,有近六十人參加。

◆ 護法會嘉義辦事處舉辦Fun鬆一日禪,由法鼓八式動禪推廣講師陳武雄帶領,共有七十多人參加。

◆ 禪坐會於宜蘭河濱公園舉辦戶外禪,由常初法師帶領,共有八十六位北六轄區宜蘭、羅東地區禪眾參加。

◆ 美國紐約東初禪寺舉辦週日講座,邀請聖嚴師父西方弟子李世娟主講「在苦難中長養安忍與毅力」,有近五十人參加。

◆ 北美護法會安省多倫多分會舉辦清明報恩地藏法會,由美國紐約東初禪寺果樞法師帶領,有近三十人參加。

04.22

◆ 香港護法會舉辦佛學講座,由禪修中心副都監果元法師主講〈默照銘〉,共有四百多人參加。

◆ 行政中心人力資源處職能訓練課程,22日於北投雲來寺進行,邀請鎧瑞國際股份有限公司策略管理顧問莊振家主講「工作溝通與協調」,講說平行溝通的重要性與協調技巧,有近五十人參加。

04.23

◆ 普化中心「法鼓講堂2014隨師行願《法鼓全集》導讀」系列課程,23日及30日主題是「三學精進——定學」,由僧團常慧法師導讀聖嚴師父的禪修著作,引領大眾了解此系列著作的理路與層次;課程同時在「法鼓山心靈環保學習網」線上直播,提供全球學員上網聽講,並參與課程討論。

◆ 佛教學院舉辦專題講座,邀請西藏研究中央大學校長昂望桑滇(Geshe Lharampa Ngawang Samten)主講「從藏文經典恢復梵文的經驗談」,共有五十多人參加。

04.24

◆桃園齋明別苑心靈環保講座，24日由三學院監院果慨法師主講《金剛經》，分享《金剛經》開啟心的探索之旅，有近一百九十人參加。

◆佛教學院舉辦專題講座，邀請臺灣大學資訊管理研究所兼任教授謝清俊主講「研讀佛經的經驗談」，有近七十人參加。

◆人基會「2014和樂無諍心靈講座」，24日邀請白鷺鷥基金會董事長陳郁秀主講「音樂與人生」，共有一百一十多人參加。

04.25

◆25至26日，三峽天南寺舉辦禪二，由常學法師帶領，有近一百三十人參加。

04.26

◆臺北安和分院舉辦「新樓啟用祈福感恩會」，法會由僧團果禪法師主法，方丈和尚果東法師到場關懷，共有七百多人參加。

◆26至27日，桃園齋明寺舉辦春季報恩法會，由常哲法師主法，方丈和尚果東法師於首日到場關懷，共有兩千多人次參加。

◆26至27日，南投德華寺舉辦舒活二日營，由副寺果弘法師帶領，有近三十人參加。

◆26至27日，國際禪坐會於園區禪堂舉辦禪二，由常諗法師帶領，有近二十人參加。

◆中華電子佛典協會（Chinese Buddhist Electronic Text Association, CBETA）於高雄元亨寺舉辦「Version 2014成果發表會」，身兼協會主委的佛教學院校長惠敏法師、元亨寺方丈和尚淨明法師、《漢譯南傳大藏經》編譯主委吳老擇教授，與近四百位出席的法師、學者、信眾，共同分享電子佛典的研發成果。

◆聖基會舉辦「聖嚴法師經典講座」，由傳燈院常遠法師主講「僧命字典」，有近六十人參加。

◆護法會中山辦事處舉辦勸募會員聯誼，參訪宜蘭蘭陽博物館，並邀請羅東高中校長游文聰分享生活環保與自然環保，有近一百三十人參加。

◆美國紐約東初禪寺舉辦英文禪一，邀請聖嚴師父西方弟子李世娟帶領，共有十多人參加。

◆26至27日，美國紐約象岡道場舉辦出坡禪，由監院常聞法師帶領，有近二十人參加。

◆美國加州洛杉磯道場舉辦禪一，由紐約東初禪寺果明法師帶領，共有二十多人參加。

04.27

◆法鼓山於臺南大學中山體育館舉辦祈福皈依大典，由方丈和尚果東法師授三皈依，共有七百多人成為三寶弟子；儀式圓滿後，並展開「和樂無諍，歡喜自在過生活」佛學講座，包括臺南大學校長黃秀霜、臺南市民政局副局長戴鳳隆、宇慶建設公司董事長鄭光吉、俊逸文教基金會董事長李明威等來賓，有近一千五百位民眾參加。

◆臺北中山精舍舉辦 Fun鬆一日禪,由常嘉法師帶領,共有六十多人參加。

◆基隆精舍舉辦佛一暨八關戒齋法會,由副寺果啟法師帶領,共有一百六十多人參加。

◆高雄紫雲寺舉辦佛一暨八關戒齋法會,由果舫法師主法,共有三百多人參加。

◆加拿大溫哥華道場舉辦佛一,由常盛法師帶領,共有四十八人參加。

◆馬來西亞道場於當地武吉加星山舉辦義工禪一,由常鐸法師帶領,共有二十多人參加。

◆新加坡護法會於當地拉柏多自然保護區（Labrador Nature Reserve）舉辦戶外禪,有近五十人參加。

04.28

◆28至30日,僧大女眾部於新北市坪林綠光農場、金山磺溪口等地,進行戶外教學,內容包括行禪、淨灘等,以實際行動淨化心靈。

04.29

◆行政中心人力資源處於北投雲來寺舉辦專題講座,邀請《商業周刊》創辦人金惟純主講「還在學——成功不是你想像的那樣」,與專職分享如何透過「修行」提昇生命的品質,有近一百人參加。

04.30

◆4月30日至7月13日,臺中分院週日舉辦「寶雲講談」系列講座,共三場。30日進行首場,邀請國際知名照明設計師周鍊主講「無我自在的設計觀」,共有一百八十多人參加。

5月 MAY

05.01

◆《人生》雜誌第369期出刊。

◆《法鼓》雜誌第293期出刊。

◆法鼓文化出版新書:《塑膠袋流浪記》（故事寶盒系列,劉如桂著、繪）;《大慧宗杲禪師法語》（漢傳佛教典籍叢刊系列,大慧宗杲著、中華佛學研究所編註）。

◆延伸「大悲心水陸法會」雲端牌位概念,5月起,法鼓山在全球各地推廣「雲端祈福」,大眾隨時可上網填寫牌位,為親友、眾生祈福。

◆法鼓山網路電視台每月「主題影片」單元,5月播出「禪心自在——禪修心體驗」,

精選聖嚴師父相關的開示影片，引領大眾重溫師父的智慧法語。

◆佛教學院舉辦專題講座，邀請臺灣大學資訊網路與多媒體研究所教授歐陽彥正主講「由近代物理學的發展討論唯心與唯物的論辯及自由意志」，有近六十人參加。

◆1至2日，僧大於法鼓山園區階梯教室舉辦第六屆講經交流會，除了以佛教經典為主題，另有學僧以分享法鼓山理念、心五四等為內容，共有十四位學僧參加。

◆馬來西亞道場舉辦佛一，由經營規畫處監院常續法師、常鐸法師帶領，共有六十多人參加。

05.02

◆2至4日，法鼓山於三峽天南寺舉辦社會菁英禪修營禪二，由僧團常遠法師帶領，有近一百五十人參加。

◆2至10日，禪堂舉辦念佛禪九，由佛教學院校長惠敏法師帶領，有近一百人參加。

◆2至7日，方丈和尚果東法師前往香港弘法關懷，除了出席浴佛法會、主持皈依典禮，並關懷當地的法鼓山榮譽董事、護法悅眾以及地方人士。

05.03

◆僧團於北投雲來寺舉辦雲端祈福推廣培訓課程，由三學院監院果慨法師講說雲端祈福的環保精神與修持慈悲觀的意涵，有近百位法師、專職與義工參加。

◆3至4日，法鼓山園區舉辦「朝山‧浴佛‧禮觀音」活動，共有近兩千人次參加。

◆桃園齋明寺舉辦浴佛法會，由監院果舟法師帶領，法師勉勵大眾藉由「浴佛」來淨化自己的身、口、意三業，改善習氣，學習佛陀的慈悲與智慧，共有兩百多人參加。

◆高雄三民精舍舉辦浴佛法會，由常能法師帶領，有近兩百二十人參加。

◆為接引社會大眾認識佛法及法鼓山理念，3至31日，普化中心週六於北投農禪寺開辦「快樂學佛人」系列課程，共三堂，有近一百九十人參加。

◆聖基會舉辦「聖嚴法師經典講座」，由常啟法師主講「付錢買燒餅──公案的啟示」，共有四十多人參加。

◆護法會潮州辦事處舉辦浴佛法會，共有七十多人參加。

◆法青會於德貴學苑舉辦「川躍心靈之旅」營隊服務分享會，為有志於暑期前往四川擔任營隊志工的青年朋友介紹說明第五屆「生命教育」心靈環保體驗營的內容。

◆美國紐約象岡道場於當地米勒瓦斯卡州立公園（Minnewaska State Park）舉辦戶外禪，由監院常聞法師帶領，有近三十人參加。

◆北美護法會加州舊金山分會於新會所舉辦大悲懺法會暨灑淨儀式，有近六十人參加。

05.04

◆南投德華寺舉辦浴佛法會暨園遊會，由副寺果弘法師帶領，共有六十多人參加。

◆臺南分院舉辦浴佛法會，由監院果謙法師帶領，共有三百多人參加。

◆高雄紫雲寺舉辦浴佛法會，由監院果迦法師帶領，共有四百八十多人參加。

◆臺東信行寺舉辦浴佛法會，由監院果增法師帶領，共有兩百多人參加。

◆ 法青會於桃園齋明寺舉辦戶外禪，由果澔法師帶領，共有八十多人參加。

◆ 護法會花蓮辦事處舉辦浴佛法會，有近八十人參加。

◆ 護法會嘉義辦事處舉辦浴佛法會，共有七十多人參加。

◆ 加拿大溫哥華道場舉辦浴佛法會，由監院常悟法師帶領，有近兩百五十人參加。

◆ 香港護法會於當地佛教孔仙洲紀念中學舉辦浴佛法會暨皈依典禮，上午的法會由僧團副住持果品法師主法，共有七百多人參加；下午的皈依典禮，由方丈和尚果東法師授三皈依，共有一百零五位民眾皈依三寶。

05.06

◆ 北投雲來寺舉辦浴佛法會，由果禪法師帶領，共有一百多人參加。

05.07

◆ 普化中心「法鼓講堂2014隨師行願《法鼓全集》導讀」系列課程，5月主題是「修行指導」，7日由三學院監院果概法師導讀聖嚴師父兩本有關觀音法門的著作——《聖嚴法師教觀音法門》、《觀音妙智——觀音菩薩耳根圓通法門講要》，引領大眾認識觀音法門；課程同時在「法鼓山心靈環保學習網」進行線上直播，提供全球學員上網聽講，並參與課程討論。

◆ 佛教學院舉辦專題講座，邀請淡江大學歐洲研究所教授鄒忠科主講「歐洲文明與宗教發展」，共有六十多人參加。

◆ 7至8日，僧大為即將於7月畢業的學僧安排見習慰訪活動，與慈基會義工一起前往基隆地區及臺北榮民總醫院，實地慰訪關懷家庭，提供安心的力量。

◆ 馬來西亞道場舉辦專題講座，由經營規畫處監院常續法師主講「生命轉彎處」，分享成長經驗與親近佛法的因緣，共有一百五十多人參加。

05.08

◆ 法鼓山受邀出席國際佛教大會（The International Buddhist Conference）於越南寧平省（Ninh Binh）拜頂寺（Bai Dinh）舉行的聯合國衛塞節（The United Nations Day of Vesak Celebrations）開幕式，由中華佛研所所長果鏡法師代表出席，有近千位各國佛教領袖與代表與會。

◆ 5月8日至6月12日，法青會每週四於德貴學苑舉辦「放鬆與覺察」工作坊，由常願法師、常灃法師帶領，內容包括生活禪修心法、舒壓放鬆等，有近三十人參加。

◆ 佛教學院舉辦專題講座，邀請臺灣大學資訊網路與多媒體研究所教授歐陽彥正主講「哲學上的自然主義與心靈科學的研究」，有近六十人參加。

◆ 法行會於臺北國賓飯店舉辦第一五七次例會，由僧大講師常延法師主講「《學佛五講》」，導讀五講之四〈生活的佛教〉與五講之五〈實修的佛教〉，有近兩百人參加。

◆ 駐溫哥華臺北經濟文化辦事處處長莊恒盛伉儷，偕同文化中心籌備處主任楊修瑋等一行，參訪加拿大溫哥華道場，由監院常悟法師代表接待，進行交流，莊恒盛處長表達對創辦人聖嚴師父的敬仰，以及對法鼓山弘化事業的肯定。

05.09

◆9至11日，聖基會執行長楊蓓受邀參加國際心理治療聯盟（International Federation of Psychotherapy, IFP）、中國心理衛生協會於中國大陸上海舉辦的「2014世界心理治療大會」，並發表論文〈禪修與心理健康機制之研究——以曹洞宗默照禪為例〉，分享默照禪與心理健康。

◆溫哥華道場監院常悟法師受邀前往加拿大英屬哥倫比亞大學（University of British Columbia），出席該校亞洲研究所主辦的「佛教與社會關懷座談會」，與加拿大學界分享「法鼓山慈善救濟與社會關懷工作」。

05.10

◆臺南雲集寺舉辦浴佛法會，由監院果謙法師帶領，有近一百人參加。

◆為接引大眾認識佛法及法鼓山理念，5月10日至6月1日，普化中心週六或日於臺南分院開辦「快樂學佛人」系列課程，共三堂，有近一百二十人參加。

◆榮譽董事會於北投農禪寺舉辦悅眾感恩聯誼會，方丈和尚果東法師、關懷中心副都監果器法師到場關懷，會中並由轉任名譽會長的前會長劉偉剛與轉任顧問的前執行長連智富分享親近法鼓山與聖嚴師父的因緣，共有三十八位悅眾參加。

◆美國紐約象岡道場舉辦禪一，邀請聖嚴師父西方弟子南茜・波那迪帶領，有近二十人參加。

◆10至11日，美國紐約象岡道場舉辦週末親子營，由監院常聞法師帶領，共有二十多位親子參加。

◆北美護法會安省多倫多分會舉辦禪一，共有十多人參加。

◆新加坡護法會舉辦浴佛法會，由經規處監院常續法師、常鐸法師帶領，有近八十人參加。

05.11

◆為慶祝母親節暨佛誕節，法鼓山於臺北市國父紀念館中山公園廣場舉辦「禪心浴佛，我為你祝福」活動，內容包括各式禪修生活體驗、浴佛禪等，內政部移民署長謝立功伉儷、臺北市民政局長黃呂錦茹、八方新氣藝術總監王俠軍伉儷、滾石國際音樂董事長段鍾沂伉儷、國華高爾夫球場董事長何劉連連等各界來賓，以及方丈和尚果東法師、佛教學院校長惠敏法師等皆到場參與，有近五千人參加。

◆美國加州洛杉磯道場舉辦浴佛法會，由紐約東初禪寺果明法師帶領，共有七十多人參加。

◆馬來西亞道場舉辦電影禪，由監院常藻法師帶領賞析《馬拉松小子》影片中的佛法意涵，有近四十人參加。

◆北美護法會伊利諾州芝加哥分會舉辦浴佛活動，共有五十多人參加。

05.13

◆馬來西亞道場舉辦浴佛法會，由監院常藻法師帶領，法師說明浴佛的意義，在於以恭敬的心，感恩佛陀、虔誠懺悔，有近四百人參加。

05.14

◆普化中心「法鼓講堂2014隨師行願《法鼓全集》導讀」系列課程，5月主題是「修行指導」，14日由中華佛研所所長果鏡法師導讀聖嚴師父兩本有關淨土法門的著作──《聖嚴法師教淨土法門》、《念佛生淨土》，引領大眾認識淨土法門；課程同時在「法鼓山心靈環保學習網」線上直播，提供全球學員上網聽講，並參與課程討論。

◆佛教學院舉辦專題講座，邀請美國古徹學院（Goucher College）哲學與宗教研究所助理教授史蒂芬・迪卡羅利（Steven DeCaroli）主講「清貧做為一種生活方式」（Poverty as a Way of Life），有近六十人參加。

05.15

◆15至20日，方丈和尚果東法師前往泰國弘法關懷，內容包括接受摩訶朱拉隆功佛教僧伽大學（Mahachulalongkornrajavidyalaya University）所頒發的「佛教管理榮譽博士學位」證書、主持浴佛法會與皈依典禮等。

05.16

◆16至25日，禪堂舉辦默照禪十，由常啟法師帶領，有近八十人參加。

◆16至18日，傳燈院於三義DIY心靈環保教育中心舉辦禪坐會帶領人培訓課程，由常願法師帶領，有近六十人參加。

◆方丈和尚泰國弘法關懷，16日參訪僧王寺、皇家寺院，進行交流，並於僧王寺憑弔於2013年圓寂之泰國第十九位僧王，表達追思與敬意。

05.17

◆北投農禪寺舉辦浴佛法會，由監院果毅法師帶領，共有八百多人參加。

◆三峽天南寺舉辦朝山暨浴佛法會，由監院常乘法師帶領，法師開示朝山的意義與功德，朝山的意義是尊敬和感恩，尊敬佛的偉大人格、感恩佛的無限大悲，而朝山的目的是在修行，利用朝山的過程，讓自己生起信心，共有九百多人參加。

◆佛教學院「淨心淨土，金山環保」社團與法鼓山社會大學金山校區，應邀參與新北市環保局主辦的春季聯合擴大淨灘活動，與愛護關懷環境的團體單位近三千人，合力清潔金山區中角沙珠灣沙灘。

◆5月17日至6月7日，聖基會每週六舉辦「聖嚴法師經典講座」，邀請哥倫比亞大學（Columbia University）宗教學系教授于君方主講「漢傳佛教的菩薩信仰──以觀音為例」，共四場，有近六十人參加。

◆教聯會於臺北市北投貴子坑舉辦戶外禪，由常捷法師帶領，共有三十多人參加。

◆加拿大溫哥華道場舉辦接待組義工培訓課程，由悅眾分享接待禮儀與心法，有近四十人參加。

◆北美護法會新澤西州分會舉辦浴佛法會，由紐約東初禪寺住持果醒法師主法，並以「浴佛，浴色身或浴法身？如何浴法身？」為題，進行開示。

◆香港護法會舉辦禪一，由常禪法師帶領，有近八十人參加。

◆方丈和尚果東法師泰國弘法關懷，17日於泰國護法會舉辦浴佛法會暨皈依典禮，包括駐泰國臺北經濟文化辦事處處長陳銘政伉儷、泰國臺商聯合總會總會長張冠昌伉儷、資深僑界領袖林施紅霞等來賓，共有一百多人參加，並有四十六位民眾成為三寶弟子，其中二十位是泰國人。

O5.18

◆方丈和尚果東法師於泰國摩訶朱拉隆功佛教僧伽大學的畢業典禮上，接受泰國代理僧王摩訶迦門長老（Somdet Phra Maharajamangalaraya）頒發「佛教管理榮譽博士學位」證書。

◆臺中分院於寶雲別苑舉辦浴佛法會，由監院果理法師帶領，共有三百多人參加。

◆臺東信行寺舉辦禪一，由常澂法師帶領，有近二十人參加。

◆為接引大眾認識佛法及法鼓山理念，5月18日至6月1日，普化中心週日於護法會海山辦事處開辦「快樂學佛人」系列課程，共三堂，有近九十人參加。

◆護法總會「行動報師恩——小沙彌回法鼓山」系列活動，18日有近七十位中部地區信眾帶著小沙彌撲滿，於臺中分院進行聯誼活動，並捐出善款，接續聖嚴師父興學願心。

◆美國紐約東初禪寺舉辦浴佛法會暨園遊會，法會由住持果醒法師主法，法師並開示浴佛的意義，引導眾人把心從向外取相，轉為向內反照，放掉觀念、思考、概念來內觀，就是在「洗法身」，有近兩百五十人參加。

◆美國紐約東初禪寺舉辦電影禪，邀請心理學家林晉城帶領賞析《一代宗師》影片中的佛法意涵，有近二十人參加。

◆美國加州洛杉磯道場參加南加州佛教界於當地惠地爾公園（Narrow Whittier Park）舉辦的聯合浴佛節園遊會，展示法鼓山出版品。

◆加拿大溫哥華道場舉辦禪一，由監院常悟法師帶領，共有七十多人參加。

◆北美護法會加州舊金山分會於新會所舉辦「Open House 說明會」，邀請社區民眾認識法鼓山，並由義工帶領進行坐禪、經行及托水缽等禪修體驗，共有一百二十多人參加。

O5.2O

◆佛教學院舉辦專題講座，邀請銘傳大學通識教育中心助理教授黃青萍主講「落葉滿空山，何處尋行跡——敦煌禪宗文獻的發現與研究」，有近七十人參加。

O5.21

◆普化中心「法鼓講堂2014隨師行願《法鼓全集》導讀」系列課程，5月主題是「修行指導」，21及28日由僧大副教授果徹法師導讀聖嚴師父兩本有關禪修法門的著作——《聖嚴法師教默照禪》、《聖嚴法師教話頭禪》，引領大眾認識默照與話頭；課程同時在「法鼓山心靈環保學習網」線上直播，提供全球學員上網聽講，並參與課程討論。

◆馬來西亞道場舉辦佛學講座，由僧團副住持果品法師主講「從今生到來世——從不

動產談起」，說明生命的不動產價值，取自於生命的價值與獲得人身的寶貴機遇，有近一百人參加。

05.22

◆針對5月21日發生的臺北捷運隨機殺人事件，方丈和尚果東法師以「小心不擔心　心安得平安」專文表達關懷，祈願罹難往生者，往生佛國淨土或自己信仰的天國，受傷、驚嚇者能獲得身心平安；也呼籲每一個人都能散發愛與關懷的力量，藉由關愛他人，令眾生得安穩，自身的安穩才有實踐的可能。

◆桃園齋明別苑心靈環保講座，22日邀請《點燈》製作人張光斗主講「飲水思源與感恩」，分享關懷、奉獻的慈悲力量，有近兩百人參加。

05.23

◆23至25日，三峽天南寺舉辦禪二，由常願法師帶領，有近一百二十人參加。

◆5月23至25日，傳燈院於三義DIY心靈環保教育中心舉辦輔導學長培育課程，由常願法師帶領，有近五十人參加。

◆5月23日至6月1日，美國紐約象岡道場舉辦默照禪十，邀請聖嚴師父西方法子賽門·查爾得（Simon Child）帶領，共有二十四人參加。

◆馬來西亞舉辦專題講座，由僧團男眾副都監果祺法師主講「敲醒夢中人」，分享禪法的生活運用，有近一百人參加。

◆行政中心人力資源處職能訓練課程，5月23日及6月24日於北投雲來寺進行，由資深悅眾張允雄主講「如何帶動高效率團隊」，有近五十人參加。

05.24

◆北投農禪寺舉辦禪一，由常生法師帶領，共有一百八十多人參加。

◆桃園齋明寺舉辦Fun鬆一日禪，由果澔法師帶領，有近九十人參加。

◆桃園齋明別苑舉辦佛一暨八關戒齋法會，由果舫法師主法，共有一百四十多人參加。

◆臺中分院於藏機閣安居樂活村舉辦戶外禪，由果雲法師帶領，有近一百二十人參加。

◆關懷院於臺北安和分院舉辦大事關懷服務課程，由監院常健法師、常導法師、助念團悅眾，共同講解正信、正知、正見、正行的佛法觀念，共有八百多位民眾透過課程學習如何以感恩心、歡喜心面對死亡。

◆5月24日至6月30日期間，慈基會舉辦端午關懷活動，除攜帶應景素粽前往關懷家庭表達祝福外，慰訪義工並分別至各地社福機關、安養機構，與院民歡度佳節，共計關懷近一千一百戶家庭。

◆24至25日，佛教學院助理教授鄧偉仁受邀參與中國大陸上海華東師範大學與臺灣輔仁大學於上海舉辦的「第一屆東亞宗教文化國際研討會──東亞宗教的傳統性與現代性」，與二十五位來自韓國、日本、馬來西亞、新加坡、香港、中國大陸以及臺灣等國家的學者，探討佛教現代化的脈絡與教研反思。

◆合唱團於臺中寶雲別苑舉辦成長營，由團長李俊賢帶領，邀請聲樂家黎蓉櫻、劉靜

諭講授聲樂奧妙、合唱美學，共有三百多位團員參加。

◆法青會於臺中高美濕地舉辦戶外禪，由果雲法師帶領，有近三十人參加。

◆24至26日，美國紐約東初禪寺舉辦念佛禪三，由住持果醒法師帶領，有近六十人參加。

◆5月24日至6月3日，方丈和尚果東法師、行政中心副執行長常續法師、國際發展處監院果見法師等，前往北美弘法關懷，內容包括舉辦佛學講座、主持皈依典禮、關懷信眾等。24日於美國加州洛杉磯道場，與信眾分享道場兩年的成長。

05.25

◆臺北安和分院舉辦浴佛法會，由監院果旭法師帶領，共有兩百七十多人參加。

◆5月25日至6月15日、12月14日至2015年1月4日，臺北安和分院每週日舉辦專題講座，邀請國立高雄第一科技大學資訊管理系助理教授薛兆亨主講「開啟心中無盡藏——智慧與財富」，分享如何以智慧處理金錢，變成更多的「善財」，並做為有用的「助緣資糧」，有近一百人參加。

◆基隆精舍舉辦Fun鬆一日禪，由副寺果啟法師帶領，共有五十多人參加。

◆桃園齋明寺舉辦禪一，由常浩法師帶領，共有三十多人參加。

◆5月25日至2015年2月8日，普化中心週日於桃園齋明別苑開辦聖嚴書院福田班，共十堂課，有近兩百人參加。

◆5月25日至2015年2月8日，普化中心週日於香港護法會開辦聖嚴書院福田班，共十堂課，有近一百八十人參加。

◆護法總會「行動報師恩——小沙彌回法鼓山」系列活動，25日有近一百位高雄北區信眾帶著小沙彌撲滿，於高雄三民精舍進行聯誼活動，捐出善款，接續聖嚴師父興學願心，榮譽董事會榮譽執行長連智富到場關懷，並分享護持法鼓山、自我生命成長的歷程。

◆禪坐會於基隆海門天險、天鵝洞舉辦戶外禪，由常寶法師、常嗣法師等法師帶領，有近一百二十位金山、萬里、石門及基隆地區禪眾參加。

◆方丈和尚果東法師一行北美弘法關懷，25日於美國加州洛杉磯道場主持皈依典禮，為二十九位信眾授三皈依；並舉辦生活佛法講座，分享「抱願，不抱怨」，共有一百多人參加。

◆馬來西亞道場於當地莎業南農業公園（Taman Botani Negara Shah Alam）舉辦義工成長營，由監院常藻法師、常妙法師帶領行禪，共有七十三人參加。

05.26

◆26至30日，鑑於臺北捷運發生引起社會大眾震驚的意外暴力事件，行政中心人力資源處於北投雲來寺舉辦誦經祈福法會，除為往生者祈福，也祝福社會平安。

05.27

◆普化中心於北投農禪寺舉辦聖嚴書院禪學班第一屆結業典禮，由副都監果毅法師頒發結業證書，包括班導師常惠法師、授課老師常慧法師、常慶法師都到場觀禮祝福，共有六十九位學員完成三年精進學習。

05.29

◆ 5月29日至6月19日、11月6至27日，臺北安和分院每週四舉辦專題講座，邀請大中華區首位國際九型人格學認證講師胡挹芬主講「發現心靈藏寶圖」，分享如何認識自我，學習自我觀察，提高對他人的包容力與同理心，有近七十人參加。

◆ 5月29日至6月1日，臺東信行寺舉辦禪悅四日營，由常越法師帶領，有近六十人參加。

◆ 人基會「2014和樂無諍心靈講座」，29日邀請臺灣營養基金會執行長吳映蓉主講「健康蔬食過生活」，共有一百一十多人參加。

◆ 方丈和尚果東法師一行北美弘法關懷，29至30日於加拿大溫哥華（Vancouver）、列治文（Richmond）、菲沙河谷（Fraser Valley）、本拿比（Burnaby）地區，關懷信眾，並應機分享生活佛法。

05.30

◆ 5月30日至6月1日，傳燈院於禪堂舉辦禪堂助理監香培訓課程，由常護法師帶領，有近九十人參加。

◆ 慈基會捐贈宜蘭縣南澳高中、員山國中、三星國中、四季國小等四所學校圖書設備，於宜蘭縣政府舉行捐贈儀式，由縣府祕書長陳鑫益代表受贈，四所學校代表都出席觀禮。

◆ 美國加州洛杉磯道場舉辦禪一，由紐約東初禪寺果明法師帶領，共有二十多人參加。

05.31

◆ 北投農禪寺於貴子坑親山步道舉辦戶外禪，由常鐘法師帶領，共有一百九十多人參加。

◆ 臺南分院、臺南雲集寺「教育暨關懷系列講座」，31日於雲集寺進行，邀請成功大學系統及船舶機電工程系教授邵揮洲主講「迎向快樂人生」，共有八十多人參加。

◆ 法青會舉辦專題講座，由禪修中心副都監果元法師主講「青年跨宗教交流」，分享參加國際宗教交流暨盧嘉勒紀念研討會的見聞與心得，有近一百人參加。

◆ 關懷院於三峽天南寺舉辦大事關懷服務課程，內容包括生命教育繪本導讀、認識法鼓山大關懷教育、佛事的意義等，由監院常健法師、常導法師、助念團團長顏金貞等帶領，有近三百人參加。

◆ 教育部「103年度學海飛颺補助大專校院選送學生出國研修及實習計畫」名單公布，佛教學院學生碩士班釋圓悟、楊鎮鴻兩位同學獲得補助，將前往美國柏克萊聯合神學院（Graduate Theological Union, Berkeley），進行為期一年的短期研修學分。

◆ 5月31至6月8日，法行會每週六、日於臺北安和分院舉辦佛學課程《學佛五講》密集班，由僧大講師常延法師主講，有近一百三十人參加。

◆ 美國紐約東初禪寺舉辦英文禪一，邀請聖嚴師父西方弟子南茜‧波那迪帶領，共有十多人參加。

◆ 加拿大溫哥華道場舉辦佛學講座，由國際發展處監院果見法師主講「《華嚴經‧華藏世界品》略解」，共有八十多人參加。

6月 JUNE

06.01

◆《人生》雜誌第370期出刊。

◆《法鼓》雜誌第294期出刊。

◆法鼓文化出版新書：《禪味點心》（禪味廚房系列，陳滿花著）；《巨浪迴瀾——明清佛門人物群像及其藝文》（琉璃文學系列，廖肇亨著）；《讀經 50 問》（學佛入門 Q&A 系列，法鼓文化編輯部編著）；《聖嚴研究第五輯》（聖嚴思想論叢系列，聖嚴教育基金會學術研究部編）。

◆ 1 至 26 日，僧團展開 2014 年結夏安居，包括法門研修、禪十與禪七。1 至 9 日於三峽天南寺進行中華禪法鼓宗法門研修課程，由三學院監院果慨法師、傳燈院監院常乘法師、常啟法師講授；下午及晚上，法師們就念佛、禪修、懺悔三種法門，選擇一門深入用功，於專修中體會與建構個人安住的觀念與方法，建立師兄弟間教學相長、分享法義的氛圍，有近兩百人參加。

◆法鼓山網路電視台每月「主題影片」單元，6 月播出「當自己的主人——情緒管理」，精選聖嚴師父相關的開示影片，引領大眾重溫師父的智慧法語。

◆法鼓文化正式授權「愛播吧」製作的有聲書 App，在安卓（Android）系統的 Google play 上架，共有繁體與簡體二種 App 版本，大眾可隨時隨地下載聆聽聖嚴師父弘講的佛法有聲書。

◆聖基會出版結緣新書《人生最後的功課》，書中收錄聖嚴師父對生死大事的開示，以及對身後事的種種疑問解答等，引導大眾認識積極正向的佛教生死觀。

◆溫哥華道場於加拿大英屬哥倫比亞大學（University of British Columbia）陳氏劇院中心舉辦佛學講座，由方丈和尚果東法師弘講「禪與人生——和樂自在好生活」，以深入淺出、幽默的語彙，闡釋「禪」的精神和實踐，包括駐溫哥華臺北經濟文化辦事處處長莊恒盛伉儷等，共有一千多位中、西方人士參加。

◆香港護法會舉辦佛一，由常展法師帶領，共有兩百零九人參加。

06.03

◆3 至 10 日，禪堂舉辦禪七，邀請聖嚴法師法子繼程法師帶領，有近一百五十人參加。

◆溫哥華道場舉辦護法會成立二十週年活動，由方丈和尚果東法師、行政中心副執行長常續法師、國際發展處監院果見法師、溫哥華道場監院常悟法師等，帶領朝山，共有兩百多位信眾參加。

06.05

◆5 及 12 日，佛教學院舉辦專題講座，邀請陽明大學腦科學研究所教授謝仁俊主講「生老病死——腦造影科學之觀點」，有近六十人參加。

◆法行會於臺北國賓飯店舉辦第一五八次例會，由佛教學院校長惠敏法師主講「法大『心』世界」，說明法鼓文理學院的辦學理念，分享以「跨界與轉型」的創新思維，為法鼓山的大學院教育體系，展現佛法的積極應用，有近兩百人參加。

06.07

◆佛教學院、僧大於法鼓山園區國際會議廳舉辦畢結業典禮，三十三位畢結業生穿著袈裟、海青，在〈三寶歌〉、〈菩薩行〉等佛曲聲中，依序登壇就位，由師長搭上菩薩衣、傳菩薩行燈，彼此互勉延續菩薩心行，利益眾生，共有三百多位師生及親友觀禮祝福。

◆北美護法會新澤西州分會舉辦新會所灑淨儀式，由美國紐約東初禪寺住持果醒法師主法，共有七十多人參加。

06.08

◆臺中分院「寶雲講談」系列講座，8日邀請荒野保護協會榮譽理事長李偉文主講「迷路原為看花開」，分享以公益服務的方式，實踐人生慈悲和智慧的心路歷程，有近兩百人參加。

◆護法總會「行動報師恩──小沙彌回法鼓山」系列活動，8日有四十位南投地區信眾帶著小沙彌撲滿，回到法鼓山園區參訪巡禮，並捐出善款，接續聖嚴師父興學願心。

◆加拿大溫哥華道場舉辦英文園藝禪，由監院常悟法師帶領，有近五十人參加。

06.09

◆僧團2014年結夏安居，9至19日於三峽天南寺進行僧眾禪十，白天分念佛、禪修、懺悔三種法門用功深入，晚間則聆聽聖嚴師父開示，有近兩百人參加。

06.10

◆10至17日，禪堂舉辦中英禪七，聖嚴師父法子繼程法師、果峻法師帶領，有近一百一十人參加。

06.12

◆6月12日至9月30日，法鼓文化於園區第二大樓舉辦「以心傳心生命教育──《聖嚴法師頑皮童年》插畫展」，展出插畫家菊子結合針線與多媒材的插圖，並將故事中的重要元素，藉由織布印刷、手工縫製，化成現場立體裝置，傳遞四種環保的精神。

◆12至16日，僧團果舫法師、北美護法會輔導法師常華法師前往美國加州舊金山弘法關懷；15日舊金山分會舉辦大悲懺法會，由果舫法師擔任維那，引領法器悅眾和近九十位信眾以法相會。

◆行政中心人力資源處職能訓練課程，12日於北投雲來寺進行，邀請林口長庚醫院兒

童心智科主治醫師張學岭主講「溝通與衝突」，講說如何減化衝突對組織或工作所造成的負面影響，並進一步轉化衝突為正向能量，有近一百人參加。

06.14

◆臺中分院舉辦勸募會員聯誼活動，由悅眾分享勸募心法，共有六十六人參加。

◆為接引大眾認識佛法及法鼓山理念，6月14日至7月12日，普化中心週六於美國加州洛杉磯道場開辦「快樂學佛人」系列課程，共三堂，有近七十人參加。

◆美國紐約東初禪寺果明法師前往德州休士頓，主持「禪的體驗」，近五十位民眾、三十位義工，共同成就法鼓山在休士頓第一場禪修活動。

◆美國紐約象岡道場舉辦禪一，由監院常聞法師帶領，共有二十多人參加。

◆北美護法會安省多倫多分會舉辦禪一，共有十多人參加。

06.15

◆6月15日至8月23日，臺南分院週六或日舉辦佛學講座，由監院果謙法師導讀《慈悲三昧水懺》，有近八十人參加。

◆護法會中壢辦事處舉辦「新進勸募會員說明會」，由悅眾分享勸募心法，共有三十多人參加。

◆美國紐約東初禪寺舉辦週日講座，邀請聖嚴師父西方弟子哈利・米勒主講「東方與西方的意識概念」，共有五十多人參加。

◆加拿大溫哥華道場舉辦專題講座，邀請英屬哥倫比亞大學訪問學者梁志中主講「中國佛教慈善事業的現況與展望」，說明現階段中國的宗教與社會政策，以及佛教團體在中國慈善工作的發展，有近七十人參加。

06.16

◆16至17日，僧大於法鼓山園區第三大樓階梯教室舉辦102學年度畢業製作暨禪修專題發表會，副院長常寬法師、聖嚴師父法子果峻法師出席關懷，共有十四位四年級學僧運用多元媒材發表成果。

06.17

◆法鼓大學籌備處於德貴學苑舉辦專題講座，邀請聖嚴師父法子繼程法師主講「禪心悅意」，分享身體、精神與心靈飲食貫串禪悅生活的方法，有近四百人參加。

06.18

◆人基會與法務部合作推動「生命教育暨技藝扎根實施計畫──心六倫運動」，18日於臺中戒治所舉辦音樂會，邀請聲樂家張杏月演唱，以歌聲關懷收容人。

06.19

◆ 僧團2014年結夏安居，19至26日於法鼓山園區禪堂進行僧眾禪七，由聖嚴師父法子繼程法師帶領拜佛、經行，每晚講授禪法開示，僧大七十多位學僧也一同加入用功，共有兩百多人參加。

◆ 佛教學院舉辦專題講座，邀請臺灣大學護理學系副教授胡郁文主講「研究方法論簡介」，有近六十人參加。

06.20

◆ 20至29日，美國紐約象岡道場舉辦禪十，由紐約東初禪寺住持果醒法師帶領，共有三十一人參加。

06.21

◆ 基隆精舍舉辦親子學佛營，由副寺果啟法師帶領，內容包括禪修心法引導、禪修體驗、學佛行儀等，共有七十多人參加。

◆ 臺中分院舉辦禪一，由果雲法師帶領，共有八十多人參加。

◆ 臺南分院、臺南雲集寺「教育暨關懷系列講座」，21日於臺南分院進行，邀請台糖長榮酒店總經理鄭東波主講，講題是「從佛法中體認經營管理的思維及對生命意義的重視」，共有七十多人參加。

◆ 香港護法會舉辦禪一，由常展法師帶領，有近七十人參加。

06.22

◆ 護法總會「行動報師恩──小沙彌回法鼓山」系列活動，22日有七十多位臺北大信南地區信眾，帶著小沙彌撲滿，回到北投農禪寺，觀看師父開示影片、分享護持心得、行願故事，並捐出善款，接續聖嚴師父興學願心。

◆ 助念團於臺南分院舉辦「南區助念團新任悅眾成長營」，由關懷院監院常健法師、團長顏金貞帶領，內容包括法鼓山大關懷教育的內涵、佛事的意義等，共有一百二十多位南部地區的正副召委、助念悅眾、勸募組長參加。

◆ 22日及29日，美國紐約東初禪寺舉辦週日講座，由果舫法師主講「禪淨與解脫」，有近六十人參加。

06.23

◆ 護法會高雄南區辦事處於高雄紫雲寺舉辦「新進勸募會員說明會」，由悅眾分享勸募心法，召委王麗美期許眾人藉由關懷互動，分享佛法，進一步勸人學佛、募人修行，共有四十多人參加。

06.25

◆美國紐約東初禪寺監院常華法師，應邀至紐約內觀禪修中心（New York Insight Meditation Center），與伊斯蘭教代表莎拉・賽義德博士（Dr. Sarah Sayeed）進行一場「佛教徒和穆斯林對話」（Buddhist-Muslim Dialogue）。

◆曾於2008年擔任聖嚴師父與美國太空人艾德格・米契爾博士（Dr. Edgar Mitchell）對談「宇宙大震撼」活動的主持人葉祖堯教授，至北投農禪寺參訪並拜會方丈和尚果東法師，也出席法鼓山信眾論壇和聖嚴思想國際學術研討會。

06.26

◆桃園齋明別苑心靈環保講座，26日邀請蓮花基金會董事張寶方主講「臨終關懷的生命習題」，分享生命體驗，有近一百二十人參加。

◆人基會「2014和樂無諍心靈講座」，26日邀請林口長庚醫院兒童心智科主治醫師張學岑主講「人生的偶然・必然・自然」，共有一百一十多人參加。

06.27

◆文化中心於臺灣大學集思會議中心舉辦「美國紐約東初禪寺口述歷史座談」，由僧團都監果光法師、文化中心副都監果賢法師主持，早年在美國追隨聖嚴師父學佛的禪修中心副都監果元法師、美國哥倫比亞大學宗教學系教授于君方、美國佛羅里達州立大學宗教學系副教授俞永峯，分享親身見聞、經歷的東初故事。

◆27至30日，聖基會於臺灣大學集思會議中心舉辦「第五屆聖嚴思想國際學術研討會暨第三屆法鼓山信眾論壇」。27至28日進行信眾論壇，邀請聖嚴師父法子繼程法師、賽門・查爾得、查可・安德烈塞維克（ arko Andričević），以及美國佛羅里達州立大學宗教學系副教授俞永峯等，與僧團法師，以「法鼓禪跡」為主題，分享跟隨師父修學禪法、親炙師父禪修指導的歷程。

◆美國加州洛杉磯道場舉辦禪一，由紐約東初禪寺果明法師帶領，共有二十多人參加。

06.28

◆慈基會於新竹地區開辦的「兒童暨青少年學習輔導」課程，於十八尖山舉行結業式及感恩活動，包括老師、義工和學生，共有五十一人參加。

◆人基會、法鼓山社大金山校區與群馨慈善事業基金會，為北海岸地區新住民及眷屬舉辦的「幸福廚房」、「幸福兒童課程」，於法鼓山園區舉辦聯合結業典禮，共有六十五位學員、四十位學童結業。

06.29

◆聖基會「第五屆聖嚴思想國際學術研討會暨第三屆法鼓山信眾論壇」，29至30日進行聖嚴思想國際學術研討會，本屆會議以「聖嚴思想與當代漢傳佛教的實踐與傳承」為主題，共有臺灣、美國、英國、加拿大與中國大陸等地，近百位專家學者與

會，發表五十七篇論文。

◆法青會和表演團體「優人神鼓」共同培育的青年鼓隊「心潮鼓手」，29日於德貴學
苑演出《鳳凰》、《生生不息》，表演融合禪修的清楚與安定，展現培訓成果。

◆6月29日至7月5日，美國紐約東初禪寺首次舉辦梁皇寶懺法會，由住持果醒法師主法，
並每天開示說法，講析《梁皇寶懺》的要義及拜懺的殊勝，共有八百多人次參加。

◆6月29日至8月3日，美國加州洛杉磯道場週日舉辦佛學講座，由僧大副教授果徹法師
主講「三十七道品」，共五堂，有近六十人參加。

7 月 JULY

07.01

◆《人生》雜誌第371期出刊。

◆《法鼓》雜誌第295期出刊。

◆法鼓文化出版新書：《快樂禪——上班族40則快樂指引》（禪修follow me系列，聖
嚴法師著，法鼓文化編輯部選編）；《雲水林間——小林村心靈陪伴札記》（琉璃
文學系列，黃憲宇著）。

◆《金山有情》季刊第49期出刊。

◆《法鼓佛教院訊》第28期出刊。

◆1至2日，臺中分院舉辦「2014兒童心靈環保體驗營」第一梯次，共有六十位學童參加。

◆1至10日，青年院於三峽天南寺舉辦青年精進禪修營，邀請聖嚴師父法子果峻法師帶
領，有近一百一十人參加。

◆法鼓山網路電視台每月「主題影片」單元，7月播出「錢財與法財——理財之道」，
精選聖嚴師父相關的開示影片，引領大眾重溫師父的智慧法語。

◆法鼓大學籌備處於園區海會廳舉辦「揚生館」捐建簽署儀式，方丈和尚果東法師、
佛教學院校長惠敏法師，與揚生實業董事長許光揚，共同簽訂法鼓大學「揚生館」
捐助約定書。

◆聖基會出版結緣書《今生與師父有約》第六集，書中收錄《牛的印跡—禪修與開悟見
性的道路》（*Hoofprint of the Ox*）共同作者丹·史蒂文生（Dan Stevenson），《禪》
雜誌（*Chan Magazine*）美術編輯李祺·阿謝爾，長年擔任聖嚴師父翻譯的王明怡，
以及師父首位西方法子約翰·克魯克（John Crook）的訪談，分享師父的言教與身教。

◆加拿大溫哥華道場舉辦佛一，由常盛法師帶領，有近五十人參加。

07.02

◆2至9日，禪堂舉辦英文禪七，由堂主果元法師帶領，有近六十人參加。

◆2至12日，二十九位來自美國、加拿大、瑞士等地西方禪眾，在聖嚴師父資深禪修弟子美國佛羅里達州立大學宗教學系副教授俞永峯帶領下，於臺展開巡禮尋根之旅。2至8日於法鼓山禪堂參加英文禪七；9至11日則依序參訪北投雲來寺、農禪寺及三峽天南寺，分別從行政組織、法脈源流、禪修推廣等多個面向，深入法鼓山的理念及發展脈絡。

07.03

◆3至5日，臺北中山精舍舉辦「2014兒童心靈環保體驗營」第一梯次，有近七十位學童參加。

◆3至4日，臺中分院舉辦「2014兒童心靈環保體驗營」第二梯次，共有六十位學童參加。

◆佛教學院推廣教育中心於德貴學苑舉辦「佛教應用成果展」，近百位師生分享禪韻瑜伽、敦煌舞蹈、正念體驗等平日所學，傳達佛法淨化身心的妙用。

◆法行會於臺北國賓飯店舉辦第一五九次例會，由三學院監院果慨法師主講「從拜懺法門談《梁皇寶懺》」，分享拜懺的修行利益，共有兩百二十多人參加。

◆3至10日，美國加州洛杉磯道場舉辦默照禪七，由僧大副教授果徹法師帶領，有近四十人參加。

07.05

◆北投農禪寺舉辦禪一，由常生法師帶領，有近一百四十人參加。

◆5至6日，桃園齋明別苑舉辦「2014兒童心靈環保體驗營」，共有七十多位學童參加。

◆7月5日至9月6日，臺南分院與臺南市政府勞工局週六於南門勞工育樂中心舉辦「快樂心生活」系列講座，共三場。7月5日進行首場，邀請台糖長榮桂冠酒店總經理鄭東波分享「工作與生命故事」，共有一百多人參加。

◆為接引大眾認識佛法及法鼓山理念，5至26日，普化中心週六於臺北安和分院開辦「快樂學佛人」系列課程，共三堂，有近一百二十人參加。

◆為接引大眾認識佛法及法鼓山理念，7月5日至8月2日，普化中心週六於護法會花蓮辦事處開辦「快樂學佛人」系列課程，共三堂，有近七十人參加。

◆5至6日，慈基會舉辦「與陽光有約──心靈環保之旅」活動，由嘉義地區慰訪義工帶領平日關懷的三十三位學生、五位家屬，參訪法鼓山園區，並由僧團常定法師帶領練習法鼓八式動禪、七支坐法等。

◆5至6日，佛教學院校長惠敏法師應邀出席日本龍谷大學舉辦的「日本佛教的未來──其可能性」國際佛教論壇，並以「從生命到環境之基於四無量心的發展──日本佛教之無限可能性」為題，介紹佛教慈悲喜捨四無量心的禪修，可以向四面八方擴展效果和利益。

◆5至6日、12至13日，人基會於德貴學苑舉辦「2014幸福體驗親子營」，共兩梯次，每梯次有近六十對親子參加。

◆7月5日至9月20日，聖基會週六舉辦「聖嚴法師經典講座」，由僧大男眾部副院長常寬法師主講「中華禪法鼓宗的修行次第」，共六堂，有近七十人參加。

◆馬來西亞道場監院常藻法師受邀出席馬佛青總會於吉隆坡蕉賴孝恩館舉辦的「佛教

的變異──是契應了時代，還是被時代俗化了」座談會，與新馬佛光山總住持覺誠法師、馬來西亞佛教青年總會諮詢委員拿督洪祖豐，探討佛教在不同時空、文化中形成的多元面貌。

07.06

◆桃園齋明寺舉辦禪一，由常灌法師帶領，共有三十多人參加。

◆為接引大眾認識佛法及法鼓山理念，7月6日至8月3日，普化中心週日於護法會宜蘭辦事處開辦「快樂學佛人」系列課程，共三堂，有近八十人參加。

◆慈基會於法鼓山園區舉辦「慰訪員初階教育訓練」課程，由顧問江弘基及專職介紹慰訪工作的必備條件與助人關懷的基礎概念，祕書長果器法師出席關懷，期勉學員回到初發心，用佛法感化自己、用行動感動他人，共有三十六位北七轄區慰訪義工參加。

◆榮譽董事會於北投農禪寺舉辦悅眾迎新聯誼會，方丈和尚果東法師、關懷中心副都監果器法師到場關懷，共有六十多人參加。

◆7月6日至9月7日，法青會每週日於德貴學苑舉辦大事關懷系列課程，由關懷院監院常健法師帶領，內容包括法鼓山禮儀環保理念、法鼓山大事關懷作法與細則、大事關懷助念梵唄法器教學等，有近一百六十位學員參加。

07.07

◆7至9日，臺北中山精舍舉辦「2014兒童心靈環保體驗營」第二梯次，有近七十位學童參加。

07.08

◆方丈和尚果東法師於北投雲來寺大殿，對僧團法師、全體專職精神講話，主題是「盡心盡力第一，不爭你我多少」，全臺各分院道場同步視訊連線聆聽開示，有近三百人參加。

◆7月8日至9月2日，臺北安和分院每週二舉辦佛學課程，由佛教學院助理教授鄧偉仁導讀巴利藏《長部》第十六經《大般涅槃經》的中譯本，並透過課堂問答與互動，引領學員領略佛陀涅槃前的生活與教法，有近一百一十人參加。

◆8至12日，臺東信行寺舉辦「2014兒童心靈環保體驗營」，共有八十多位學童參加。

07.09

◆9至11日，北投農禪寺舉辦「2014兒童心靈環保體驗營」第一梯次，有近一百位學童參加。

07.11

◆11至13日，臺北安和分院舉辦「2014兒童心靈環保體驗營」，共有一百二十位學童參加。

◆7月11日至8月29日，高雄三民精舍每週五舉辦健康活力飲食講座，共八場，邀請高雄市健仁醫院營養師蔡旻堅主講，分享健康飲食之道，每場皆有近四十人參加。

◆11至13日，傳燈院於三義DIY心靈環保教育中心舉辦禪二，由常願法師帶領，有近九十人參加。

◆11至12日，青年院於法鼓山園區舉辦「2014夏季青年卓越禪修營隊輔培訓」，由監院常元法師擔任總護，有近六十位學員參加。

◆7月11日至9月12日，僧大講師常延法師前往美、加弘法關懷，內容包括佛學講座、帶領禪修等。7月11至30日，法師於加拿大溫哥華道場弘講《金剛經》，共十堂，有近一百三十人參加。

◆11至23日，美國紐約東初禪寺住持果醒法師於加州舊金山分會弘法關懷，內容包括舉辦佛學講座、帶領禪修、主講福田班課程「認識法鼓山」等。11日法師於分會帶領法器共修，共有十多人參加。

◆11至15日，香港護法會於香港中文大學邵逸夫堂，舉行「五日禪修營」，由傳燈院常啟法師帶領，有近一百四十位青年學員參加。

07.12

◆法鼓山於三峽天南寺舉辦「社會菁英禪修營第八十次共修會」，由傳燈院監院常乘法師帶領，有近一百一十人參加。

◆7月12日至12月21日，臺南雲集寺週六或日舉辦佛學課程，由監院果謙法師主講《學佛五講》，有近七十人參加。

◆12至18日，青年院於法鼓山園區舉辦「2014夏季青年卓越禪修營」，由監院常元法師擔任總護，有近一百六十位學員參加。

◆為接引大眾認識佛法及法鼓山理念，7月12日至8月16日，普化中心週六於桃園齋明寺開辦「快樂學佛人」系列課程，共三堂，有近一百二十人參加。

◆禪坐會於北投農禪寺舉辦悅眾充電營，農禪寺監院果毅法師到場關懷，並以聖嚴師父於1990年寫給禪坐會悅眾的書信內容：「初機入佛，以自利自安為首，略涉修學，則知安人利他，益世濟眾，方為究竟自利的不二法門。」與禪眾共勉，共有六十多人參加。

◆禪堂堂主果元法師應美國漢傳佛教文化協會（Chinese Buddhist Cultural Association, U.S.A）之邀，於紐約法拉盛喜來登飯店（Sheraton LaGuardia East Hote）主講「快樂自在來學禪」，介紹禪修的方法與精神，共有一百多人參加。

◆美國紐約象岡道場舉辦禪一，由監院常聞法師帶領，有近二十人參加。

07.13

◆三峽天南寺舉辦念佛禪一，由常願法師帶領，共有一百三十多人參加。

◆桃園齋明別苑舉辦佛一暨八關戒齋法會，由常參法師帶領，共有一百一十多人參加。

◆臺中分院於清水鰲峰山舉辦戶外禪，由果雲法師帶領，共有六十多人參加。

◆臺中分院「寶雲講談」系列講座，13日邀請全球首位完成世界七頂峰女性江秀真主講「雲端上的行腳──轉動夢想的力量」，分享在登山過程中，找到人生的意義，

有近一百五十人參加。

◆臺南分院舉辦「2014兒童心靈環保體驗營」，有近三十位學童參加。

◆臺東信行寺舉辦佛學講座，由僧團常慧法師主講「生命中的快樂——人生四要」，共有九十多人參加。

◆普化中心於北投農禪寺舉辦「聖嚴書院佛學班北區結業典禮」，授課的僧團法師、講師都到場祝福，結業班級也以戲劇、相聲及佛曲演出，分享三年來的學習成長，包括大安、中山、中正、板橋、大同、淡水地區等九個班級，共有三百八十六人圓滿結業。

◆為接引大眾認識佛法及法鼓山理念，7月13日至8月9日，普化中心週六或日於新北市樹林停七活動中心開辦「快樂學佛人」系列課程，共三堂，有近九十人參加。

◆為接引大眾認識佛法及法鼓山理念，7月13日至8月9日，普化中心週六或日於護法會嘉義辦事處開辦「快樂學佛人」系列課程，共三堂，有近八十人參加。

◆美國紐約東初禪寺舉辦週日講座，由禪修中心副都監果元法師主講「禪話家常」，有近一百人參加。

◆僧大講師常延法師美、加弘法關懷，13日於加拿大溫哥華道場主講「佛教生死觀——從中陰身談起」，分享向死而生的自在人生，有近兩百人參加。

◆美國紐約東初禪寺住持果醒法師加州舊金山分會弘法關懷，13日帶領英文半日禪，有近四十人參加。

07.14

◆北美護法會新澤西州分會舉辦專題講座，由禪修中心副都監果元法師主講「禪話家常」，共有六十多人參加。

◆美國紐約東初禪寺住持果醒法師加州舊金山分會弘法關懷，14日及16日舉辦法鼓八式動禪師資培訓課程，有近三十人參加。

◆7月14日至8月17日，僧團果傳法師前往新加坡、馬來西亞、泰國等地弘法關懷，內容包括舉辦佛學講座、帶領法會等。7月14至26日期間，法師於新加坡護法會弘講「法鼓山的理念」，共四堂，有近六十人參加。

07.15

◆15至19日，法鼓山園區舉辦「2014兒童心靈環保體驗營」第一梯次，有一百二十位學童參加。

◆7月15至8月5日，高雄紫雲寺每週二舉辦生命關懷系列講座，邀請高雄港都社大生命關懷講師呂鈞濡、高雄醫學大學附設中和紀念醫院安寧共照護理師黃裕雯主講「向死而生的美麗人生」，介紹安寧緩和醫療的理念、分享臨終關懷的藝術，有近八十人參加。

◆美國紐約東初禪寺住持果醒法師加州舊金山分會弘法關懷，15及22日指導誦經的觀念和方法，有近三十人參加。

◆行政中心人力資源處職能訓練課程，15日於北投雲來寺進行，邀請全聯福利中心總裁徐重仁分享生活體驗與職場心法，共有一百三十多人參加。

07.16

◆16至18日，北投農禪寺舉辦「2014兒童心靈環保體驗營」第二梯次，有近一百一十位學童參加。

◆16至22日，香港護法會參加於香港會議展覽中心舉行的「2014香港書展」，展出聖嚴師父著作與法鼓山出版品，推廣心靈環保理念。19日並於會議中心舉辦心靈環保講座，由果興法師主講「面對快樂的方位」，有近一百四十人參加。

07.17

◆7月17日至8月23日，北投中華佛教文化館舉辦清明報恩《地藏經》共修，由監院果諦法師帶領，每日均有五十多人參加。

07.18

◆馬來西亞航空MH17班機，17日在烏克蘭發生墜毀空難，法鼓山於海內外各分支道場，設立超薦、消災牌位，由法師及信眾共同為兩百九十八位罹難者及其家屬迴向祝禱；並於全球資訊網、臉書專頁設置「持咒祈福專區」，大眾齊心祈願，讓人心安定。

◆18至20日，三峽天南寺舉辦禪二，由常應法師帶領，有近一百一十人參加。

◆18至20日，高雄紫雲寺舉辦「2014兒童心靈環保體驗營」，有近一百二十位學童參加。

◆18至20日，傳燈院於三義DIY心靈環保教育中心舉辦立姿動禪學長培訓課程，由常願法師帶領，有近七十人參加。

◆18至27日，教聯會於禪堂舉辦教師禪十，由中華佛研所所長果鏡法師帶領，有近一百二十位教師參加。

◆18至27日，美國紐約象岡道場舉辦禪十，邀請聖嚴師父法子繼程法師帶領，共有五十二人參加。

◆美國紐約東初禪寺住持果醒法師加州舊金山分會弘法，18至23日期間，舉辦三場佛學講座，主題是「『無我』的人生觀」，有近六十人參加。

◆美國紐約東初禪寺住持果醒法師加州舊金山分會弘法關懷，18日帶領《地藏經》共修，有近四十人參加。

◆行政中心人力資源處職能訓練課程，18日於北投雲來寺進行，邀請亞碩國際管理顧問有限公司講師張震球主講「問題分析與解決」，分享透過系統化的思考訓練，強化解決問題的能力，提昇專職工作所需專業知識與技能的基礎，共有四十多人參加。

07.19

◆臺南分院舉辦專題講座，邀請南華大學宗教研究所所長黃國清主講「淨土念佛法門」，講說念佛法門的精要，有近一百人參加。

◆19至20日，高雄紫雲寺舉辦家長親職講座，邀請國學啟蒙班家長研習會召集人黃燕玉、作家蔡穎卿，分別主講「玉在山而草木潤——分享我所遇見的幸福」、「在生活中傳承——我願做個好大人」，分享親子關係圓融之道，共有一百八十多人次參加。

◆19至26日，禪堂於臺東信行寺舉辦初階禪七，由常興法師帶領，共有七十一人參加。

◆傳燈院於北投雲來寺舉辦Fun鬆一日禪，由監院常乘法師帶領，有近六十人參加。

◆7月19日至8月10日，禪堂堂主果元法師偕同信眾服務處監院常續法師前往墨西哥帶領禪修。7月19至26日，在鄰近太平洋的玉堂海灣禪修中心（Mar de Jade Holistic Center）帶領禪七，由該禪修中心負責人蘿拉（Laura Del Valle）擔任西班牙文翻譯，有近三十位學員參加。

◆19至20日，馬來西亞道場舉辦初級禪訓班輔導學長培訓課程，由僧團常源法師帶領，共有五十二人參加。

◆美國紐約東初禪寺住持果醒法師加州舊金山分會弘法，19日帶領法鼓八式動禪體驗營，共有五十多人參加。

07.20

◆臺北中山精舍舉辦 Fun鬆一日禪，由常嘉法師帶領，共有六十多人參加。

◆桃園齋明別苑心靈環保講座，20日邀請凌華教育基金會執行長劉銘主講「人生好好」，分享生命的意義與生存的態度，共有一百三十多人參加。

◆臺南分院舉辦青春樂活營，引導學員藉由動禪學習放鬆，並邀請台糖長榮酒店總經理鄭東波，以「與您談心」為主題，分享自利利人的生活哲學，共有四十多位青年學員參加。

◆臺南雲集寺舉辦「2014兒童心靈環保體驗營」，有近七十位學童參加。

◆慈基會於北投雲來寺舉辦「慰訪員初階教育訓練」課程，由顧問江弘基及專職介紹慰訪工作的必備條件與助人關懷的基礎概念，祕書長果器法師出席關懷，期勉學員回到初發心，用佛法感化自己、用行動感動他人，共有一百一十二位北一至北六轄區慰訪義工參加。

◆聖基會於臺中分院舉辦「文殊菩薩種子小組」中區結緣點關懷員培訓課程，內容包括結緣書推廣工作流程、推廣經驗分享等，臺中分院監院果理法師到場關懷，共有六十位學員參加。

◆美國紐約東初禪寺住持果醒法師加州舊金山分會弘法關懷，20日帶領禪一，共有六十多人參加。

◆中國大陸山東省濟南神通寺方丈和尚界空法師參訪法鼓山園區，由僧團副住持果暉法師代表接待，進行交流。

07.21

◆21至25日，法鼓山於園區舉辦「2014兒童心靈環保體驗營」第二梯次，共有九十多位學童參加。

◆美國法鼓山佛教協會（Dharma Drum Mountain Buddhist Association, DDMBA）於7月正式取得「聯合國經濟及社會理事會」（United Nations Economic and Social Council, ECOSOC）的「特別諮詢地位」（Special Consultative Status），可參與聯合國經濟及社會理事會及附屬機構的重要事務與計畫會議。

◆21至22日，國際發展處、國際扶輪社三五二○地區於法鼓山園區共同舉辦「國際青少年宗教體驗營」，內容包括認識佛門禮儀、禪修、書法、心靈環保工作坊等，共

有三十四位來自歐州、美國及南非的青少年體驗漢傳禪佛教的日常活用。

07.22

◆7月22日、8月3日及10日，美國紐約東初禪寺舉辦週日講座，由果乘法師主講「二入四行」，有近七十人參加。

◆馬來西亞道場和當地多個宗教團體、非營利組織，受邀參與馬來西亞首相署國民團結局舉辦的「追悼MH17跨宗教禱告會」，由監院常藻法師帶領義工，除了參與祝禱活動，也協助當晚的報到作業和接待工作。

07.23

◆復興航空GE222班機於澎湖馬公發生空難，法鼓山第一時間於全球各分支道場設立超薦、消災牌位，同時在全球資訊網、臉書專頁「持咒祈福專區」籲請社會大眾共同念佛、持咒祝禱，迴向傷亡者與親友、消防及救護人員。

07.24

◆關懷復興航空GE222班機澎湖空難事件，關懷院監院常健法師與慈基會慰訪義工抵達澎湖，關懷空難往生者家屬及受波及民眾，並於「菊島福園」設立服務站，為罹難者誦念佛號祈福。

◆24至29日，馬來西亞道場於梳邦再也佛教會舉辦初階禪五，由僧團常源法師帶領，共有四十一人參加。

07.25

◆25至27日，北投中華佛教文化館舉辦中元報恩地藏法會，由監院果諦法師帶領，有近五百人次參加。方丈和尚果東法師出席25日的法會，和與會信眾祈願人人心安、處處平安。

◆25至27日，三峽天南寺舉辦禪二，由監院常乘法師帶領，有近一百二十人參加。

◆關懷復興航空GE222班機澎湖空難事件，法鼓山於澎湖「菊島福園」舉行追思祈福法會，由關懷院監院常健法師帶領，期以佛法力量安定傷亡者與家屬。

07.26

◆護法會新莊辦事處舉辦「2014兒童心靈環保體驗營」第一梯次，共有四十多位學童參加。

◆護法會高雄南區辦事處於高雄三民精舍舉辦勸募聯誼活動，由念佛會會長陳修平分享勸募和擔任義工的心法與經驗，共有一百一十人參加。

◆護法會潮州辦事處舉辦勸募聯誼活動，由資深悅眾分享勸募心法，關懷院常獻法師到場關懷，共有八十多位勸募會員參加。

◆ 禪坐會於內湖大湖公園舉辦戶外禪，由常願法師、常鎮法師帶領，共有一百三十位北三轄區臺北市中正、萬華、內湖、南港等地區禪眾參加。

◆ 禪堂堂主果元法師墨西哥弘法，26至27日，於中部大城瓜達拉哈拉（Guadalajara）帶領禪修，共有二十多人參加。

◆ 加拿大溫哥華道場於當地燈塔公園（Light House）舉辦戶外禪，由監院常悟法師帶領，共有三十多人參加。

◆ 7月26日至8月3日，馬來西亞道場參加於吉隆坡舉行的「第九屆海外華文書市」，展出聖嚴師父著作與法鼓山出版品，推廣心靈環保理念。31日並於會議中心舉辦對談，由監院常藻法師與佛教學院助理研究員辜琮瑜對談「活著、活著，就笑了」，有近九十人參加。

◆ 北美護法會安省多倫多分會舉辦禪一，共有十多人參加。

07.27

◆ 臺北安和分院舉辦禪一，由監院果旭法師帶領，有近一百三十人參加。

◆ 南投德華寺舉辦禪一，由副寺果弘法師帶領，有近三十人參加。

◆ 為接引大眾認識佛法及法鼓山理念，7月27日至8月17日，普化中心週六或日於臺北中山精舍開辦「快樂學佛人」系列課程，共三堂，有近一百一十人參加。

◆ 加拿大溫哥華道場舉辦禪一，由監院常悟法師帶領，共有五十多人參加。

07.28

◆ 7月28日至8月3日，臺南雲集寺舉辦中元報恩地藏法會，由監院果謙法師帶領，共有七百多人次參加。

◆ 「法鼓人文社會學院」與「法鼓佛教學院」通過教育部審議會，議決合併為「法鼓文理學院」，原來的佛教學院繼續以「法鼓文理學院佛教學系博士、碩士、學士班」的名義招生；而「法鼓文理學院人文社會學群」預定於 2015 年春季招收生命教育、社區再造、社會企業與創新、環境與發展等四個碩士學位學程的學生，於秋季正式入學。

07.29

◆ 馬來西亞道場舉辦專題講座，由法鼓文理學院助理研究員辜琮瑜主講「別讓煩惱綁架您！」，共有六十多人參加。

07.30

◆ 馬來西亞道場舉辦專題講座，由法鼓文理學院助理研究員辜琮瑜主講「讀禪宗師偈‧體生命智慧」，分享透過祖師的禪思，體悟生命的智慧，共有四十多人參加。

07.31

◆7月31日至8月12日，因應高雄市發生石化氣爆事件，法鼓山啟動緊急救援機制，展開各項關懷及援助工作。方丈和尚果東法師於第一時間指示四眾弟子抱持「生命共同體」的精神，關懷與協助受災民眾；全球各分支道場、分院與辦事處，同時為高雄市氣爆事件傷亡者豎立超薦及消災牌位祈福，並於全球資訊網、臉書專頁設置「持咒祈福專區」，籲請社會大眾為傷亡者與親友，以及消防與救護人員祝禱。

◆人基會「2014和樂無諍心靈講座」，31日邀請中央氣象局地震測報中心主任郭鎧紋主講「與自然共舞」，共有八十多人參加。

◆7月31日至8月30日，聖嚴師父法子繼程法師前往歐洲弘法，美國紐約象岡道場監院常聞法師、常襄法師共同前往，協助翻譯、小參與總護事宜。首站於7月31日至8月10日，在波蘭德露潔芙（Dluzew）主持禪十，共有二十多人參加。

8 月 AUGUST

08.01

◆《人生》雜誌第372期出刊。

◆《法鼓》雜誌第296期出刊。

◆法鼓文化出版新書：《禪心CD》（法鼓山歌曲系列，康吉良製作）。

◆因應高雄市石化氣爆事件，法鼓山於高雄紫雲寺成立服務應變中心，並在位處災區的五權國小設立綜合服務中心，提供居民祈福卡、佛珠、大悲水、安心小冊、基本健康諮詢等關懷服務；2日起，也透過網路直播北投農禪寺梁皇寶懺法會，傳送祝福與安定的力量。

◆1至3日，三峽天南寺舉辦禪二，由監院常乘法師帶領，有近一百二十人參加。

◆1至3日，桃園齋明寺舉辦「2014兒童心靈環保體驗營」第一梯次，有近九十位學童參加。

◆高雄紫雲寺常珺法師與助念團員前往市立殯儀館，為高雄市石化氣爆事件罹難民眾念佛，陪伴往生者家屬。

◆1至2日，臺東信行寺舉辦中元慈悲三昧水懺法會，由常品法師主法，有近一百九十人次參加。

◆1至10日，禪堂舉辦默照禪十，由常啟法師帶領，有近九十人參加。

◆法鼓山網路電視台每月「主題影片」單元，8月播出「知己與貴人——朋友相處之道」，精選聖嚴師父相關的開示影片，引領大眾重溫師父的智慧法語。

◆臺灣國史館於8月初出版《六十感恩紀——惠敏法師訪談錄》，由口述歷史專家侯坤宏、卓遵宏，歷時五年半採訪，記錄法師從出生、求學到學佛、出家的人生行旅，呈現法師珍貴的學思歷程。

◆由聖基會推廣流通的法鼓山智慧隨身書，8月1日起陸續在蘋果 iOS 系統的 App Store 上架，包括：「學佛入門」、「禪修入門」、「生活佛教」、「臨終關懷」、「無盡身教」、「心靈環保」、「自我成長」等七支，內含文字開示、影音開示、延伸閱讀、影音推薦、法鼓山各類相關服務連結，大眾可隨時隨地閱讀聖嚴師父的智慧法語。

◆新加坡護法會舉辦專題講座，由佛教學院助理研究員辜琮瑜主講「讀禪宗師偈 · 體生命智慧」，分享透過祖師的禪思，體悟生命的智慧，共有一百五十多人參加。

08.02

◆2至8日，北投農禪寺啟建梁皇寶懺法會，共有近五萬人次參與共修。

◆2至3日，桃園齋明別苑舉辦中元報恩地藏法會，由常參法師帶領，有近六百人次參加。

◆臺南分院與臺南市政府勞工局「快樂心生活」系列講座，2日邀請「好檜活創意生活工房」負責人王俊智分享「工作與生活故事」，包括臺南市政府勞工局勞安福利科科長莊政憲、勞資關係科科長蔡旺庭等，共有一百多人參加。

◆因應高雄市石化氣爆事件，關懷院監院常健法師至高雄市樂群國小、瑞祥高中、竹西里活動中心等九處臨時收容中心，關懷氣爆災區民眾、醫護和救災人員。

◆禪堂堂主果元法師墨西哥弘法，2至3日，在歷史古城聖米格爾·阿雁德（San Miguel de Allende）的仙人掌植物園，進行別具熱帶風味的兩天禪修，有近二十人參加。

◆僧團果傳法師東南亞弘法關懷，2日於馬來西亞怡保共修處舉辦佛學講座，主講「心靈環保與生命安頓」，有近六十人參加。

◆8月2日至11月15日，北美護法會加州舊金山分會週六舉辦兒童心靈環保課程，共七堂，內容包括禪修靜坐，法鼓八式動禪、禪藝活動，以及團康遊戲等，引導學習禪修精神與心靈環保的理念，共有二十多人參加。

◆新加坡護法會舉辦心靈環保工作坊，主題是「歡喜看生死」，由法鼓文理學院助理研究員辜琮瑜帶領，共有五十多人參加。

08.03

◆南投德華寺舉辦中元報恩地藏法會，由副寺果弘法師帶領，共有七十多人參加。

◆臺東信行寺舉辦中元三時繫念法會，由常綽法師主法，共有九十多人參加。

◆8月3日至2015年5月3日，信眾教育院週日於臺中分院開辦聖嚴書院福田班，共十堂課，有近兩百人參加。

◆為接引大眾認識佛法及法鼓山理念，8月3日至9月7日，信眾教育院週日於香港護法會開辦「快樂學佛人」系列課程，共三堂，有近一百一十人參加。

◆美國加州洛杉磯道場舉辦中元報恩地藏法會，由僧大副教授果徹法師帶領，法師勉勵眾人發勇猛精進心修行，學習安忍，為有情眾生盡一份心力，有近八十人參加。

◆馬來西亞怡保共修處舉辦中元報恩地藏法會，由果傳法師帶領，共有七十多人參加。

08.04

◆因應高雄市石化氣爆事件，方丈和尚果東法師前往高雄市五權國小指揮中心、二聖

指揮中心、中正高工安置處、民生醫院以及九龍禮儀館等地，關懷因氣爆事件傷亡的民眾，並向救災人員表達感謝。

08.05

◆5至11日，臺南分院舉辦中元報恩地藏法會，由監院果謙法師帶領，共有六百多人次參加。

◆中華佛學研究所、聖基會捐贈美國哥倫比亞大學出版社設立的「聖嚴漢傳佛教學術出版永久基金」，分別於8月5日、8月26日，以及9月9日出版《符咒，圖像及曼陀羅——追溯佛教密宗儀式的沿革》（*Spells, Images, and Mandalas:Tracing the Evolution of Esoteric Buddhist Rituals*）、《活轉的業力——藕益智旭的宗教實踐》（*Living Karma:The Religious Practices of Ouyi Zhixu*）及《禱告的身體——中世紀漢傳佛教的符咒和儀式想像》（*The Body Incantatory: Spells And The Ritual Imagination In Medieval Chinese Buddhism*），提昇漢傳佛教在西方學術界的能見度與實力。

◆加拿大溫哥華馬波社區中心（Marpole Community Center）十四位長者參訪溫哥華道場，這群五十五歲到九十歲、來自不同族裔的長者，第一次造訪佛教寺院，由監院常悟法師介紹圖書館的佛學書籍、大殿的佛像與法器，以及法鼓山心靈環保的理念。

08.06

◆8月6日至10月1日，桃園齋明寺每週三舉辦佛學課程，由果竣法師主講《慈悲三昧水懺》，有近一百五十人參加。

◆僧大講師常延法師美、加弘法關懷，6至27日於北美護法會華盛頓州西雅圖分會弘講《金剛經》，共十堂，有近六十人參加。

08.07

◆桃園齋明別苑心靈環保講座，7日邀請臺灣卡內基創辦人黑幼龍主講「只要你比別人更想飛，多一點決心，就能活出精彩人生」，共有兩百多人參加。

◆高雄市佛教會於市立殯儀館景行廳，為高雄市石化氣爆事件罹難者舉行法會暨聯合奠祭，紫雲寺監院果迦法師代表主祭，並與一百多位義工、信眾，透過誦念《地藏經》關懷受難者。

08.08

◆8至10日，桃園齋明寺舉辦「2014兒童心靈環保體驗營」第二梯次，有近九十位學童參加。

◆8至9日，加拿大溫哥華道場舉辦中元報恩地藏法會，由監院常悟法師帶領，共有兩百七十多人次參加。

08.09

◆ 9至10日,臺中分院舉辦中元地藏法會,由監院果理法師帶領,共有四百多人次參加。

◆ 9至12日,法鼓文理學院舉辦「大專校院教師心靈環保成長營」,有二十三位來自中國大陸北京交通大學、南京大學、廣州中山大學、天津廣播電視大學,以及臺灣大學的教師及研究生,體驗法鼓山大學院教育特有的行門課程,學習簡單、實用的修行觀念與方法。

◆ 護法會嘉義辦事處舉辦中元報恩地藏法會,有近九十人參加。

◆ 法青會於德貴學苑舉辦「為世界祈福點燈」晚會,由青年院監院常元法師帶領,近百位青年學子透過禮佛、拜願、誦念觀音菩薩聖號以及點燈祈福,將共修的力量迴向給近來發生於世界各地意外事件的傷亡者。

◆ 9至12日,教聯會於三峽天南寺舉辦「心靈環保教師自我成長營」,由傳燈院監院常乘法師帶領,有近一百二十位教師參加。

◆ 馬來西亞道場監院常藻法師應邀至沙登那爛陀(Nalanda)佛學會,與該國佛教發展基金會副主席拿督洪祖豐對談「佛教財富觀」,法師引用聖嚴師父法語「需要的不多,想要的太多」,期勉在家居士以能力與需求為考量,並提醒佛教徒應把錢視為善法的工具,讓財富發揮最大的正面效益。

◆ 僧大講師常延法師美、加弘法關懷,9日於美國華盛頓州西雅圖華僑文教服務中心主講「佛教生死觀——從中陰身談起」,分享向死而生的自在人生,有近八十人參加。

◆ 北美護法會安省多倫多分會舉辦禪一,有近二十人參加。

◆ 新加坡護法會舉辦中元報恩地藏法會,由僧團果傳法師帶領,共有九十多人參加。

08.10

◆ 10至23日,臺北安和分院舉辦中元報恩祈福法會,由監院果旭法師帶領,有近三千人次參加。

◆ 10至17日,基隆精舍舉辦中元報恩《地藏經》共修,由副寺果啟法師帶領,有近七百人次參加。

◆ 10至16日,高雄紫雲寺舉辦中元報恩《地藏經》共修,由監院果迦法師帶領,共有一千九百多人次參加。

◆ 為了感恩親友、師長、各方善緣的成就,僧大於園區國際宴會廳為十二位即將剃度的行者舉辦溫馨茶會,與親友們分享在法鼓山上的學習和成長,方丈和尚果東法師親臨關懷,祝福求剃度者和與會親友,都能找到生命的著力點。

◆ 10日、17日及24日,美國加州洛杉磯道場舉辦佛學講座,邀請聖嚴師父法子吉伯・古帝亞茲主講「禪宗溯源」(Tracing the Roots of Chan),內容包括大乘佛法的興起、大乘佛法的觀念、大乘經典的流傳與影響等,有近五十人參加。

◆ 加拿大溫哥華道場舉辦中元慈悲三昧水懺法會,由監院常悟法師帶領,共有一百三十多人參加。

◆ 馬來西亞道場舉辦電影禪,由常律法師帶領賞析《衝鋒陷陣》(Remember the Titans)影片中的佛法意涵,有近四十人參加。

◆ 北美護法會加州舊金山分會舉辦中元報恩地藏法會,由美國紐約東初禪寺果明法師帶領,有近八十人參加。

08.11

◆ 11至15日，臺北中山精舍舉辦中元報恩《地藏經》共修，由常嘉法師帶領，每日有近六十人參加。

08.12

◆ 行政院、國際佛光會中華總會主辦的「高雄731氣爆暨澎湖723空難事件全國宗教界追思祈福大會」，於高雄巨蛋舉行，方丈和尚果東法師與上千位義工和信眾出席，為事件傷亡者祝禱。

◆ 僧大舉辦兩場暑期實習心得分享會，由學僧分享暑期至各分支道場的學習收穫，共有二十多位學僧參加。

08.14

◆ 法行會於臺北國賓飯店舉辦第一六〇次例會，由方丈和尚果東法師主講「點亮心燈，照亮人生」，分享隨緣轉境的人生智慧，共有兩百四十多人參加。

08.15

◆ 15至19日，僧團果見法師、果慨法師、常源法師等一行，參訪中國大陸湖北四祖寺，並與淨慧長老所創辦和管理的「生活禪系」寺院法師、居士代表，分享交流僧才、義工培育與弘化推廣的經驗。

◆ 15至17日，三峽天南寺舉辦禪二，由常應法師帶領，有近一百一十人參加。

◆ 15至24日，禪堂舉辦話頭禪十，由常護法師帶領，有近五十人參加。

◆ 15至17日，傳燈院於三義DIY心靈環保教育中心舉辦初級禪訓班輔導學長培訓課程，由常願法師帶領，有近八十人參加。

◆ 15至19日，青年院於臺東信行寺舉辦「心‧生活高中營」，內容包括放鬆體驗、電影討論、名人講座、團體合作遊戲、戶外活動等，由常元法師擔任總護，有近一百二十位十五至十九歲高中生參加。

◆ 15至17日，加拿大溫哥華道場舉辦「2014兒童心靈環保體驗營」，由常盛法師及臺灣教聯會師資帶領，內容包括學佛行儀、故事繪本、手工製作、團康活動等，引導小學員將佛法精神內化於日常生活中，有近三十位學童參加。

◆ 15至17日，北美護法會伊利諾州芝加哥分會舉辦禪三，由美國紐約東初禪寺住持果醒法師帶領，有近四十人參加。

◆ 15至17日，北美護法會加州舊金山分會舉辦佛學講座，由僧大副教授果徹法師主講「四念處」，有近五十人參加。

08.16

◆ 16至17日，法鼓山社大金山校區舉辦「2014兒童心靈環保體驗營」，有近四十位學童參加。

◆慈基會於臺南分院舉辦「慰訪員初階教育訓練」課程，由顧問江弘基及專職介紹慰訪工作的必備條件與助人關懷的基礎概念，祕書長果器法師出席關懷，期勉學員回到初發心，用佛法感化自已、用行動感動他人，共有八十四位來自雲林、嘉義、高雄、屏東、臺東及臺南地區慰訪義工參加。

◆法青會於齋明別苑舉辦專題講座，邀請諮商工作者徐曉萍，主講「黏不黏都行──談依附與愛情關係」，引導學員認識自己與他人的情感模式及依附關係，共有三十多人參加。

◆聖嚴師父法子繼程法師歐洲弘法，16至21日，於瑞士沃夫哈登（Wolfhalden）山區的道樓（Haus Tao）帶領禪七，共有二十多人參加。

◆僧大講師常延法師美、加弘法關懷，16至17日於北美護法會華盛頓州西雅圖分會帶領初級禪訓密集班，有近二十人參加。

◆香港護法會於當地太平山頂舉辦戶外禪，由常展法師帶領，有近七十人參加。

08.17

◆桃園齋明別苑心靈環保講座，17日邀請作家吳若權主講「《心經》的人生智慧」，有近兩百人參加。

◆8月17日至2015年2月8日，臺中分院每月週日於臺中市政府集會堂舉辦「活出絕妙人生──法華智慧系列講座」，共七場。首場於17日舉行，邀請宏碁集團創辦人施振榮、導演吳念真，與方丈和尚果東法師進行對談，主題是「找尋人生風景」，共有一千六百多人與會聆聽。

◆臺南分院舉辦禪一，由監院果謙法師帶領，有近一百一十人參加。

◆高雄紫雲寺舉辦中元三時繫念法會，由常綽法師主法，共有九百多人參加。

◆信眾教育院於北投農禪寺舉辦「普化教育關懷員北區聯合培訓」課程，由監院果毅法師帶領，並邀請資深讀書會帶領人方隆彰主講「如何在小組內啟發團體動力」，有近六百位快樂學佛人、長青班、福田班、佛學班、禪學班等課程的關懷員參加。

◆北美護法會安省多倫多分會舉辦中元報恩地藏法會，由美國紐約東初禪寺果樞法師帶領，有近三十人參加。

◆17至23日，香港護法會舉辦中元報恩《地藏經》共修，由果興法師帶領，共有兩千多人次參加。

◆泰國護法會舉辦中元報恩地藏法會，由僧團果傳法師帶領，法師講說《地藏經》要義是「孝道，度生，拔苦，報恩」，勉眾學習地藏菩薩大願精神，發起大菩提心，以「上求佛道、下化眾生」為己任，共有六十多人參加。

08.18

◆18至23日，桃園齋明寺舉辦中元孝親報恩地藏懺法會，由監院果舟法師帶領，共有一千五百多人次參加。

◆加拿大溫哥華道場舉辦戶外禪，由監院常悟法師帶領，有近四十人參加。

◆馬來西亞道場與馬來西亞佛教青年總會、《星洲日報》聯合於八打靈《星洲日報》禮堂舉辦佛法講座，由僧團都監果光法師主講「修行人的領導祕方」，共有一百二十人參加。

08.19

◆榮譽董事會名譽會長劉偉剛以油畫繪出聖嚴師父佇立祈願觀音殿前身影的畫作「好願在人間」，感動友人劉家煒，捐出善款，圓滿榮董。劉偉剛以畫相贈；劉家煒又將畫作贈予法鼓山，並於19日舉辦捐贈儀式，由方丈和尚果東法師代表接受。

◆北美護法會加州舊金山分會舉辦佛學講座，由僧大副教授果徹法師主講「創造和諧的人際關係──贏得好人緣」，有近三十人參加。

08.20

◆20、31日，法鼓文理學院舉辦校園義工召募活動，由總務組長常齊法師帶領，說明聖嚴師父大願興學的理念，以及校園概況，有近四十人參加。

◆20至22日，美國紐約東初禪寺舉辦念佛禪三，由住持果醒法師帶領，共有一百六十多人次參加。

08.21

◆8月21日至11月27日，信眾教育院週四於基隆精舍開辦「法鼓長青班」，以聖嚴師父的人生哲學為核心，為六十歲以上的長者設計八堂專屬課程，有近八十人參加。

◆馬來西亞道場與馬來西亞佛教青年總會於當地鶴鳴禪寺舉辦佛法講座，由法鼓文理學院校長惠敏法師主講「心的祕密──慈悲禪修之宏觀與微觀」，僧團都監果光法師、鶴鳴禪寺住持傳聞法師等也出席聆聽，共有一百多人參加。

08.22

◆22至23日，僧大於法鼓山園區祈願觀音殿舉辦「剃度大悲懺法會」，以法會共修，祝福新戒沙彌、沙彌尼。

08.23

◆23至24日，北投農禪寺舉辦禪二，由監院果毅法師帶領，有近一百三十人參加。

◆臺北安和分院於新店文山農場舉辦戶外禪，有近九十人參加。

◆三峽天南寺舉辦念佛禪一，由常願法師帶領，有近一百二十人參加。

◆桃園齋明別苑舉辦禪一，由常參法師帶領，有近一百一十人參加。

◆23至24日，臺南分院於臺南二中舉辦中元慈悲三昧水懺法會，由監院果謙法師帶領，有近八百人次參加。

◆8月23日至12月20日，高雄紫雲寺週六舉辦健康活力飲食講座，共八場，邀請高雄市健仁醫院營養師蔡旻堅主講，分享健康飲食之道，每場皆有近四十人參加。

◆護法會潮州辦事處舉辦中元報恩地藏法會，有近七十人參加。

◆禪坐會於桃園東眼山森林遊樂區舉辦戶外禪，由常願法師、常遠法師、常啟法師等帶領，共有兩百零三位北四轄區文山、新店、中永和、新莊、林口、海山地區禪眾參加。

◆8月23日至11月1日，信眾服務處共舉辦八場「勸募關懷逗陣走」活動，以分享與模

擬方式，帶動交流學習，引領勸募小組長更熟悉關懷的方法。23日於北投雲來寺進行首場，共有一百二十三位北部地區勸募小組長參加。

◆聖嚴師父法子繼程法師歐洲弘法，23至30日於英國帶領禪七，共有二十多人參加。

◆美國紐約東初禪寺舉辦中元報恩地藏法會暨三時繫念法會，由住持果醒法師主法，共有兩百多人次參加。

◆馬來西亞道場監院常藻法師、常鑑法師受邀出席馬來西亞「國慶日誦經和祈福法會」，與近兩百位與會者在點燈儀式及念佛聲中，祈求三寶加被，社會和諧安樂。

◆北美護法會加州舊金山分會舉辦禪一，由僧大副教授果徹法師帶領，有近五十人參加。

08.24

◆法鼓山於園區舉辦剃度典禮，由方丈和尚果東法師擔任戒和尚，副住持果暉法師擔任教授阿闍黎，為十二位求度者圓頂、授沙彌（尼）戒，並有二十二位行者求受行同沙彌（尼）戒，有近六百人觀禮祝福。

◆桃園齋明寺舉辦中元報恩地藏法會，由監院果舟法師帶領，有近六百人參加。

◆南投德華寺舉辦佛一暨八關戒齋法會，由副寺果弘法師帶領，共有四十多人參加。

◆臺東信行寺舉辦佛學講座，由信眾服務處監院常續法師主講「出家之後——自利利他之路」，共有六十多人參加。

◆美國紐約東初禪寺舉辦電影禪，邀請心理學家林晉城帶領賞析《海闊天空》影片中的佛法意涵，有近二十人參加。

◆馬來西亞道場舉辦中元報恩地藏法會，由監院常藻法師帶領，有近一百人參加。

◆北美護法會新澤西州分會舉辦中元報恩地藏法會，由美國紐約東初禪寺果樞法師帶領，法師勉眾啟發信心，發願利益眾生，共有七十多人參加。

◆北美護法會加州舊金山分會舉辦佛學講座，由僧大副教授果徹法師主講「幸福美滿的人生」，有近三十人參加。

08.26

◆馬來西亞道場舉辦心靈講座，邀請實踐大學社會工作學系副教授楊蓓主講「開心窗，搭心橋」，講析現代社會的人際關係與溝通之道，有近一百四十人參加。

08.27

◆8月27日至12月3日，信眾教育院週三於北投農禪寺開辦「法鼓長青班」，以聖嚴師父的人生哲學為核心，為六十歲以上的長者設計八堂專屬課程，有近一百七十人參加。

◆法鼓文理學院校長惠敏法師獲頒臺北藝術大學首位名譽教授，該校校長楊其文、副校長張中煖等教職同仁並於27日前來文理學院，舉行頒贈儀式，表彰對前任代理校長惠敏法師的敬愛。

◆8月27日至9月15日，禪堂堂主果元法師、僧大學僧常耀法師前往印尼弘法，內容包括禪修活動與講座。27日於棉蘭圓覺精舍主講「漢傳禪法」，共有兩百多人參加。

08.28

◆8月28日至12月18日，信眾教育院週四於高雄紫雲寺開辦「法鼓長青班」，以聖嚴師父的人生哲學為核心，為六十歲以上的長者設計八堂專屬課程，共有一百一十多人參加。

◆人基會「2014和樂無諍心靈講座」，28日邀請科技紫微網負責人張盛舒主講「定數與轉機」，共有八十多人參加。

08.29

◆29至30日，臺中分院舉辦佛二，由果雲法師帶領，有近兩百人次參加。

◆29至31日，傳燈院於三義DIY心靈環保教育中心舉辦地區助理監香培訓課程，由常願法師帶領，有近一百二十人參加。

◆禪堂堂主果元法師印尼弘法，29至30日，於西寶蘭吉特（Sibolangit）山區帶領禪二，共有六十多位年輕禪眾參加。

◆行政中心人力資源處職能訓練課程，29日於北投雲來寺進行，由法鼓文理學院校長惠敏法師主講「思考與表達」，共有八十多人參加。

08.30

◆信眾服務處「勸募關懷逗陣走」活動，30日上午及下午分別在北投農禪寺進行，以分享與模擬方式，帶動交流學習，共有來自北一、北二、文山、新店、中永和地區，共一百多位北部地區勸募小組長參加。

◆8月30日至9月1日，美國加州洛杉磯道場舉辦念佛禪三，由僧大副教授果徹法師帶領，有近五十人參加。

◆8月30日至9月1日，馬來西亞道場於當地金馬崙三寶萬佛寺舉辦禪三，由監院常藻法師帶領，有近六十人參加。

08.31

◆臺北中山精舍舉辦 Fun鬆一日禪，由常嘉法師帶領，共有六十人參加。

◆為接引大眾認識佛法及法鼓山理念，8月31日至9月28日，信眾教育院週日於北投農禪寺開辦「快樂學佛人」系列課程，共三堂，有近一百三十人參加。

◆8月31日至2015年5月17日，信眾教育院週日於三峽天南寺開辦聖嚴書院福田班，共十堂課，有近一百三十人參加。

◆8月31日至2015年5月17日，信眾教育院週日於臺南分院開辦聖嚴書院福田班，共十堂課，有近一百五十人參加。

◆慈基會於臺中寶雲別苑舉辦「慰訪員初階教育訓練」課程，由顧問江弘基及專職介紹慰訪工作的必備條件與助人關懷的基礎概念，祕書長果器法師出席關懷，期勉學員回到初發心，用佛法感化自己、用行動感動他人，共有一百一十二位北一至北六轄區慰訪義工參加。

◆護法總會於北投雲來寺舉辦2014北區新進勸募會員授證典禮，方丈和尚果東法師、

護法會輔導法師果器法師、信眾服務處監院常續法師,四位護法會副總會長張昌邦、楊正雄、周文進、黃楚琪都與會關懷,共有一百二十八位北一至北七轄區的新進勸募會員參加。

◆法青會「心潮鼓手」與「心潮茶團隊」於法鼓山園區舉辦聯合結業典禮,全球寺院管理副都監果祺法師、青年院監院常元法師出席關懷,共有三百多人參加。

◆美國紐約東初禪寺舉辦週日講座,邀請聖嚴師父西方弟子李世娟主講「什麼是信心?」,共有四十多人參加。

◆加拿大溫哥華道場舉辦禪一,由監院常悟法師帶領,共有五十多人參加。

◆為接引大眾認識佛法及法鼓山理念,8月31日至9月21日,信眾教育院週日於新北市林口區公所開辦「快樂學佛人」系列課程,共三堂,有近一百一十人參加。

◆禪堂堂主果元法師印尼弘法,8月31日至9月6日,於中爪哇島的三寶瓏(Semarang),帶領默照禪七,共有二十多人參加。

9月 SEPTEMBER

09.01

◆《人生》雜誌第373期出刊。

◆《法鼓》雜誌第297期出刊。

◆法鼓文化出版新書:《學佛新手50問》(學佛入門Q&A系列,法鼓文化編輯部編著)。

◆1至30日,弘化院於法鼓山園區展開「禪修月」,透過靜坐、八式動禪、慢步經行、放鬆體驗、觀身受法、鈔經等行禪體驗活動,引領民眾放鬆身心,有近萬人次參加。

◆法鼓山網路電視台每月「主題影片」單元,9月播出「美滿家庭——如何經營幸福家庭」,精選聖嚴師父相關的開示影片,引領大眾重溫師父的智慧法語。

◆聖基會出版結緣新書《樂齡——體驗與享受生命的美好》,書中收錄聖嚴師父對高齡化生活與生命開示,引導大眾為高齡生活建立正向觀念與價值。

◆榮譽董事會於法鼓山全球資訊網建置「榮譽董事會子網站」,提供榮董相關訊息、文章報導、故事分享等。

◆加拿大溫哥華道場法鼓隊應當地臺灣文化節之邀,於溫哥華美術館廣場演出;中場時間,道場義工並帶領民眾學習「法鼓八式動禪」,體驗動禪的專注與放鬆。

09.02

◆9月2日至12月30日,信眾教育院週二於臺南分院開辦「法鼓長青班」,以聖嚴師父的人生哲學為核心,為六十歲以上的長者設計八堂專屬課程,有近一百一十人參加。

◆9月2日至12月30日，信眾教育院週二於北投雲來寺開辦「法鼓長青班」，以聖嚴師父的人生哲學為核心，為六十歲以上的長者設計八堂專屬課程，有近八十人參加。

◆2至3日，行政中心人力資源處於三峽天南寺舉辦專職禪二，由傳燈院常願法師帶領，共有三十五人參加。

09.03

◆3至24日，信眾教育院每週三晚上於北投雲來寺舉辦「法鼓講堂」佛學課程，由德貴學苑監院常元法師主講「善財童子五十三參」；課程同時在「法鼓山心靈環保學習網」進行線上直播，提供全球學員上網聽講，並參與課程討論。

09.04

◆9月4日至12月18日，信眾教育院週四於臺東信行寺開辦「法鼓長青班」，以聖嚴師父的人生哲學為核心，為六十歲以上的長者設計八堂專屬課程，共有五十多人參加。

◆法行會於臺北國賓飯店舉辦第一六一次例會，由僧團副住持果暉法師主講「聖嚴師父的禪修歷程與禪法特色」，共有兩百二十多人參加。

09.05

◆法鼓山佛教基金會、北投文化館、雲來寺、農禪寺因長年推動公益慈善及社會教化事業，獲頒內政部「103年績優宗教團體」，內政部上午於新北市政府集會堂舉辦「心中有愛·臺灣有福──103年績優宗教團體表揚大會」，由鑑心長老尼、果昌法師、常遠法師、常綽法師代表領獎。

◆基隆精舍於外木山沙灘舉辦月光禪，由副寺常賡法師、常甯法師等帶領，共有一百多人參加。

◆9月5日至12月19日，信眾教育院週五於新北市土城美麗宏國社區開辦「法鼓長青班」，以聖嚴師父的人生哲學為核心，為六十歲以上的長者設計八堂專屬課程，有近七十人參加。

09.06

◆三峽天南寺舉辦「中秋月光禪浴」活動，由常願法師帶領，共有四百多人參加。

◆臺南分院與臺南市政府勞工局「快樂心生活」系列講座，6日邀請小鼓手教育學園負責人周秀玲、臺南市特教中心社工師陳雅臻分享「工作與家庭故事」，共有一百多人參加。

◆9月6日至11月22日，高雄紫雲寺週六舉辦「向死而生的美麗人生」生命關懷系列課程，共八堂，邀請高雄市長青學苑生死學講師呂錡濡、高雄醫學大學附設中和紀念醫院安寧共照護理師黃裕雯、國軍高雄總醫院左營分院安寧共照護理師張毓芬介紹臨終關懷與安寧療護的觀念與作法，有近九十人參加。

◆美國紐約象岡道場舉辦禪一，由監院常聞法師帶領，有近二十人參加。

◆加拿大溫哥華道場舉辦「微笑過中秋」活動，內容包括持誦〈大悲咒〉、《心經》，以及藝文表演，共有兩百多人參加。

◆北美護法會新澤西州分會舉辦念佛禪一，由美國紐約東初禪寺果樞法師帶領，共有六十多人參加。

◆6至20日，弘化發展專案召集人果慨法師前往新加坡、馬來西亞弘法關懷，內容包括佛學講座、懺法研習營等。6日於新加坡護法會舉辦兩場專題講座，講題分別是「《金剛經》與生命的實相」、「《阿彌陀經》與如何準備人生的最後」，共有兩百多人次參加。

◆香港護法會舉辦禪一，由常展法師帶領，有近八十人參加。

09.07

◆9月7日至10月19日，法鼓山陸續於全臺各地分院、辦事處共舉辦二十八場「2014年第二十一屆佛化聯合祝壽」活動，共有三千多位長者接受祝福。

◆北投農禪寺舉辦「農禪水月過中秋」活動，內容包括祈福法會、點心燈等，由監院果毅法師帶領，共有一千多人參加。

◆桃園齋明寺舉辦禪一，由果澔法師帶領，有近八十人參加。

◆9月7日至12月28日，臺南分院每週日舉辦「法鼓小學堂」課程，由教聯會師資帶領，藉由活潑互動遊戲，引領孩童學習專注力與耐力，開發內在的潛能與儲備更多正面的能量，有近四十人參加。

◆臺東信行寺舉辦中秋晚會，內容包括祈福法會與藝文表演，由監院果增法師帶領，共有八十多人參加。

◆臺東信行寺舉辦禪一，由常澂法師帶領，共有四十多人參加。

◆禪堂堂主果元法師印尼弘法，7至13日，於雅加達附近的茂物（Bogor）主持初階禪七，共有三十多人參加。

◆9月7日、11月23日，美國紐約東初禪寺舉辦週日佛學講座，邀請聖嚴師父西方弟子哈利‧米勒主講「石頭希遷〈草庵歌〉」，有近四十人參加。

◆北美護法會加拿大安省多倫多分會舉辦「牽心牽緣，燈燈相續」募款素宴，籌募道場購置基金，美國紐約東初禪寺住持果醒法師、監院常華法師出席關懷，有近三百人參加。

◆弘化發展專案召集人果慨法師新加坡、馬來西亞弘法關懷，7日於新加坡護法會舉辦專題講座，講題是「《地藏經》與中陰身」，有近一百人參加。

09.08

◆桃園齋明寺舉辦中秋祈福法會暨晚會，由監院果舟法師帶領，有近四百人參加。

◆弘化發展專案召集人果慨法師新加坡、馬來西亞弘法關懷，8至10日於馬來西亞道場舉辦「佛教徒的生死觀」專題講座，主題分別是「《金剛經》與生命的實相」、「《阿彌陀經》與如何準備人生的最後」、「《地藏經》與中陰生」，提醒大眾精進誦經、拜懺、持咒，克服自身累世業力，並發利益眾生的菩提心，行菩薩道，共有四百多人次參加。

◆僧大講師常延法師美、加弘法關懷，8日、11至12日於北美護法會華盛頓州西雅圖分

會舉辦佛法座談，解答信眾學佛疑問，共有六十多人次參加。

09.09

◆9月9日至12月23日，信眾教育院週二於臺北安和分院開辦「法鼓長青班」，以聖嚴師父的人生哲學為核心，為六十歲以上的長者設計八堂專屬課程，有近一百一十人參加。

◆9月9日至12月30日，信眾教育院週二於桃園齋明別苑院開辦「法鼓長青班」，以聖嚴師父的人生哲學為核心，為六十歲以上的長者設計八堂專屬課程，有近一百人參加。

◆9至16日，美國加州洛杉磯道場舉辦禪七，邀請聖嚴師父法子繼程法師帶領，共有三十五人參加。

◆9至10日，行政中心人力資源處於北投雲來寺舉辦專職舒活禪二，由傳燈院常應法師帶領，共有二十五人參加。

09.11

◆9月11日至2015年1月8日，信眾教育院週四於護法會文山辦事處開辦「法鼓長青班」，以聖嚴師父的人生哲學為核心，為六十歲以上的長者設計八堂專屬課程，有近八十人參加。

09.12

◆9月12日至11月8日，高雄三民精舍週五或六舉辦樂活系列講座，共三場。9月12日進行首場，邀請成功大學教育研究所副教授饒夢霞主講「開創樂活人生」，有近七十人參加。

◆9月12日至12月26日，信眾教育院週五於臺北安和分院開辦「法鼓長青班」，以聖嚴師父的人生哲學為核心，為六十歲以上的長者設計八堂專屬課程，有近一百五十人參加。

◆9月12日至2015年1月9日，信眾教育院週五於護法會新店辦事處開辦「法鼓長青班」，以聖嚴師父的人生哲學為核心，為六十歲以上的長者設計八堂專屬課程，有近九十人參加。

◆弘化發展專案召集人果慨法師馬來西亞弘法關懷，12日於馬來西亞道場舉辦的「佛教徒的生死觀」專題講座中，帶領賞析《多桑的待辦事項》影片中的佛法意涵，有近一百人參加。

◆北美護法會伊利諾州芝加哥分會舉辦專題講座，邀請聖嚴師父法子吉伯・古帝亞茲分享親近師父與習禪的因緣，有近五十人參加。

09.13

◆法鼓山於禪堂舉辦「社會菁英禪修營第八十一次共修會」，由傳燈院常願法師帶領，有近一百四十人參加。

◆方丈和尚果東法師應邀至臺北榮民總醫院介壽堂，為「單國璽豐富生命系列講座」開幕致詞，分享聖嚴師父與天主教樞機主教單國璽的身教，包括耕莘醫院總院長鄧世雄、前衛生署長陳建仁、臺灣大學哲學系教授孫效智、成功大學護理系教授趙可式等，共有六百多人出席與會。

◆三峽天南寺舉辦念佛禪一，由常應法師帶領，有近九十人參加。

◆9月13日至2015年5月30日，信眾教育院週六於臺北安和分院開辦聖嚴書院福田班，共十堂課，有近一百七十人參加。

◆9月13日至2015年5月30日，信眾教育院週六於護法會中永和辦事處開辦聖嚴書院福田班，共十堂課，有近一百三十人參加。

◆為接引大眾認識佛法及法鼓山理念，9月13日至10月4日，信眾教育院週六於臺中分院開辦「快樂學佛人」系列課程，共三堂，有近一百一十人參加。

◆為接引大眾認識佛法及法鼓山理念，9月13日至10月11日，信眾教育院週六於高雄紫雲寺開辦「快樂學佛人」系列課程，共三堂，有近一百三十人參加。

◆為接引大眾認識佛法及法鼓山理念，9月13日至10月11日，信眾教育院週六於加拿大溫哥華道場開辦「快樂學佛人」系列課程，共三堂，有近九十人參加。

◆信眾服務處「勸募關懷逗陣走」活動，13日在護法會羅東辦事處進行，以分享與模擬方式，帶動交流學習，共有八十多位北六轄區勸募小組長參加。

◆美國紐約東初禪寺舉辦英文禪一，由果樞法師帶領，共有十多人參加。

◆美國紐約象岡道場舉辦戶外禪，由監院常聞法師帶領，共有四十多人參加。

◆弘化發展專案召集人果慨法師馬來西亞弘法關懷，13至20日於當地萬達鎮佛學會帶領「大悲懺法研習營」，內容包括法鼓八式動禪、早晚課、法師授課、禮懺等，共有四十三位學員參加。

◆13至14日，北美護法會伊利諾州芝加哥分會舉辦專題講座，邀請聖嚴師父法子吉伯‧古帝亞茲主講「菩提心」，共有四十多人參加。

◆新加坡護法會舉辦專題講座，由青年院常元法師主講「愛不釋手的有機年代」，有近六十人參加。

09.14

◆桃園齋明別苑舉辦佛一，由常參法師帶領，共有八十多人參加。

◆臺中分院「活出絕妙人生——法華智慧系列講座」，14日行第二場，邀請臺中市市長夫人邵曉鈴、音樂工作者齊豫，與法鼓山僧團果祥法師、聖基會執行長楊蓓對談，主題是「慈悲的力量」，有近兩百人參加。

◆14至21日，禪堂於法鼓山園區舉辦「禪修教理研習營——中觀（續）」，由僧大副教授果徹法師帶領，有近七十人參加。

◆9月14日至2015年7月5日，信眾教育院週日於高雄紫雲寺開辦聖嚴書院福田班，共十堂課，有近一百八十人參加。

◆9月14日至12月21日，信眾教育院週日於臺北中山精舍開辦「法鼓長青班」，以聖嚴師父的人生哲學為核心，為六十歲以上的長者設計八堂專屬課程，有近一百人參加。

◆人基會於臺北國父紀念館舉辦「2014國際關懷生命獎頒獎典禮暨論壇」，邀請衛生福利部政務次長林奏延、新北市長朱立倫、國泰慈善基金會董事長錢復等擔任頒獎人，本屆得獎者為「團體大願獎」罕見疾病基金會、「個人慈悲獎」陳公亮、「個

人智慧獎」蕭建華、廖智。典禮後進行關懷生命論壇，邀請成功大學護理系教授趙可式、導演蔡明亮與法鼓文理學院校長惠敏法師，以「活著——珍惜生命，讓愛流轉」為題，分享認識自我、成長自我的生命智慧。

◆護法總會「行動報師恩——小沙彌回法鼓山」系列活動，14日有近六十位臺北大同區信眾帶著小沙彌撲滿，參訪北投農禪寺，並捐出善款，接續聖嚴師父興學願心。

◆禪堂堂主果元法師印尼弘法，14日應印尼佛教會卡彌達法師（Kheminda）邀請，於雅加達弘講漢傳禪法，有近四百人參加。

◆美國紐約東初禪寺舉辦週日佛學講座，邀請心理學家林晉城主講「從此幸福快樂——是什麼讓婚姻美滿？」，有近四十人參加。

◆14至19日，美國紐約東初禪寺監院常華法師於北美護法會加州舊金山分會弘法關懷，內容包括心靈茶會、法器教學、佛法講座等。14日參與分會舉辦的跨宗教對話活動，與奈爾斯發現教會主任牧師（The Senior Pastor at Niles Discovery Church）傑夫·史賓塞（Jeff Spencer），就「面對死亡」為題進行對談，探討佛教和基督教的生死觀，有近一百人參加。

09.15

◆方丈和尚果東法師受邀至救國團總團部演講，以「隨緣最積極？」為題，分享沒有分別執著、活在當下、應機自在的生活智慧，有近兩百人參加。

◆9月15日至2015年1月26日，臺北安和分院每週一舉辦佛學講座，邀請心理諮商專家鄭石岩主講《維摩經》，有近三百人參加。

09.16

◆9月16日至2015年1月27日，臺北安和分院每週二舉辦佛學講座，由果舫法師主講《地藏經》，有近一百五十人參加。

◆9月16日至2015年1月27日，臺北中山精舍每週二舉辦佛學講座，邀請華梵大學中文系副教授胡健財主講《圓覺經》，有近五十人參加。

◆9月16日至12月16日，信眾教育院週二於桃園齋明寺開辦「法鼓長青班」，以聖嚴師父的人生哲學為核心，為六十歲以上的長者設計八堂專屬課程，有近九十人參加。

◆9月16日至12月30日，信眾教育院週二於護法會新莊辦事處開辦「法鼓長青班」，以聖嚴師父的人生哲學為核心，為六十歲以上的長者設計八堂專屬課程，共有七十多人參加。

◆美國紐約東初禪寺監院常華法師於北美護法會加州舊金山分會弘法關懷，16日主持心靈茶會，主題是「生死學中學生死」，共有二十多人參加。

09.17

◆9月17日至2015年1月28日，臺北安和分院每週三舉辦佛學講座，由法鼓文理學院助理研究員辜琮瑜主講「學佛釋疑」，有近七十人參加。

◆9月17日至2015年1月28日，臺北中山精舍每週三舉辦佛學講座，由信眾教育院佛學課程講師謝水庸主講《六祖壇經》，有近五十人參加。

◆美國紐約東初禪寺監院常華法師北美護法會加州舊金山分會弘法關懷，17日帶領〈大悲咒〉共修與法器教學，共有四十多人參加。

09.18

◆9月18日至2015年1月29日，臺北中山精舍每週四舉辦佛學講座，由僧團果舫法師帶領導讀聖嚴師父著作《聖嚴法師教淨土法門》，有近七十人參加。
◆18至25日，美國紐約東初禪寺住持果醒法師於加拿大溫哥華道場弘法關懷，內容包括舉辦佛學講座、帶領禪修等。18至25日期間，舉辦《六祖壇經》佛學講座，共五堂，有近一百人參加。
◆18至24日，北美護法會新澤西州分會舉辦系列弘法活動，內容包括佛法講座、禪修等，邀請聖嚴師父法子繼程法師帶領。18日進行佛法講座，主題是「禪心悅意」，共有八十多人參加。

09.19

◆9月19日至2014年1月30日，臺北中山精舍每週五舉辦佛學講座，邀請鹿野苑藝文學會講師王育坤主講「亞洲佛教藝術」，有近四十人參加。
◆19至21日，傳燈院於三義DIY心靈環保教育中心舉辦禪二，由監院常乘法師帶領，有近八十人參加。
◆19至21日，美國紐約象岡道場舉辦禪三，邀請聖嚴師父西方弟子李世娟、大衛‧史烈梅克帶領，共有二十多人參加。
◆美國紐約東初禪寺住持果醒法師加拿大溫哥華道場弘法關懷，19日帶領念佛禪一，共有八十多人參加。
◆北美護法會新澤西州分會舉辦佛法講座，邀請聖嚴師父法子繼程法師主講「道心不退，離苦得樂」，共有六十多人參加。
◆美國紐約東初禪寺監院常華法師北美護法會加州舊金山分會弘法關懷，19日舉辦佛法講座，主題是「穿越生命終極屏障」，有近四十人參加。
◆美國聖公會（Episcopal Church in the United States of America）一行二十八人參訪法鼓山園區，由僧團常玄法師代表接待，並引領體驗禪修月系列活動，感受法鼓山的禪悅境教。

09.20

◆921大地震屆滿十五週年前夕，方丈和尚果東法師受國立自然科學博物館邀請，於臺中霧峰921地震教育園區，以「普潤人心——談面對災害的人心智慧」為題，分享面對災害、自然與人生的無常時，如何運用佛法智慧處理，共有一百二十多人參加。
◆北投農禪寺於北投公園、丹鳳山舉辦戶外禪，由常鐘法師帶領，共有一百多人參加。
◆傳燈院於北投雲來寺舉辦Fun鬆一日禪，由常願法師帶領，共有五十多人參加。
◆信眾服務處「勸募關懷逗陣走」活動，20日在桃園齋明寺進行，以分享與模擬方

式,帶動交流學習,共有一百多位北五轄區勸募小組長參加。

◆美國紐約東初禪寺住持果醒法師於加拿大溫哥華道場弘法關懷,20至21日帶領默照禪二,有近七十人參加。

◆20至22日,北美護法會新澤西州分會舉辦禪三,邀請聖嚴師父法子繼程法師帶領,有近四十人參加。

◆9月20日至10月1日,關懷院監院常健法師於美國、加拿大弘法關懷,主要是推廣大事關懷系列課程。20至21日,常健法師於北美護法會加州舊金山分會主持「圓滿生命的無限延伸——生死兩相安大事關懷」課程,內容包括法鼓山禮儀環保理念、法鼓山大事關懷作法與細則、助念梵唄法器教學等,有近一百人參加。

◆新加坡護法會舉辦專題講座,由青年院常元法師主講「美好關係」,有近六十人參加。

09.21

◆桃園齋明寺舉辦佛一,由監院果舟法師帶領,共有六十多人參加。

◆桃園齋明別苑心靈環保講座,21日邀請媒體工作者秦夢眾主講「賞識您的孩子——他的未來不是夢」,分享親子關係與教養之道,共有一百一十多人參加。

◆臺南分院舉辦佛一暨八關戒齋法會,由監院果謙法師帶領,共有一百六十多人參加。

◆禪坐會於淡水漁人碼頭舉辦戶外禪,由常願法師帶領,有近一百一十位北一轄區北投、石牌、三重、淡水、蘆洲地區禪眾參加。

◆9月21日、10月19及26日、11月9日,美國紐約東初禪寺舉辦週日講座,由常慧法師主講〈信心銘〉,有近七十人參加。

◆北美護法會加拿大安省多倫多分會舉辦半日禪,由美國紐約東初禪寺果乘法師帶領,共有三十多人參加。

09.23

◆北美護法會新澤西州分會舉辦佛法講座,邀請聖嚴師父法子繼程法師主講「佛教中的禪關」,共有五十多人參加。

◆關懷院監院常健法師美國、加拿大弘法關懷,23至24日於北美護法會華盛頓州西雅圖分會舉辦「圓滿生命的無限延伸——生死兩相安大事關懷」課程,內容包括法鼓山禮儀環保理念、法鼓山大事關懷作法與細則、助念梵唄法器教學等;23日晚間並進行專題演講,主講「助念的意義與方法」,共有一百五十多人次參加。

◆中國大陸浙江奉化雪竇寺方丈怡藏法師及寧波、奉化等市府代表一行九人參訪法鼓山園區,了解臺灣佛教推廣教育的理念,並考察大學院教育,作為日後興辦佛學院的參考。

09.24

◆北美護法會新澤西州分會舉辦佛法講座,邀請聖嚴師父法子繼程法師主講「如何依佛性修行」,共有五十多人參加。

09.25

◆人基會「2014和樂無諍心靈講座」，25日邀請世界宗教博物館生命教育中心主任陳莉諭主講「生命之河」，共有九十多人參加。

09.26

◆26至28日，傳燈院於三義DIY心靈環保教育中心舉辦地區助理監香成長營，由常願法師帶領，有近九十人參加。

◆法鼓文理學院校長惠敏法師受邀出席國際華人紀錄片《少年吉美》於臺北光點華山電影館舉行的全球首映會及座談；27日，導演劉翠蘭也受邀前來文理學院演講，與師生交流。

◆26至27日，禪坐會於三義DIY心靈環保教育中心舉辦「地區助理監香成長營」，由傳燈院常願法師帶領，主題為「鬆筋禪──臥姿」，讓學員學習以簡單的動作來了解身體、體驗身體，共有一百一十多人參加。

09.27

◆法鼓山於園區舉辦祈福皈依大典，由方丈和尚果東法師授三皈依，共有近千位民眾成為三寶弟子。

◆9月27日至10月4日，北投農禪寺舉辦改建後首場初階禪七，由臺中分院監院果理法師擔任總護，共有一百六十三位禪眾參加。

◆9月27日至2015年2月7日，桃園齋明別苑週六舉辦「歡喜看生死」生死學系列講座，包括「佛教徒的生死觀」、「生死學中學生死」、「臨終關懷」三系列共十三場，分別由弘化發展專案召集人果慨法師、法鼓文理學院研究助理辜琮瑜與蓮花基金會董事張寶方主講，分享積極正向的生死觀念，開展更廣闊與圓滿的人生。

◆為接引大眾認識佛法及法鼓山理念，9月27日至10月19日，信眾教育院週六於臺南雲集寺開辦「快樂學佛人」系列課程，共三堂，有近九十人參加。

◆信眾服務處「勸募關懷逗陣走」活動，27日在護法會潮州辦事處進行，以分享與模擬方式，帶動交流學習，共有來自高雄南北區、潮州、屏東、臺東轄區，有近一百位勸募小組長參加。

◆關懷院監院常健法師美國、加拿大弘法關懷，27日於美國紐約東初禪寺舉辦「圓滿生命的無限延伸──生死兩相安大事關懷」課程，內容包括法鼓山禮儀環保理念、法鼓山大事關懷作法與細則、助念梵唄法器教學等，共有六十多人參加。

◆新加坡護法會舉辦專題講座，由青年院常元法師主講「人心，變了嗎？」，有近六十人參加。

09.28

◆南投德華寺於翠林農場舉辦戶外禪，由副寺果弘法師帶領，共有七十多人參加。

◆高雄紫雲寺舉辦念佛禪一，由監院果迦法師帶領，共有兩百六十多人參加。

◆9月28日至12月21日，高雄紫雲寺每週日舉辦親子讀經課程，由教聯會師資帶領，有近七十位親子參加。

◆臺東信行寺舉辦生活美學講座，邀請臺灣大學哲學系教授林火旺主講「幸福的必要條件」，有近八十人參加。

◆護法總會「行動報師恩——小沙彌回法鼓山」系列活動，28日有四百三十位臺北中山辦事處信眾帶著小沙彌撲滿，於法鼓山園區進行朝山、參訪巡禮，並捐出善款，接續聖嚴師父興學願心。

◆護法總會於臺南雲集寺舉辦2014南區新進勸募會員授證典禮，方丈和尚果東法師、護法會輔導法師果器法師、護法會副總會長楊正雄、黃楚琪都與會關懷，有近三百人參加。

◆法青會於桃園東眼山森林遊樂區舉辦戶外禪，由常綽法師帶領，共有七十多人參加。

◆馬來西亞道場舉辦Fun鬆一日禪，由常妙法師帶領，有近七十人參加。

◆關懷院監院常健法師美國、加拿大弘法關懷，28日於北美護法會新澤西州分會舉辦「圓滿生命的無限延伸——生死兩相安大事關懷」課程，內容包括法鼓山禮儀環保理念、法鼓山大事關懷作法與細則、助念梵唄法器教學等，有近七十多人參加。

09.30

◆臺北市政府民政局於臺大醫院國際會議中心舉辦「102年度臺北市績優宗教團體、改善民俗暨103年度孝行模範聯合表揚大會」，北投文化館及農禪寺再獲肯定，由鑑心長老尼、果許法師代表出席受獎。

◆關懷院監院常健法師美國、加拿大弘法關懷，9月30日至10月1日於加拿大溫哥華道場舉辦「圓滿生命的無限延伸——生死兩相安大事關懷」課程，內容包括法鼓山禮儀環保理念、法鼓山大事關懷作法與細則、助念梵唄法器教學等，有近一百一十人參加。

10月 OCTOBER

10.01

◆《人生》雜誌第374期出刊。

◆《法鼓》雜誌第298期出刊。

◆法鼓文化出版新書：《紓壓禪——上班族40則紓壓指引》（禪修follow me系列，聖嚴法師著，法鼓文化編輯部選編）；《觀·禪》（2015桌曆）。

◆《金山有情》季刊第51期出刊。

◆《法鼓文理學院校刊》第1期出版；法鼓文理學院新版網站也於10月完成建置，整合

佛教學系原有網站內容,以及人文社會學群、圖書資訊館、終身教育、資訊服務入口等訊息資源,便於綜覽法鼓文理學院各項發展與脈動。

◆僧大學僧刊物《法鼓文苑》第六期出版,本期主題「新手上路」,學僧們分享在學出家的心路歷程與成長。

◆法鼓山網路電視台每月「主題影片」單元,10月播出「愛情與智慧──如何在愛中成長」,精選聖嚴師父相關的開示影片,引領大眾重溫師父的智慧法語。

◆聖基會出版結緣新書《食在好素》,分享聖嚴師父對現代人飲食觀的開示。

◆關懷院監院常健法師美國、加拿大弘法關懷,1日於加拿大溫哥華道場舉辦專題講座,主講「助念的意義與方法」,共有八十多人參加。

◆北美護法會安省多倫多分會舉辦禪一,有近二十人參加。

10.02

◆2至5日,法鼓山於三峽天南寺舉辦第十一屆自我超越禪修營,由僧團副住持果品法師、禪堂堂主果元法師帶領,有近一百二十位學員參加。

◆法行會於臺北國賓飯店舉辦第一六二次例會,由三學院監院果慨法師主講「佛教徒的生死觀──《金剛經》與生命的實相」,分享《金剛經》的生命智慧,共有兩百二十多人參加。

10.03

◆3至4日,法鼓文理學院、北京清華大學共同舉辦「人文關懷與社會實踐」系列研討會,分別於國家圖書館、法鼓山園區舉行,有來自臺灣、中國大陸,近兩百位學者、專家、政府部門、第三部門人士參與,探討全球新興議題「社會企業」的發展與創新趨勢。方丈和尚果東法師在開幕式以「感恩、感動、歡喜」,分享法鼓山多年來推動人文關懷與社會實踐的發展歷程。

10.04

◆基隆精舍舉辦Fun鬆一日禪,由常賡法師帶領,共有五十多人參加。

◆護法總會「行動報師恩──小沙彌回法鼓山」系列活動,4至5日有近五百位臺南地區信眾帶著小沙彌撲滿,於法鼓山園區進行朝山、參訪巡禮,並捐出善款,接續聖嚴師父興學願心。

◆美國紐約象岡道場舉辦禪一,由監院常聞法師帶領,有近二十人參加。

◆新加坡護法會舉辦專題講座,由傳燈院常願法師主講「正見與正念」,講析「諸法無常、諸法無我、涅槃寂靜」的概念,分享如何將佛法、禪法的觀念實踐於日常生活中,讓生活更快樂自在,有近八十人參加。

10.05

◆臺東信行寺舉辦生活美學講座,邀請電影工作者曾偉禎主講「電影中的密碼」,共有三十多人參加。

◆感恩各界協助護持道場擴建,美國紐約東初禪寺於法拉盛飛躍皇后大樓（Queens Crossing）舉辦三十五週年「滿一個願」感恩餐會,包括文學耆老王鼎鈞、漢傳佛教學者于君方、鋼琴家張勝量（牛牛）等,共有來自北美各地善施,逾四百人參加,活動中並透過聖嚴師父開示影片,引領大眾更加認識東初禪寺的定位。

10.06

◆人基會於德貴學苑舉辦「關懷生命專線」義工授證典禮,由祕書長李伸一為四十位完成培訓及實習課程的結訓義工頒發證書。

◆人基會心劇團於雲林縣政府親民大廳舉辦2014年「轉動幸福計畫」啟動記者會,會中並與群馨慈善基金會、國泰慈善基金會、台塑關係企業暨王詹樣公益信託等公益團體,共同和雲林縣教育處處長邱孝文、七所參與的校長及師生代表,點亮象徵希望的心燈,為巡演揭開序幕。

◆6至12日,新加坡護法會於當地光明山普覺禪寺舉辦初階禪七,由傳燈院常願法師、常護法師帶領,有近七十人參加。

10.07

◆美國紐約東初禪寺舉辦「東初禪寺口述歷史座談」華語場,包括開拓北美護法會的吳淑芳、孫喜蓉,東初禪寺首任義工團團長陳麗貞,以及長期協助聖嚴師父謄稿、錄稿的姚世莊及李青苑等,有近二十人參加。

◆加拿大溫哥華道場舉辦禪修體驗營,由監院常悟法師帶領,有近三十位當地「加拿大楓梅聯誼會」成員參加。

10.08

◆8至29日,信眾教育院每週三晚上於北投農禪寺舉辦「法鼓講堂」佛學課程,由僧團果祥法師主講「藥師法門」;課程同時在「法鼓山心靈環保學習網」進行線上直播,提供全球學員上網聽講,並參與課程討論。

◆香港護法會舉辦佛一,由常展法師帶領,有近一百四十人參加。

◆印度達蘭薩拉辯經學院院長格西格桑占堆（Geshe Kalsang Damdul）一行參訪法鼓山園區拜會方丈和尚果東法師,並與法鼓文理學院進行交流,格桑占堆院長感念聖嚴師父興辦佛教高等教育的胸襟和遠見,也推崇法鼓山推動佛教教育的理念及方式。

10.09

◆桃園齋明寺舉辦佛三暨八關戒齋法會,由監院果舟法師帶領,有近六百人次參加。

◆10月9日至11月20日,人基會心劇團2014年「轉動幸福計畫《媽媽萬歲II旅程》」巡演,於雲林縣麥寮、臺西沿海地區進行,10月9日於麥寮鄉明禮國小展開第一場演出,藉由「圓形劇場」形式演出,帶領學童即興體驗「看戲、作戲、演戲」的旅程。

10.10

◆ 方丈和尚果東法師應邀出席佛教蓮花基金會於臺灣大學集思國際會議中心舉辦的第
十屆「佛法與臨終關懷研討會」，並於開幕式中致詞，分享投入臨終關懷正是成就
慈悲和智慧的學習。

◆ 臺北安和分院舉辦「二十週年感恩會暨長者祈福法會」，法會由寺院管理副都監果
祺法師主法，方丈和尚果東法師出席關懷與祝福，共有八百多人參加。

◆ 10至18日，禪堂舉辦念佛禪十，由常源法師帶領，有近一百二十人參加。

◆ 10至12日，傳燈院於三義DIY心靈環保教育中心舉辦禪二，由常哲法師帶領，有近
八十人參加。

◆ 10至15日，美國紐約象岡道場舉辦禪五，邀請聖嚴師父西方法子賽門‧查爾得帶
領，有近二十人參加。

◆ 10至24日，加拿大溫哥華道場每週日舉辦親子生活園相關活動，由法青會學員帶
領，共三場。10日進行首場，帶領小學員認識感恩節的由來，共有三十多人參加。

◆ 10至18日，禪堂堂主果元法師於澳洲墨爾本弘法，內容包括禪三、佛法講座等。10
至12日，法師於分會帶領禪三，共有十五人參加。

10.11

◆ 臺北安和分院於新店文山農場舉辦戶外禪，由資深禪眾陳武雄帶領，共有八十多人
參加。

◆ 10月11日至11月16日期間，慈基會於全臺各地舉辦「第二十五期百年樹人獎助學
金」系列頒發活動，共有一千七百多位學子受獎。

◆ 法鼓文理學院校長惠敏法師應邀出席佛教蓮花基金會於臺灣大學集思國際會議中心
舉辦的第十屆「佛法與臨終關懷研討會」，並以「文理學院之博雅教育與臨床宗教
師培育課程」為題，進行專題演講。

◆ 美國紐約東初禪寺舉辦「東初禪寺口述歷史座談」英語場，包括聖嚴師父早期西方
禪修弟子保羅‧甘迺迪（Paul Kennedy）、比爾‧賴特（Bill Wright）、南茜‧波納
迪、李祺‧阿謝爾，以及東初禪寺監院常華法師、果乘法師、紐約象岡道場監院常
聞法師，有近二十人參加。

◆ 11至17日，美國紐約東初禪寺常慧法師於北美護法會加州舊金山分會弘法關懷，主
要主持禪學講座、參與分會共修等。11日主講「聖嚴書院福田班」第九次課程──
義工的心態與行儀，共有七十多人參加。

◆ 香港護法會舉辦港島會址正式啟用灑淨開光典禮，由方丈和尚果東法師主持，典禮
中也為新任榮譽董事頒發聘書；下午方丈和尚並主持皈依及勸募會員授證典禮。

◆ 禪堂堂主果元法師於澳洲墨爾本弘法，11日於分會舉辦佛法講座，主題是「禪的基本
觀念」，有近三十人參加。

10.12

◆ 桃園齋明別苑舉辦禪一，由常參法師帶領，共有一百零一人參加。

◆ 蘭陽精舍舉辦動土儀式，由僧團副住持果暉法師、副總會長楊正雄、北六轄區轄召

李子春、建築師林順男等共同執鏟，有近兩百位信眾參加。預計兩年後完工，為宜蘭地區大眾提供更寬敞的修行空間。

◆美國紐約東初禪寺舉辦週日佛學講座，由紐約象岡道場監院常聞法師主講「速式參禪——開悟之道」，有近七十人參加。

◆禪堂堂主果元法師澳洲墨爾本弘法，12日於分會舉辦佛法講座，主題是「觀佛像」，共有二十多人參加。

10.13

◆美國紐約東初禪寺常慧法師北美護法會加州舊金山分會弘法關懷，13至17日舉辦禪學講座，主題是「心的鍛鍊——禪師對弟子的磨鍊」，共三堂，有近六十人參加。

◆新加坡護法會舉辦專題講座，由傳燈院常護法師主講「簡單禪」，勉勵大眾運用禪修的方法，開啟內心豐富的寶藏，有近八十人參加。

◆禪堂堂主果元法師澳洲墨爾本弘法，13日於分會舉辦佛法講座，主題是「因緣因果」，有近三十人參加。

10.15

◆高雄北區護法會於高雄紫雲寺舉辦新勸募會員說明會，由資深悅眾分享勸募心法，有近三十人參加。

10.17

◆17至19日，三峽天南寺舉辦禪二，由常應法師帶領，有近一百二十人參加。

◆17至19日，傳燈院於三義DIY心靈環保教育中心舉辦動禪學長培育課程，由常啟法師帶領，有近五十人參加。

◆人基會心劇團2014年「轉動幸福計畫《媽媽萬歲II旅程》」巡演，17日於雲林縣麥寮鄉興華國小演出，藉由「圓形劇場」形式演出，帶領學童即興體驗「看戲、作戲、演戲」的旅程。

◆加拿大溫哥華道場親子生活園相關活動，17日由法青會學員帶領進行萬聖節刻南瓜，共有三十多位小學員參加。

◆墨爾本分會以法鼓山「心靈環保」理念，與當地米徹姆（Mitcham）居民積極互動，深受肯定，今年首度被白馬市（City of Whitehorse）推薦為「公益團體」，17日禪堂堂主果元法師與分會會長鞠立賢一行十人，前往市政大廳出席表揚活動。

◆行政中心人力資源處於北投雲來寺舉辦專題講座，由果祥法師主講「吃對食物，寶衛地球，愛護自他」，分享自然環保的飲食之道，共有九十多人參加。

10.18

◆10月18日至11月21日，法鼓山園區舉辦「水陸季」體驗活動，結合園區各殿堂參學

導覽行程，引導大眾感受水陸法會的大悲精神與修行法益。

◆臺中分院舉辦戶外禪，由果雲法師帶領，有近一百人參加。

◆高雄三民精舍樂活系列講座，18日邀請中國大陸中醫科學院張峻斌教授主講「動以養身，靜以養心」，介紹筋骨復健的方法，達到日常保健的效果，共有七十多人參加。

◆18至19日，信眾教育院於北投農禪寺舉辦「心靈環保讀書會帶領人培訓」課程，由監院果毅法師、常用法師、資深讀書會帶領人方隆彰老師帶領，內容包括《法鼓全集》導讀、心靈環保讀書會的理念、有效提問四層次等，共有一百多位學員參加。

◆18日起，慈基會每週六於新竹縣峨眉鄉富興國小提供學習輔導課程，齋明寺監院果舟法師、學輔義工及老師、交通大學學生，分別從桃園、新竹前往富興國小，參與第一次課程。

◆信眾服務處「勸募關懷逗陣走」活動，18日在臺中寶雲別苑進行，以分享與模擬方式，帶動交流學習，共有一百五十多位中部地區勸募小組長參加。

◆馬來西亞道場舉辦「法鼓新聞寫作培訓」課程，邀請當地資深新聞工作從業人員黃秀儀帶領，有近二十人參加。

◆禪堂堂主果元法師澳洲墨爾本弘法，18日於分會關懷信眾，介紹並指導「香道」，透過鼻根辨香，從心感受喜悅與滿足。

10.19

◆桃園齋明別苑心靈環保講座，19日邀請政治大學教育學系教授秦夢群主講「情緒決定命運——EQ、溝通、人生路」，分享人際關係與溝通之道，有近兩百二十人參加。

◆臺中分院「活出絕妙人生——法華智慧系列講座」，19日舉行第三場，邀請十大傑出青年沈芯菱、音樂工作者柯有倫，與北投農禪寺監院果毅法師對談，主題是「心中有寶藏」，有近三百人參加。

◆19至26日，禪堂於臺東信行寺舉辦初階禪七，由常正法師帶領，共有九十二人參加。

◆10月19日至2015年7月12日，信眾教育院週日於北投農禪寺開辦聖嚴書院福田班，共十堂課，有近一百八十人參加。

◆為接引大眾認識佛法及法鼓山理念，10月19日至11月16日，信眾教育院週日於馬來西亞道場開辦「快樂學佛人」系列課程，共三堂，有近八十人參加。

◆為接引大眾認識佛法及法鼓山理念，10月19日至11月16日，信眾教育院週日於護法會中正萬華辦事處開辦「快樂學佛人」系列課程，共三堂，有近九十人參加。

◆為接引大眾認識佛法及法鼓山理念，10月19日至11月16日，信眾教育院週日於護法會嘉義辦事處開辦「快樂學佛人」系列課程，共三堂，有近八十人參加。

◆美國紐約東初禪寺舉辦電影禪，邀請心理學家林晉城帶領賞析《總鋪師》影片中的佛法意涵，有近二十人參加。

◆北美護法會安省多倫多分會舉辦健康講座，邀請余勁毅醫師主講「吃素如何吃出健康」，分享身體保健與健康吃素的概念及方法，有近四十人參加。

10.20

◆為緬懷聖嚴師父圓寂五週年，法鼓講堂以「總論」、「認識聖嚴師父及法鼓山」、

「建立正信」、「三學精進」、「專修法門」、「生活實踐」六大系列課程，完成二十二堂《法鼓全集》導讀，線上直播歷時八個月，20日起數位上線，帶領民眾一覽師父智慧精華。

◆人基會心劇團2014年「轉動幸福計畫《媽媽萬歲II旅程》」巡演，20日於雲林縣臺西鄉新興國小演出，藉由「圓形劇場」形式演出，帶領學童即興體驗「看戲、作戲、演戲」的旅程。

◆北美護法會安省多倫多分會舉辦佛法講座，由美國紐約東初禪寺住持果醒法師主講「無我的布施」，分享如何以無我的心態深化菩薩道的布施行，有近四十人參加。

10.21

◆北美護法會安省多倫多分會舉辦佛法講座，由美國紐約東初禪寺監院常華法師主講「佛教放下的藝術」，共有三十多人參加。

10.23

◆人基會心劇團2014年「轉動幸福計畫《媽媽萬歲II旅程》」巡演，23日於雲林縣麥寮鄉豐安國小演出，藉由「圓形劇場」形式演出，帶領學童即興體驗「看戲、作戲、演戲」的旅程。

◆23至26日，馬來西亞道場於當地金馬崙三寶萬佛寺舉辦「心靈環保青年營」，由青年院常元法師、常義法師、常澧法師等自臺灣帶領，主要課程包括禪修與心靈成長等活動，有近六十位青年學員參加。

10.24

◆24至26日，臺南雲集寺舉辦禪三，由監院果謙法師帶領，有近三百人次參加。

◆24至26日，傳燈院於三峽天南寺舉辦「社工禪修營」，由監院常乘法師帶領，練習覺察自我、放鬆身心與放下壓力，共有五十位來自臺灣與中國大陸的社工人員參加。

◆24至26日，護法總會於禪堂舉辦「正副會團長、轄召、召委禪二」，由常源法師帶領，有近一百七十位資深悅眾參加。

◆加拿大溫哥華道場親子生活園相關活動，24日由法青會學員帶領進行萬聖節變裝秀，將環保概念運用到創意裝扮中，共有三十多位小學員參加。

10.25

◆25至26日，桃園齋明寺舉辦秋季報恩法會，由監院果舟法師帶領，共有兩千六百多人次參加。

◆高雄紫雲寺舉辦慈悲三昧水懺法會，由果昉法師主法，有近四百人參加。

◆禪堂堂主果元法師受邀前往雲林科技大學，於該校國際會議廳主講「生活禪法與空間美學」，共有兩百多人參加。

◆信眾教育院於臺中寶雲別苑舉辦「心靈環保讀書會帶領人培訓」課程，邀請資深讀書會帶領人方隆彰老師講授有效提問四層次，共有七十多位學員參加。

◆25至26日，法鼓文理學院於園區國際會議廳舉辦「佛教禪修傳統——比較與對話國際研討會」，共有一百多位來自德、義、比、日、英、美、中國大陸及臺灣等地學者，透過十四篇論文，探討佛教禪修傳統的理論與實踐。

◆法青會於北投貴子坑親山步道舉辦戶外禪，由常綽法師帶領，共有八十多人參加。

◆25至26日，美國紐約象岡道場舉辦出坡禪，由監院常聞法師帶領，有近二十人參加。

◆北美護法會安省多倫多分會於新會所舉行落成灑淨及藥師法會，由美國紐約東初禪寺住持果醒法師帶領，共有五十多人參加。

◆由外交部辦理的「太平洋島國青年領袖訓練計畫」，安排三十一位太平洋島國青年領袖、外交部代表參訪法鼓山園區，十二位法青會學員隨行交流。

10.26

◆臺北安和分院舉辦禪一，由監院果旭法師帶領，共有一百五十人參加。

◆臺北中山精舍舉辦 Fun鬆一日禪，由常嘉法師帶領，有近六十人參加。

◆基隆精舍舉辦禪一，由常綽法師帶領，有近五十人參加。

◆法鼓山社會大學於北投農禪寺舉辦「103年秋季班自治幹部聯席會議」，校長曾濟群在會議中分享法鼓山社大的核心理念，人與社會的關懷以及對社會祥和的期盼，共有一百多位三地校區幹部參加。

◆法鼓文理學院舉辦專題講座，邀請義大利籍維拉底教授（Prof. Giovanni Verardi）主講「凝視圖像：從政治觀點看禪坐、成道、弘法」（Before the Image: Meditation, Awakening, Teaching in Political Perspective），解讀佛陀當時在宗教與社會的地位表徵和影響力。

◆加拿大溫哥華道場舉辦禪一，由常盛法師帶領，有近五十人參加。

◆10月25日至11月9日，方丈和尚果東法師、美國紐約東初禪寺住持果醒法師、護法總會副總會長黃楚琪等，展開美、加弘法關懷行。26日為北美護法會安省多倫多分會舉辦新會所落成啟用暨佛像安座典禮，由果醒法師主法，包括臺北經濟文化辦事處處長吳榮泉、副主任歐陽群，共近一百人參加。

10.28

◆人基會心劇團2014年「轉動幸福計畫《媽媽萬歲Ⅱ旅程》」巡演，28日於雲林縣麥寮鄉麥寮國小演出，藉由「圓形劇場」形式演出，帶領學童即興體驗「看戲、作戲、演戲」的旅程。

10.30

◆人基會「2014和樂無諍心靈講座」，30日邀請有鹿出版社總編輯許悔之主講「學習抱願不抱怨的人生」，共有一百二十多人參加。

10.31

◆10月31日至11月28日，臺北中山精舍每週五舉辦「樂齡人生——長者照護與關懷」系

列講座，共五場。31日進行首場，邀請雙和醫院營養師林雅玲主講「健康飲食」，有近一百人參加。

◆ 10月31日至11月2日，三峽天南寺舉辦禪二，由果峙法師帶領，有近一百二十人參加。

◆ 10月31日至11月9日，禪堂舉辦話頭禪十，由常源法師帶領，有近六十人參加。

◆ 人基會心劇團2014年「轉動幸福計畫《媽媽萬歲Ⅱ旅程》」巡演，31日於雲林縣麥寮鄉橋頭國小演出，藉由「圓形劇場」形式演出，帶領學童即興體驗「看戲、作戲、演戲」的旅程。

11月 NOVEMBER

11.01

◆《人生》雜誌第375期出刊。

◆《法鼓》雜誌第299期出刊。

◆ 法鼓文化出版新書：《南傳佛教史》（智慧人系列，淨海法師著）；《烽火家人——從原生家庭看自我成長》（般若方程式系列，楊蓓著）；《東初禪寺的故事》（人間淨土系列，聖嚴法師著）。

◆ 法鼓山網路電視台每月「主題影片」單元，11月播出「生命的價值——生命的探索與發揮」，精選聖嚴師父相關的開示影片，引領大眾重溫師父的智慧法語。

◆ 11月1日至12月31日，中華佛研所啟動「漢傳佛教青年學者論壇」研究小組徵集活動，廣邀國內外年輕研究者，以三至四位發表人為一組，自訂研究主題組隊參加論壇計畫，接續聖嚴師父提昇漢傳佛教研究的願心。

◆ 人基會心劇團2014年「轉動幸福計畫《媽媽萬歲Ⅱ旅程》」巡演，1日於雲林縣虎尾鎮農博生態園區進行戶外公演，共有三百多人參加。

◆ 榮譽董事會發行「法鼓山榮譽董事會電子報」，提供榮譽董事各項資訊和相關服務。

◆ 信眾服務處「勸募關懷逗陣走」活動，1日在臺南分院進行，以分享與模擬方式，帶動交流學習，共有七十五位臺南、嘉義地區勸募小組長參加。

◆ 美國紐約象岡道場舉辦禪一，由監院常聞法師帶領，有近二十人參加。

◆ 美國加州洛杉磯道場舉辦戶外禪，由監院果見法師帶領，共有八十多人參加。

◆ 方丈和尚果東法師、美國紐約東初禪寺住持果醒法師、護法總會副總會長黃楚琪等一行美、加弘法關懷，1日為北美護法會新澤西州分會新會所的整建工程，舉辦灑淨及動土儀式，包括北美護法會副會長暨新州召委郭嘉蜀、北美護法會東南區轄召王九令等，共有二十多人參加。

11.02

◆ 臺南分院舉辦禪一，由監院果謙法師帶領，有近七十人參加。

◆為接引大眾認識佛法及法鼓山理念，2至23日，信眾教育院週日於臺東信行寺開辦「快樂學佛人」系列課程，共三堂，有近五十人參加。

◆前美國哥倫比亞大學宗教學系「聖嚴漢傳佛教講座教授」于君方、現任講座教席楊朝華，與該校宗教系研究生主任暨東亞語言文化系教授魯光台（Michael Como），前往美國紐約東初禪寺拜會方丈和尚果東法師，說明近年來哥大推展漢傳佛教學術研究的成果，感恩法鼓山與聖基會對漢傳佛教學術研究的支持。

◆方丈和尚果東法師等一行美、加弘法關懷，2日於美國紐約東初禪寺，為擴建工程進行灑淨及動土儀式；儀式圓滿後，方丈和尚以「菩提心十隨」為題，進行週日講座，有近兩百人參加。下午舉行心靈茶會，方丈和尚並為二十一位護持擴建的信眾，頒發榮譽董事聘書。

11.03

◆方丈和尚果東法師、美國紐約東初禪寺住持果醒法師、聖基會董事黃楚琪回訪美國哥倫比亞大學，並與宗教系教授與研究生茶敘座談，關心研究生們在研究與修行之間的融會，鼓勵研究生到臺灣法鼓山園區、紐約東初禪寺及象岡道場，體驗禪修與宗教生活。

11.04

◆法鼓文理學院舉辦專題講座，邀請第八世康薩仁波切（Khangser Rinpoche）主講「唯識宗與中觀宗究竟見解差異之探討」，有近六十人參加。

11.06

◆「正念減壓」（Mindfulness-Basedstress Reduction, MBSR）創辦人卡巴金（Jon Kabat-Zinn）參訪法鼓山園區，並與僧團副住持果品法師、都監果光法師、法鼓文理學院校長惠敏法師、法樂法師等師長展開對談；7日也於文理學院帶領「正念減壓」工作坊課程，有近百位師生參加。

◆法行會於臺北國賓飯店舉辦第一六三次例會，由三學院監院果慨法師主講「佛教徒的生死觀——《地藏經》與人生最後一件大事」，分享《地藏經》的生死觀，有近三百人參加。

11.07

◆臺北中山精舍「樂齡人生——長者照護與關懷」系列講座，7日邀請全昌堂傳統中醫醫院醫師周宗瀚主講「健康養骨談排毒」，有近一百人參加。

◆7至9日，三峽天南寺舉辦禪二，由監院常乘法師帶領，有近一百二十人參加。

◆人基會心劇團2014年「轉動幸福計畫《媽媽萬歲Ⅱ旅程》」巡演，6日於雲林縣臺西鄉泉州國小演出，藉由「圓形劇場」形式，帶領學童即興體驗「看戲、作戲、演戲」的旅程。

11.08

◆高雄三民精舍樂活系列講座，8日邀請書藝家王志揚主講「彎出生命力，給出幸福感」，分享樹彎則俊，藤彎則韌，水彎則流，人彎則智的人生哲學，有近四十人參加。

◆臺東信行寺舉辦生活美學講座，邀請芳香治療師陸小芬主講「身心靈療癒場」，有近一百四十人參加。

◆法鼓文理學院助理教授鄧偉仁出席輔仁大學宗教學系「朝聖的跨宗教探究座談會」，與政治大學阿拉伯語文學系副教授林長寬、臺灣基督正教會神父李亮，交流佛教、伊斯蘭教、東正教的朝聖傳統。

◆護法總會「行動報師恩──小沙彌回法鼓山」系列活動，8日有近八十位臺北內湖地區信眾帶著小沙彌撲滿，參訪北投農禪寺，並捐出善款，接續聖嚴師父興學願心。

◆馬來西亞道場舉辦放鬆一日禪義工培訓課程，由監院常藻法師帶領，共有四十一人參加。

◆方丈和尚果東法師北美弘法關懷，8日出席北美護法會加州舊金山分會福田班課程結業典禮，祝福八十多位學員在奉獻的過程中修福修慧。

◆8至10日，北美護法會華盛頓州西雅圖分會舉辦十三週年慶系列活動，8日舉辦觀照半日禪，由美國紐約東初禪寺常諦法師帶領，共有五十多人參加。

◆北美護法會安省多倫多分會舉辦禪一，邀請聖嚴師父西方法子吉伯‧古帝亞茲帶領，有近四十人參加。

11.09

◆桃園齋明別苑舉辦佛一暨八關戒齋法會，由常參法師帶領，共有一百四十多人參加。

◆臺東信行寺舉辦禪一，由常澂法師帶領，共有十多人參加。

◆傳燈院於北投雲來寺舉辦Fun鬆一日禪，由常願法師帶領，共有八十多人參加。

◆方丈和尚果東法師北美弘法關懷，9日出席北美護法會加州舊金山分會「秋福會──與方丈和尚有約」，與近一百五十位來自北加州各地信眾，藉由祈福儀式和茶敘，共度以法相會的和樂時光。

◆北美護法會華盛頓州西雅圖分會十三週年慶系列活動，9日舉行藥師法會，由美國紐約東初禪寺常諦法師帶領，有近七十人參加。

◆北美護法會安省多倫多分會舉辦禪修講座，邀請聖嚴師父西方法子吉伯‧古帝亞茲主講「禪修與佛教歷史的起源」，共有三十多人參加。

◆9至11日，香港護法會於當地小童群益會日普理營舉辦舒活二日營，由常展法師、常禪法師等帶領，有近五十人參加。

11.10

◆北美護法會華盛頓州西雅圖分會十三週年慶系列活動，10日舉行生活佛法講座，由美國紐約東初禪寺常諦法師帶領賞析《中道》（*Midway: a Story from Our Time*）及《來世不動產》影片中的佛法意涵，有近四十人參加。

11.11

◆ 11至12日，香港護法會舉辦佛學講座，由禪堂堂主果元法師主講〈默照銘〉，共有兩百多人參加。

11.12

◆ 12至26日，信眾教育院每週三晚上於北投農禪寺舉辦「法鼓講堂」佛學課程，由國立臺灣師範大學王美秀教授主講「聖嚴法師——不一樣的旅行觀」；課程同時在「法鼓山心靈環保學習網」進行線上直播，提供全球學員上網聽講，並參與課程討論。

◆ 12至13日，透過臺灣大學管理學院碩士在職專班（Executive Master of Business Administration, EMBA）課程的安排，二十七位寧波市新生代企業家，於法鼓山園區進行參學，並由法鼓文理學院禪文化研修中心主任果鏡法師、助理教授鄧偉仁、禪堂常護法師，為學員授課。

11.14

◆ 臺北中山精舍「樂齡人生——長者照護與關懷」系列講座，14日由僧團果舫法師主講「《阿彌陀經》要解」，有近一百五十人參加。

◆ 14至16日，桃園齋明寺舉辦禪二，由監院果舟法師帶領，共有一百二十多人參加。

◆ 法鼓文理學院舉辦專題講座，邀請美國田納西大學（The University of Tennessee）榮譽教授羅梅如（Miriam Levering）主講「《碧巖錄》——禪法中的觀音與公案」（The Biyanlu: Guanyin and Gongan in Chan/Zen），有近六十人參加。

◆ 人基會心劇團2014年「轉動幸福計畫《媽媽萬歲II旅程》」巡演，13日於雲林縣臺西鄉尚德國小演出，藉由「圓形劇場」形式，帶領學童即興體驗「看戲、作戲、演戲」的旅程。

◆ 14至16日，美國紐約象岡道場舉辦禪三，由監院常聞法師帶領，共有二十多人參加。

◆ 14至16日，美國加州洛杉磯道場舉辦「360度禪修營」，由紐約東初禪寺住持果醒法師帶領，共有二十三位來自各專業領域的學員參加。

◆ 行政中心人力資源處職能訓練課程，14日於北投雲來寺進行，由資深悅眾張允雄主講「專職如何帶領義工」，有近五十人參加。

11.15

◆ 15至16日，北投農禪寺舉辦禪二，由監院果毅法師帶領，共有一百六十多人參加。

◆ 臺北安和分院舉辦專題講座，邀請中央研究院中國文哲所研究員廖肇亨主講「從禪詩看高僧的德性與悟道」，有近一百二十人參加。

◆ 高雄正修科技大學主辦、高雄紫雲寺協辦的「親淨地球」活動，上午於紫雲寺進行，由常報法師帶領清淨禪公園的環境，共有兩百多位該校師生參加。

◆ 護法總會於臺中寶雲別苑舉辦2014中區新進勸募會員授證典禮，方丈和尚果東法師、護法會輔導法師果器法師、信眾服務處監院常續法師，護法會副總會長黃楚琪與會關懷，共有五十七位中部地區的新進勸募會員加入勸募鼓手行列。

◆15至22日，加拿大溫哥華道場舉辦默照禪七，邀請聖嚴師父西方法子查可‧安德烈塞維克帶領，有近六十人參加。

11.16

◆臺中分院「活出絕妙人生——法華智慧系列講座」，16日進行第四場，邀請作家蔣勳、前理海科技總經理羅秀芬，與法鼓文理學院校長惠敏法師對談，主題是「回收煩惱 再生智慧」，有近三百人參加。

◆慈基會於護法會新竹辦事處舉辦「慰訪員初階教育訓練」課程，由顧問江弘基及專職介紹慰訪工作的必備條件與助人關懷的基礎概念，共有四十五位慰訪義工參加。

◆榮譽董事會於高雄紫雲寺舉辦南區榮譽董事聘書頒發暨聯誼會，方丈和尚果東法師出席關懷，有近四百人參加。

◆美國紐約東初禪寺舉辦週日講座，由果乘法師主講「宏智正覺〈坐禪箴〉」，有近六十人參加。

◆香港護法會舉辦佛一，由果興法師帶領，共有八十多人參加。

11.18

◆人基會心劇團2014年「轉動幸福計畫《媽媽萬歲Ⅱ旅程》」巡演，18日於雲林縣臺西鄉崙豐國小演出，藉由「圓形劇場」形式，帶領學童即興體驗「看戲、作戲、演戲」的旅程。

11.20

◆法鼓文理學院舉辦專題講座，邀請法國國立東方語言文化學院（Institut National Des Langues Et Civilisations Orientales）中國研究系副教授汲喆主講「中國大陸的佛學院與僧教育」，有近五十人參加。

◆人基會心劇團2014年「轉動幸福計畫《媽媽萬歲Ⅱ旅程》」巡演，20日於雲林縣口湖鄉過港國小演出，藉由「圓形劇場」形式演出，帶領學童即興體驗「看戲、作戲、演戲」的旅程。

◆20至23日，方丈和尚果東法師、關懷中心副都監果器法師、護法總會副總會長周文進於新加坡弘法關懷。首先於20日在新加坡分會舉辦專題講座，由果器法師主講「念佛法門」，法師勉勵大眾，就算無常到來，因為心繫佛號，就能往生西方淨土。

11.21

◆臺北中山精舍「樂齡人生——長者照護與關懷」系列講座，21日邀請實康復健科診所醫師毛琪瑛主講「遠離疼痛，健康加分」，有近九十人參加。

◆21至23日，三峽天南寺舉辦禪二，由常甯法師帶領，有近一百二十人參加。

◆方丈和尚果東法師等一行新加坡弘法關懷，21日於分會關懷信眾，期許大眾無論何時、何地、做任何事，都要「落實整體關懷」，實踐法鼓山的理念和精神。

◆21至22日，美國紐約長島大學（Long Island University）環球學院比較宗教及文化
學程師生一行十五人，於法鼓山園區、北投農禪寺展開宗教文化課程，進行宗教體
驗，內容包括佛門禮儀、禪修觀念與方法、梵唄等，了解漢傳佛教的內涵及作為。

11.22

◆11月22日至12月5日，第八屆法鼓山大悲心水陸法會佛國巡禮活動於園區展開，引導
大眾感受水陸法會各壇場殊勝莊嚴，體驗佛國淨土的氛圍，共有逾千人參加。
◆臺南分院舉辦專題講座，邀請成功大學臺灣文學系教授陳玉峰主講「土地倫理──
尊重與永續經營」，共有七十多人參加。
◆22至23日，馬來西亞道場舉辦心靈環保兒童營，主題是「家庭倫理」和「自然倫
理」，由監院常藻法師帶領，共有四十位學童參加。
◆方丈和尚果東法師等一行新加坡弘法關懷，22日於當地德明中學舉辦佛學講座，主
講「轉念，世界跟著改變」，包括新加坡前總理吳作棟夫人陳子玲、文化部長莊日
昆等來賓，有近八百人參加。

11.23

◆桃園齋明別苑心靈環保講座，23日由北投農禪寺監院果毅法師主講「聖嚴法師的書
與人」，分享聖嚴師父著作中的修行體證以及心靈啟發，有近兩百人參加。
◆臺南分院舉辦佛一暨八關戒齋法會，由監院果謙法師帶領，共有一百六十多人參加。
◆法青會於陽明山童軍活動中心舉辦戶外禪，由常綽法師等帶領，共有八十多人參加。
◆北美護法會新澤西州分會舉辦英文禪一，由美國紐約象岡道場監院常聞法師帶領，
有近四十人參加。
◆方丈和尚果東法師等一行新加坡弘法關懷，23日出席聖嚴師父法子果峻法師新道場
「菩提閣」開幕典禮暨菩提心藝展。

11.27

◆人基會「2014和樂無諍心靈講座」，27日邀請芳香治療師陸小芬主講「放鬆身心，
珍愛自己」，共有九十多人參加。

11.28

◆臺北中山精舍「樂齡人生──長者照護與關懷」系列講座，28日邀請臺北市龍山老人
服務暨日間照顧中心督導林蘭因主講「長者關懷及實務技巧」，有近九十人參加。
◆法鼓文理學院舉辦專題演講，邀請美國法界佛教大學教授恒實法師（Rev. Heng
Sure）以「在高科技世界中維護人性的價值」（Preserving human value in the hi-tech
world）為題，與近八十位學院師生、僧大學僧，分享數位時代的心靈改革之道。
◆11月28日至12月5日，美國紐約象岡道場舉辦話頭禪七，邀請聖嚴師父西方法子查
可‧安德烈塞維克帶領，有近二十人參加。

11.29

◆ 29至30日，法青會於德貴學苑舉辦生活禪，邀請聖嚴師父法子果峻法師帶領體驗茶禪、書法禪與藝術禪，有近六十人參加。

◆ 11月29日至12月5日，法青會於德貴學苑舉辦「禪」系列講座，共七場，主題分別是「禪的源流與發展」、「禪修的基礎方法」、「禪修的歷程」、「《六祖壇經》」、「禪與人生」、「禪與現代生活」、「禪修的方法——話頭、默照」，邀請聖嚴師父法子果峻法師主講，每場有近七十人參加。

11.30

◆ 方丈和尚果東法師應佛教僧伽醫護基金會之邀，出席歲末祈福法會，為該基金會於苗栗設置的僧伽安養預定地灑淨。

◆ 臺南分院舉辦悅眾成長課程，由北美護法會會長張允雄主講「建立快樂的高績效優質團隊」，有近一百六十人參加。

◆ 為接引大眾認識佛法及法鼓山理念，11月30日至12月14日，信眾教育院週日於香港護法會開辦「快樂學佛人」系列課程，共三堂，有近一百二十人參加。

◆ 香港護法會舉辦禪一，由常展法師帶領，有近九十人參加。

12月 DECEMBER

12.01

◆ 《人生》雜誌第376期出刊。

◆ 《法鼓》雜誌第300期出刊。

◆ 法鼓文化出版新書：《四季禪詩》（故事寶盒系列，謝武彰著）；《〈長阿含經〉研究論文集》（*Research on the Dīrgha-āgama*）（法鼓文理學院論叢英文書，法樂法師 Sāmaṇerī Dhammadinnā 編）。

◆ 法鼓山網路電視台每月「主題影片」單元，12月播出「生死皆自在——如何坦然面對生死」，精選聖嚴師父相關的開示影片，引領大眾重溫師父的智慧法語。

12.02

◆ 人基會於德貴學苑舉辦「蔬醒心力量」新書發表會暨食安座談會，由《蔬醒》作者鄧美玲分享，並邀請臺灣師範大學化學系教授吳家誠、高雄醫學大學藥學院院長李志恆、芳香治療師陸小芬、臺灣營養基金會執行長吳映蓉對談食安議題，方丈和尚果東法師到場關懷，有近一百人參加。

12.04

◆法鼓文理學院舉辦專題演講，邀請實踐大學社會工作學系副教授楊蓓，以「禪修對心理治療的啟示」為題，分享禪修與心理治療相互為用的體悟，共有七十多人參加。

12.05

◆法鼓文理學院舉辦專題講座，邀請英國倫敦國王學院（Kings College London/Western Sydney University, UK）數位人文學系（Department of Digital Humanities）退休教授哈洛德・史特（Harold Short）主講「數位人文學於教學與研究上的巨觀架構」（Digital Humanities:Global FrameWork for Collaboration in Research & Teaching），介紹現今數位人文於教學與研究應用。

12.06

◆6至13日，法鼓山於園區啟建「2014大悲心水陸法會」，共有十二個壇場，每日均有逾四千人現場參與；八天法會，透過網路線上共修的信眾，分布全球四十多個國家、共十五萬人次，雲端祈福牌位多達八十多萬筆。

12.07

◆7至13日，北投農禪寺與法鼓山園區同步舉辦「2014大悲心水陸法會」網路共修，與總本山「法華壇」連線，禮拜《法華經》，共有一千多人次參加。
◆7至13日，臺北安和分院與法鼓山園區同步舉辦「2014大悲心水陸法會」網路共修，與總本山「地藏壇」連線，禮拜《地藏經》，共有一千多人次參加。
◆7至13日，三峽天南寺與法鼓山園區同步舉辦「2014大悲心水陸法會」網路共修，與總本山「大壇」連線，禮拜《梁皇寶懺》，共有一千多人次參加。
◆7至13日，桃園齋明別苑與法鼓山園區同步舉辦「2014大悲心水陸法會」網路共修，與總本山「大壇」連線，禮拜《梁皇寶懺》，共有八百多人次參加。
◆7至13日，臺中分院與法鼓山園區同步舉辦「2014大悲心水陸法會」網路共修，與總本山「法華壇」連線，禮拜《法華經》，共有一千多人次參加。
◆7至13日，臺南分院與法鼓山園區同步舉辦「2014大悲心水陸法會」網路共修，與總本山「法華壇」連線，禮拜《法華經》，共有七百多人次參加。
◆7至13日，臺南雲集寺與法鼓山園區同步舉辦「2014大悲心水陸法會」網路共修，與總本山「法華壇」連線，禮拜《法華經》，共有七百多人次參加。
◆7至13日，高雄紫雲寺與法鼓山園區同步舉辦「2014大悲心水陸法會」網路共修，與總本山「地藏壇」連線，禮拜《地藏經》，共有七百多人次參加。
◆7日及14日，美國紐約東初禪寺舉辦週日講座，由常諦法師主講「尋找善知識」，有近六十人參加。
◆7至13日，馬來西亞道場與法鼓山園區同步舉辦「2014大悲心水陸法會」網路共修，與總本山「大壇」連線，禮拜《梁皇寶懺》，由常施法師帶領，共有四百多人

次參加。

◆北美護法會安省多倫多分會舉辦半日禪，由美國紐約東初禪寺果乘法師帶領，共有二十多人參加。

◆7至13日，新加坡護法會與法鼓山園區同步舉辦「2014大悲心水陸法會」網路共修，與總本山「地藏壇」連線，禮拜《地藏經》，共有兩百多人次參加。

12.08

◆8至13日，美國紐約東初禪寺與法鼓山園區同步舉辦「2014大悲心水陸法會」網路共修，與總本山「大壇」連線，禮拜《梁皇寶懺》，由果樞法師帶領，有近四百人次參加。

12.09

◆9至13日，美國加州洛杉磯道場與法鼓山園區同步舉辦「2014大悲心水陸法會」網路共修，與總本山「大壇」連線，禮拜《梁皇寶懺》，共有三百多人次參加。

◆9至13日，加拿大溫哥華道場與法鼓山園區同步舉辦「2014大悲心水陸法會」網路共修，與總本山「大壇」連線，禮拜《梁皇寶懺》，共有四百多人次參加。

◆9至13日，北美護法會新澤西州分會與法鼓山園區同步舉辦「2014大悲心水陸法會」網路共修，與總本山「大壇」連線，禮拜《梁皇寶懺》，共有兩百多人次參加。

◆9至13日，北美護法會加州舊金山分會與法鼓山園區同步舉辦「2014大悲心水陸法會」網路共修，與總本山「大壇」連線，禮拜《梁皇寶懺》，有近三百人次參加。

◆9至13日，香港護法會與法鼓山園區同步舉辦「2014大悲心水陸法會」網路共修，與總本山「瑜伽燄口壇」連線，共有五百多人次參加。

12.12

◆法鼓文理學院佛教學系參加於臺灣師範大學林口校區舉行的僑生大學博覽會，與八十八所大學院校，為即將在臺灣就讀大學的僑生提供入學諮詢服務。

12.13

◆美國紐約象岡道場舉辦禪一，由監院常聞法師帶領，共有三十多人參加。

◆馬來西亞道場監院常藻法師應馬來西亞佛教青年總會之邀，於當地八打靈觀音亭，與馬來西亞佛光山青年指導法師如音法師，就「佛陀教育和生命教育並行的重要性」議題，進行座談，探索生命教育和佛陀教育的互補和結合。

12.15

◆中華佛研所與大英圖書館（British Library）共同合作《敦煌漢文佛教寫卷點校本》叢書出版計畫，由計畫主持人、美國天普大學（Temple University）馬德偉教授

（Prof. Marcus Bingenheimer），在法鼓文理學院海會廳發表第一年成果，並介紹
Voyant Tools電子文件線上分析工具，用在敦煌文獻數位化的可能性。

12.17

◆ 法鼓文理學院行願社、澄心禪學社、書法社等四十多位師生，前往新北市萬里仁愛
之家，關懷三十位行動不便獨居長者，互以「菩薩」稱呼，成為相互學習和鼓勵的
忘年之友。

◆ 17至18日，香港護法會舉辦佛學講座，由美國紐約東初禪寺住持果醒法師主講「楞
嚴空義」，有近兩百人參加。

12.18

◆ 香港護法會舉辦專題講座，由果興法師主講「《慈悲三昧水懺》的意涵與修行」，
有近兩百人參加。

12.19

◆ 19至21日，傳燈院於三峽天南寺舉辦禪坐會組長成長營，由監院常乘法師、常願法
師、常啟法師帶領，有近九十人參加。

12.20

◆ 北投農禪寺舉辦禪一，由常鐘法師帶領，有近一百五十人參加。

◆ 人基會心劇團受邀至新北市金山高中舉辦戲劇工作坊，分享劇團從成立到演出的歷
程，鼓勵學子超越自己的極限，共有二十三位學生參加。

◆ 20至21日，法青會於德貴學苑舉辦「全球永續發展與心靈環保的交會」英文工作
坊，由常濟法師帶領討論心靈環保與永續發展的關連，共有二十人參加。

12.21

◆ 法鼓山於臺北安和分院舉辦第二十屆佛化聯合婚禮婚前講習培訓課程，由心六倫宣
講團講師鄭玫玲、許新鳳、蔡稔惠等，以佛法觀念分享幸福要訣，共有五十八對新
人參加。

◆ 桃園齋明寺舉辦禪一，由常灌法師帶領，共有九十多人參加。

◆ 桃園齋明別苑心靈環保講座，21日邀請中崙心理諮商中心所長李予澄主講「一位心
理醫生的生死習題」，分享從事心理諮商，以及轉換悲傷力量，成為生命教育契機
的心路歷程，有近一百六十人參加。

◆ 臺中分院「活出絕妙人生──法華智慧系列講座」，21日進行第五場，邀請成功大
學醫學院護理系教授趙可式、前國軍松山醫院副院長潘文中，與僧大副院長常寬法
師對談，主題是「藥不藥美好人生」，有近三百人參加。

◆臺南分院舉辦禪一，由監院果謙法師帶領，共有八十多人參加。

◆12月21日至2015年1月10日，美國紐約東初禪寺舉辦《地藏經》共修，由果樞法師帶領，共有七百多人次參加。

◆美國紐約東初禪寺舉辦電影禪，邀請心理學家林晉城帶領賞析《業力》（*Karma*）影片中的佛法意涵，有近二十人參加。

12.22

◆22至31日，法鼓文理學院舉辦「圖館週」活動，本年度主題「圖書館，翻轉吧！」廣泛介紹電子館藏的使用方式，並有中西參大賽、五分鐘說書等活動。

12.24

◆慈基會獲衛生福利部「全國性及省級財團法人社會福利慈善事業基金會評鑑」優等肯定，衛福部24日上午於財團法人中視慈善愛心基金會舉辦頒獎典禮，由祕書長果器法師代表出席受獎。

◆法鼓文理學院舉辦「法鼓講座」，邀請朱銘美術館館長吳順令，以「藝術即修行」為題，分享雕塑大師朱銘的藝術體悟人生，有近一百人參加。

12.25

◆方丈和尚果東法師前往馬來西亞，展開為期五天的弘法關懷行，除了應邀進行兩場公開弘講、出席檳城極樂寺方丈陞座典禮，並關懷當地護法信眾。

◆25至28日，臺東信行寺舉辦禪悅四日營，由常澂法師帶領，有近四十人參加。

◆12月25日、2015年1月1日，僧大學僧由關懷院監院常健法師帶領，前往臺北榮民總醫院重症病房，與事先登記需要宗教師關懷的患者和家屬，分享簡單實用的安心之法。

◆人基會「2014和樂無諍心靈講座」，25日由財會處監院常炬法師主講「和樂無諍之功德財務報表」，有近一百一十人參加。

◆25至28日，新加坡護法會於當地酪農探索中心（Dairy Farm Adventure Centre）舉辦「心‧生活」Fun鬆體驗營，由青年院常元、常義、常啟、常澧等四位法師自臺灣前往帶領，有近七十位新加坡、馬來西亞青年學員參加。

12.26

◆12月26日至2015年1月1日，美國紐約象岡道場舉辦默照禪七，邀請美國佛羅里達州立大學宗教學系副教授俞永峯帶領，共有七十一人參加。

◆12月26日至2015年1月4日，美國加州洛杉磯道場舉辦義工話頭禪十，由紐約東初禪寺住持果醒法師帶領，有近三十人參加。

◆方丈和尚果東法師馬來西亞弘法關懷，26日受邀至檳城三慧講堂演講，以「轉境，轉出心光明」為題，分享「心念轉為正念，希望光明無限；心念化為淨念，當下淨土照見」的調心轉念妙方，共有一百六十多人參加。

◆12月26日至2015年1月3日，馬來西亞法青會成員一行三十餘人於法鼓山展開參學之旅，除巡禮園區、北投農禪寺、德貴學苑、三峽天南寺、臺中寶雲別苑，感受觀音道場的禪悅境教，期間並參加農禪寺的跨年祈福法會，為自己和眾生祝福，也藉由禪修體驗觀照內心世界。

12.27

◆12月27日至2015年1月2日，北投農禪寺舉辦彌陀佛七，由果許法師帶領，有近一千八百人次參加。

◆27至28日，禪堂舉辦禪修義工成長營，由常護法師帶領，有近五十人參加。

◆27至28日，美國紐約東初禪寺舉辦省思二日禪，由監院常華法師帶領話頭禪的禪修方法，有近五十人參加。

◆方丈和尚果東法師馬來西亞弘法關懷，27日與馬來西亞交通部長拿督斯里廖中萊、世界佛教華僧會會長淨心法師、新加坡佛教總會主席廣品法師等，共同出席極樂寺新任方丈賢觀法師的陞座典禮。

◆27至28日，香港護法會於當地佛教中學舉辦慈悲三昧水懺法會，由僧團副住持果品法師主法，有近一千人次參加。

12.28

◆弘化院於園區舉辦第九屆參學服務員頒證暨歲末分享會，由監院果悅法師、常統法師、常慈法師為二十六位新參學服務員、兩位英文導覽員授證，共有兩百四十多人參加。

◆臺北中山精舍舉辦 Fun鬆一日禪，由常嘉法師帶領，共有六十多人參加。

◆基隆精舍舉辦佛一，由果舫法師帶領，有近九十人參加。

◆臺南分院於成功大學成杏廳舉辦心靈環保對談講座，由監院果謙法師與實踐大學社會工作學系副教授楊蓓，對談「幸福，從心開始」，共有一百二十多人參加。

◆高雄紫雲寺舉辦佛一暨八關戒齋法會，由果祥法師主法，有近三百人參加。

◆臺東信行寺舉辦佛學講座，由僧團果高法師主講「尋找心靈的家」，共有八十多人參加。

◆慈基會103年度歲末關懷系列活動，28日於法鼓山園區展開，內容包括祈福法會，並安排金山高中校友管樂團及法鼓山社大進行藝文表演，共有來自新北市金山、萬里、石門、三芝、中永和，以及基隆地區關懷家庭，近六百人參加。

◆聖基會於德貴學苑舉辦「2014兒童生活教育寫畫創作」頒獎典禮，由慈基會祕書長果器法師、聖基會董事許仁壽、傅佩芳、法律顧問陳貴德等擔任頒獎人，共近兩百位來自北、中、南、東及澎湖等地學童與家長參加。

◆念佛會於法鼓山園區舉辦「梵唄成長營」，由輔導法師常林法師帶領，藉由法師指導、學員示範等方式，精進念佛唱誦與執掌法器，共有一百八十多位地區悅眾參加。

◆加拿大溫哥華道場舉辦禪一，由監院常悟法師帶領，共有五十多人參加。

◆方丈和尚果東法師馬來西亞弘法關懷，28日於馬來西亞道場關懷信眾，勉眾堅持修行，包容轉化，將煩惱化為菩提。

12.29

◆ 方丈和尚果東法師馬來西亞弘法關懷，29日於八打靈《星洲日報》總社禮堂主講
「禪與纏──當數位時代遇上心靈環保」，分享如何在生活中運用佛法的智慧，以
及禪法與心靈環保理念，共有三百多人參加。

12.31

◆ 北投農禪寺舉辦「2015跨年迎新在農禪」活動，以念佛、拜佛、聽法迎接新的一
年，體驗「身安定，心寧靜」的清淨氛圍，開啟「光明遠大」的幸福年，共有一
千五百多人參加。

◆ 臺中分院舉辦跨年燃燈供佛法會，由監院果理法師帶領，共有兩百多人參加。

◆ 法青會於德貴學苑舉辦迎心祈福晚會，由演道法師帶領，有近九十人參加。

◆ 馬來西亞道場舉辦跨年大悲懺法會，由監院常藻法師帶領，有近兩百人參加。

【附錄】

法鼓山2014年主要法會統計

◎國內（分院、精舍）

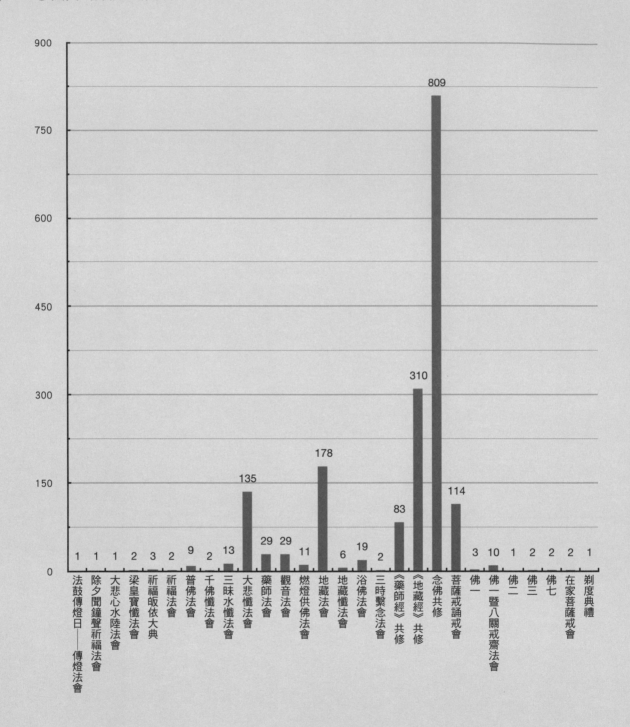

◎海外（道場、分會）

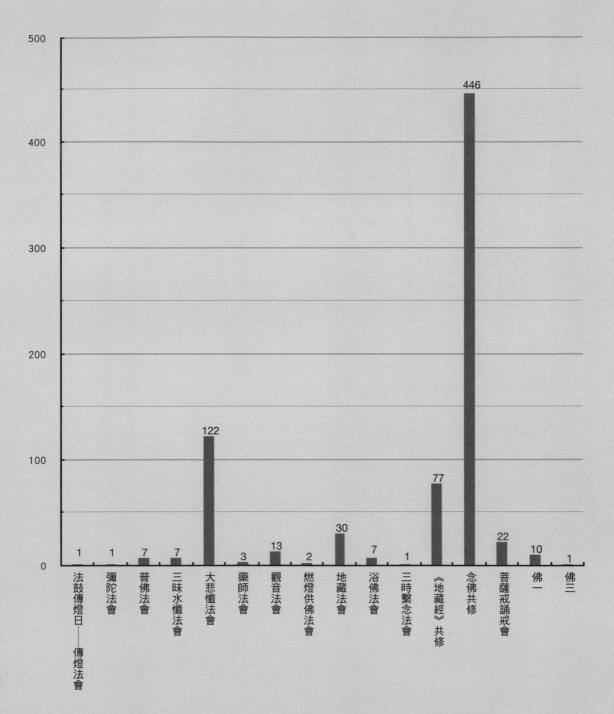

法鼓山2014年主要禪修活動統計

◎國內（分院、精舍）

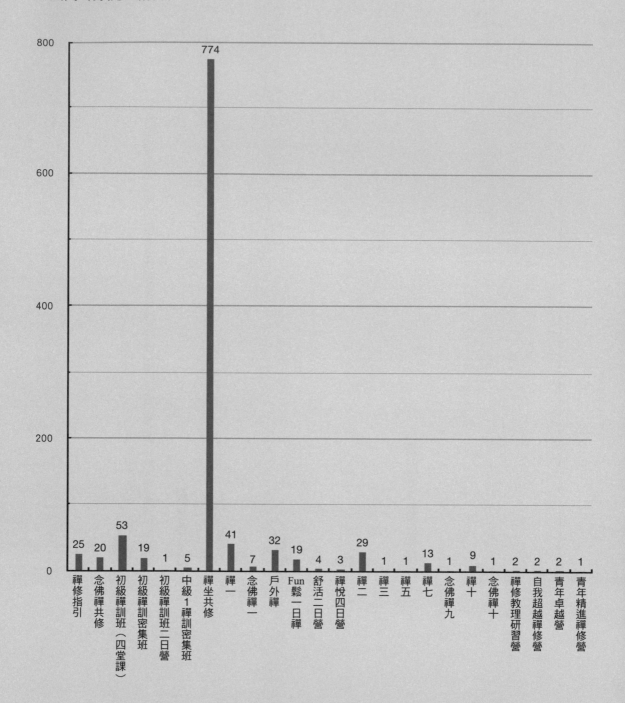

◎海外（道場、分會）

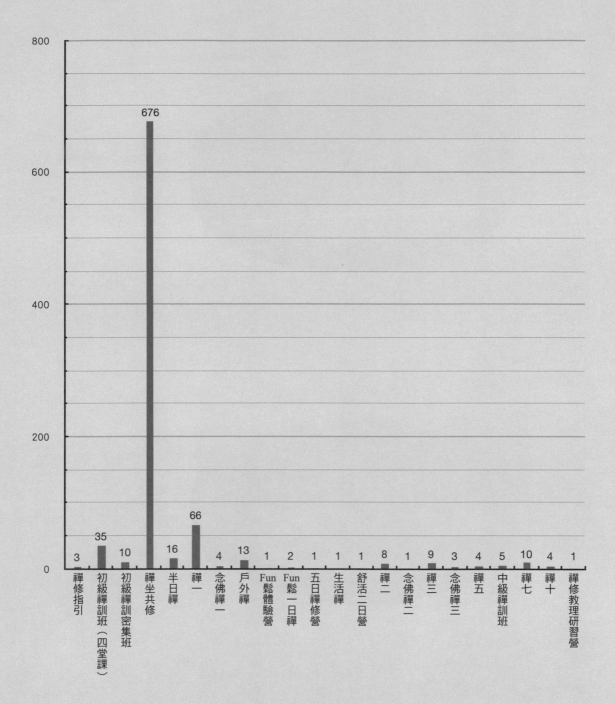

法鼓山2014年主要佛學推廣課程統計

◎信眾教育院

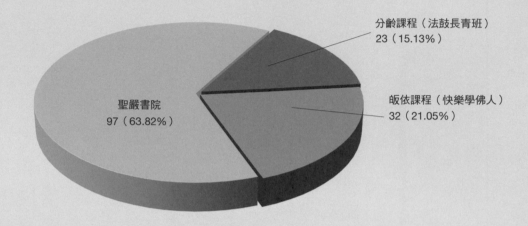

分齡課程（法鼓長青班）
23（15.13%）

皈依課程（快樂學佛人）
32（21.05%）

聖嚴書院
97（63.82%）

◎聖嚴書院

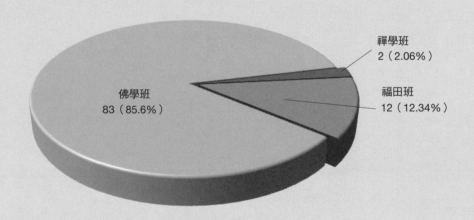

禪學班
2（2.06%）

福田班
12（12.34%）

佛學班
83（85.6%）

◎聖嚴書院佛學班

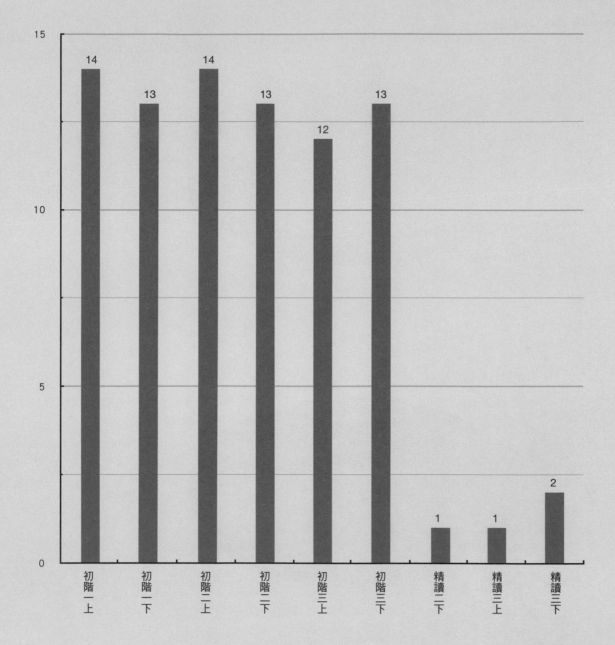

法鼓山2014年心靈環保讀書會推廣統計

◎全球

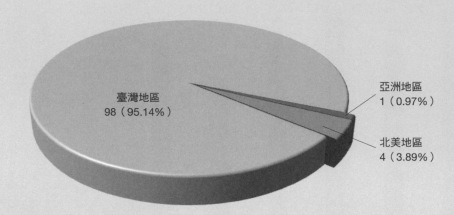

臺灣地區
98（95.14%）

亞洲地區
1（0.97%）

北美地區
4（3.89%）

◎臺灣

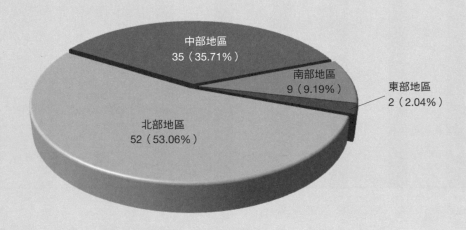

中部地區
35（35.71%）

南部地區
9（9.19%）

東部地區
2（2.04%）

北部地區
52（53.06%）

法鼓山2014年主要出版品一覽

◎法鼓文化

出版月份	書名
1月	《安心禪——上班族四十則安心指引》（禪修follow me系列，聖嚴法師著，法鼓文化編輯部選編）
	《和樂無諍——心平氣和，是非要溫柔；和樂平安，我為你祝福》（人間淨土系列，聖嚴法師著，法鼓文化編輯部選編）
	英文書《〈分別功德論〉與〈增一阿含經〉譯經史考》（*An Early Chinese Commentary on the Ekottarika-āgama*）（法鼓佛教學院論叢系列，安東尼羅・普洛伯Antonello Palumbo著）
	《農禪水月——農禪寺新建水月道場落成啟用紀念專輯》DVD（影音系列，法鼓文化製作）
2月	《心靈環保經濟學》（般若方程式系列，釋果光著）
	英文書《禪與悟》（*Chan and Enlightenment*）（法鼓全集英譯禪修系列，聖嚴法師著）
	《法鼓山之美3——環保之美、禪悅境教》DVD（影音系列，法鼓文化製作）
3月	《佛教文化之重新》（智慧海系列，東初老和尚著）
	《親子快樂禪》（琉璃文學系列，曉亞著）
4月	《放下禪——上班族四十則放下指引》（禪修follow me系列，聖嚴法師著，法鼓文化編輯部選編）
	《靈源夢話》（智慧海系列，靈源老和尚著）
5月	《塑膠袋流浪記》（故事寶盒系列，劉如桂著、繪）
	《大慧宗杲禪師法語》（漢傳佛教典籍叢刊系列，大慧宗杲著、中華佛學研究所編註）
6月	《禪味點心》（禪味廚房系列，陳滿花著）
	《巨浪迴瀾——明清佛門人物群像及其藝文》（琉璃文學系列，廖肇亨著）
	《讀經50問》（學佛Q&A系列，法鼓文化編輯部編著）
	《聖嚴研究第五輯》（聖嚴思想論叢系列，聖嚴教育基金會學術研究部編）
7月	《快樂禪——上班族四十則快樂指引》（禪修follow me系列，聖嚴法師著，法鼓文化編輯部選編）
	《雲水林間——小林村心靈陪伴札記》（琉璃文學系列，黃憲宇著）
8月	《禪心CD》（法鼓山歌曲系列，康吉良製作）
9月	《學佛新手50問》（學佛Q&A系列，法鼓文化編輯部編著）
10月	《紓壓禪——上班族四十則紓壓指引》（禪修follow me系列，聖嚴法師著，法鼓文化編輯部選編）
	2015法鼓山桌曆《觀・禪》
11月	《南傳佛教史》（智慧人系列，淨海法師著）
	《烽火家人——從原生家庭看自我成長》（般若方程式系列，楊蓓著）
	《東初禪寺的故事》（人間淨土系列，聖嚴法師著）
12月	《四季禪詩》（故事寶盒系列，謝武彰著）
	英文書《〈長阿含經〉研究論文集》（*Research on the Dīrgha-āgama*）（法鼓文理學院論叢，法樂法師 *Sāmaṇerī Dhammadinnā*編）

◎聖嚴教育基金會（結緣書籍）

出版月份	書名
1月	《今生與師父有約（四）》（高鐵版）
2月	英文書*Encounters with Master Sheng Yen III*【《今生與師父有約》（三）英文版】
3月	《共修力量大》
5月	《人生最後的功課》
6月	《今生與師父有約（六）》
7月	《今生與師父有約（五）》（高鐵版）
8月	《樂齡——體驗與享受生命的美好》
	英文書*Encounters with Master Sheng Yen IV*【《今生與師父有約》（四）英文版】
10月	《食在好素》
11月	2015聖基會掛曆

法鼓山2014年參與暨舉辦之主要國際會議概況

時間	會議名稱	主辦單位	國家	地點	主要參加代表
3月17至20日	國際宗教交流暨盧嘉勒紀念研討會	天主教普世博愛運動	義大利	羅馬	果元法師 常聞法師
6月27至30日	第五屆聖嚴思想國際學術研討會暨 第三屆法鼓山信眾論壇	聖嚴教育基金會	臺灣	臺北	僧團法師
7月5至6日	「日本佛教的未來── 其可能性」國際佛教論壇	龍谷大學	日本	京都	惠敏法師
10月3至4日	「人文關懷與社會實踐」系列研討會	法鼓文理學院 中國大陸北京清華大學	臺灣	臺北	惠敏法師 果器法師
10月25至26日	佛教禪修傳統── 比較與對話國際研討會	法鼓文理學院	臺灣	臺北	果暉法師 莊國彬老師 溫宗堃老師

2013-2014聖嚴師父暨法鼓山相關學術研究論文一覽

◎期刊論文（與聖嚴師父相關）

論文題目	作者	論文發表處	發表年
聖嚴法師對「無」字話頭之觀點與實踐初探	釋常慶	《中華佛學研究》第十四期	2014
釋聖嚴環境思想與其教育意涵芻議	紀俊吉	《北商學報》第25／26期	2014
法鼓山聖嚴法師的慈悲自在	張春榮 顏荷郁	《國文天地》第29卷12期	2014
聖嚴法師的禪法體認及其對大慧宗杲「話頭禪」與宏智正覺「默照禪」的運用	陳劍鍠	《中正漢學研究》第21期	2013

◎期刊論文（與法鼓山及其理念相關）

論文題目	作者	論文發表處	發表年
法鼓山數位學習的發展與現況	釋果毅	《佛教圖書館館刊》第58期	2014
法鼓山健走休閒效益、活動滿意度與忠誠度	畢璐鑾 蕭嘉惠 陳麗華 林昕翰	《臺灣體育運動管理學報》第13卷4期	2013
中山思想與臺灣佛教組織之社會福利觀的共通——以法鼓山為例	張麗君	《國立國父紀念館館刊》第33期	2013

◎專書（與聖嚴師父相關）

論文題目	作者	出版社	出版年	備註
《聖嚴研究第五輯》	聖嚴教育基金會學術研究部編	法鼓文化	2014	收錄2012年「第四屆聖嚴思想國際學術研討會暨法鼓山信眾論壇」部分發表論文

◎專書論文（與聖嚴師父相關）

論文題目	作者	論文發表處	發表年	備註
聖嚴法師旅行書寫中的歷史特質研究	王美秀	《聖嚴研究第五輯》	2012	2014法鼓文化出版
The Publishing of Buddhist Books for Beginners in Modern China from Yang Wenhui to Master Shengyen	Gregory Adam Scott（史瑞戈）	《聖嚴研究第五輯》	2012	2014法鼓文化出版
試論聖嚴法師對中華禪之承傳和轉化——以印順法師觀點為對比之考察	林建德	《聖嚴研究第五輯》	2012	2014法鼓文化出版
聖嚴法師創建法鼓山之時代意義——以「四個環保」思想為對象之研究	胡健財	《聖嚴研究第五輯》	2012	2014法鼓文化出版
讓佛教回歸眾生——聖嚴法師「心靈環保」視角下的漢傳佛教	張淼	《聖嚴研究第五輯》	2012	2014法鼓文化出版
聖嚴法師的環境哲學思想	程進發	《聖嚴研究第五輯》	2012	2014法鼓文化出版
聖嚴法師的華嚴思想	黃國清	《聖嚴研究第五輯》	2012	2014法鼓文化出版

◎專書論文（與法鼓山及其理念相關）

論文題目	作者	論文發表處	發表年	備註
規畫法鼓山成為金山／北海岸地區面對複合性災害之區域急難救助公共空間——落實整體關懷計畫	邱明民 商能洲	《聖嚴研究第五輯》	2012	2014法鼓文化出版
當代女禪師的培養與弘化——以法鼓山僧團的比丘尼為例	釋常諗	《聖嚴研究第五輯》	2012	2014法鼓文化出版

◎博碩士論文（與聖嚴師父相關）

論文題目	作者	論文發表處	發表年
聖嚴法師的禪修教育理念——以觀音法門為主	釋性禪	法鼓佛教學院佛教學系碩士論文	2014
逆流而行——聖嚴法師漢傳佛教之主張與其時代背景	陸柯（Luke Gibson）	法鼓佛教學院佛教學系碩士論文	2014
人間淨土的教化——聖嚴法師的淨土觀與法鼓山的念佛實踐	黃穎思	政治大學宗教研究所碩士論文	2014
聖嚴法師「悲智雙運之心靈環保」思想與實踐研究	郭碧華	臺南大學國語文學系國語文教學碩士論文	2014

◎會議論文（與聖嚴師父相關）

論文題目	作者	論文發表處	發表時間	地點
反一元論的二分法——論聖嚴批判耶穌人格特徵及教義之重要性	任博克（Brook A. Ziporyn）	第五屆聖嚴思想國際學術研討會	2014/6/29	臺灣
聖嚴法師中華禪法鼓宗的教理基礎	俞永峯	第五屆聖嚴思想國際學術研討會	2014/6/29	臺灣
探索聖嚴法師對居士傳法的「演派名號」——從臨濟宗鼓山派的法脈傳承談起	釋果興 林其賢	第五屆聖嚴思想國際學術研討會	2014/6/29	臺灣
數數念佛禪法之研究——以聖嚴法師的教學為主	釋果鏡	第五屆聖嚴思想國際學術研討會	2014/6/29	臺灣
聖嚴法師的淨土念佛法門	黃國清	第五屆聖嚴思想國際學術研討會	2014/6/29	臺灣
啟迪的字：聖嚴教育思想與修辭分析	谷永誠（Seth D. Clippard）	第五屆聖嚴思想國際學術研討會	2014/6/29	臺灣
論「五停心」與「四念處」在聖嚴禪學中的意義	涂艷秋	第五屆聖嚴思想國際學術研討會	2014/6/29	臺灣
聖嚴法師人間淨土之建設——以「三大教育」為中心	周含柔	第五屆聖嚴思想國際學術研討會	2014/6/29	臺灣
聖嚴法師人間佛教之思想與實踐——以大陸寺院對人間佛教地繼承與發展為主	吳小麗	第五屆聖嚴思想國際學術研討會	2014/6/29	臺灣
聖嚴法師的遊記研究	吳光正	第五屆聖嚴思想國際學術研討會	2014/6/29	臺灣
多情乃佛心——聖嚴法師的文學人間行	蔡淑慧	第五屆聖嚴思想國際學術研討會	2014/6/29	臺灣
以心為筆，翰墨說法——聖嚴法師《遊心禪悅》書法藝術研析	陳靜琪	第五屆聖嚴思想國際學術研討會	2014/6/29	臺灣

論文題目	作者	論文發表處	發表時間	地點
聖嚴法師旅行書寫中的禪學與禪修	王美秀	第五屆聖嚴思想國際學術研討會	2014/6/29	臺灣
聖嚴法師「以禪攝淨」的詮釋及其運用	陳劍鍠	第五屆聖嚴思想國際學術研討會	2014/6/29	臺灣
聖嚴法師談「禪宗對俱解脫之看法」	張璐文	第五屆聖嚴思想國際學術研討會	2014/6/29	臺灣
傳承與創新——聖嚴法師所建構之漢傳禪佛教中的天台思想	鄧偉仁	第五屆聖嚴思想國際學術研討會	2014/6/30	臺灣
聖嚴法師的佛教通史著述與近代佛教史學	龔雋	第五屆聖嚴思想國際學術研討會	2014/6/30	臺灣
聖嚴法師與印順導師之思想比較：以人間淨土和人間佛教為例	越建東	第五屆聖嚴思想國際學術研討會	2014/6/30	臺灣
「心靈環保」組織——二十一世紀之「修行型組織」	釋果光	第五屆聖嚴思想國際學術研討會	2014/6/30	臺灣
語境傳承——聖嚴法師的文字化禪修	李玉珍	第五屆聖嚴思想國際學術研討會	2014/6/30	臺灣
在研究中體現的教學理路：從聖嚴法師的學位論文與著作談起	張雅梅	第五屆聖嚴思想國際學術研討會	2014/6/30	臺灣
聖嚴「老人」談「老人」	陳美華	第五屆聖嚴思想國際學術研討會	2014/6/30	臺灣
最後的抉擇：選擇植存影響因素的先驅研究	江弘基	第五屆聖嚴思想國際學術研討會	2014/6/30	臺灣
佛法對自殺防治應用之探索——以聖嚴思想為起點	蔡源林	第五屆聖嚴思想國際學術研討會	2014/6/30	臺灣
論聖嚴法師菩薩戒思想之佛教文化哲學義蘊	郭朝順	第五屆聖嚴思想國際學術研討會	2014/6/30	臺灣
聖嚴法師菩薩戒思想之研究——基於菩薩戒傳承思想之對照與詮釋觀點之理解	王惠雯	第五屆聖嚴思想國際學術研討會	2014/6/30	臺灣
明清以來佛教的授戒法系、儀軌與革新——兼論聖嚴法師的戒律學研究	馬海燕	第五屆聖嚴思想國際學術研討會	2014/6/30	臺灣
聖嚴法師戒律思想之倫理學義蘊	嚴瑋泓	第五屆聖嚴思想國際學術研討會	2014/6/30	臺灣
聖嚴法師《修行在紅塵——維摩經六講》之禪觀義涵	王晴薇	第五屆聖嚴思想國際學術研討會	2014/6/30	臺灣
從《公案一〇〇》探討聖嚴法師對「公案」的詮釋特色——比對巴壺天對「禪公案」的詮釋觀點	高麗卿	第五屆聖嚴思想國際學術研討會	2014/6/30	臺灣
逆流而行——聖嚴法師漢傳佛教之主張與其時代背景	陸柯（Luke Gibson）	第五屆聖嚴思想國際學術研討會	2014/6/30	臺灣
人間淨土與他方淨土的融會——以太虛與聖嚴為例	林益丞	第五屆聖嚴思想國際學術研討會	2014/6/30	臺灣

◎會議論文（與法鼓山及其理念相關）

論文題目	作者	論文發表處	發表時間	地點
漢傳禪佛教之起源與開展——中華禪法鼓宗禪修體系之建構	釋果暉	第五屆聖嚴思想國際學術研討會	2014/6/29	臺灣
《自我提昇日課表》與人間淨土之實踐——由倫理道德的實踐走向成佛之路	吳芬錦	第五屆聖嚴思想國際學術研討會	2014/6/29	臺灣
破邪顯正論「默照」——默照禪法的安心學理	陳平坤	第五屆聖嚴思想國際學術研討會	2014/6/29	臺灣
心六倫的時代意義——從職場倫理看資訊倫理的實踐	釋演德	第五屆聖嚴思想國際學術研討會	2014/6/29	臺灣

◎專業技術報告（與聖嚴師父相關）

論文題目	作者	論文發表處	發表時間	地點
聖嚴師父禪風的演變——由我的修學歷程出發	釋繼程	第三屆法鼓山信眾論壇	2014/6/27	臺灣

◎專業技術報告（與法鼓山及其理念相關）

法鼓山全球聯絡網

【全球各地主要分支道場】

【國內地區】

■北部

法鼓山世界佛教教育園區
電話：02-2498-7171
傳真：02-2498-9029
20842新北市金山區法鼓路555號

農禪寺
電話：02-2893-3161
傳真：02-2895-8969
11268臺北市北投區大業路65巷89號
11268臺北市北投區大度路112號

中華佛教文化館
電話：02-2891-2550；02-2892-6111
傳真：02-2893-0043
11246臺北市北投區光明路276號

雲來寺（行政中心、普化中心、文化中心）
電話：02-2893-9966（行政中心、普化中心）
電話：02-2893-4646（文化中心）
傳真：02-2893-9911
11244臺北市北投區公館路186號

法鼓德貴學苑
電話：02-8978-2081（青年發展院）
電話：02-2381-2345（法鼓山人文社會基金會）
電話：02-8978-2110（法鼓文理學院推廣教育中心）
10044臺北市中正區延平南路77號

安和分院（大安、信義、南港辦事處）
電話：02-2778-5007~9
傳真：02-2778-0807
10688臺北市大安區安和路一段29號10樓

天南寺
電話：02-8676-2556
傳真：02-8676-1060
23743新北市三峽區介壽路二段138巷168號

齋明寺
電話：03-380-1426；03-390-8575
傳真：03-389-4262
33561桃園市大溪區齋明街153號

齋明別苑
電話：03-315-1581
33050桃園市桃園區大業路一段361號

中山精舍（中山辦事處）
電話：02-2591-1008
傳真：02-2591-1078
10452臺北市中山區民權東路一段67號9樓

基隆精舍（基隆辦事處）
電話：02-2426-1677
傳真：02-2425-3854
20045基隆市仁愛區仁五路8號3樓

大同辦事處
電話：02-2599-2571
10367臺北市大同區酒泉街34-1號

松山辦事處
電話：0928-531-709
10572臺北市松山區民生東路五段28號7樓

中正萬華辦事處
電話：02-2305-2283
10878臺北市萬華區萬大路239號4樓

石牌辦事處
電話：02-2832-3746
傳真：02-2872-9992
11158臺北市士林區福華路147巷28號

士林辦事處
電話：02-2881-7898
11162臺北市士林區中正路335巷6弄5號B1

社子辦事處
電話：02-2816-9619
11165臺北市士林區延平北路五段29號1、2樓

北投辦事處
電話：02-2892-7138
傳真：02-2388-6572
11241臺北市北投區溫泉路68-8號1樓

內湖辦事處
電話：02-2793-8809
11490臺北市內湖區民權東路六段123巷20弄3號

文山辦事處
電話：02-2236-4380
傳真：02-8935-1858
11687臺北市文山區和興路52巷9之3號1樓

金山萬里辦事處
電話：02-2408-1844
傳真：02-2408-2554
20841新北市金山區仁愛路61號

海山辦事處
電話：02-8951-3341
傳真：02-8951-3341
22067新北市板橋區三民路一段120號7樓

新店辦事處
電話：02-8911-3242
23143新北市新店區中華路9號3樓之1

中永和辦事處
電話：02-2231-2654
傳真：02-2925-8599
23455新北市永和區中正路417號
10樓

三重蘆洲辦事處
電話：02-2986-0168
24144新北市三重區重新路四段
53號5樓之1

新莊辦事處
電話：02-2994-6176
傳真：02-2994-4102
24242新北市新莊區新莊路114號

林口辦事處
電話：02-2603-0390；02-2601-8643
傳真：02-2602-1289
24446新北市林口區中山路91號
3樓

淡水辦事處
電話：02-2629-2458
25153新北市淡水區新民街120巷
3號

三芝石門辦事處
電話：0978-207-781
25241新北市三芝區公正街三段
10號

新竹辦事處
電話：03-525-8246
傳真：03-523-4561
30046新竹市中山路443號

中壢辦事處
電話：03-281-3127；03-281-3128
傳真：03-281-3739
32448桃園市平鎮區環南路184號
3樓之1

桃園辦事處
電話：03-302-4761；03-302-7741
傳真：03-301-9866
33046桃園市桃園區大興西路二段
105號12樓

苗栗辦事處
電話：037-362-881
傳真：037-362-131
36046苗栗縣苗栗市大埔街42號

三義DIY心靈環保教育中心
電話：04-2223-1055；037-870-995
傳真：037-872-222
36745苗栗縣三義鄉廣盛村八股路
21號

■中部
寶雲寺（臺中辦事處）
電話：04-2255-0665
傳真：04-2255-0763
40756臺中市西屯區市政路37號

寶雲別苑
電話：04-2465-6899
40764臺中市西屯區西屯路三段西平南巷
6-6號

德華寺
電話：049-242-3025；049-242-1695
傳真：049-242-3032
54547南投縣埔里鎮清新里延年巷33號

豐原辦事處
電話：04-2524-5569
傳真：04-2515-3448
42048臺中市豐原區北陽路8號4樓

中部海線辦事處
電話：04-2662-5072；04-2686-6622
傳真：04-2686-6622
43655臺中市清水區鎮南街53號2樓

彰化辦事處
電話：04-711-6052
傳真：04-711-5313
50049彰化縣彰化市中山路二段2號10樓

員林辦事處
電話：04-837-2601
傳真：04-838-2533
51042彰化縣員林鎮靜修東路33號8樓

南投辦事處
電話：049-231-5956
傳真：049-239-1414
54044南投縣南投市中興新村中學西路
106號

■南部

臺南分院（臺南辦事處）
電話：06-220-6329；06-220-6339
傳真：06-226-4289
70444臺南市北區西門路三段159號14樓

雲集寺
電話：06-721-1295；06-721-1298
傳真：06-723-6208
72242臺南市佳里區六安街218號

紫雲寺（高雄南區辦事處）
電話：07-732-1380
傳真：07-731-3402
83341高雄市鳥松區忠孝路52號

安平精舍
電話：06-298-9050
70848臺南市安平區永華路二段248號7樓

三民精舍（高雄北區辦事處）
電話：07-225-6692
80760高雄市三民區建國一路433號2樓

嘉義辦事處
電話：05-2760071；05-2764403
傳真：05-276-0084
60072嘉義市林森東路343號1樓

屏東辦事處
電話：08-738-0001
傳真：08-738-0003
90055屏東縣屏東市建豐路2巷70號1樓

潮州辦事處
電話：08-789-8596
傳真：08-780-8729
92045屏東縣潮州鎮和平路26號1樓

■東部

信行寺（臺東辦事處）
電話：089-225-199；089-223-151
傳真：089-239-477
95059臺東縣臺東市更生北路132巷36或38號

宜蘭辦事處
電話：039-332-125
傳真：039-332-479
26052宜蘭縣宜蘭市泰山路112巷8弄18號

羅東辦事處
電話：039-571-160
傳真：039-561-262
26550宜蘭縣羅東鎮公正路246號1樓

花蓮辦事處
電話：03-834-2758
傳真：03-835-6610
97047花蓮縣花蓮市光復街87號7樓

【海外地區】

■美洲America

美國紐約東初禪寺
（紐約州紐約分會）
Chan Meditation Center
（New York Chapter, NY）
TEL：1-718-592-6593
FAX：1-718-592-0717
E-MAIL：carolymfong@yahoo.com
WEBSITE：http://www.chancenter.org
ADDRESS：90-56 Corona Ave.,
Elmhurst, NY 11373, U.S.A.

美國紐約象岡道場
Dharma Drum Retreat Center
TEL：1-845-744-8114
FAX：1-845-744-8483
E-MAIL：ddrc@dharmadrumretreat.org
WEBSITE：
http://www.dharmadrumretreat.org
ADDRESS：184 Quannacut Rd.,
Pine Bush, NY 12566, U.S.A.

美國加州洛杉磯道場
（加州洛杉磯分會）
Dharma Drum Mountain Los Angeles Center
（Los Angeles Chapter, CA）
TEL：1- 626-350-4388
E-MAIL：ddmbala@gmail.com
WEBSITE：www.ddmbala.org
ADDRESS：4530 N. Peck Rd, El Monte,
CA 91732, U.S.A.

加拿大溫哥華道場
（加拿大溫哥華分會）
Dharma Drum Mountain Vancouver Center
（Vancouver Chapter, Canada）
TEL：1-604-277-1357
FAX：1-604-277-1352
E-MAIL：info@ddmba.ca
WEBSITE：http://www.ddmba.ca
ADDRESS：8240 No.5 Rd. Richmond,
B.C. V6Y 2V4, Canada

北美護法會
Dharma Drum Mountain Buddhist
Association（D.D.M.B.A.）
TEL：1-718-592-6593
ADDRESS：90-56 Corona Ave., Elmhurst,
NY 11373, U.S.A

◎東北部轄區 North East Region
新澤西州分會
New Jersey Chapter
TEL：1-732-249-1898
E-MAIL：enews@ddmba-nj.org
WEBSITE：http:// www.ddmba-nj.org
ADDRESS：789 Jersey Ave.,
New Brunswick, NJ 08901, U.S.A.

安省多倫多分會
Antario Chapter, Canada
TEL：1-416-855-0531
E-MAIL：ddmba.toronto@gmail.com
WEBSITE：http:// www.ddmbaontario.org
ADDRESS：1025 McNicoll Avenue,
Toronto ON M1W 3W6,Canada

康州南部聯絡處
Fairfield County Branch, CT
TEL：1-203-912-0734
E-MAIL：contekalice@aol.com

康州哈特福聯絡處
Hartford Branch, CT
TEL：1-860-805-3588
E-MAIL：cmchartfordct@gmail.com

佛蒙特州伯靈頓聯絡處
Burlington Branch, VT
TEL：1-802-658-3413
FAX：1-802-658-3413
E-MAIL：juichulee@yahoo.com
WEBSITE：http://www.ddmbavt.org

麻州波斯頓聯絡處
Boston Branch, MA
TEL：1-978-394-1391
E-MAIL：ddm.boston@gmail.com

賓州州大大學城聯絡處
State College Branch, PA
TEL：1-814-867-9253
E-MAIL：ddmbapa@gmail.com
WEBSITE：http://www.ddmbapa.org

◎東南部轄區 South East Region
佛州塔城分會
Tallahassee Branch, FL
TEL：1- 850-274-3996
E-MAIL：tallahassee.chan@gmail.com
WEBSITE：www.tallahasseechan.com
ADDRESS：647 McDonnell Drive,
Tallahassee FL 32310, U.S.A.

首都華盛頓聯絡處
Washington Branch, DC
TEL：1-240-424-5486
E-MALL：chan@ddmbadc.org

佛州奧蘭多聯絡處
Orlando Branch, FL
TEL：1-407-671-6250
E-MAIL：chihho2004@yahoo.com
WEBSITE：http://orlando.ddmusa.org

喬治亞州亞特蘭大聯絡處
Atlanta Branch, GA
TEL：1- 678-809-5392
E-MAIL：Schen@eleganthf.net

◎中西部轄區 Mid-West Region
伊利諾州芝加哥分會
Chicago Chapter, IL
TEL：1-847- 255-5483
E-MAIL：shiouloh@gmail.com
WEBSITE：http://www.ddmbachicago.org
ADDRESS：1234 North River Rd. Mount
Prospect, IL 60056, U.S.A.

密西根州蘭辛聯絡處
Lansing Branch, MI
TEL：1-517-332-0003
FAX：1-517- 614-4363
E-MAIL：lkong2006@gmail.com

WEBSITE：http://michigan.ddmusa.org
密蘇里州聖路易聯絡處
St. Louise Branch, MO
TEL：1-636- 825-3889
E-MAIL：acren@aol.com

◎西北部轄區 West North Region
加州舊金山分會
San Francisco Bay Area Chapter, CA
TEL：1-510-246-8264
E-MAIL：ddmbasf@gmail.com
WEBSITE：http://www.ddmbasf.org
ADDRESS：255 H. Street, Fremont,
CA 94536, U.S.A.

華盛頓州西雅圖分會
Seattle Chapter, WA
TEL：1-425-957-4597
E-MAIL：ddmba.seattle@gmail.com
WEBSITE：seattle.ddmusa.org
ADDRESS：14130 NE21st St.,
Bellevue, WA 98007, U.S.A.

加州省會聯絡處
Sacramento Branch, CA
TEL：1-916-508-2416
E-MAIL：ddmbasacra@yahoo.com
WEBSITE：http://sacramento.ddmusa.org

◎西南部轄區 West South Region
德州達拉斯聯絡處
Dallas Branch, TX
TEL：1-682-552-0519
E-MAIL：ddmba_patty@yahoo.com
WEBSITE：http://dallas.ddmusa.org

■ 亞洲Asia

馬來西亞道場
（馬來西亞護法會）
Dharma Drum Mountain Malaysia Center
（Malaysia Branch）
TEL：60-3-7960-0841
FAX：60-3-7960-0842
E-MAIL：ddmmalaysia@gmail.com
WEBSITE：http://www.ddm.org.my
ADDRESS：Unit B-3-16, Block B, 8 Ave.,
Pusat Perdagangan SEK.8, Jalan Sg. Jernih,
46050 Petaling Jaya, Selangor, Malaysia

香港道場—九龍會址
Hong Kong Branch
TEL：852-2865-3110
FAX：852-2591-4810
E-MAIL：info@ddmhk.org.hk
WEBSITE：http://www.ddmhk.org.hk
ADDRESS：Room 203 2/F., Block B,
Alexandra Industrial Building 23-27 Wing
Hong Street, Lai Chi Kok, Kowloon,
Hong Kong（香港九龍荔枝角永康街
23-27號安泰工業大廈B座2樓203室）

香港道場—港島會址
TEL：852-3955-0077
FAX：852-3590-3640
ADDRESS：2/F., Andes Plaza, No. 323
Queen's Road West, Sai Ying Pun,
Hong Kong（香港西營盤皇后大道西
323號安達中心二樓）

新加坡護法會
Singapore Branch
TEL：65-6735-5900
FAX：65-6224-2655
E-MAIL：ddrumsingapore@gmail.com
WEBSITE：http://www.ddsingapore.org
ADDRESS：38 Carpmael Rd., Singapore
429781

泰國護法會
Thailand Branch
TEL：66-2-713-7815；66-2-713-7816
FAX：66-2-713-7638
E-MAIL：ddmbkk2005@gmail.com
WEBSITE：www.ddmth.com
ADDRESS：1471. Soi 31/1 Pattnakarn Rd.,
10250 Bangkok, Thailand

■ 大洋洲Oceania

雪梨分會
Sydney Chapter
TEL：61-4-1318-5603
FAX：61-2-9283-3168
E-MAIL：ddmsydney@yahoo.com.au
WEBSITE：www.ddm.org.au

墨爾本分會
Melbourne Chapter
TEL：61-3-8822-3187
E-MAIL：info@ddmmelbourne.org.au
WEBSITE：www.ddmmelbourne.org.au
ADDRESS：1/38 McDowall Street Mitcham
VIC 3132 , Australia

■ 歐洲Europe

盧森堡聯絡處
Luxembourg Liaison Office
TEL：352-400-080
FAX：352-290-311
E-MAIL：ddm@chan.lu
ADDRESS：15, Rue Jean Schaack L-2563,
Luxembourg

英國倫敦聯絡處
London Branch
E-MAIL：liew853@btinternet.com
WEBSITE：www.chanmeditationlondon.org
ADDRESS：28 the Avenue, London NW6
7YD, U.K

【教育事業群】

法鼓山僧伽大學
電話：02-2498-7171
傳真：02-2408-2492
網址：http://www.ddsu.org
20842新北市金山區法鼓路555號

法鼓文理學院
電話：02-2498-0707轉2364～2365
傳真：02-2408-2472
網址：http://www.dila.edu.tw
20842新北市金山區法鼓路650號

法鼓文理學院‧推廣教育中心
電話：02-8978-2110轉8011
傳真：02-2311-1126
網址：http://dilatw.blogspot.tw
10044臺北市中正區延平南路77號
9樓

中華佛學研究所
電話：02-2498-7171轉2362
傳真：02-2408-2492
網址：http://www.chibs.edu.tw
20842新北市金山區法鼓路555號

法鼓山社會大學服務中心
（金山法鼓山社會大學）
電話：02-2408-2593～4
傳真：02-2408-2554
網址：http://www.ddcep.org.tw
20841新北市金山區仁愛路61號

新莊法鼓山社會大學
電話：02-2994-3755
　　　02-2408-2593～4
傳真：02-2994-4102
網址：http://www.ddcep.org.tw
24241新北市新莊區新莊路114號

北投法鼓山社會大學
電話：02-2893-9966轉6135、6141
傳真：02-2891-8081
網址：http://www.ddcep.org.tw
11244臺北市北投區公館路186號

【關懷事業群】

法鼓山社會福利慈善事業基金會
電話：02-2893-9966
傳真：02-2893-9911
網址：http://charity.ddm.org.tw
11244臺北市北投區公館路186號

法鼓山人文社會基金會
電話：02-2381-2345
傳真：02-2311-6350
網址：http://www.ddhisf.org.tw
10044臺北市中正區延平南路77號

聖嚴教育基金會
電話：02-2397-9300
傳真：02-2393-5610
網址：http://www.shengyen.org.tw
10056臺北市中正區仁愛路二段48之6
號2樓

山 鼓 法

聖嚴

國家圖書館出版品預行編目資料

法鼓山年鑑. 2014／法鼓山年鑑編輯組編輯. --
初版. -- 臺北市：法鼓山文教基金會，
2015.08　面；公分

ISBN 978-986-87502-6-5（精裝）

1.法鼓山　2.佛教團體　3.年鑑

220.58　　　　　　　　　　104013269

2014 法鼓山年鑑

創 辦 人	聖嚴法師
出 版 者	財團法人法鼓山文教基金會
地 址	臺北市北投區公館路186號
電 話	02-2893-9966
傳 真	02-2896-0731
編 輯 企 畫	法鼓山年鑑編輯組
召 集 人	釋果賢
主 編	陳重光
編 輯	呂佳燕、李怡慧、游淑惠
專 文 撰 述	釋演化、陳玫娟、胡麗桂、許翠谷
文稿資料提供	法鼓山文化中心雜誌部、叢書部、史料部，法鼓山各會團、海內外各分院及聯絡處等單位
攝 影	法鼓山攝影義工
美 編 完 稿	連紫吟、曹任華、邱淑芳
網 址	http://www.ddm.org.tw/event/2008/ddm_history/index.htm
初 版	2015年8月
發 心 助 印 價	800元
劃 撥 帳 號	16246478
劃 撥 戶 名	財團法人法鼓山文教基金會